그리스도교의 아주 큰 전환

Belonging to the Universe

BELONGING TO THE UNIVERSE
Exploration on the frontiers of Science and Spirituality

Copyright © 1991 by Fritjof Capra and David Steindl-Rast
All rights reserved

Korean translation copyright © 2014
by Korea Dialogue Academy. Daewha publishing co.

이 책의 한국어판 저작권은 저작권자와의 독점 계약으로
재단법인 대화문화아카데미가 소유합니다. 저작권법에 의하여
한국 내에서 보호를 받는 저작물이므로 무단 전재와 복제를 금합니다.

그리스도교의 아주 큰 전환

Belonging to the Universe

프리초프 카프라
D. 슈타인들-라스트
토마스 매터스 지음

김재희 옮김

사이.너머
총서
3

대화문화아카데미

프리초프 카프라와 D. 슈타인들-라스트 신부
©Cynthia Johnson-Bianchetta

그런데 이게 웬일인가! 우리들 두 눈이 번쩍 뜨였다.
과학과 신학, 두 분야를 조망한 패러다임의 변화라는 전체 골격이
엄청난 의미를 내포한다는 사실이 드러났기 때문이다.
이게 도대체 무엇을 의미하는지 더 구체적으로 연구하기 위해
우리는 몇 년을 두고 에설런 연구소에 함께 모였고,
두 분야 공통의 현상을 조목조목 따져보는 작업이 이루어졌다.
이 책은 이런 대화들을 거치며 정리한 것이다.

추천의 말

미국의 북캘리포니아, 태평양을 끼고 달리는 1번 국도 중간쯤에 아름답기로 유명한 작은 마을 빅서(Big Sur)가 있다. 그곳의 깎아지른 절벽 위에 자리 잡은 에설런 연구소(Esalen Institute)에서 재작년, 그러니까 2012년 3월에 스물다섯 명 정도만 초대하는 프로그램으로 '깨어 있는 자본주의 콘크라베(Conscious Capitalism Conclave)'가 진행되었다. 나는 그 프로그램의 기획자이며 진행자인 시소디아(Rajendra Sisodia) 교수와 이전부터 새로운 경영 방식에 대해 꾸준히 의견 교환을 해온 인연으로 초대받았는데, 소위 깨어 있는 경영(conscious business)을 실천하는 미국 기업의 CEO들과 더불어 특별한 두 사람이 함께 초대되었으니, 그들이 누구였던가! 바로 슈타인들-라스트 신부와 카프라 박사였다. 이 두 사람과 매터스 신부가 함께 쓴 *Belonging to the Universe*를 김재희 교수가 『신과학과 영성의 시대』라는 제목으로 번역한 책을 아주 감명 깊게 읽었던 나로선 이들과의 첫 만남이 가슴 설레는 해후와 다름없었다. 카프라 박사는 주로 토론에 열심이었고 슈타인들-라스트 신부는 매일 아침 명상을 인도해주었다. 그 책의 내용, 그 대화가 이루어진 바로 그 에설런 연구소에서 그 책의 저자 중 두 분과 함께 지낸 닷새는 굉장히 특별한 경험이었다.

세 저자 간의 대화를 밑줄 쳐가면서, 또 열심히 메모해가면서 물 흐르듯 읽고 나서 나는 영문판 원서도 주문해서 읽었다. 그런데 '세상에, 원서보다 번역본이 더 훌륭할 수도 있구나!' 하고 감탄했었다. 하지만 애석하게도, 그 책은 절판이 되어 한동안 많은 이들 곁에서 떠나 있었다. 더 많은 사람들이 그 책을 읽고 도움을 받을 수 있는 기회가 없어졌다는 사실이 안타까울 뿐이었는데, 드디어 이번에 『그리스도교의 아주 큰 전환』이란 제목으로 복간되니 더없이 반가운 일이다.

책의 도입 부분에서 저자들은 종교 없는 영성은 가능하지만 영성 없는 종교는 불가능하다고 말한다. 또 체험을 통한 영성을 얘기하면서, 그 체험이란 것이 내가 직접 만나는 절대적 존재, 그 실체를 직접 보고 아는 것이라고 말한다. 아울러 영성 체험을 통해 내 삶을 살아가는 길이 변한다고 말한다. 여기서 나는 한국인들에겐 더 익숙한, 불교에서 말하는 견성(見性) 그리고 성불(成佛)의 이미지를 떠올리게 된다. 그리고 영문 원서의 제목인 '귀속(belonging)'에 대해서는 '친밀한 느낌으로 좋은 관계를 맺는다'는 뜻이며, 궁극적 귀속점을 공(空), 신(神), 무(無), 큰 침묵, 하느님, 궁극적 실재(Ultimate Reality) 등으로 표현될 수 있는 '온전함'이며 결국 영성이란 우주 만물에 대한 깊은 귀속감이라고 말한다. 즉, 나 자신은 살아 있는 우주와 함께 숨 쉬고 움직이는 동반자라는 것이다. 저자들은 또한 과학의 인식론에 대한 대화에서는 건물에서 그물로, 절대치에서 근사치로, 상호 연관성과 지속 가능성에 대해 말하며, 영성은 곧 사회적 책임 의식이라는 점을 강조한다. 영성의 체험을 통해 나 홀로 충만해지는 것이 아니라, 내가 속한 사회를 좀더 살 만한 곳으로 바꾸는 일에 적극적으로 동참할 수 있을 만큼 그렇게 충만해진다는 것이다.

나는 저자들만큼 '권위'에 대해 탁월한 정의를 내린 사람들을 본 적이 없다. 권위란 '지식과 행동의 단단한 기반'으로, 아랫사람들을 북돋워 자신의 두 발로 스스로 설 수 있게 해주는 것이 그 임무라고 말한다. 그리고 권위를 유지하기 위해서는 책임감과 강인함이 반드시 필요하다고 강조한다. 지난 20년간 기업에서 임원으로 일해온 나에게 이 책은 이전과 다른 관점을 갖게 해주었다. 저자들이 말한 대로 생명체의 본성이 다른 존재들과의 관계성으로 규정된다면, 기업을 시장이라는 생태계에서 생존하고 번성하려는 생명체라고 할 때 기업 역시 고객과 종업원, 협력업체, 투자자 등 모든 이해 당사자들과의 관계성을 통해 바라보아야 한다는 생태론적 관점으로 내 사유를 전개시킬 수 있게 되었다.

이 책은 그리스도교에 관심이 있는 사람들뿐만 아니라, 과학과 영성에 관심을 가진 사람이라면 누구에게나 권할 만한 책이다. 이 시대에 전 세계적으로 가장 존경 받는 종교 지도자인 달라이 라마도 인지과학과 명상의 관계에 대해 과학자들과 깊은 대화를 나누어오고 있는데, 이를 보아도 다가오는 시대에는 틀림없이 유물론과 유심론, 과학과 영성이 새로운 인식의 차원에서 통합적으로 다루어질 것이라는 희망을 가져본다. 이렇게 우리들이 각성하고 더 많은 이들이 깨어나는 새로운 시대에는 시장과 기업, 노동에 대한 관점도 당연히 진화해야 할 것이다. 그런 점에서 기업의 경영인 및 정부와 시민 단체의 지도자들 역시 지금, 그리고 미래에 관해서 이 책으로부터 많은 착안점을 얻을 수 있으리라 믿는다.

이병남(LG인화원 원장)

한국의 독자들에게

이 책은 원래, 본격적으로 내 삶의 여정이 시작되던 1960년대, 나로서는 굉장히 특별한 내적 변화들을 겪고 있던 그 무렵에 시작되었다. 1966년 비엔나 대학에서 이론물리학으로 박사를 마치고 파리에서 2년, 이어 캘리포니아 대학에서 2년 동안 박사 후 과정을 밟았다. 그 4년 동안 나는 동양 종교들, 불교와 도교, 힌두교의 영성 수련—동양의 신비주의 전통에 완전히 빠져 있었다. 그러던 어느 날 문득 현대물리학의 기본 개념과 동양 종교의 기본 사유 사이에 놀라운 공통점이 있다는 사실에 충격을 받게 되었다. 그 후로 몇 년 동안 이들 사이의 더 깊은 관계 속으로 탐험을 시도했고, 그 결과를 1975년 『현대물리학과 동양사상(the Tao of Physics)』에 담아냈었다.

『현대물리학과 동양사상』이 나오고 바로 몇 해 후에 심리학으로 박사를 한 베네딕트회 신부님, 그러니까 당시 베스트셀러

시인이던 데이비드 슈타인들-라스트 신부님과 캘리포니아에서 기쁜 만남이 이루어졌고, 우리는 둘 다 오스트리아 출신이라, 아니 삶에 대한 철학이며 관점 또한 아주 잘 통한다는 사실에 더 금세 아주 친한 사이가 되었다. 그래서 종종 만나 과학이며 영성에 대한 이야기를 많이 나누었다. 데이비드 신부님은 내 책에서 비교했던 두 영역, 과학과 종교의 유사성에 대해 정말이지 명쾌하고 세련된 방식으로 설명해주셨고, 종종 내가 몰랐던 그리스도교의 오랜 전통에도 현대과학과 통하는 요소들이 많다는 사실을 일깨워주시곤 했다. 꽤 오래도록 이어진 대화였는데, 1980년대 말쯤에는 이야기가 무르익어 우리 둘만 알고 있기에는 너무도 흥미진진한 이 대화를 잘 옮겨 책으로 내보자는 결론에 이르렀다.

우리의 대화 내용을 몇 갈래로 나누어 정리하기 시작했던 즈음에 데이비드 신부님은 마침 도반이신 토마스 매터스 신부님을 모셔 왔다. 종교의 역사 및 그리스도교 신학에 두루 해박한 토마스 신부님이 동참하니 우리의 대화는 한결 풍부하고 정밀해졌다. 그 무렵 나는 물리학을 중심으로 탐구하던 패러다임의 전환 양상을 다른 분야, 특히 생명을 시스템공학 방식으로 풀어보는 쪽에 한창 몰두해 있었다. 그래서 이 책에서 논의되는 과학은 내 전공인 물리학에서 더 나아가 생물학과 심리학, 경제학과 생태학까지 시각을 확장하고 아우르는 더 큰 이야기로 전개될 수 있었다.

이 책을 쓸 때 우리는 이 대화가 좀더 많은 사람들에게 어떤 울림을 주고 영감을 일으켜 세상 곳곳에서 과학과 영성에 대한 이런 이야기를 나누는 자리가 훨씬 많아지면 참 좋겠다는 생각도 하게 되었다. 그런데 무엇보다 그런 토론이 결실을 맺으려면 영성과 종교를 구분하는 일이 우선이겠다 싶어 제일 먼저 그 작업부터 시작했다. 결론부터 말하자면 영성은 문화나 역사적 배경과는 상관없는 아주 구체적인 어떤 현실의 경험에 뿌리를 둔다. 그에 비해 종교는 이런 영적 경험들을 온전히 이해할 수 있게 말이나 개념을 동원해 경험들을 해석하고, 그런 해석을 공동체 구성원들이 함께 지킬 도덕규범의 원천으로 삼게 하는 조직적인 노력이다. 이런 과정에서 종교가 생겨나니 그건 곧 종교 공동체의 역사적 배경이 되고, 문화적 배경이 된다. 하지만 종교는 이런 형식적인 내용까지 신앙의 이름으로 규범화하고 위계질서를 매겨 그게 불변의 진리인 양 내세우고, 또 조직을 지탱하는 교조주의로 변질될 위험이 몹시 크다. 그런데 이런 근본주의는 종교 지도자들에게만 나타나는 증세가 아니라, 실은 과학자들도 같은 행태를 보이는 경우가 상당히 많다. 이론이나 모델들은 진리의 근사치를 찾는 노력의 방편일 뿐임을 망각하거나, 종교에서 은유의 각별한 역할을 망각하는 식의 병폐는 아주 흔한 일이다. 이런 경우 과학자와 종교 지도자들의 대화는 곧 '귀머거리들의 대화'가 되고 만다.

그에 비해 이 책은 양쪽의 대화를 통해 영성의 개념, 영적 경험의 본질이 현대과학과 배타적이지 않음을 여실히 보여준다. 우리 주변을 조금만 돌아보면 우리는 혼돈과 무질서의 어딘가에서 허우적대는 존재가 아니라는 사실을 바로 알 수 있다. 우리는 거대한 질서 속에서 웅장한 생명의 협주곡을 함께 연주하는 중이다. 우리의 몸을 이루는 분자는 이전에 누구의 몸 혹은 자연의 일부였고, 또 앞으로도 누군가의 몸 혹은 자연의 일부가 될 것이다. 이런 의미에서 우리의 몸은 결코 소멸하지 않고, 지구 상의 생명이 계속되는 한 끊임없이 다시 어딘가에서 살게 될 것이다. 그리고 내 몸의 분자 단위만이 아니라, 내 몸을 꾸려가는 기본 원리도 살아 있는 세상의 모든 나머지와 함께 같은 원리로 돌아가며 함께 호흡한다. 우리는 진정 우주에 속한 존재이며, 이 귀속감을 깨닫는 일은 우리 삶에 진정한 의미를 일깨우고 그 깊이를 더해준다.

  이 책의 한국어본이 새롭게 출간된다니 정말로 반갑다. 아직 가본 적은 없으나 한국에는 어느 나라보다 다양하고 역동적인 종교 문화가 있다는 사실을 잘 알고 있다. 다른 종교들이 조화롭게 공존하는 정도가 아니라 서로 영감을 주고받으면서 서로에게 지혜를 배우는 놀라운 전통이 있다고 들었다. 한국의 그런 풍토에 이 책도 어떤 역할을 할 수 있길, 나아가 한국의 과학과 영성, 한국의 종교에 대해 더 많은 대화가 이루어지길, 더 풍성한 열매가 맺길 진심으로 소망한다.

2014년 7월
프리초프 카프라

머리말

> 북반구 대부분의 지역이 겨울로 접어들 무렵,
> 빅서 해안에는 벌써 봄소식이 들려온다.
> 이곳의 봄은 12월, 아니 어떤 때는 벌써 11월 말에
> 쏟아지는 첫 폭우와 함께 시작된다.
> 빅서 해안의 '겨울'은 정녕 무성한 초록과
> 꽃들이 만개한 봄의 서곡이다.

F. 슈모에의 이 말은, 빅서 해안에 모이는 사람들의 마음도 그대로 표현해준다. 다른 지역에선 아직 꽁꽁 언 땅속에 겨울잠을 자고 있는 '새로운 사유 방식의 패러다임'이, 여기 캘리포니아에서는 벌써 아지랑이처럼 땅과 하늘을 자욱이 덮으며 봄기운을 무르익게 하는 것이다. 새로운 사유 방식은, 그것이 새롭다는 사실 때문에 무조건 대접 받아야 할 이유가 없다. 그렇다고 또 기존의 것보다 무조건 뒤떨어질 이유도 없다. 중요한 것은 이러한 생각을 많은 사람들이 함께 들어봐야 한다는 점이다. 새로운 생각의 내용이 무엇인지를 얘기할 수 있고, 토론할 수 있고, 평가할 수 있는 자리를 마련하는 일이 필요하다. 빅서 해안에 이런 일을 하기에 꼭 적합한 장소가 있으니, 그곳이 바로 에설런 연구소이다. 어느덧 20년의 연륜이 쌓이는 동안, 에설런 연구소에서 최초로 개진되었던 아이디어나 방법들은 차차 세

상의 여러 지역으로 퍼져 나가며 상당한 역량을 발휘하였다.

에설런에 모여 이렇게 새로운 사유 방식이나 새로운 가치관을 도출시키는 데 산파역을 한 선두적인 인물을 대략만 꼽아보아도 올더스 헉슬리, 에이브러햄 매슬로, 프리츠 펄스, 버크민스터 풀러, 스타니슬라프와 크리스티나 그로프 내외, 앨런 와츠, 그레고리 베이트슨, 샬로트 셀버, 조셉 캠벨, 마이클과 덜시 머피 등등… 끝없는 명단이 작성된다. 아울러 이곳에서 퍼져 나간 문화적 파문도 상당한 반향을 일으키곤 했다.

이 책에 기록한 대화들 역시 에설런 연구소에서 진행되었다. 1985년 엘름우드(Elmwood) 연구소에서 주최한 '패러다임의 전환에 대한 비판적 질문'이라는 제하의 심포지엄이 열렸을 때, 프리초프는 과학 분야에서 새로운 패러다임으로 꼽을 수 있는 특성의 목록을 간추려 제출하였다. 그래서 데이비드 신부와 토마스 신부도 재미 삼아 한번 신학 쪽에서 상응하는 도표를 뽑아보았다. 그런데 이게 웬일인가! 우리들 두 눈이 번쩍 뜨였다. 두 분야를 조망한 패러다임의 변화라는 전체 골격이 엄청난 의미를 내포한다는 사실이 드러났기 때문이다. 이게 도대체 무엇을 의미하는지 더 구체적으로 연구하기 위해 우리는 몇 년을 두고 에설런에 함께 모였고, 두 분야 공통의 현상을 조목조목 따져보는 작업이 이루어졌다. 이 책은 이런 대화들을 거치며 정리한 것이다. 그래서 모든 이야기에는 빅서 해안의 비할 바 없는 아름다움이 깃들어 있다.

이 책에는 적당한 삽화가 들어가야 옳을 일이다. 하지만 과연 어떤 화가가 망망대해와 드높은 하늘이 만나 시시각각 달라지는 빛깔, 아울러 이를 반사하며 쉬지 않고 다른 빛을 내는 유칼립투스 나무들을 그릴 수 있단 말인가? 그리고 과연 어떤 붓으로 바다 위 깎아지른 절벽의 동산에 자욱한 그 향기를 칠할 것이며, 절벽에 부딪치며 쏟아지는 바다의 고함 소리를 드러낼 수 있단 말인가? 거름이 썩는 뜨듯하고 퀴퀴한 냄새와 사이프러스 나무들이 내는 바람 소리, 통나무를 이어 만든 다리 밑으로 졸졸 흐르는 개울 소리들이 모두 정겨운 분위기로 우리의 대화에 끼어들었다. 모쪼록 우리의 독자들도 이 향기를 맡으시고 소곤대는 자연의 소리에 함께 취하고 함께 빠져들 수 있으면 하는 바람, 간절할 뿐이다. 특히나 한잔 술이 생각나는 분이라면 여기 밭에서 익고 있는 향긋한 포도나무 열매들이 빚어낼 포도주 내음도 알아챌 수 있으시리라.

   이러한 자연 속의 정경을 본문에 세세하게 묘사할 수 없었더라도, 최소한 그 본질만은 우리의 대화 속에 충분히 녹아 있을 것이다. 영성적 깨달음 가운데 있는 온전한 귀속감, 이 평안함이 우리들 성찰과 만남의 중심 테마로 자리 잡았다. 더욱이 빛과 어두움, 불타는 태양과 싸늘한 안개, 고요한 적막과 고막을 찢는 바다의 굉음, 이런 변화무쌍함이 자연의 순환과 어울리며 진행된 덕에 거기서 오는 체험은 서로의 머리를 맞대고 따져보았던 토론을 통해서보다 훨씬 더 강렬하게, 우리 모두의 우주에 대한 귀속감을 생생하게 해주는 기반이 되었다. 우리의 대화를 통해서만이 아니라 대지를 통해 나누었던 끊임없는 교감, 바로 그 덕분에 우리는 직관적 통찰에 도달하곤 했으며 더 이상 말이 필요 없는 침묵의 일치까지 맛보곤 했다.

아마도 이 책의 엄청난 결함은 우리의 대화에 여성의 목소리가 빠져버렸다는 사실임에 틀림이 없다. 이를 바로 알아채는 독자들께 우리는, 우리 모두의 위대하신 어머니 대지, 우리의 지구가 이 책의 모든 쪽마다 함께하시기에 아쉬움이 덜어질 수 있지 않겠느냐는 둘러댐밖에 다른 변명이 없다. 살아 계신 대지의 여신 가이아(Gaia)는 우리의 대화 중에 나오는 모든 것들의 소리 없는 샘이시다. 그녀는 우리에게 신과 자연을 이해하는 모든 새로운 패러다임의 근원이시다.

       캘리포니아 빅서 해안에서, 1990년 8월
      프리초프 카프라와 데이비드 슈타인들-라스트

차례

추천의 말 6
한국의 독자들에게 10
머리말 14
과학과 신학에서 패러다임 전환의 다섯 가지 면모 20

들어가는 말 26

1부 과학과 신학 40
  1. 과학과 신학의 목표와 의미 41
  2. 과학의 방법과 신학의 방법 61
  3. 과학의 패러다임과 신학의 패러다임 85
  4. 그리스도교의 패러다임 130

2부 현재 진행 중인 패러다임의 전환   150

3부 새로운 사유 방식의 면모   174
  1. 부분에서 전체로의 패러다임 전환   175
  2. 구조에서 과정으로의 패러다임 전환   232
  3. 객관적 학문에서 인식론적 학문으로의 전환   246
  4. 건물에서 그물로 전환하는 지식의 체계   266
  5. 절대치에서 근사치로의 패러다임 전환   288

4부 새로운 사유 방식의 사회적 의미   320

  부록: 고르바초프의 연설문   388
  옮긴이의 말   418

과학과 신학에서 패러다임 전환의
다섯 가지 면모

과학의 패러다임 전환
프리초프 카프라 정리

신학의 패러다임 전환
토마스 매터스와
데이비드 슈타인들-라스트 정리

근대과학의 패러다임을 데카르트식, 뉴턴식, 베이컨식이라고 하는 까닭은 근대과학의 기본 특성을 결정하는 데 데카르트와 뉴턴, 베이컨이 큰 역할을 했기 때문이다.

신학의 옛 패러다임을 이성 중심, 교본 중심, 실증적 스콜라철학이라고 하는 까닭은, 전통 신학의 기본 특성이 스콜라철학에 근거한 신학적 교본 위에 형성되었기 때문이다.

새로운 과학의 패러다임을 전일적이라 하고, 생태론적이라 하고, 시스템식이라 하지만 이들 중 어느 하나만으로는 그 특성을 온전하게 설명하지 못한다.

새로운 신학의 패러다임을 전일적이라 하고, 종교일치적이라 하고, 토마스주의를 넘어선다 하지만, 이들 중 한 가지만으로는 그 특성을 온전하게 설명하지 못한다.

새로운 과학의 패러다임은 다음의 다섯 가지 면모로 가늠할 수 있는데, 처음 두 개는 자연에 대한 관점의 변화이고 나머지 세 개는 인식론적 변화라고 할 수 있다.

새로운 신학의 패러다임은 다음의 다섯 가지 면모로 가늠할 수 있는데, 처음 두 개는 거룩한 계시에 대한 관점의 변화이고 나머지 세 개는 신학적 방법론의 변화라고 할 수 있다.

1 부분에서 전체로의 전환

'신은 진리의 계시자'에서
'현실은 신의 자기 계시'로 전환

근대과학의 패러다임에선, 시스템이 아무리 복잡해도 부분의 특성을 합하면 전체의 역동성을 이해할 수 있다고 믿었다.

신학의 옛 패러다임에선, 똑같이 중요한 각종 교리를 모두 합한 것이 곧 신이 계시하는 진리라고 믿었다.

새로운 과학의 패러다임에선, 부분과 전체의 관계가 바뀐다. 부분의 특성은 전체의 역동성을 이해해야 밝혀지며, 따라서 똑 떨어지는 부분은 있을 수 없다. 부분이란, 쪼갤 수 없이 얽히고설킨 관계의 그물에서 드러난 특정한 무늬이다.

새로운 신학의 패러다임에선, 부분과 전체의 관계가 바뀐다. 개별 교리의 의미는 총체적으로 이어지는 진리의 역동성을 이해해야 밝혀지며, 계시는 일련의 과정을 통해 드러난다. 개별 교리는 자연과 역사, 인간의 체험 속에 신이 자신을 선포하는 특정한 순간을 겨냥한다.

2 구조에서 과정으로의 전환

근대과학의 패러다임에선, 골격에 해당하는 기본 구조가 있고 거기에 힘이 작용하고 이들이 상호 작용하는 역학관계가 어떤 과정을 일으키는 것으로 생각했다.

새로운 과학의 패러다임에선, 드러난 구조는 모두 안에서 일어나는 과정의 표현이며 전체적인 관계의 그물은 그 본질상 역동적이라고 본다.

계시는 '시간과 무관한 진리'에서 '역사를 통한 선포'로 전환

신학의 옛 패러다임에선, 인간에게 드러내고자 신이 마련한 초자연적 진리의 완성품이 있지만 신이 그것을 보여주는 역사적 과정은 우연일 따름이라 중요치 않다고 생각했다.

새로운 신학의 패러다임에선, 구원사의 역동적 과정 그 자체가 곧 신이 스스로를 선포하는 위대한 진리로 보기에, 이런 계시는 본질상 역동적일 수밖에 없다.

3 객관적 학문에서 인식론적 학문으로의 전환

근대과학의 패러다임에선, 관찰자나 지식을 획득하는 과정과 상관없는 객관적 관찰이 이루어진다고 믿었다.

객관적 학문인 신학에서 인식의 과정인 신학으로 전환

신학의 옛 패러다임에선, 신앙인이나 지식을 얻는 과정의 특성과 상관없는 객관적 신학의 진술이 가능하다고 믿었다.

새로운 과학의 패러다임에선, (지식이 어떤 과정을 거쳐 얻어지는지를 연구하는) 인식론도 자연현상을 기술하는 데 명시적으로 포함돼야 한다고 믿는다.	새로운 신학의 패러다임에선, 직관이나 정감, 신비체험을 통한 비관념적 지식의 획득 방식도 신학적 진술의 중요한 수단에 포함돼야 한다고 믿는다.
아직까지 인식론의 적용 범위가 확실하게 규정된 것은 아니지만, 앞으로는 모든 과학 이론에 인식론적 측면이 중요한 요소로 포함되어야 한다는 데 대한 공감대가 확산되고 있다.	지식을 획득하는 길에 관념적 방식과 비관념적 방식의 비율이 확정된 것은 아니지만, 비관념적 방식도 신학적 진술을 작성하는 지식의 획득에 포함시켜야 한다는 공감대가 확산되고 있다.

4 건물에서 그물로 전환하는 지식의 체계

서구의 과학과 철학에선 수천 년 동안 지식을 기초 법칙, 기초 원리, 기초 단위 등의 건축에 비유하였다.	서구의 신학에선 수천 년 동안 신학 지식을 기초 법칙, 기초 원리, 기초 단위 등의 건축에 비유하였다.
패러다임의 전환이 일어나자 마치 지식의 기초가 모두 무너지는 듯한 느낌이었다.	패러다임의 전환이 일어나자 마치 교리의 기초가 모두 무너지는 듯한 느낌이었다.

건물이라는 비유가 그물이라는 비유로 바뀐다. 우리 현실이 관계의 그물로 여겨지듯, 서술하는 양식도 관찰된 현상들이 서로 얽히고설킨 관계의 그물로 표현된다.

관계의 그물에는 계층적인 위계질서도 없고 특별한 기본 요소도 없다.

건물에서 그물로의 전환과 더불어 이전에는 현실을 관념화한 물리학이 모범이었는데, 이제는 여러 분야의 과학 모두가 나름의 독특한 양식을 내놓으며 서로에게 영향을 준다.

건물이라는 비유가 그물이라는 비유로 바뀐다. 우리 현실이 관계의 그물로 여겨지듯, 신학적 명제도 초월적 실재에 대한 상이한 관점들이 서로 얽히고설킨 관계의 그물로 표현된다.

관계의 그물에서 개개의 관점 모두는 진리에 대한 독특하고 쓸모 있는 통찰을 제시한다.

건물에서 그물로의 전환과 더불어, 모든 믿는 이를 하나로 묶어주는 유일무이한 신학과 권위 있는 교리가 있다는 생각과 신념을 포기하는 쪽으로 바뀌었다.

5 절대치에서 근사치로의 전환

문제의 초점이 신학적 명제에서 거룩한 신비 쪽으로 옮겨 감

데카르트식 패러다임은 과학의 진리를 통해 절대적이고 최종적인 확실성을 얻을 수 있다는 믿음에 토대를 두었다.

전통적 교본 중심의 패러다임은 신학적 지식에 모든 것을 담을 수 있다는 『신학대전』 혹은 요약의 성격을 상정했다.

새로운 패러다임에선, 모든 개념이나 이론들 그리고 발견이란 것도 결국 제한된 범위 안에서 통용되는 근사치임을 인식한다.

새로운 패러다임에선, 신학적 명제란 모두 제한된 것이며 일종의 근사치임을 인정하고 하느님 신비에 더 큰 비중을 둔다.

과학은 실상(reality)을 온전히 이해하는 절대적인 진리가 결코 아니다.

신학은 실상(reality)을 온전히 이해하는 절대적인 진리가 결코 아니다.

어떤 현상과 이에 대한 서술은 정확하게 일치하지 않으므로 과학자는 진리의 절대치를 다룬다기보다 실상(reality)을 제한된 범위에서 근사치로 표현하고자 한다.

신학자는 일반 신자와 마찬가지로, 신학적 명제가 아니라 현실에서 궁극적 진리를 본다. 신학적 명제는 정녕 진실이나 제한된 표현으로밖에 설명할 수 없기 때문이다.

들어가는 말

프리초프 카프라(이후 '카프라'로 줄임) 이야기로 들어가기 전에 먼저 우리에 대해 독자 여러분께 소개해드리고, 아울러 우리가 이런 대화의 자리를 마련한 사연을 설명드리기로 하지요.

우선 제 소개부터 하겠습니다. 저는 원래 천주교에서 유아 영세를 받았고 그 분위기에서 성장했습니다만, 여러 가지 이유로 천주교와 멀어졌지요. 그 대신 동양 종교에 관심이 많았는데, 힌두교와 불교 그리고 도교의 세계와 현대과학, 특히 제 전공인 물리학의 이론들이 놀라우리만치 일맥상통한다는 사실을 발견했을 때 엄청난 충격을 받았습니다. 그리고 이 체험은 두고두고 저의 정신적 성장에 중요한 발판이 되었습니다. 저는 원래부터 정신적인 성장을 추구하는 종교적 기질이 강한 편이었고, 제가 자란 집안 분위기도 늘 그런 편이었습니다. 언제부턴가 동양의 종교 전통에 매료되었고 차츰 동양적인 영성(spirituality)의 추구에 길이 들어, 실제로 도교와 불교와 힌두교는 저의 정신세계에 지대한 영향을 끼쳤습니다. 그러다 보니 자연스레 요즘 우리가 심층생태론(deep ecology)이라 일컫는 전통들에 동화되어버린 셈이었다고 할까요.

그러니까 요 얼마 전까지만 해도 그리스도교는 사실 제가 영성을 구하는 길에 완전히, 아니 적어도 제가 의식하는 선에서는 아무런 흔적이 남아 있지 않았습니다. 그런데 작은 변화가 일어났어요. 우리 딸아이가 세상에 태어나면서, 아니 태어나기 얼마 전이었는데, 데이비드 신부님을 만나 말씀을 나누던 중이었습니다. 그 무렵 신부님이 어느 집 아이한테 유아 영세를 주셨는데 절반은 천주교식, 절반은 불교식으로 치렀다는 말씀을 하셨어요.

데이비드 슈타인들-라스트(이후 '슈타인들-라스트'로 줄임) 그건 천주교와 불교를 반반 섞은 게 아니라, 온전히 천주교식이면서 동시에 온전히 불교식이라고 해야 맞습니다.

카프라 그래요, 저는 그게 무척 흥미로웠습니다. 그래서 그때, 그 무렵 제 아내는 만삭이었는데 우리도 그렇게 하면 참 좋겠다는 생각을 했고, 그 꿈이 이루어진 것입니다. 데이비드 신부님이 집전을 해주신 덕에 우리 아이는 굉장히 아름다운 영세를 받았습니다. 그 아름다운 예식을 치르는 동안 저는 우리 딸아이에게 영성이 충만한 교육 환경을 마련해주리라, 그 영성의 내용에는 동양적인 것만이 아니라 그리스도교의 전통도 '포함' 시키리라 다짐했습니다.

딸아이를 통해 제가 완전히 잊고 살았던 그리스도교에 대해 다시 진지하게 생각하게 된 겁니다. 우리 줄리엣이 벌써 두 살이에요. 조금 있으면 이야기를 알아듣기 시작할 나이지요. 저는 우리 아이한테 '마하바라타'나 다른 인도의 이야기, 불교의 이야기, 중국의 이야기를 들려줄 것입니다. 그리고 그리스도교와 유대교를 비롯해 우리 서양의 종교 전통에서 내려오는 이야기도 해주고, 또 이슬람의 전승에 속하는 수피들의 이야기도 해주고 싶습니다.

이제 두 살 된 아이한테 크리스마스 이야기를 하는 것은 참 즐겁고 쉬운 일이지요. 그런데 앞으로 5년 후 이 아이가 일곱 살만 되더라도 벌써 문제가 생기기 시작합니다. 이야기가 엄청나게 복잡해지거든요. 저는 과학자고, 게다가 동양적 사유에 익숙해 있기 때문에 하나의 현상에 대해 서로 다른 시각과 해석을 갖는 여러 전통이 서로 모순을 일으키지 않게 저 스스로 먼저 정리를 해야 합니다. 내용적으로는 진지하지만, 어린 딸애를 놓고 이 복잡한 내용을 편안하게 설명하려면 또 상당히 고민을 해야 할 것입니다.

제가 서양의 그리스도교 전통에 새롭게 눈을 돌릴 수밖에 없었던 또 하나의 이유가 있습니다. 제 모국어가 독일어라 그런지 독일과 스위스 그리고 오스트리아 등 문화적으로 그리스도교의 뿌리가 깊은 독일어권에서 강연할 기회가 잦습니다. 유럽에서 교회의 위상은 이곳 캘리포니아와 많이 다릅니다. 유럽에서는 강연을 마치면 거의 예외 없이 누군가 이런 질문을 던집니다. "당신의 세계관에서 하느님의 자리는 도대체 어디입니까?"

그리스도교가 종교로서만이 아니라 문화의 한가운데 있는 유럽에서는 지극히 자연스런 질문입니다. 여러 문화와 종교가 공존하며 섞여 있는 이곳 캘리포니아와 비교할 때, 유럽은 아무래도 신(神) 중심의 사유가 일반적입니다. 하기는 미국이나 캐나다도 어쩌면 이런 식의 사유가 훨씬 일반적일 것입니다. 이곳 캘리포니아가 북미의 다른 지역에 비해 진보적인 흐름이 두드러진 곳이라 '뉴에이지(New Age)'라든지 '새로운 패러다임'이라든지 하는 새로운 문화의 조류가 앞선 곳이긴 하지요.

그런데 최근 들어 독일에서는 오히려 천주교와 개신교 할 것 없이 신과학을 비롯한 새로운 시대의 각성에 깊은 관심을 보이고 있습니다. 유럽 전역에 일고 있는 새로운 영성의 태동이라 할까요, 이런 문제에 교회가 상당한 노파심을 갖고 있습니다.

이런 현상을 어떻게 해석하고 수용해야 좋을지 퍽 당황스러워합니다. 그런 문제를 진지하게 숙고하는 자리가 많아지고, 그런 곳에서 저를 자주 초대합니다. 이를테면 바예른 가톨릭 아카데미에서 '뉴에이지 운동과 그리스도교'라는 주제로 커다란 행사를 주관한 적이 있어서 뮌헨에 갔더랬고, 또 개신교에서 주관하는 행사에 참석하느라 슈투트가르트에 가서 거의 마찬가지 얘기를 했습니다. 새로운 영성의 시대를 맞이하면서 이제 그리스도교는 어떻게 변모할 것인가, 뭐 이런 식의 토론이 사회적으로 아주 큰 관심을 끌고 있습니다.

이런 흐름을 타다 보니 저도 자연스레 이 문제에 관심을 갖게 되었고, 마침 데이비드 신부님과 함께 이런 자리를 마련하여 뜻깊은 대화를 나눌 수 있게 된 점, 대단히 기쁘게 생각합니다. 서로 다른 문화적 배경에서 전혀 상이한 배움의 길을 걸어온 저희들이, 문명의 전환이라는 커다란 역사적 맥락에서 과연 서양 문명의 중심이었던 그리스도교가 이제 어떠한 의미와 전망을 제시할 것인가, 이런 물음을 앞에 놓고 우리는 여러 각도에서 대화를 전개해보려 합니다.

슈타인들-라스트 조금 아까, 아이의 탄생을 기리는 예식에 대해 말씀하셨죠, 프리초프. 불교와 그리스도교의 합동 영세라 부를까요, 아니면 수계식이라 할까요. 그 예식에 대해서 덧붙이고 싶은 설명이 있는데 그걸 한번 화두로 잡아보겠습니다.

마린 카운티에 있는 그린 걸취라고, 샌프란시스코의 선원(禪院)에서 행해진 일이었습니다. 아이의 부모는 양쪽 다 정식으로 수계(受戒)한 승려였는데 그분들은 동시에 솔선하는 그리스도인이기도 했습니다. 여러 선원에서 그런 분들이 늘고 있습니다. 그리스도교를 배척하고 선(禪)의 길로 들어서서 10년 혹은 20년이란 긴 세월을 두고 선을 수행하다가 새로운 차원의 그리스도교를 재발견하는 사람들이 늘어납니다. 그런 사람들 가운데는 아이를 그리스도교의 전통에 접목시키고 싶어 하는 경우가 많습니다. 유아 영세란 새로 태어난 아기를 그리스도교의 전통에 접목시키는 예식입니다. 불교와 그리스도교, 두 가지 전통을 올바로 이해하기만 하면 실은 이들이 서로 배척하는 사이가 아니기 때문에 한 아이를 두 가지 전통에 함께 접목시키는 일이 가능했던 것입니다. 그곳에 거주하시는 스님들과 예식에 참석하느라 외부에서 오신 인사 모두가 깊은 이해와 큰 기쁨으로 이 예식을 축하했습니다.

카프라 제 생각에는 다른 측면이 또 하나 있는데, 유아 영세를 받는 일이 개인적인 믿음하고만 관계가 있는 것은 아닙니다. 그리스도교라는 일상적인 문화가 아이의 정신적인 배경으로 자리를 잡는 것이죠. 예컨대 함께 살던 동물이 죽거나 할아버지가 돌아가셨을 때 죽음이 뭔지 알아야 하듯, 어차피 세상을 살아가려면 악과 폭력에 대해서도 알고 있어야 합니다. 어쩔 수 없는 세상살이의 일부라서, 있는 그대로 받아들이는 법을 배워야 한다는 뜻입니다.

　세상살이의 이런 어두운 면에 비해 종교는 한결 밝고 긍정적인 면이 많은데, 예컨대 우리 딸은 어차피 그리스도교와 관계가 깊은 이 사회의 문화 배경에서 성장할 테고, 그러니까 설사 나 자신이 그리스도교에 별다른 매력을 느끼지 않더라도 아이한테는 이 문화를 자연스레 받아들일 수 있는 길을 열어주고 싶었던 것입니다.

슈타인들-라스트 그런 식의 유아 영세란 사실 완성이 아니라 하나의 약속입니다. 앞으로 겪어야 할 모든 일에 대한 '열린 마음'을 뜻할 뿐입니다. 영세식 때 돌린 안내문에도 이렇게 적었더랬습니다. "이 자리에 참석하신 불교도나 그리스도교인 가운데는 아직 좀 어색하고 불편하신 분도 계시리라 믿습니다. 그러나 우리, 이것을 하나의 약속으로 생각합시다. 아이가 다 자라면 이 약속은 훨씬 완성에 가까워져 있을 것입니다. 이 아이와 함께 자라는 친구들은 두 가지 서로 다른 종교의 전통이 얼마나 편안하게 서로 화합할 수 있는지 훨씬 잘 이해하게 될 것입니다."

그리고 프리초프, 그다음에 말한 또 다른 측면을 생각해보세요. 지금은 따님한테 얘기를 해주는 데 어려움이 없지만, 이제 곧 아이가 자랄수록 자꾸 힘들어질 거라고 말씀하셨죠? 그건 많은 사람들이 겪는 일입니다. 왜 그런 줄 아십니까? 우리들 이야기의 수준이 한결같이 유치한 상태에 머물러 있기 때문입니다. 조금만 더 성장하면 더 이상 귀를 기울이며 듣고 있을 수가 없단 말이지요. 아이들 머리가 굵어지면 그에 합당한 단계로 이야기도 발전해야 할 텐데, 그런 건 별로 나와 있는 게 없습니다. 이 점은 정말로 숙고해야 할 중요한 관건입니다.

다른 면으로는 나무랄 데 없는 어른이지만, 종교적으로는 이상하게 아무런 성장도 이루지 못한 사람이 세상에는 너무나도 많습니다. 교육 정도가 매우 높은 과학자나 전문가 중에도 이런 사람이 무척 많지 않습니까? 특정한 종교에 열심인 사람들도 실은 마찬가지입니다. 자기 종교에 대해 어른스러운 인식이나 표현을 하지 못하니까 말입니다.

　프리초프, 당신은 대단한 축복을 받았습니다. 이제 따님과 함께 한발 두발 정신적인 성장의 길을 따라갈 수 있는 기회가 생겼으니까요. 예컨대 따님에게 동화를 읽어줄 때, 아이는 아마 어른들과는 조금 다른 뜻으로 그 이야기를 받아들일 것입니다. 그러다 사춘기가 되면 이런 건 모두 다 엉터리라고 내다 버릴지도 모릅니다. 그렇지만 어른이 되면 다시 돌아와 어느새 깊은 뜻을 깨닫고 새롭게 받아들이지요.

　이런 대화의 자리를 마련한 사연과 관련해 저 자신에 대해서도 조금 말씀드리겠습니다. 저 역시 독일어권 나라에 초대받아 그곳에서 자주 강연을 하는 편이고, 그때마다 '뉴에이지와 그리스도교 신앙이 어떻게 조화를 이룰 수 있느냐?' 하는 질문을 받습니다. 여러 분야의 과학자와 종교인들이 함께 모여서 20세기 이후 새로운 지평을 열어 보인 신과학을 주제로 하는 컨퍼런스나 심포지엄에 초대받은 자리에서도 비슷한 질문을 받습니다. 그러다 보니 자연스럽게 새로운 과학에 대해 더 많이 알고 싶은 관심이 생겼습니다.

　저는 어렸을 적에 그림을 참 좋아했습니다. 그림은 저의 첫사랑이었고 삶의 최고 가치였습니다. 그런데 원시미술과 아동미술로 관심이 옮겨 갔어요. 그러다 보니 점점 심리학과 인류학 쪽으로 관심이 넓혀져, 박사 논문은 심리학으로 썼습니다. 그런데 당시 제가 공부하던 비엔나의 심리학 사조는 정밀한 자연과학식 방법에 최대한 접근하는 것이었습니다. 안락의자에

환자를 눕혀놓고 정신분석에 몰두하는 프로이트식의 심리학에서 탈피하여, 실험 쥐를 대상으로 자극과 반응의 인과관계를 절대적인 수치로 나타내야 직성이 풀리는 이른바 과학적 심리학을 추구했지요. 저도 그때는 그게 아주 좋았습니다. 그러니까 그때 제법 근대과학의 맛을 보았던 셈이고, 그래서 이런 토론에 끼는 걸 더욱이나 좋아합니다.

저는 미술과 심리학 공부를 모두 마친 다음에 수도원에 들어왔습니다. '전문적인 종교인의 생활'이라고 사람들은 생각할지 모르겠어요. 하지만 저는 종교적인 생활에 몰입하면 할수록, 인간의 삶을 채우는 요소로서 예술과 과학의 위대한 의미가 선명해집니다. 그런 맥락에서 우리의 대화가 저 개인한테는 각별한 의미가 있습니다. 아마 그건 여기 대화를 나누는 우리 모두에게 마찬가지리라 생각합니다. 마침 종교와 과학에 대해 이러한 공개 토론에 나섰기 때문이 아니라, 개인적으로 절실한 그 무엇을 여기 우리 둘, 그리고 이 자리를 함께하신 토마스 신부님도 역시 공유한다고 느끼거든요.

토마스 매터스(이후 '매터스'로 줄임) 데이비드 신부님 말씀대로 예술과 과학 그리고 종교의 복합적인 관계는 제게도 늘 핵심적인 주제입니다. 한데 저는 천주교의 분위기에서 성장하지 않았다는 게 두 분과 다른 점입니다. 우리 집에는 특정한 종교가 따로 없었습니다. 아버지 쪽은 폴란드에서 이민 온 후손이고 외할아버지는 침례교회에 나가 설교를 하시던 분이니까 부모님은 두 분 다 종교적으로 엄격한 환경에서 성장하셨지만, 제가 태어나기 전에 이미 교회의 틀에서 벗어나 계셨습니다. 그러니까 저한테도 하느님을 만나는 영성에 대해서는 상당한 관심을 깨우쳐 주셨지만 결코 특정 종교의 형식을 강요하지는 않으셨습니다.

제가 어렸을 때 어머니는 종교적 영성을 일깨우는 뉴에이지 서적을 많이 보셨습니다. 동양철학에 관한 책도 읽으셨고요. 덕분에 저는 십대 초반부터 힌두교와 불교를 접할 수 있었고 무척 신선한 충격을 받았습니다. 물론 그리스도교는 먼저 알았던 상태라 성서 공부도 하고, 또 침례교회의 주일학교에도 가끔 나갔습니다.

제가 동양 종교의 전통에 처음 접하게 된 계기는 파라마한사 요가난다(Paramahansa Yogananda, 1893~1952)의 자서전인 『어느 요기의 이야기(The Autobiography of a Yogi)』[1]라는 책을 통해서였습니다. 이 책에서 요가난다는 이미 1930년대에 나타나고 있던 새로운 과학의 패러다임에 대해 두 명의 영국 과학자, 아서 에딩턴(Arthur Eddington, 1882~1944)과 제임스 진스(James H. Jeans, 1877~1946)의 말을 인용합니다. 여기서 저는 서양의 이론물리학과 동양의 요가 전통, 두 가지 방향 모두에 상당한 관심을 일깨운 셈이었습니다. 그래서 상대성 이론과 양자역학에 관해 쓴 대중적인 개론서를 구해서 읽어봤는데, 수학적인 내용까지 다 따라갈 수는 없었지만 적어도 이 새로운 물리학이란 분야가 어떻게든 종교적인 영성과 모종의 관계를 맺고 있으리라는 감을 잡을 수가 있었습니다.

---

[1] 우리나라에는 『요가난다: 영혼의 스승들』(김정우 옮김, 정신세계사, 1984)이라는 제목으로 소개되었다. (이하 각주는 모두 옮긴이가 단 것임을 밝힌다.)

또 다른 면에서 저는 데이비드 신부님과 다른 경험을 가졌습니다. 특정한 종교의 분위기에서 성장한 건 아니었어도 열여섯 살이 될 때부터 내 운명, 내 소명이 따로 있다, 출가를 해서 도를 닦으리라는 강한 믿음이 있었습니다. 힌두교의 수도승이 될지, 그리스도교의 수도승이 될지 구체적인 결정은 나중에 했지만 말입니다.

결국 저는 여기 빅서 해안에 있는 가말돌리회²에 들어왔습니다. 물론 그건 제가 전통적인 그리스도교 믿음으로 제 삶의 방향을 결정한 다음의 일이었지요. 대학을 다니는 동안 저는 나름대로 천주교 신앙의 진실성을 확인할 수 있었고, 그래서 교회를 제 구도의 기반으로 삼을 준비를 했습니다. 그 당시 아직 몇 가지 의문은 남아 있었는데, 마침 로스앤젤레스 근처의 베네딕트회³ 수사님 한 분을 알게 되었습니다. 중국분이셨는데,

---

2 1012년, 이탈리아 중부 아레조 부근의 가말돌리(Camaldoli)에서 성 로무알도(St. Romualdo, 951~1027)가 창립한 수도 단체이다. 수도회 개혁 운동의 흐름 속에 베네딕트회로부터 파생한 이 관상 수도회는 수도자 사이의 공동생활을 최소한으로 줄이고 장기간의 단식과 침묵, 노동 등을 장려하여 처음엔 수도원을 세우지 않았다. 그러다 1세기가 지난 후에야 수도원을 세우고 공동생활을 시작했다.

3 성 베네딕트(St. Benedicus, 480~546)의 수도회칙을 준수하는 수도회로, 여러 지류가 있다. 전 세계 곳곳에 흩어져 있는 각각의 베네딕트회는 어느 한 지역에 있는 베네딕트회와 종속 관계를 맺는 것이 아니라, 똑같이 성 베네딕트의 수도회칙을 준수하지만 운영은 독자적으로 한다. 이 책에서 카프라와 대화를 나누는 데이비드 신부는 베네딕트회 수사 신부이다. 한국 선교를 목적으로 독일 성 오틸리엔에서 발족된 베네딕트회는 1909년 서울 혜화동에 터를 잡았다. 1920년 함경도 원산 근처 덕원으로 이전했으나, 1949년 공산주의자들에 의해 강제 해산되고 일부는 사형 당하거나 수감되는 등 혹독한 수난을 겪었다. 그 후 1952년 경북 왜관에 다시 터전을 잡아 오늘날에 이르고 있다.

그분 말씀이 다른 종교의 전통에서 배운 것을 배척할 필요가 없다는 것이지요. 그 말씀에 모든 문제가 해결되었습니다. 그때가 1960년이었으니까 제2차 바티칸 공의회가 열리기 바로 전이었고, 곧 이어서 가톨릭교회에 새로운 개혁이 일어나던 시절이었습니다. 그 무렵에 그런 분을 만난 것은 제 삶을 통틀어 커다란 축복이었습니다. 그분의 말씀을 아직도 생생히 기억합니다. "당신이 겪어온 모든 것을 그대로 겪지 않았더라면 지금 모습대로의 당신도 있을 수 없을 터인데, 어떻게 그것을 버릴 수 있단 말입니까?"

이곳 수도원에 들어온 후, 제가 갖고 있는 종교일치적인(ecumenical) 성향 때문에 모종의 불화가 있었던 것도 사실입니다. 생각보다 심하게 제지를 하더군요. 수련 시절에는 요가나 동양 종교에 관한 책을 일절 읽지 못하게 금지당하기도 했습니다. 그러나 언제고 한번 제대로 공부를 하리라는 희망은 포기하지 않았고, 그래서 기회가 왔을 때 그것을 실컷 누릴 수 있었죠.

여기 모인 우리 세 사람은 각자 서로 다른 배경에서 살아왔지만 이렇듯 상당히 비슷한 관심을 나눠 갖고 있음이 분명해졌습니다. 잠깐 이런 대화의 자리가 어떻게 이루어졌는지를 언급하고 넘어가지요. 먼저 과학의 새로운 패러다임에 대해 프리초프 쪽에서 뽑아낸 몇몇 준거를 놓고 두 분이 편지를 주고받으셨어요. 도표를 만들면서 한창 의견을 교환하고 있을 때였는데, 혹시 신학에도 비슷한 틀의 기준을 만들어볼 수 있을지, 데이비드 신부님이 제게 물어오셨습니다.

그래서 대략 초벌 작업을 해본 결과 과학과 신학의 두 가지

틀 사이에 나타난 유사성을 놓고 우리 셋은 놀라움과 반가움에 흥분하지 않을 수가 없었고, 이를 계기로 새로운 패러다임의 사유법에 대해 토론을 벌이며, 그걸 한번 기록해보면 어떨까 하는 제안이 나왔습니다.

자, 그럼 저는 이제부터 두 분이 말씀하시는 걸 옆에서 잘 듣고 있다가 혹시라도 신학의 역사나 종교의 역사에 대해 말씀드릴 게 있다 싶으면 그때그때 끼어들도록 하겠습니다.

1부

과학과 신학

카프라 아주 일반적인 것으로 과학과 신학의 관계에 대한
이야기부터 시작해보겠습니다. '패러다임의 전환'이란 개념은
자연과학에서 먼저 잡혔는데, 이를 다시 신학 분야에 적용할 경우
이러한 개념이 과연 수용 가능한지 아닌지를 확인해야 할
것 같습니다. 이를 확인할 수 있는 아주 일반적인 질문이
몇 가지 있는데, 자연과학 그리고 신학의 목표는 대체 무엇이며,
이들은 어떤 방법을 사용하는지에 대해 살피면서 정리해보겠습니다.
그런 다음 자연과학의 진보와 관련한 몇 가지 특징적인 면모를
조금 말씀드리겠습니다. 이에 대해 논의를 하다 보면
자연스럽게 패러다임에 대한 이야기로 좁혀질 것입니다.

1. 과학과 신학의 목표와 의미

카프라 제가 생각하기에 과학의 목표는 이 세상에 대한, 즉 우리의 '실상(reality)'에 대한 지식을 획득하는 것입니다. 지식을 획득하는 길은 여러 가지가 있는데, 과학은 그 많은 길 중 한 가지입니다. 그런데 과학만이 길이 아니고, 또 과학만이 최선이 아니라 여러 가지 가능한 길 중에 하나라는 생각, 바로 이런 생각도 과학의 입장에서는 기존에 없던 새로운 사고방식이라 할 수 있습니다.

물질로 된 세계의 체계적인 지식을 가리키는 '과학(science)'이란 말은 아시다시피 그리 오래전부터 쓰던 말이 아닙니다. 르네상스 이전에는 이러한 지식을 자연철학이라 했거든요. 다시 말해서 과학과 철학이 나뉘어 있지를 않았습니다. 뉴턴이 근대적인 의미에서 처음으로 과학을 수학으로 공식화시켰을 때에도 그 작업의 결과물에 대해서는 '자연철학의 수학적 원리'라는 이름을 붙였으니까요.

자연과학과 자연의 정복

카프라 오늘날 과학의 목표는 자연을 정복하고 마음대로 제어(control)하는 것인 양 인식되어 기술(technology)과 밀착된 관계를 맺고 있습니다. 과학을 하는 사람 중에는, 저도 마찬가지 입장인데요, 과학 지식을 어떻게 기술적으로 응용하는지와는 상관없는 순수과학으로 여기면서 세상 자체에 대한 지식을 추구하는 경우도 많습니다. 그러나 실은 순수과학에서조차 자연을 제어할 수 있게 되는 것이 곧 자연과학적인 방법이라는 치우친 분위기가 확산되어, 과학과 기술을 거의 같은 뜻으로 혼동하는 점은 참으로 안타깝습니다.

새로운 패러다임을 제안하는 신과학 운동의 입장에서는 이러한 혼동을 가부장적 태도라 규정하고요, 인간이 자연을 제어한다는 생각은 이제 과학에서 없어져야 할 시대적인 착오라고 규탄합니다. 이제 과학은 다시 자연과의 공조 아래 자연현상에 대해 폭넓은 이해를 할 수 있는 방향의 지식을 추구하고, 그래서 자연과 더불어 잘 지내는 방법을 터득하는 쪽으로 가야 한다고 주장합니다. 동양의 성인들이 말씀하셨듯이 '자연의 이치를 따르고 도(道)의 흐름에 몸을 맡기는' 그런 과학이 되어야 한다는 것입니다. 유럽에서도 중세에는 과학이 '신의 영광을 드러내기 위해서'라고 하지 않았습니까? 다 같은 맥락입니다.

자, 이제 과학 이야기를 했으니 신학에 대한 말씀도 듣고 싶습니다. 신학의 목표는 무엇이며, 신학은 제도화한 종교 그리고 인간의 내면으로 흐르는 영성과 어떤 관계를 맺고 있는지에 대해 이야기해주십시오.

영성과 종교

매터스 그 질문에 대해 옛날부터 전해오는 공식이 있습니다. 종교 없는 영성은 가능하지만, 영성 없는 종교는 불가능하다. 제대로 된 종교라면 영성을 빼놓고는 안 된다는 얘기입니다. 그다음에, 신학의 이론이 없어도 종교는 가능합니다. 그러나 종교와 종교적 영성 없이 제대로 된 신학이 나올 수는 없는 일입니다.

제가 생각하기에 무엇보다 앞서는 것은, '체험'을 통해 느끼는 영성입니다. 바로 지금, 여기서, 내가 직접 만나는 절대적인 영적 존재라 해야 할까, 그러한 내용의 실체를 직접 보고 아는 것입니다. 그런 다음 뭔가 '실천'이 따르는데 실천은 뭐냐 하면, 이러한 영성의 체험을 통해, 이 세상에서 내 삶을 살아가는 길이 변화하는 것입니다.

카프라 그럼 종교는 무엇이죠? 그러한 영성의 체험을 제도화한 것인가요?

매터스 제도화한 것은 그다음의 모습입니다. 제도란, 영성에 대한 원초적 체험이 종교적인 것으로 변모하면서 나타난 여러 결과의 하나일 뿐입니다. 그것보다 더욱 중요한 것은, 원초적인 체험을 말이나 개념으로 표현하고 그 뜻을 이해하는 과정에서 종교적 영성이 윤곽을 갖춰가는데, 거기서 '지성'적인 차원이 시작된다는 점입니다. 그리고 그 경험을 거울 삼아 한 공동체의 삶과 행동의 지침을 세우려 할 때, 거기서는 다시 사회적인 차원이 나타난다는 점이 중요합니다.

슈타인들-라스트 불교니 그리스도교니 하는 종교적 현상 모두를 통칭해서 부를 때의 종교와 그중의 어느 특정한 종교를 택해서 부를 때의 종교는 내용상 차이가 있습니다. 전혀 다른 맥락을 얘기하는 수가 많거든요. 라이문도 파니카[1]는 그래서 종교가 언어와 비슷하다는 얘기를 합니다. 언어라고 얘기할 때는 그냥 말이라고 하는 일반적인 뜻으로도 쓸 수 있지만, 영어니 독일어니 한국어니 하는 특정 언어를 가리킬 때와는 내용이 달라집니다. 누구도 '보편 언어'를 사용해서 말할 수는 없습니다. 우리가 하는 말은 영어이거나 독일어이거나 한국어입니다. 이 점은 대단히 중요한 통찰입니다. 개인에게 종교는 특정한 종교의 양식을 통해서 들어온다는 사실 말입니다.

우리는 지금 개별 종교가 아니라 일반적이고 보편적인 뜻에서의 종교를 말하고 있는데, 개별 종교의 원천이 되는, 그러니까 모든 종교가 거기서부터 흘러나오는, 전적으로 '종교성'이라는 의미에서의 종교입니다. 이런 뜻에서의 종교는 우리 일상의 차원으로 보면, 사실은 종교적인 영성을 말합니다. 그것이 제도화된 모습일 때, 그때는 하나의 특정한 종교가 되는 것이지요.

일반적 의미에서의 종교를 말할 때, 이는 우리가 절정의 체험으로부터 기억하는 어떤 것, 신비로움과의 대면입니다. 인간이 가진 종교적인 본성은 뭔가 참된 의미를 갈구하는 것이라고 얘기할 수 있을 텐데, 절정의 체험을 통해 우리는 '의미'를 발견합니다. 그런 순간에는 모든 게 심오한 의미를 갖습니다. 삶과 죽음, 그 밖의 모든 게 말입니다. 상당한 세월 막막하고 아득하게 갈구하던 어떤 것을 딱 잡아 들었을 때, "아, 이거

---

1 라이문도 파니카(Raimundo Panikkar, 1918~2010): 가톨릭 신부로, 스페인에서 태어난 인도 출신의 종교학자. 스페인, 독일, 이탈리아, 인도 등지에서 공부하고 마드리드, 로마, 케임브리지, 하버드 등지에서 종교사와 비교종교학을 가르쳤다.

구나!" 하고 탄성이 터져 나오는 법이거든요.

통찰과도 같은 것입니다. 명료한 생각이나 개념이 아니고요. 그러한 통찰이 이루어지는 순간은 그치지 않던 끝없는 갈증이 씻은 듯이 가라앉고, 잠시라도 진정으로 편안하게 쉴 수가 있습니다. 그렇지만 이 휴식은 그대로 드러누워 가만히 있는 게 아니라 무언가를 생산하는 역동적 휴식입니다. 어딘가에 차분히 귀속되어 들어가며, 이제 드디어 무엇인가 더 새로운 것을 열망하도록 힘을 얻는 휴식입니다. 이렇게 살아서 움직이는 힘 속에 참된 종교의 본질이 있음을 우리는 알 수 있습니다.

카프라 그 절정의 체험을 좀더 설명해주시겠습니까? 그게 영성을 뜻하는 건가요?

슈타인들-라스트 글쎄요, 저는 영성을 조금 다른 식으로 이해합니다. 종교적 체험이란 것이 행동으로 터져 나올 때, 그러니까 일상생활을 통해 종교적인 체험이 묻어 나올 때, 저는 특별히 그런 것들을 영성이라고 봅니다. 영성은 우리의 일상 두루두루에 의미를 부여합니다. 강렬한 체험을 했다 하더라도 그냥 잊어버리고 옛날하고 똑같이 살아간다면, 그건 영성이 아니지요.

카프라 그러니까 영성이란, 종교적인 체험이 일상으로 젖어드는 존재 양식이겠군요.

슈타인들-라스트 맞습니다. 영성이란 음식을 먹는 일, 글을 쓰는 일, 그리고 손톱을 깎는 일에도 모두 종교가 스며들도록 해줍니다.

카프라 신부님께서 말씀하시는 종교라는 것, 그러한 통찰에 대해서 좀더 명확하게 알고 싶습니다. 평소 생활하면서 저도 가끔은 뭐 답답하고 궁금했던 것, 종교와는 전혀 상관이 없는 새로운 테크놀로지라든가 한동안 감을 못 잡던 어떤 내용을 어느 순간 "아하!" 하고 가닥을 잡게 되면 바로 그 '편안한 휴식'을 맛볼 때가 있습니다.

신부님께서는 모든 것이 심오한 의미를 갖는 특별한 휴식이라고 표현하셨는데, 제가 얘기하는 것과는 뭐가 다른 건지요?

슈타인들-라스트 우리 인간은 모두 나름대로의 커다란 질문을 하나씩 품고 있습니다. 이는 우리 안에서 생겨난 질문입니다. 대부분, 아니 어쩌면 영원히 이런 질문은 겉으로 표현되어 드러나지 않을 수도 있습니다. 그러나 우리의 삶은 그 자체가 무엇을 찾아 헤매는 하나의 질문입니다. 그러다 불현듯 뭐 대단한 이유가 있는 것도 아닌데, 갑자기 어떤 답을 얻는 수가 있습니다. 그 답은 흘낏 하고 스쳐갈 뿐 정확한 윤곽이 잡히는 건 아닙니다. "아, 이거구나!" 하는 느낌만 드는 것입니다. 그건 뭐, 요람 속의 아기가 방긋 웃는 모습을 보는 순간일 수도 있을 겁니다. 아기 엄마나 아빠가 바로 그 방긋 웃는 미소에 "아, 이거구나!" 하는 체험을 할 수가 있다는 말입니다. 이런 게 아마도 우리가 헉헉거리며 살아가는 고된 삶 중에서 가끔 '편안한 휴식'을 취하는 경우가 아닐까 싶어요. 그런 경우를 두고 말씀하시는 게 아닌지 모르겠습니다.

카프라 맞습니다. 하지만 제가 생각하는 것은 특별히 종교나 영성을 통해 도달하는 좀 다른 어떤 건데요, 그러니까 우리가 우주와 깊은 관련을 맺고 있다는 느낌이라고 해야 할까요? 아기의 미소에도 분명히 이런 면모가 있거든요. 아기의 미소가 곧

나의 미소입니다. 내가 아버지여서도 그렇지만, 사실 모든 아기의 미소는 다 나의 미소이기도 합니다. 그렇게 부를 수만 있다면 돌고래의 미소도 나의 미소고요.

그레고리 베이트슨(Gregory Bateson, 1904~1980)은 난초와 앵초를, 그리고 돌고래와 고래를, 또 이들 모두와 나를 연결지어 주는 '양식(pattern)'이 있다고 늘 말했습니다. 이런 뜻에서 우리가 우주 전체와 깊은 관련을 맺고 있다는 느낌은 제겐 종교적 체험의 본질입니다.

매터스 그런 걸 '귀속감'이라 표현해도 괜찮겠습니까?

슈타인들-라스트 바로 그렇습니다. 귀속감이라는 말, 저도 즐겨 쓰는 표현입니다.

매터스 '귀속(belonging)'은 두 가지 뜻으로 나뉠 수 있습니다. '이것이 나에게 속한다'는 맥락에서는 내가 그것을 소유한다는 뜻입니다. 그에 비해 '내가 어딘가에 속한다'고 할 때는 나를 누가 소유한다는 뜻이 아니라, 친밀한 느낌으로 좋은 관계를 맺는다는 뜻입니다. 남녀 사이의 사랑하는 관계든, 하나의 공동체나 종교 혹은 전체 우주의 차원이 되었든 나보다 더 큰 어떤 현실에 함께 참여하는 것입니다. 그러니까 '내가 어디에 속한다'는 얘기는 '여기가 내 자리다', '이거구나' 하는 뜻이고, '나 여기 있노라' 하는 뜻도 됩니다.

슈타인들-라스트 '내 집에 있다'는 뜻이죠. 조금 다른 식의 그림도 가능할 것입니다. 제가 아까 그렇게 말씀드렸지요. 우리 삶은 그 자체가 무엇을 찾아 헤매는 하나의 질문이라고요. 그러면서 때로는 버려진 고아 같은 느낌이 들 때가 있습니다. 길을 잃은 것 같지요. 황망히 헤매면서 뭔가를 찾고 있다는 느낌 말입니다. 그러다 어느 순간, 뭐라 정확히 설명할 수는 없는데, '이제 내 집에 왔다. 여기가 내 집이다. 나는 어딘가에 속한다. 나는 혼자 버려진 게 아니다. 어딘가에 속해 있다'는 느낌이 들 때가 있는 것입니다. 흔히는 상당한 체험을 동반하는 경우도 있지만 이렇다 할 일이 전혀 없을 때에도 종종 그런 경우가 있습니다. '나는 모든 인간에 다 속한다.' 주변에 누가 있어주지 않는데 그런 느낌이 선명하게 드는 것입니다. 나는 온갖 동물과 온갖 식물에 다 속한다. 이런 귀속감이 생기는 까닭은 이들과 함께 내 집처럼 편안하기 때문입니다. 이들에 대해, 이들을 위해 책임이 생기고요. 그들 모두가 나에게 속하듯 나 역시 그들 모두에게 속하니까요. 이 거대한 우주의 통일성에 우리 모두가 다 함께 속한다는 말입니다.

그러면 여기서부터 어떻게 어느 길을 따라서 과연, 우리 주변에 있는 구체적인 종교로 이어지느냐, 더 나아가 개인적인 종교로까지 연결되느냐 하는 중요한 질문이 생깁니다. 여기에서는 신학의 단계, 윤리의 단계 그리고 예식의 단계, 적어도 이렇게 세 가지 단계를 생각할 수가 있을 것입니다.

처음에는 지성적 사고가 중심인 신학의 단계가 시작됩니다. 여기에는 과학과도 상당히 닮은 점이 있을 것입니다. 예컨대 조금 각별한 경험을 했다고 칩시다. 마음속으로 깊은 감동을 느끼고 존재론적으로 거기에 빠져드는 그런 경험일 경우, 우리는 그에 대해 여러 가지 생각을 곱씹어볼 것입니다. 이러저러한 성찰을 통해 식견을 넓힐 수가 있습니다. 여기가 바로 신학의 자리입니다. 신학이란 종교가 함축하는 내용이 무엇인지를 이해하려는 노력입니다. 우리의 지성을 십분 발휘하여, 귀속감이라는 종교적 체험을 차분하게 탐구하는 작업입니다.

신학·윤리·예식

카프라 어원을 따져보면 종교(religion)는 서로 연관되어 있다는 뜻에서 비롯했고요, 신학(theology)이란 신(theos)을 공부한다는 뜻이니까 말 그대로 신에서 나왔습니다. 그런데 데이비드 신부님 말씀을 들어보면, 신학이라고 해서 꼭 신의 개념이 필요한 건 아닌가 봅니다.

슈타인들-라스트 '신(神)'이라는 호칭이 꼭 필요한 것은 아니지요. 저 같은 경우는 특히 함께 이야기 나누는 사람들이 불편해할 것 같으면 가능한 한 '하느님' 소리는 삼갑니다. 공연히 부담을 줄 필요는 없으니까요. 많은 경우 '하느님'이라는 말은 사실 불필요한 오해를 사기 때문에 여간 조심해서 쓰지 않으면 안 됩니다.

매터스 원래 '신학'이라는 말은 종교적 교리의 체계적인 연구라기보다는 신비체험에 초점이 맞춰졌더랬습니다. 오래전 소아시아 폰티쿠스에서 그리스도교 수도자로 살았던 에바그리우스 폰티쿠스(Evagrius Ponticus, 345~399)가 남겨놓은 글[2] 중에, "참된 마음으로 기도하는 자가 곧 신학자이며, 참된 신학자라

---

2 에바그리우스 폰티쿠스, 허성석 옮김, 『프락티코스—수행 생활에 대한 가르침』, 분도출판사, 2011.

면 어떻게 기도하는지를 알리라"는 구절이 나옵니다. 격언 같기도 하고 구호 같기도 한데, 이 구절은 신학을 '이름 붙일 수 없는 신비 속으로의 몰입'이라고 정의한 셈입니다.

슈타인들-라스트 하느님이란 말은 사실, 서로 다른 문화 전통에서 살고 있지만 가장 거룩하고 가장 깊은 영성을 추구하는 사람한테는 모두 다 공통된 어떤 존재를 가리킵니다. 이런 의미에서라면 하느님은, 귀속감이라 했죠? 내 집에 있는 듯 편안한 느낌, 그 얘기로 다시 돌아갈 수 있겠습니다. 하느님은 그러한 귀속감이 한군데로 향하는 하나의 기준점입니다. 우리의 궁극적인 귀속점이라 할 수 있는 유일한 실재, 아울러 우리의 가장 친밀한 곳에 속하는 존재, 이 존재를 가리켜 하느님이라 부르는 것이지요.

카프라 그런데 신학이란 특별히 그리스도교 신학을 가리키는 이름이 아닙니까?

슈타인들-라스트 궁극적 실재(Ultimate Reality)를 '신'이라고 부르는 종교 전통, 그러니까 유신론적인 전통이 있는 곳에서는 어디서든 쓸 수 있는 이름이 아닐까요?

카프라 그렇지만 지금 나누는 대화 중의 신학은 그리스도교 신학을 말하는 거죠?

슈타인들-라스트 그렇긴 하지요. 하지만 일부러 제한을 둘 필요는 없을 겁니다. 여러 다른 종교들의 통찰을 두루 포괄하면 신학적으로 더욱 정갈한 인식을 얻을 수 있으니까요.

카프라 저희들의 대화를 통해 그런 가능성도 탐지해보도록 하겠습니다. 종교의 본질이라는 주제에 대해 데이비드 신부님이 아까 신학, 윤리, 예식, 이렇게 세 단계를 말씀하셨는데, 이제 신학 말고 다음 단계로 넘어가보겠습니다.

슈타인들-라스트 그렇게 합시다. 사실 지금 우리 대화에서 신학 말고 다른 두 가지는 그렇게 중요한 얘기가 아닙니다. 하지만 일반적인 개념의 종교 말고 어느 특정 종교를 믿게 되었을 때 사람들은 그 종교의 신학 혹은 교리를 배워 자신의 경험들을 지성적으로 소화하는 방법만 배우는 게 아닙니다. 뭐는 반드시 해라, 뭐는 절대 하지 말라면서 종교마다 가르치는 윤리와 도덕이 있습니다.

도덕은 물론 아까 이야기했던 귀속감에서 비롯하는데, 어딘가에 속한다는 강렬한 느낌이 있으면 일일이 따지지 않더라도 누구나 세상을 어떻게 살라는 소리인지, 제 속에서 다 아는 수가 있다는 말입니다. 올바른 도덕은, 사람들이 서로에게 함께 속할 때 과연 서로가 어떻게 행동하는 게 옳은지를 생각해보면 알 수 있습니다.

이 커다란 지구 살림을 보더라도, 이 살림살이의 한 식구로서 우리 모두는 그에 합당한 행동을 해야 합니다. 그렇지 않으면 탈이 나지요. 한 가족이 살림을 꾸려 살아가다 보면, 내키지 않더라도 다른 식구들과의 화합을 위해 해야 하는 일들이 있습니다. 그러니까 도덕이란 온 우주의 현실과도 직접적으로 관련을 맺고 있습니다. 다른 사람을 배려해서 행동하라고 짧게 말하지만, 이는 사실 그 이상을 다 포함하는 말이거든요.

카프라 그러니까 두 번째 단계는 도덕이군요.

슈타인들-라스트 맞습니다. 종교적 체험을 지성의 차원에서 정리할 때 교리가 생겨나고, 이것이 다름 아닌 신학입니다. 그런데 머리로 따지는 지성, 그것을 넘어서는 종교적 반응이 또 있습니다. 절정의 체험을 통해 얻어지는 귀속감은 우리에게 이루 말할 수 없는 기쁨을 줍니다.

이 기쁨을 더 누리고 싶은 열망이 자꾸 커지면, 우리는 또 다른 욕구가 생기죠. "그래, 바로 이거야! 내가 다른 존재와 맺는 모든 관계는 바로 이런 귀속감에서 출발하는 거지. 우리가 함께 마음을 모으면 분명 지상낙원이 이뤄질 거야." 이런 식의 의욕이 동하고, 또 의지로 굳어지면 어느덧 그에 합당한 행동을 하고, 그럼 이게 바로 윤리 혹은 도덕이 되는 것입니다. 어딘가에 함께 속한다는 끈끈한 유대감을 나누는 사람들을 향해 기꺼이, 이러한 관계에 합당하고 올바른 행동을 하리라는 의지 말고 별다른 도덕이 또 있겠습니까?

세 번째 단계는 감정을 포함합니다. 궁극적인 귀속감에 대해서는 지성과 의지뿐 아니라 우리의 감정도 그에 상응하는 반응을 합니다. 이러한 절정의 체험을 함께 축하하는 잔치를 우리는 하나의 예식으로 표현합니다. 그러니까 종교적 예식이란, 귀속감에 대한 가장 깊은 체험을 두고두고 기뻐하는 잔치입니다.

카프라 그러니까 감사하는 마음이겠군요. 아마 이러한 귀속감과 더불어 생기는 첫 마음은 무엇보다 감사의 느낌일 것이고, 예식에서는 이를 드러내고 싶을 테니까요.

슈타인들-라스트 바로 그렇습니다. 감사하는 마음에서 영성이 비롯합니다. 살아 있음에 대한 감사의 느낌, 우리가 속해 있는 이 우주라는 선물에 대한 감사의 마음에서 영성이 샘솟습니다. 일상의 주고받음을 통해 우리의 모든 행위는 이 귀속감에 대한 감사의 찬미가 될 수 있습니다. 이러한 의미에서의 예식은 생명을 감사하는 축하 잔치이며, 영성의 본질적인 측면입니다.

과학과 신학

카프라 그럼 이제, 종교를 지성적 차원에서 정리한 부분인 신학에 초점을 맞추어서 과학과의 관계를 살펴보기로 하겠는데요, 아까 데이비드 신부님께서 과학과 신학은 두 가지가 다 경험에 대한 성찰이라는 말씀을 하셨습니다. 과학은 대단히 체계적인 방법으로 일상 세계의 경험을 추려보는 것입니다. 그런데 제가 여기서 과학이라 칭하는 것은 인문과학이나 사회과학보다는 주로 자연과학을 말합니다.

자연과학이라 하면 일단 자연현상을 다루는데, 우리는 여기서 더욱 광범위하고 포괄적인 이론을 뽑아내느라 실재(reality)의 가장 심층적인 차원에 도달하려 합니다. 신학도 어느 정도는 그와 비슷하게 우리가 인간으로서 경험하는 현실에서, 그러나 가장 깊은 자리를 찾아가는 작업이리라고 생각합니다. 이는 인간이라는 시각 그리고 개인적인 시각으로 볼 때도 우리에게 아주 본질적이고 절대적인 경험들입니다. 이에 비해서 과학은 바깥 세상의 경험에 대한 성찰이 일어나는 것입니다. 나무라는 소재를 은유로 사용하면, 신학은 아마 뿌리를 들여다보는 것이고 과학은 나뭇가지를 쳐다보는 것이라 할 수 있겠습니다.

실재의 깊은 자리를 찾아간다 해서, 혹은 실재의 바깥 자리를 찾아간다 해서 이 구별이 선명한 건 아니겠지요. 대략의 비유일 뿐 이들은 아무래도 서로 겹치는 곳이 많아서, 그러니까 접촉점들이 있게 마련인데, 바로 이런 접촉점에서 과학과 종교는 오랜 역사를 통해 서로 갈등을 일으키는 한편, 서로를 고양시켜주기도 했던 것입니다.

슈타인틀-라스트 그래요, 늘 갈등만 일으켰던 건 아닙니다. 역사를 돌이켜보면 어떤 시대는 한 특정 종교가 그 시대 과학 전반의 발전을 주름잡던 시절이 있었습니다. 예컨대 중세 이슬람이 그 경우인데, 당시 이슬람교는 세계적으로 과학을 주도하던 세력이었습니다. 아니면 유럽의 경우를 보더라도 상당수의 과학자가 당시 교단 소속의 승려들이었습니다. 중세 수백 년의 역사를 통틀어 글을 읽고 학문을 하던 주요 계급이 승려였던 까닭에, 이 당시 과학에 대한 지식도 대개는 그 안에서 전승되고 개발된 셈이었습니다.

요즘은 어떤지 궁금합니다. 예전하고는 다를 텐데, 우리가 살고 있는 이즈음의 전체 동향을 어떻게 말할 수 있을지요?

카프라 데이비드 신부님이 즐겨 쓰시는 파도 이야기가 여기서 좋은 비유가 되지 않을까 싶습니다. 사실 지금 신학자도 그렇고 과학자도 마찬가지인데, 둘 다 같은 파도 위에 떠 있는 판자 조각을 타고 있어요. 여기서 파도란 이 시대의 집단의식이나 문화 혹은 시대정신 같은 것인데, 지금 파도의 흐름이 바뀌고 있어요. 고요히 일렁이던 파도 밑에서 엄청난 소용돌이 같은 것이 올라오면서 집단의식 전체가 흔들리고, 이른바 패러다임의 변화가 일어나는 중입니다.

이 시대의 동향을 한마디로 말하면 이렇게 전체가 흔들리는 패러다임의 변화라고 할 수 있을 것입니다. 과학을 들여다봐도 그렇고, 신학을 들여다봐도 이 점만은 분명합니다. 이러한 패러다임의 변화가 어떻게 나타나는지, 사실은 우리가 앞에서 정리해본 그 다섯 가지 특징은 아마도 정치·경제·사회·문화 모든 분야에 공통적인, 이 시대의 전반적인 동향이라 할 수 있을 겁니다.

슈타인들-라스트 그러니까 지금은 최소한 신학과 과학의 공통 기반 전체가 한꺼번에 흔들리고 있다는 말씀이군요.

카프라 신학과 과학의 공통 기반 중 다른 한 가지는, 이 두 가지가 모두 우리 인간의 현실을 이해하는 길이라는 것인데, 이 두 가지 길은 어찌 보면 전혀 다른 길이기도 하지만 한편으로는 또 닮은 점이 많습니다.

슈타인들-라스트 과학과 신학의 닮은 점이라니, 그게 뭔지 좀 설명해주시겠습니까?

카프라 두 분야는 모두 우리의 경험 세계를 근거로 하며, 이런 경험을 체계적으로 관찰한다는 점에서 경험적 학문이라 할 수 있습니다. 물론 신학과 과학은 실재를 관찰하는 방식이 무척 다르지만, 경험 자료를 놓고 이론적으로 따져가며 성찰하는 점은 두 분야가 마찬가지입니다.

슈타인들-라스트 그렇게 말씀하시니 이야기가 잘 풀릴 것 같습니다. 지금 말씀을 들어보면 과학과 신학은 분명히 실재의 서로 다른 영역을 도맡아서 연구하는 게 아닙니다. 서로 다른 관점에서 조망할 뿐 실재의 똑같은 면을 탐구한다, 이 말씀이에요. 그렇죠?

카프라 무엇보다 확실히 말씀드릴 수 있는 것은, 이들 두 분야 모두 인간의 경험을 토대로 하는 연구란 점입니다.

슈타인들-라스트 그러니까 같은 영역이라는 말이네요.

카프라 그렇긴 합니다. 하지만 과학과 신학이 다루는 인간의 경험 세계가 서로 겹치는 영역이 있다고는 해도, 그에 대해 관심을 갖는 방식은 양쪽 분야가 서로 다릅니다. 하기는 이런 공통 영역이 없다손 치더라도 이 둘을 비교하는 일은 얼마든지 가능하고, 또 대단히 흥미롭습니다.

슈타인들-라스트 하지만 겹치는 부분이 있다는 말씀이시죠?

카프라 그럼요. 그러니까 더욱 흥미로운 거지요.

슈타인들-라스트 인간의 경험 세계라는 동일한 현실을 놓고 볼 때, 과학과 신학은 어쩌면 서로를 부추기는 연구 방식이라고 할 수 있을 겁니다. 흔한 말로 과학은 '어떻게' 그러냐가 중요하고, 신학은 '왜' 그러냐를 묻는 분야라 하지 않습니까.

카프라 재미있는 설명이네요. 과학은 '어떻게'를 따지고 신학은 '왜'를 따진다, 저도 이 말에 동감입니다. 하지만 어떻게라는 질문과 왜라는 질문이 늘 그처럼 명확하게 구분되지는 않습니다. 그래요, 과학은 '어떻게'를 따집니다. 더 상세히 말하자면, 어느 특정한 현상이 다른 현상 모두와 서로 어떻게 연결되는지를 살핍니다. 다른 현상들과의 관계를 조금씩 더 확장시키면서 밝혀가다 보면 결국은 전체적인 맥락이 드러납니다. 그러면 거기서 '왜'라는 질문이 시작됩니다. '왜'라는 질문, 그것은 곧 전체적인 맥락에서 '의미'를 찾는 질문입니다.

슈타인들-라스트 전체의 맥락을 찾다 보면 어떻게라는 질문과 왜라는 질문이 자연스레 섞이지요. 자연현상이 어떻게 이러저러한 양상으로 작동하는지를 탐구하는 과학자의 마음에 어느 날 갑자기 '도대체 이런 현상은 모두 왜 일어나는가? 이게 다 무엇인가?' 하는 의문이 생길 수 있단 말입니다. 그래서 이런 질문을 따라가다 보면 종교적 지평이 열릴 수밖에 없습니다. 다른 한편으로는 '왜?'라는 질문을 업으로 삼는 신학자도 마찬가지입니다. 지금 우리가 살고 있는 시절은 도대체 이 세상이 어떻게 돌아가고 있는지 그 모든 사항에 무지한 채로는 아무것도 할 수 없는 세월이기 때문입니다.

카프라 저는 감히 단언하건대, 오늘날 과학자가 활동하는 영역은 특정한 가치 기준에 의해 결정됩니다. 이런 식의 과학을 하느냐, 저런 식의 과학을 하느냐, 혹은 어느 쪽 과학 분야에서 일하느냐, 그리고 어떤 종류의 연구를 하느냐, 이 모든 결정은 과학자 개인의 가치관에 크게 좌우됩니다. 내가 더 좋아하고 나한테 더 관심이 있는 분야의 일을 하게 마련이거든요. 돈을 더 많이 버는 쪽이냐, 출세를 하는 데 더 유리한 쪽이냐? 이런 것이 다 과학자 개인의 가치 기준에 달려 있는 것입니다.

가치 기준에는 사람에 따라 종교적 영성이 포함될 수도 있고 아무 상관이 없을 수도 있습니다. 상관이 있을 경우, 이는 굉장히 중요한 역할을 합니다. 과학이 당장 신학으로 바뀌는 것은 아니지만 상당한 영향을 주고, 그 사람이 하는 과학에는 그의 영성이 담깁니다. 영성은 우주 만물에 대한 깊은 귀속감과 이에 따르는 온갖 가치를 마련해주기 때문에, 영성에 충만한 과학자라면, 예를 들어 오늘날 무기를 만드는 일과 관련한 연구 따위에는 동참할 수가 없을 것입니다.

슈타인들-라스트 참 좋은 예를 드셨습니다. 영성이 충만한 사람은 삶에 대한 태도나 혹은 과학을 하는 태도에 이런 영향을 안 받을 수가 없겠지요. 그런데 개인의 영성은 어떤 식으로든 각자의 신학을 통해 표현됩니다. 그러므로 신학이라는 작업이 원초적 신비체험을 근거로 그에 대한 끊임없는 성찰에서 비롯하는 것이라면, 이런 맥락에서 신학은 당연히 과학에 영향을 주게 되는 것이지요.

카프라 옛날에는 신학이 과학 이론에 직접적인 영향을 끼쳤습니다. 예를 들어 물질세계의 원리를 기계론으로 체계화시킨 뉴턴은 자연현상을 일으키는 주체로 언제나 신(神)을 상정합니다. "태초에 물질을 창조하시니 형상과 질량이 있어 단단하고 쪼개지지 않지만 움직일 수 있는 입자로 만드셨다"고 말했습니다. 물론 오늘날엔 이런 식의 노골적인 표현은 하지 않지만, 어떤 식으로든 지대한 영향을 받고 있는 과학자가 제법 있습니다.

슈타인들-라스트 그런 경향이 이른바 신과학식의 사고와 일맥상통한다는 말씀이신가요?

카프라 제 말은 신학, 아니 더 큰 의미로, 세상에 대한 종교적인 전망이 과학 이론에 상당한 영향을 끼칠 수 있다는 뜻입니다. 아까 저희가 그런 얘기를 나누지 않았습니까? 과학 이론은 세상의 온갖 상호 연관성을 그려내는 건데, 한참을 그리다 보면 더 이상 이런 작업이 불가능한 자리에 이른다고요.

이렇게 막막한 자리에 서더라도 어떻게든 모든 것을 관통하는 의미라 할까요, 사람들은 아주 근본적인 질문을 해결하는 일관성 있는 답을 찾고 싶어 합니다. 자신의 종교적인 체험과 모순되지 않고, 그러면서도 과학의 일반적인 내용 모두와 조화를 이루는 근본적인 원리를 캐고 싶은 것입니다. 이런 갈구가 있는 과학자들을 저도 몇 분 알고 있는데, 이런 분들은 자신이 몰두하는 연구를 통해 자신의 종교적 믿음이나 개인적 체험과 일치하는 이론을 내놓고 싶어 합니다. 이런 식의 태도는 17세기경만 해도 사실 과학의 주류였고요.

슈타인들-라스트 하지만 오늘날의 과학자가 그런 태도를 고수한다면 아마도 연구 활동이 많이 위축되지 않을까요? 사회적으로 상당한 제약을 받을 것 같은데요.

카프라 글쎄, 모르겠습니다. 종교적인 믿음이나 종교적인 체험이 어떤 식으로 영향을 끼치느냐에 따라 다르겠지요. 까다로운 문제가 될 수 있겠지만, 저는 오히려 긍정적인 쪽으로 봅니다. 예컨대 제가 아는 과학자 중에는 불교도로서의 생활 체험과 당신의 과학 이론을 완벽하게 조화시키는 분들이 계시거든요.

슈타인들-라스트 '완벽한 조화'라고 말씀하시는 그것이 아마 우리 모두의 지향일 텐데요, 우리 삶의 모든 요소를 올바른 관계에 놓고자 하는 노력 말입니다. 과학과 신학은 사실 그 많은 요소 중의 하나씩일 따름입니다.

우리가 추구하는 것은 이런 요소들 하나하나가 한결같은 조화를 이루어, 가능하다면 모든 요소가 완벽한 일치를 보는 그러한 세계관입니다. 그런데 이제 우리 시대를 특징짓는 새로운 세계관이 부상 중이라니, 과학과 신학은 이렇게 새로운 방식에 부응하는 새로운 표현 양식을 찾아야 할 것입니다.

2. 과학의 방법과 신학의 방법

카프라 과학과 신학의 표현 양식이란, 각각의 분야에서 사용하는 특징적인 방법을 뜻합니다. 과학과 신학, 두 분야 모두는 우리 경험에 대한 지성적 성찰이며, 이를 통해 지식을 축적해간다는 얘기를 앞에서 나눴습니다. 이에 대한 결과물은 실재에 대한 지식 혹은 인식입니다. 그동안 과학과 신학은 우리의 실재(reality)에 대해 상당한 지식을 쌓았습니다. 그런데 오늘날 과학의 지식은 다른 지식과 비교해볼 때 조금 독특한 면모를 지녔다고들 이야기합니다. 과학의 독특성은 지식을 획득하는 방법상의 차이에서 연유한다고 볼 수 있습니다.

'과학의 방법'이란 정확히 무얼 말하느냐, 이 점에 대해서는 과학자들 사이에서도 의견이 분분하지만, 저는 두 가지 기준이 핵심이라 생각합니다. 그 한 가지는 사물을 체계적으로 관찰한다는 점이고, 다른 한 가지는 이러한 관찰의 결과를 잘 드러내는 '과학적 모델'을 세우는 일입니다.

과학에서 체계적으로 무엇을 관찰한다는 것을 여태까지는 흔히, 필요에 따라 여러 조건을 통제해놓는 실험으로 생각했습니다. 이런 통념은 곧바로 자연 또한 마음대로 통제하고 정복할 수 있다는 관념으로 이어졌고요. 물론 천문학처럼 그런 식의 실험이 불가능한 분야도 있습니다. 별들을 통제하고 다스릴 수는 없는 일 아니겠습니까? 하지만 체계적인 관찰은 가능하지요. 그렇게 해서 얻은 결과들, 그 자료들을 가지고 연구하는 것입니다. 자체 모순이 없도록 이리저리 끼워 맞추며 내용을 간추려보는 거지요. 이렇게 해서 간략히 정리한 결과를 과학에서는 '모델'이라고 부릅니다. 이런 모델 양식을 더욱 확장시켜 '이론'이라고도 하지만, 사실 요즈음의 과학을 보면 모델과 이론 사이에 뚜렷한 구분이 없어지는 추세입니다.

과학적 모델에는 두 가지 중요한 특징이 있습니다. 한 가지는 내부적 관계가 모두 일관되게 이어져야 합니다. 내부의 요소들이 매끈하게 이어져야지, 마찰을 일으키며 부딪쳐서는 안 됩니다. 또 한 가지 특성은 근사치밖에는 구할 수가 없다는 점인데, 이는 현대과학의 관점에서 볼 때 말할 수 없이 중요한 특징입니다. 과학에서 말하는 어떤 이론, 어떤 원리도 실제 현실과 비교해볼 때는 제한된 것이며, 이를 통해 구하는 답 역시 대략의 근사치일 따름입니다. 어찌 보면, 그러니까 관찰 대상과 관찰한 현상의 표현이 정확히 부합해야만 진리라고 한다면, 과학자는 이제 결코 진리를 말할 수 없게 되었습니다. 이런 식의 진리가 과학에는 존재하지 않으니까요. 하이젠베르크는 『물리학과 철학』[3]에서 "아무리 명확해 보이는 말이나 개념도 이를 적용할 때는 한계가 드러난다"고 했습니다.

신학에는 혹시 이와 비슷한 사안이 없는지, 이제 두 분의 말씀을 듣고 싶습니다. 신학의 방법은 어떠한지요?

매터스 체계적으로 관찰하고 거기에서 나온 결과로 모델을 세우는 일, 이 두 가지 특징을 생각하면 신학에도 최근 들어 과학

---

[3] Werner Karl Heisenberg, *Physics and Philosophy*, New York, 1962.

적 방법의 '모델' 개념 같은 것을 도입한 경우가 있습니다. 버나드 로너건(Bernard Lonergan, 1904~1984)이나 에버리 덜즈(Avery Dulles, 1918~2008) 같은 예수회 신학자들이 그런 작업을 좀 하셨지요.

그런데 저는 신학의 방법과 자연과학의 방법이 천양지차 다른 것이라고 생각하는 편입니다. 그렇다고 두 방법이 서로 반대라거나 상충한다는 뜻은 아니고, 그냥 많이 다르다는 말씀입니다. 신학이 발전해온 역사를 돌이켜볼 때, 고대 그리스의 아리스토텔레스식 과학 기준에 신학을 끼워 맞춰야 한다고 믿었던 고정관념 때문에 늘 말썽이 생기곤 했거든요. 아리스토텔레스(Aristoteles, BC 384~322)는 '사물을 일으키는 원인을 통해 전체의 지식을 얻는' 과학을 강조했는데, 이 전통을 계승한다는 맥락에서 중세 스콜라 학자들은 자기네 신학 체계가 '과학'의 자리에 놓인다고 주장했습니다. 현대의 신학자들은 섣불리 이런 식의 주장을 하지 않습니다.

신학은 '믿음에 대한 지성적인 이해' 혹은 '지성적으로 이해하기 위한 믿음(fides quaerens intellectum)'이라 할 수 있습니다. 전통적으로는 신학을 그렇게 정의해왔습니다. 하지만 신비의 세계를 과연 어디까지 지성적으로 이해할 수 있느냐, 신학은 절대로 신비의 모든 의미를 온전하게 파악할 수가 없거든요.

신학에서 지성적인 이해란 아마도 과학에서 말하는 '근사치(approximate)'와 비슷한 개념일 텐데, 신학자들은 근사성이라는 표현보다 '유사성(analogous)'이란 개념을 좋아합니다. 이는 무슨 말이냐, 하느님은 우리와 다른 무한한 존재임을 전제하면서도 동시에 우리의 감각과 지성을 통해 알 수 있는 것 모두는 하느님과 닮은 점이 있다는 얘기입니다. 우리는 언제나 하느님과 '닮은' 모습을 알 수 있지만, 한편으로는 영원히 다른 존재라는 것입니다. 성실한 신학자라면 언제나 명심해야 할 점입니다. 아무리 철두철미한 신학을 통해 궁극적 신비에 가까이 도달해도 결코 신비 자체를 온전히 파악할 수는 없는 일이니까요.

믿음

카프라 신부님 말씀 중에 '믿음'이란 말이 새로 끼어들었습니다. 여태까지 우리는 줄곧 경험에 대한 얘기를 나누었고, 경험에 대한 성찰이니, 종교니, 영성이니를 이야기했지만 아직 믿음에 대한 얘기는 한 적이 없습니다. 믿음은 대체 무엇인가요?

매터스 몇 마디 말로 정의하기는 어렵습니다. 종교적 믿음이란 넓은 의미에서 지식의 일종이면서 또 경험의 일종이기도 합니다. 벅찬 감정도 아울러 들어 있고요. 진리에 대한 경이로움을 체험하는데, 이 체험이 우리의 본성에 진실한 감동을 일으켜서 생기는 벅찬 감정 말입니다. 성서의 전승이나 그리스도교의 전통에서 믿음이란, 하느님의 존재를 아는 것입니다. 그런데 이는 하느님의 은총이라는 점을 강조합니다. 믿음은 하느님께로부터 오는 것이기 때문이지요. 그렇다고 해도 믿음은, 외부에서 우리 마음으로 들어온 어떤 정보를 지성적으로 확인하는 일만은 아닙니다. 믿음이란 우리 안에서 하느님이 자신을 열어 보이신 그 마음과, 이에 대하여 사랑에 충만한 우리의 응답을 모두 포함하기 때문이에요.

카프라 제가 자랄 때도 그랬고 우리 서양 문화권은 대부분 마찬가지일 것 같은데요, 그리스도교는 교리를 알면 되는 것이고, 그리고 믿음이란 이런 교리들을 모두 절대 진리라고 믿는 것 아닙니까?

슈타인들-라스트 '믿음'이란 말은 신학에서도 여러 뜻으로 쓰입니다. 교리 혹은 가르침이라는 해석도 가능한데, 이는 종교적인 확신이 일어나는 '믿음의 결정체'라는 뜻에서입니다. 하지만 이건 결코 일차적인 것이 아니고, 가장 중요한 뜻도 아닙니다. 그리고 믿음(faith)은 종교적인 신앙(belief)하고도 같이 쓰이지만, 이도 역시 일차적인 것은 아니고요.

카프라 그러면 대체 믿음의 진정한 뜻, 가장 깊은 뜻은 무엇입니까?

슈타인들-라스트 믿음이란 무엇보다 신뢰와 가장 깊은 관계가 있는 게 아닌가 싶습니다. 종교적인 느낌이 생기는 순간, 절정의 강력함을 느끼는 순간, 우리가 경험하는 궁극적인 귀속을 신뢰하는 것입니다. 대담한 결단이지요. 그러한 귀속감에 자신을 맡기는 내면의 몸짓이라 할까요. 이런 식의 신뢰가 일차적인 믿음의 조건일 것입니다.

믿음이란 그러니까 귀속감에 대한 대담한 신뢰입니다. 가장 드높은 감각의 순간, 우리는 그 귀속감을 체험합니다. 하지만 너무나 좋은 이것을 우리는 감히 그대로 받아들이기가 쉽지 않지요. 그러나 생명을, 그리고 세상을 있는 그대로 받아들이고 나 자신을 고스란히 맡길 때 바로 거기서 우러나는 태도, 그것이 아마 가장 깊은 의미의 믿음일 것입니다. 어떤 사람한테 '믿음이 간다'거나 누구를 '믿고 대하는' 우리의 마음속에 번져가는 든든한 감정과도 비슷한 것이지요.

카프라 그러고 보니 과학에도 참 비슷한 것이 있습니다. 새로운 생각이나 새로운 발견이 이루어지는 직관의 도약이란 것 말입니다. 이렇게 순간적으로 튀어오르는 힘이 유난히 좋은 과학자들이 있습니다. 그런데 특별히 뛰어난 직관력을 가진 과학자들을 보면 마치 종교인들이 말하는 것과 같은 그런 종류의 믿음이 있습니다. 그들의 마음을 사로잡은 어떤 것이 이끄는 곳을 향해 그대로 흔들림 없이 따라가는 성향은 최정상의 과학자들한테 흔히 보이는 특성입니다.

예컨대 하이젠베르크는 벌써 1920년대 초, 아직 그 이론이 다듬어지지 않았는데도 사람들은 양자역학의 정신에 젖어들고 있다는 말을 종종 했습니다. 최고의 직관에서 나온 얘기였지요. 또 닐스 보어(Niels Bohr, 1885~1962)나 제프리 추(Geoffrey Chew, 1924~), 리차드 파인만(Richard Phillips Feynman, 1918~1988) 같은 물리학자를 봐도, 제가 이분들을 개인적으로 좀 아는데, 눈앞에 뭐가 보이면 이게 뚫릴 길이다 아니다를 그냥 아는 분들입니다. 아직 뭐라고 정확히 설명할 수 없고 수학적인 공식으로 증명해 보일 수는 없더라도 그리 가면 길이 나오는지 아닌지를 직관으로 알아차리는 것입니다. 그러니까 과학에도 이렇게 믿음 같은 어떤 것이 있는 셈입니다.

슈타인들-라스트 글쎄요, 지금 말씀하시는 '믿음'은 조금 차이가 있는 것 같은데, 여기서는 지성적인 작업을 하는 데 작용하는 직관이 아닐까요?

카프라 그렇지요. 지성적인 면에서의 직관도 생각할 수가 있으니까요.

슈타인들-라스트 지식을 구하는 데도 물론 믿음 같은 게 바닥에 깔릴 거예요. 직관을 통해 바로 뭔가를 알아채는 것 말입니다. 그러나 종교에서의 믿음은 훨씬 실존에 해당하는 문제입니다. 우리의 생명을 통째로 걸고 신뢰하는 그런 식의 믿음이지요.

카프라 그렇더라도 두 가지는 깊은 관련이 있습니다. 과학에도 실존적인 측면이 함께 걸립니다. 자신의 삶을 걸고 인생의 전부를 들여 어떤 이론을 내놓는 과학자한테 그 이론은 마땅히 실존적 의미가 있는 거지요. 과학자의 마음을 채운 믿음은 실존적인 차원입니다. 물론 그게 전부라 할 수는 없을지라도, 그저 지성적인 차원에만 머무는 것은 아니라는 얘기입니다.

슈타인들-라스트 제가 '지성적(intellectual)'이라고 한 표현이 아마 적합치 않았던 것 같습니다. 이보다는 오히려 '정신적(noetic)'인 어떤 것일 수도 있는데, 그러니까 과학자들의 '믿음'은 무엇을 깨우치는 인식이기는 하지만 그것은 결국 지식의 차원에 해당하는 것이지, 가령 도덕적인 어떤 것과 연결되지는 않는다는 것입니다. 그에 비해 종교적 믿음은 거의 도덕에 가까운 어떤 것이며, 영성(spirituality)의 표현이라 할 수 있는 일상의 예식(ritual) 모두를 포괄합니다.

카프라 과학자 중에도 그런 연결성을 다시 정립하려 하고, 도덕적인 면과의 연관을 확인하고 싶어 하는 경우가 있습니다. 저도 마찬가지고요.

슈타인들-라스트 우리는 지금 아주 재미있는 자리에 이른 것 같습니다. 사실은 이 자리에 들어오기를 고대했어요. 프리초프, 방금 전의 말씀은 과학자로서 하신 건가요, 아니면 과학자라는 직업을 가진 한 인간으로서 하신 건가요? 방금 전 말씀처럼 그렇게 더 넓은 연결성을 찾아내려고 애쓸 때, 제 생각으로 그것은 마땅히 과학자라는 직업을 가진 한 인간의 열망인 것 같은데요. 그러면 오히려 무슨 말인지 설명하기가 쉽습니다.

종교적인 믿음이란, 한 인간이 다른 인간과 맺는 관계, 그리고 우주 전체와의 관계 모두에 자신을 온전히 내놓는 어떤 것입니다. 그에 비해 과학적인 믿음은, 물질세계의 특정 문제를 해결하는 데 제대로 방향을 가늠했는지를 판별하는 직관일 뿐, 그것이 무슨 궁극적인 의미나 도덕과는 아무런 본질적인 관계도 맺고 있지 않습니다. 화학무기 개발에 열을 올리는 과학자를 한번 생각해보세요. 이를 발전시키는 뛰어난 직관력을 가진 사람은 과학적인 믿음이 투철할 뿐입니다.

카프라 듣고 보니 그렇네요. 이제 토마스 신부님께 여쭙겠는데, 아까 하신 말씀 중에 신학이 '믿음에 대한 지성적인 이해'라고 하셨어요. 그게 정확히 무슨 뜻입니까?

매터스 신학이 믿음에 대한 지성적인 이해라고 말씀드린 것은 신학이 믿음 그 자체가 아니라는 뜻입니다. 신학은 우리의 믿음을 통해 직관적으로 포착되는 것들에 구체적 의미를 부여하고, 그 의미를 우리의 삶 전체에 투영시키는 작업입니다. 믿음의 뒤를 따라와 믿음의 종노릇을 하고, 다시 믿음을 북돋워주는 방편이란 말입니다. 믿음에는 등급이 있습니다. 개인의 차원으로나 공동체 차원으로도 믿음은 항상 질적인 향상을 통해 심화되는 것입니다. 믿음이 사회의 현실로, 그리고 사회적인 체험으로 꾸준히 성장하도록 뒷받침하는 것이 신학입니다.

카프라 그리고 신학은 특정한 지식의 내용을 쌓아간다, 이 점이 과학과 공통되는 부분이라는 말씀이군요.

신학 모델

슈타인들-라스트 여기서 이제 과학과 신학의 공통점을 찾아가는 작업을 시작할 수가 있겠습니다. 모델을 세우는 일부터 살펴볼까요? 신학은 아주 넓은 의미에서 종교적 체험에 대한 우리의 인식과 탐구를 기반으로 하면서, 적합한 모델을 세워보려는 인간적인 노력이 아닐까 하고 저는 생각합니다. 신학의 모델도 물론 내부적 관계가 모두 일관되게 이어져야 하는 점은 당연하지요. 그러나 가끔은 그렇지 못한 점이 드러나서 기존의 모델을 대폭 개선시키거나 아예 새로운 모델을 만들어야 할 때가 있습니다. 전에는 모두가 일관되고 매끄러운 줄만 알았는데, 어느덧 여기저기 어긋나버린 점들이 눈에 띄지요. 이런 경우는 과학과 마찬가지로 패러다임의 전환이 일어날 수 있을 겁니다.

그다음, 신학적 모델 역시 근사치일 따름입니다. 어쩌면 신학 연구에 너무 많이 공을 들인 사람이나 종교 지도자들한테는 받아들이기 어려운 얘기일 수도 있습니다. 믿음이란 반드시 특정한 모델에 따라야 하는 것으로 확신하는 고집스런 충성파도 많거든요. 과학자도 마찬가지라면서요? 과학적 모델이 근사치일 뿐이라는 통찰이 좀처럼 쉽지 않다 그러셨잖아요? 하물며 신학처럼 실존을 걸고 몰두해야 하는 분야에서는, 자기 학문의 시각이 곧 진리의 전부라고 믿어버리는 일이 허다합니다.

카프라 정말 중요한 점일 것 같습니다. 신학에 몰두한 사람들이 갖는 실존성 때문에 근사치라는 개념을 받아들이기가 훨씬 어려워진다는 말씀 말입니다. 물론 과학자들도 자기 주제에 많이 침몰할 수는 있습니다. 하지만 자기 실존을 걸면서 몰두하고, 그래서 스스로의 구원이 거기에 달렸다고 믿는 경우와는 아무래도 좀 다르겠어요.

슈타인들-라스트 내가 세상 전체와 이어져 있음을 깨닫는 진정한 귀속감, 이런 뜻에서의 구원은 참된 의미의 구원입니다. 온 우주에 내가 맞닿아 있으니 내 집에 있는 듯 마냥 든든하고 편안한 마음, 궁극적인 의미의 진정한 귀속감, 이렇게 드높은 인식에 도달하는 것이 참된 구원입니다. 이렇게 든든한 믿음을 통해 우주 어느 자리에 내 머무를 곳을 찾는 일이니, 우리는 이게 근사치에 불과하다는 사실을 깜박 잊고 마는 것인지도 모르겠습니다.

계시

카프라 그럼 계시(revelation)란 또 무엇인가요? 데이비드 신부님께서 말씀하셨던, 드높은 인식의 순간을 말하는 것입니까?

매터스 계시가 무엇인가에 대해, 신학적으로 유일무이하게 떨어지는 단 한 가지의 정의는 없다고 봅니다. 인간이 스스로 얻을 수 없는 어떤 지식 체계를 하느님께서 열어 보이신다는 식의 해석이 최근까지만 해도 신학계의 지배적인 패러다임이었습니다. 그런데 요즘 들어 계시는 오히려 구원의 오랜 역사로 여겨지기 시작했습니다.

하느님이 어떤 존재인지 어떤 목적을 갖고 계신지, 이는 그분을 믿는 다른 사람들과 관계를 맺고 서로를 확인하는 가운데 그분의 실체가 드러나는 역사적 과정이라는 얘기입니다. 계시는 이제, 세상일의 단편을 헤집어서는 도저히 파악할 수가 없습니다. 전체적인 맥락과 흐름을 통해서라야 드러납니다.

카프라 그럼 질문을 다른 식으로 한번 바꿔보겠습니다. 아까 토마스 신부님께서 과학과 신학은 무척 다르다고 말씀하셨어요. 그런데 저희가 얘기를 나누는 가운데 상당한 공통점을 찾아냈습니다. 과학과 종교 사이에 특별한 차이가 있다면 그게 바로 계시라는 측면이겠다 싶습니다. 과학은 사물을 체계적으로 관찰하고, 그렇게 관찰한 결과에 합당한 모델을 꾸미면 되거든요. 그런데 과학과 달리 신학에는 이 계시라는 게 또 있습니다.

슈타인들-라스트 이렇게 한번 대답해보겠습니다. 우리는 귀속감이란 것에 대해 얘기했습니다. 귀속감이 우리 모두의 기본적인 근거라는 점에, 세계의 모든 종교는 동의할 것입니다. 모든 경험의 기반이니까요. 그런데 우리는 지금 우리의 궁극적 귀속감의 원천을 칭하기에 편리한 이름으로, 예컨대 하느님이라 부르는 어떤 존재를 상정했습니다. 여기서는 하느님을, 우리 모두가 궁극적으로 속하는 그 존재로 삼은 것입니다.

이런 식의 출발은 이제 우리가 하느님이라는 존재를 탐구하기 위해 길고 긴 여행을 떠나겠다는 얘기입니다. 아울러 우리의 귀속감이 머무는 대상은 인격적 존재라는 점을 전제합니다. 내가 인격체인 이상, 내가 속하는 그 대상 역시 인격적인 존재여야 하는 것입니다.

하느님을 인격적인 존재라고 말한다 해서, 우리가 생각할 수 있는 여러 가지 인간적인 약점이나 제약에 묶인다는 얘기는 물론 아닙니다. 이를테면 내가 나이면서 동시에 누구 다른 사람이 될 수 없는 것도 한 가지 인간적인 제약입니다. 하느님은 그렇지가 않으니까요. 다시 말해 하느님은 인격의 요소가 모두 있지만 그에 따르는 인간적인 제약은 하나도 없는 존재입니다.

그럼 이제 여기서부터 하느님께서 우리에게 이런 귀속감을 베푸신다는, 우리가 그분께 속하도록 기꺼이 허락하셨다는 사실을 깨닫기까지 다시 하나의 여행이 이어집니다. 여기까지는 나 혼자 더듬어 찾아보던 하느님의 자리였어요. 그런데 갑자기 뭔가를 깨닫습니다. 이런! 나 혼자가 아니었구나. 나는 부지런히, 정말 혼자서 어두운 길을 가며 무언가를 열심히 찾고 있었는데, 그동안 나와 동행한 하느님께서 문득 나를 불러 자신을 드러내 보이신 것입니다.

수천 년 동안 전개된 종교의 역사에서 이런 사건은 중요한 이정표가 되었습니다. 그런데 이런 체험을 사실은 개인적 차원에서도 새롭게 밟아갈 수 있다는 것입니다. 하느님을 찾아가는 길, 이는 기도입니다. 무릎을 조아린 채 두 손 모아 빌고 비는 그런 기도가 아니라, 신학 자체가 곧 기도라는 넓은 뜻에서 말입니다. 기도하는 마음으로 하느님의 나라를 더듬어가다 보면 어느 순간, 그분이 우리에게 직접 말씀하심을 알아차리는 그런 자리에 도달합니다. 하느님, 그리고 온 우주는 끊임없이 스스로의 존재를 우리에게 베풀고 있습니다.

카프라 그러면 계시라는 것이 정말로 인격신의 개념과 일치한다는 말씀이신가요?

슈타인들-라스트 그렇고말고요. 저는 '계시'라는 말을 다른 뜻으로 이해할 수 있는 길은 없다고 생각합니다.

매터스 제가 조금 보충하겠습니다. 성서의 전승에서는 계시를 약간 특별한 의미로 사용하니까 그 맥락을 구체적으로 이해하는 게 도움이 되실 겁니다. 그리스도교의 성서에서 말하는 계시는 인간의 역사에, 인간이 사는 세계에 하느님이 개입하는 사건입니다. 그러니까 계시와 구원은 서로 다른 사건이 아닌 거죠:

구약성서에는 억압받는 백성의 소외된 상황에 들어오셔서 노예 상태로부터 이들을 구출하시는 살아 계신 하느님의 이야기가 나옵니다. 다시 말해 우리는 더 이상 혼자가 아니라는 사실을 깨닫고, 이제 하느님을 알게 되었다는 것입니다. 우리를 구해주신 하느님의 현존을 깨닫는다는 것입니다.

슈타인들-라스트 이렇듯 계시란 살아서 움직이는 과정입니다. 그런데 토마스 신부님이 '하느님의 개입'이라 하신 표현은 좀 문제가 있습니다. 교회 전통에서는 늘 쓰는 말이지만, 그러다 보니 이것이 사실은 비유일 뿐이라는 점을 잊어버리기 쉽거든요. 하느님은 저만큼 떨어진 어디에 앉아 가끔씩 여기 일을 간섭하시는 게 아닌데 말입니다. 하느님 쪽에서 여기저기 우리를 지켜보다 이따금 끼어들기보다는 우리 쪽에서 무언가를 찾아내고 새로운 통찰을 얻어 해방되는 그런 개념이 맞습니다.

매터스 소외되고 고립된 상태로부터 풀려나는 그 체험을 통해 하느님이 누구신지를 아는 것입니다. 그러니까 사실은 신의 '개입'이라는 표현은 의미가 없겠습니다.

카프라 그러고 보니 불교나 힌두교에서 하는 얘기가 생각납니다. 우리가 진정 누구인가 하는 질문인데, 예를 들어 선불교에 "네 어머니 배 속에 들기 전 네 얼굴 생김이 어떠하였더냐?"는 공안이 있습니다. 그리고 힌두교에도 비슷한 내용의 이야기가 있는데, 이 세상을 창조한 신이 그만 자기가 누군지를 까맣게 잊어버렸다는 것입니다. 우리가 바로 그런 존재고요.

이런 망각에서 깨어나는 것, '우리가 곧 신(Tat tvam asi)'이라는 사실을 기억해내는 것, 이게 곧 해탈(moksha)이라는 것입니다. 저는 이런 개념을 계시라고 할 수 있지 않을까 싶은데요. 명상을 통해 나의 참된 본성을 기억해내고 나의 신성을 발견하면, 나의 깊은 자아로부터 무언가가 드러나지 않습니까? 이런 식의 설명은 어떻게 생각하시는지요?

슈타인들-라스트 하느님은 우리 안의 가장 순수한 '나'인 까닭에 진리는 항상 우리의 깊은 내면에서 드러납니다. 그렇더라도 '계시'라는 말을 그렇게 무턱대고 붙여 쓰는 것은 좀 삼가고 싶습니다. 계시라는 표현은 하느님이 당신 존재를 스스로 열어 보이신다는 측면을 강조하거든요. 제 느낌으로는 꼭 이렇습니다. 이쪽에서 손을 뻗어 무언가를 열어젖히는 게 아니라 마치 신랑 앞에서 여태껏 가리고 있던 베일을 스스로 벗어 보이는 신부의 모습 같은 거죠. 계시라는 말의 느낌이 꼭 그렇습니다.

하이데거(Martin Heidegger, 1889~1976)가 사용하는 '진리'라는 개념과 무척 비슷한 느낌이에요. 그리스어에서도 진리는 그 비슷한 뜻이고요.

매터스 그리스어의 진리(aletheia)는 원래가 '노출'이라는 뜻입니다. 숨겨져 있던 곳에서 스스로를 '노출'시키며 진리가 환하게 드러난다는 뜻입니다. 이런 것은 우리 모두 비슷한 경험을 통해 아는 일이잖아요.

슈타인들-라스트 예를 들어 힌두교 같은 종교에도 유신론(有神論)의 전통이 있습니다. 여기에도 계시라는 게 있다고 저는 장담해서 말하겠습니다. 그런데 이러저러한 역사와 전통에 계시가 있었느냐 없었느냐는 것보다 저한테 더욱 중요한 것은, 계시가 우리 자신의 체험 안에 과연 얼마나 중요한 부분으로 자리 잡고 있느냐 하는 사실입니다.

계시란 저기 바깥 어디에서 우리한테 턱하고 주어지는 객관적 지식의 내용이 아닙니다. 만물의 근원으로의 본질적 귀속감, 우리가 거기에 아주 밀접하게 마주 닿아 있다는 관계성을 스스로 발견하는 것이 계시입니다.

카프라 신학을 '믿음에 대한 지성적인 이해'라고 정의하실 때, 이는 지성적인 탐구를 통해, 그리고 계시를 통해서도 함께 이해한다는 뜻이었군요. 제가 바로 알아들은 건가요?

매터스 그렇습니다. 믿음이란, 이런 계시에 자신을 그대로 맡기는 것입니다. 나를 구원하시고 나의 참된 본성을 내게 열어주시며 스스로를 드러내시는 하느님께 온전히 우리를 맡겨보는 것입니다. 그러니까 순서는 이렇습니다. 먼저 계시가 있고, 뒤

이어 이에 대한 응답으로 믿음이 따릅니다. 그러고 나면 드디어 지성적인 이해가 이루어지는 순간이 옵니다. 믿음에 대한 지성적인 이해가 꼭 필요한 까닭은, 참된 실상(reality)과 근본적 조우가 이루어지는 순간을 언제라도 되살릴 수 있기 때문이고, 아울러 다른 사람에게도 이를 충분히 전달할 수 있는 기반이 생기기 때문입니다.

카프라 그렇다면 계시는 진정 믿음의 바탕이겠네요.

매터스 예, 계시가 바탕이에요. 믿음은 계시에 대한 응답으로서, 계시를 반가이 끌어안는 몸짓이고요.

카프라 그리고 신학은 그러한 응답을 다시 지성적으로 탐구해가는 길이란 말씀이죠? 이렇게 정리할 수 있을 것 같습니다. 우리는 귀속감의 체험에 대해 이야기를 나누었는데, 그건 우리 쪽 관점이었습니다. 그런데 우리가 어딘가에 속한다면, 그 상대의 관점도 있지 않나요? 우리 쪽에서는 귀속감의 체험이지만, 저쪽은 우리에게 계시하며 보여준다는 말입니다.

슈타인들-라스트 핵심을 찌르셨어요. 구약성서의 「시편」에 "오 하느님, 나의 하느님이시여"라는 대목에 해당하는 내용이 담겨 있어요. 인간이 찾는 바른 길의 중요한 이정표로 삼을 수 있는 구절입니다. 오 하느님, 당신은 나의 하느님이시며, 제게 속하십니다!

카프라 그렇다면 여기서의 귀속감은 쌍방통행의 관계로군요.

슈타인들-라스트 쌍방통행이라고요? 그렇지요! 이거 정말 굉장한 발견입니다.

카프라 그 점은 분명히 과학과 차이가 다르네요.

슈타인들-라스트 그래요. 하지만 과학자도 정녕 한 인간으로서 얼마든지 공감하고, 또 받아들일 수 있는 면이 있을 텐데요. 과학자의 눈으로만 본다면 이런 문제는 별다른 관심을 가질 일이 없겠지만 말에요.

카프라 맞아요. 근대과학에서는 절대로 용납할 수 없는 면모겠지요. 프란시스 베이컨(Francis Bacon, 1561~1626)이 근대과학을 정립한 이후, 대부분의 과학자는 자연을 정복하고 착취하는 것이 과학의 임무라고 생각하게 되거든요. 그 무렵의 시대사조에 따라 그는, 자연을 미련하고 말 안 듣는 여성으로 간주하는 아주 고약한 비유를 했지요. 답답하고 미욱하기가 여자와 다름없는 자연의 비밀을 캐내기 위해 과학자는 능력껏 그녀를 괴롭히고 고문해야 한다고 말했어요. 자연이 스스로를 드러내는 계시와는 정말 거리가 먼 얘기지요. 정반대라고 봐야 할 거에요. 사실상 겁탈을 하라는 얘기였지요.

 과학자의 일상적인 작업 형태를 살펴보아도 과학과 신학은 참 다른 방식으로 이루어집니다. 과학은 적극적으로 무언가를 헤집고 다니는 탐색 쪽이지, 마음을 가라앉히고 한쪽에 조용히 앉아 기도와 명상을 하며 현실의 참된 모습이 스스로 드러나기를 기다리는 것이 아니거든요. 물론 과학의 이런 태도는 더 이상 칭송이 아니라 심각한 비난의 대상입니다. 슈마허[4]는 이런 식의 과학을 두고, 지혜의 과학이 아니라 조작(manipulation)의

---

[4] 에른스트 슈마허(Ernst Schumacher, 1913~1977): 인간적인 기술, 경제와 기술의 인간적인 규모를 주장한 독일 출신의 영국 경제학자이다. 『작은 것이 아름답다』는 그의 책은 대안 경제의 고전이 되었다.

과학이라고 불렀습니다. 오늘날 새로운 과학을 제창하는 사람들은 이제 다시 지혜의 과학으로 돌아가자는 것인데, 아마 신학에서 말하는 계시가 과학에도 큰 역할을 할 수 있지 않을까 싶습니다.[5]

슈타인들-라스트 적어도 하이데거식 진리를 생각한다면, 현실의 참된 모습은 어떤 식으로든 우리에게 자기를 드러내고 싶어 합니다. 이러한 선물 앞에서 우리는 경외심을 가질밖에 다른 도리가 없고요. 누구에게나, 모든 인간에게 이런 선물이 주어지는 것입니다. 이 세상이 스스로 자기를 내준다는 사실을 명심해야 합니다. 우리가 기꺼이 받아들이기만 하면 얼마든지 그냥 주는 거예요. 이는 정녕 넘치는 축복이 아니겠습니까?

---

5 자연의 지식을 약탈하는 과학이 아니라 자연이 스스로를 보여주는 계시에 따라 과학 지식을 정리한 20세기의 위대한 과학자로, 옥수수를 연구하여 1947년 유전자의 전이 현상을 발견한 매클린톡(Barbara McClintock. 1902~1992)의 이야기를 할 수 있다. 실험에 쓰는 수많은 옥수수 그루였지만, 그 그루 하나하나는 모두 독특한 느낌을 갖고 있었고, 그래서 그녀는 그루마다 다른 이름을 붙여주었다. 그러자 식물도 그녀에게 응답하였고 자기 열매의 세포에서 일어나는 미세한 사건을 상세히 알려주었다. 기존의 정통파 과학자에게는 믿기지 않는 소리일 수 있지만, 유전자의 활동 중 그녀가 관찰한 전이 현상은 모든 생명체에 일어나는 정확하고도 중요한 특성임이 인정되어 무려 36년이 지난 1983년 여성 단독으로는 처음으로 노벨 생리학 의학상을 수상하였다. 이른바 객관성의 확보를 위해 주체와 객체를 철저히 가르는 이분법의 시각과 가부장제 방식의 억압적 감수성을 극복하려는 여성주의에서는, 진정한 여성 과학을 창시한 혁명적 과학자로 서슴없이 매클린톡을 꼽는다.

과학 교육과 영성 교육

슈타인들-라스트 아까 과학의 방법을 이야기할 때 체계적인 관찰을 하고, 거기서 나온 결과로 모델을 세우는 일, 이 두 가지 특징을 들었습니다. 여기서 모델을 세울 때, 내부 관계가 일관되게 이어져야 하고, 또 결국 모두 근사치밖에 구할 수 없다는 점은 사실 신학에도 그대로 적용됩니다. 그런데 과학의 체계적인 관찰과 관련해서 신학에도 혹시 그에 대응하는 요소가 있겠습니까?

카프라 제 생각으로 그건 기도일 수밖에 없지 않을까 싶은데요. 체계적 양식이란 점이 그렇고, 아마도 두 수사님의 수도회 생활처럼 열심히 기도하는 분들은 매일 새벽 네 시부터 기도를 시작하지 않습니까?

슈타인들-라스트 그렇죠. 아주 포괄적 의미에서 기도나 명상이 다 그렇고, 사실은 종교적 수련이나 수행 전통 모두가 그렇습니다.

카프라 수행이란 어떤 것을 말씀하시는 건지요?

슈타인들-라스트 종교적인 체험을 위해 몸과 마음을 닦는 훈련입니다. 예컨대 여러 종류의 명상 수련이라든가 요즘 유행하는 금식도 수행의 한 방법입니다. 또 자신의 삶에서 감사하는 마음을 일깨우는 감수성 키우기, 빛깔과 소리, 향기와 감촉에 대한 감각을 향상시키는 연습도 실은 수행의 한 가지입니다. 감각의 수준이 높아지면 자신의 생명력에 더욱 민감해질 수 있거든요.

카프라 그러고 보니 과학에서 말하는 체계적인 관찰에 정말 잘 대응됩니다. 상당히 체계적인 실천 아니겠습니까? 수행(ascetic)

이란 말의 어원인 그리스어 askesis는 체조를 하며 몸을 단련한다는 뜻입니다. 그러니까 수행을 한다는 것은, 종교적인 체험에 이르고자 몸과 마음을 다지는 연습이겠습니다.

슈타인들-라스트 글쎄요, 종교적인 체험에 '이르고자'라는 표현에는 좀 유의해야 할 점이 있어요. 수행은 신학자들한테도 매우 권장할 만한 일이지만, 그렇다고 신학이라는 학문의 한 분야는 아니거든요. 수행 신학이라 해서 수행의 의미를 신학적으로 다룰 수는 있겠지만, 그게 신학의 중심 주제는 아니라는 겁니다.

카프라 그렇지만 수행은 종교적 체험의 일부 아닌가요?

슈타인들-라스트 수행을 한다고 해서 반드시 종교적인 체험을 얻는 것은 아닙니다. 종교적인 체험을 위해 문을 여는 것뿐이지요. 준비를 하는 길이에요. 하느님의 계시, 거룩한 진리가 언제라도 우리 곁에서 우리의 일상적인 현실 사이로 들어오기를 기다리는 일입니다. 먼저 받아들일 자리를 마련하고, 그리고 그것을 받아들일 만큼 우리들의 감수성을 높여야지요. 여러 가지 수행은, 수행을 통해 우리의 감수성을 연습하고 감각이 깨어 열리게 하는 방편입니다.

카프라 물리학도로서 저희가 하는 작업도 이와 똑같이 설명할 수 있을 것 같은데요. 이렇게 한번 얘기해보겠습니다. "우리 방에는 언제나 광자와 중성자 같은 미립자들이 잔뜩 떠다니지만 맨눈으로는 결코 보이지 않는다. 그런데 자연과학 대학에서 10년 넘는 세월 동안 장비 다루는 법을 익히고 훈련을 받아 기계에 나타나는 신호를 읽을 줄 알면 우리는 미립자를 관찰할 수가 있다."

슈타인들-라스트 과학과 종교라는 배움의 길이 무엇인지를 보여주는 적절한 비유라고 생각됩니다. 그동안 부정적인 면을 지나치게 강조하여 수행이라 하면 사람들은, 이것도 하면 안 되고 저것도 하면 안 되고, 잠도 못 자게 하고 밥도 못 먹게 하는 식으로 무조건 금욕적이고 엄격한 규율로만 생각하는 경향이 있습니다. 하지만 그렇게 금욕을 강요하기보다, 특히 우리 베네딕트회 같은 경우엔 긍정적인 면을 강조하는 전통이 있습니다. 예민한 감각을 일깨워 주의력을 높이고, 감사의 마음과 통찰의 능력을 키우는 쪽으로 말입니다.

카프라 불교에서 내려오는 팔정도(八正道)의 전통과 비슷하다는 생각이 드는군요. 바로 보고 바르게 말하고 바르게 살기 등의 얘기를 하거든요. 이는 불교의 가르침 중에서 도덕적인 교훈도 포함하는 부분입니다.

슈타인들-라스트 팔정도는 도덕적인 '교훈'의 색채가 진하잖아요. 수행을 하는 것은 아무래도 도덕적인 '생활'과 관련이 있고요. 도덕적 생활이란, 개인적으로는 신비체험을 향하는 쪽이고, 다른 면으로는 사회를 향해 활발하게 상호작용을 하는 쪽입니다. 보통 이렇게 사회적인 면을 가리켜 도덕이라 하고, 개인적인 면을 가리켜서는 수행이라 부르지요.

카프라 저는 지금 카스타네다[6]를 생각하고 있습니다. 그가 '전

---

6 '돈 후앙의 가르침'이라는 제목으로 시작하는 일련의 소설에서, 문화인류학도인 카를로스 카스타네다는 멕시코 인디언 출신 돈 후앙을 스승으로 모시고 참된 지식을 전수받는데, 여기서 돈 후앙은 "지혜로운 자가 되려면 누구라도 전사(warrior)가 되어야 한다. 전사는 자신의 길을 가로막는 유일한 것이 죽음이라는 것을 잘 안다. 그러므로 전사는 죽음의 공포로부터 해방되는 법을 배워야 한다"고 말한다.

사(戰士)의 길'이라고 불렀던 내용과 수행의 길을 비교할 수 있을 것 같습니다. 집착을 버리고 매사에 최선을 다하며 결과에 구애받지 말라는 도덕적인 가르침 말입니다. 현재의 삶에 충실하라는 교훈이지요. 카스타네다는 죽음이라는 강력한 비유를 사용해서 언제나 우리 곁에는 죽음이 따라오며 주의력을 높여 준다는 얘기를 했습니다.

슈타인들-라스트 수행의 모든 이야기가 거기 다 들어 있군요. 저의 생활신조이기도 한데, 지금 이 순간을 음미하고, 감사의 마음을 키우라는 말이겠지요. 무엇을 절제하는 이유는, 너무나 풍족한 생활을 하다 보면 그 하나하나에 충분한 주의를 기울일 수가 없기 때문입니다. 예를 들어 금식의 경우를 생각해보세요. 푸짐한 밥상만 받다 보면 진정 소중한 마음으로 밥 한 그릇을 먹을 기회가 없습니다. 너무 많아 그런 것이지요. 그러니까 밥 한 그릇의 의미에 대한 주의력을 되찾으려고 우리는 굳이 금식을 하는 것입니다. 그러고 나서 한 그릇의 밥을 바라보면 벌써 집중하는 마음이 생기고 밥에 대한 느낌이 달라집니다.

카프라 자연과학의 실험하는 방법에도 꼭 닮은 점이 있습니다. 우리가 자연을 통째로 앞에 놓고 관찰할 수는 없거든요. 나무 한 그루를 통째로 뽑아 온다 해도, 한 그루 모두를 다 살펴보는 건 아니란 말입니다. 이파리 하나만 붙들고 들여다보기 일쑤지요. 사실 과학이 위험해지는 이유는, 이렇게 작은 부분 하나에 매달려 시각을 넓히지 못하는 환원주의 때문이기도 해요. 자꾸만 더 미세한 단위로 내려가다 보니 전체가 무엇이었는지를 아예 잊어버리는 거지요.

슈타인들-라스트 왜 그 일을 하고 있는지, 바로 그 점을 잊어버리니까요.

카프라 왜 그 일을 하는지도 잊어버리고, 지금 들여다보고 있는 부분이 전체 안에서 어떤 기능을 하는지도 잊어버립니다. 그러다가 각 부분을 모아 다시 전체를 세우려 하면 도무지 이어지지를 않는 것입니다. 이런 일이 잦아지니까 이제는, 부분을 들여다보는 연구에서 전체를 주목하는 쪽으로 전환할 필요가 절실해지는 것이지요.

슈타인들-라스트 수행에도 꼭 그에 상응하는 면이 있습니다. 진정한 생명력을 느껴보고자 우선 자신을 절제하는 쪽에서 출발합니다. 그런데 이런 금욕적 생활 태도가 어렵게 느껴질수록 더욱더 자신을 채찍질하면서 뭐든 삼가고 금지하는 쪽으로 몰아가지요. 그러다 보면 마치 이 금욕 생활 자체가 목적이었던 양 자리가 바뀌기 시작합니다. 과학의 탐구도 그렇고, 수행 생활도 그렇고 맹목적으로 돌진을 하다 보면 어느새 나무만 보고 숲이 보이지 않는 그런 길에 들어서는 건 마찬가지인 모양입니다.

매터스 종교적인 영성을 추구하는 활동, 그중에서도 특히 수행의 목적은 언제나 분열된 몸과 마음을 다시 온전하게 회복하는 것입니다. 그런데 오늘날 이 목적을 이루기 위해서는 무척 세심한 분별력이 필요합니다. 옛날처럼 밥을 굶고 잠을 안 잔다고 해서 해결되는 문제가 아니거든요.

서구에서는 고대 플라톤에서 시작하는 이분법이 2천 년 넘게 계속되었습니다. 근대에 들어와서는 데카르트를 통해 더욱 강화되었고요. 정신과 물질, 선과 악, 몸과 마음, 인간과 자연, 여성과 남성, 이렇게 세상 모든 것을 둘로 나누어 서로 대립하고 소통 불능한 것으로 여기는 사유에 젖다 보니, 우리 몸과 마음 그리고 영혼도 모두 서로 분리되고 대립하는 데 익숙해져버렸습니다. 이제는 진정코 이 세상 안에 몸을 입고 사는 영혼의 존재인 우리 인간, 그리고 이 세상을 이루는 커다란 몸의 일부인 우리 자신을 제대로 이해하는 능력을 되찾아야 합니다. 절대정신 혹은 하느님 앞에 열려 있는 존재로서 말입니다.

3. 과학의 패러다임과 신학의 패러다임

과학의 패러다임과 사회의 패러다임

카프라 우리는 앞에서 자연과학과 신학의 목적 그리고 과학과 신학의 학문하는 방법에 대해 얘기를 나눴습니다. 그러면 이제 과학 이론은 어떤 식으로 발전하며 과학 지식은 어떤 식으로 축적되는지 한번 역사적 관점에서 조망해보고 싶습니다. 아시는 바와 같이 얼마 전까지만 해도 지식이란 꾸준히 쌓아가는 것이라는 확신이 우세했습니다. 과학 이론은 발전에 발전을 거듭하다 보면, 나중에는 훨씬 포괄적인 내용을 감싸 안고 더욱 정확해질 수밖에 없다는 것이었지요.

토마스 쿤(Thomas Kuhn, 1922~1996)은 『과학혁명의 구조』라는 책[7]에서 '패러다임'이라는 개념과 '패러다임의 전환'이라는 관점을 부각시켰습니다. 과학에는 흔히들 생각하듯 새로운 지식을 꾸준히 축적하는 기간이 있는 반면, 한꺼번에 전체의 패러다임이 달라지는 혁명의 시기가 있다는 얘긴데요, 꾸준히 지식을 쌓아가는 과정의 작업을 그는 특별히 '보통의 과학(normal science)'이라 이름했습니다.

쿤이 말하는 과학의 패러다임이란, 과학을 하는 집단이 오랜 시간 쌓아놓은 과학의 개념과 가치, 기술과 요령 등 과학 하는

---

[7] Thomas Kuhn, *The Structure of Scientific Revolutions*, Chicago: University of Chicago Press, 1962(김명자 옮김, 『과학혁명의 구조』, 동아출판사, 1992).

사람 모두가 공유하며 함께 사용하는 문제 제기의 요령과 이를 해결하는 규범적 방식을 두루 결정합니다.

이는 무슨 말이냐? 어떤 이론이든 그 이론이 성립된 배경에는 이미 그런 생각이 가능했던 기본적 틀이 있었다는 뜻입니다. 이러한 배경이 되는 틀 속에는 그런데, 지식의 개념 정의를 위한 자료만이 아니라 이들의 흐름을 좌우하는 가치 및 실험에 동원하는 구체적인 기술도 포함된다는 사실을 주목해야 합니다. 과학이라는 활동을 벌이는 것부터가 이미 특정한 패러다임의 일부라는 얘기입니다. 예를 들어 자연을 정복하고 제어하는 식의 태도는 근대과학적인 패러다임의 특성입니다.

슈타인틀-라스트 자연을 정복하고 제어하는 게 패러다임의 일부란 말씀이신가요? 그건 패러다임을 결정짓게 하는 사회적인 작용이 아닌지요?

카프라 패러다임의 일부지요. 과학 이론 밑에 늘상 깔리는 가치(value)거든요. 가치는 패러다임의 일부입니다. 그러니까 토마스 쿤에게, 그리고 저도 마찬가지로 생각하는데요, 패러다임은 가치관을 넘어서는 것입니다. 가치와 그에 따른 활동이 다 포함되는데, 어떻게 이를 개념의 틀 정도로 생각할 수 있겠습니까?

무슨 얘긴지 확실히 감을 잡기 위해 패러다임의 의미를 조금 더 확장해서 설명해보겠습니다. 매릴린 퍼그슨[8]이나 윌리스

---

[8] 매릴린 퍼그슨(Marilyn Ferguson, 1938~): 1975년에는 『두뇌와 마음(*Brain and Mind Bulletin*)』이라는 잡지를, 1985년에는 『앞서 가는 축(*Leading Edge*)』이라는 잡지를 창간했다. *spirit and evolution*과 *The Aquarian Conspiracy*(Tarcher Inc. 1980)라는 책으로 알려진 미국 출신의 작가이다. 마지막 책은 『뉴에이지 혁명』(김용주 옮김, 정신세계사, 1994)이라는 제목으로 우리나라에 번역된 바 있다.

하먼[9] 같은 사람은 패러다임의 의미를 훨씬 더 광범위한 뜻으로 사용합니다. 제 경우는 토마스 쿤이 과학을 중심으로 정의한 패러다임에서 출발하여 이를 퍼그슨이나 하먼 같은 사람들이 이야기하는 '사회적 패러다임'의 변동이라는 개념으로 확대해서 이해하고요.

제가 생각하기에 사회적 패러다임은, 한 공동체에서 널리 쓰이는 개념이나 가치, 감수성 그리고 이들을 실제로 적용하는 양식 등의 집결체입니다. 이에 따라 현실을 바라보는 특정한 시각이 결정되고, 이는 바로 공동체가 스스로를 유지하고 발전시키는 양식이 되죠. 사회적 패러다임이란 그 사회의 구성원들이 두루 공유하는 어떤 것입니다. 세계관은 개인에 따라 고유한 것일 수 있지만, 사회의 패러다임은 그 집단이 공유해야만 성립합니다.

슈타인들-라스트 공동체의 삶 전체를 통틀어서가 아니고 구조에만 국한해서 말씀하시는 이유가 있으신지요? 가치의 개념을 도외시한 채 특별히 공동체의 조직에만 초점을 맞추는 까닭이 있습니까?

카프라 저는 패러다임과 문화의 차이에 대해 연구해본 적은 없

---

9 윌리스 하먼(Willis Harmann, 1918~1997): 스탠포드 대학에서 기술경제학을 강의했고, 이 대학 연구소에서 16년간 미래학을 연구하여 그 결과를 *An Incomplete Guide to the Future*(Norton, 1979)와 *Changing Images*(Pergamon, 1980)라는 책에 발표했다. 이후 대기업과 정부로부터 사회 발전의 조망에 대한 고문으로 초빙, 그는 후기 산업사회에서 일어나는 가치관과 사고방식의 변화, 사회적인 변동을 우주적 진화의 의미와 연결시키며 기업 개념의 혁명적인 변화를 유도하는 활동을 벌였다. 저서로 *Higher Creativity*, *Global Mind Change*, *Future Work* 등이 있다.

습니다. 공동체의 삶 전체에 바탕을 이루는 내용이 아마 문화라고 얘기할 수 있겠지요. 두 가지는 밀접한 관계를 맺고 있을 테지만, 저는 아직 거기까지는 파고들어가보지 않았습니다.

물론 토마스 쿤의 경우는 패러다임을 아주 좁은 뜻으로 써요. 과학 안에 서로 다른 패러다임이 있다는 식으로 이야기를 하니까요. 저는 좀더 넓은 뜻으로, 그러니까 특정한 사회 조직의 밑바탕 전체에 깔려 있는 패러다임, 혹은 특정한 과학 집단에서 이루어지는 과학 활동 전체라는 포괄적인 뜻으로 쓰는 편이고요.

슈타인들-라스트 제가 가치의 개념에 대해 물은 이유는, 패러다임의 전환을 여전히 특정한 과학 분야에만 한정시켜 생각하시는 것 같아서였어요. 특정 분야 안에선 가치라는 게 접혀(implicit) 들어 있지 펼쳐진 듯(explicit) 드러나지 않거든요.

카프라 보통의 과학이 진행되는 동안은 패러다임 전체의 개념 자체가 완벽하게 접혀 있어서 패러다임의 경계가 어디인지, 한계가 어디인지를 알아내기가 무척 어렵습니다. 패러다임의 변화가 일어날 때라야 비로소 그 한계들이 드러나 보입니다. 사실은 이런 한계가 있기 때문에 변화가 발생했던 것이지요.

이러한 상황 전개를 토마스 쿤은 낱낱이 잘 묘사했습니다. 심상치 않은 문제가 생겨나는데, 쿤은 이런 문제들을 파탄의 징조라고 부릅니다. 이런 문제들은 기존하는 패러다임 안에서는 풀리지가 않거든요. 그런 경우 대폭적인 변화, 즉 전환이 일어난다는 것입니다. 물론 이러한 문제들이 심각해져서 실제로 사람들이 다른 패러다임을 찾기까지는 상당한 시간이 걸립니다.

예컨대 물리학의 경우, 최근에 일어난 패러다임의 전환은 1920년대에 시작되었습니다. 원자 구조와 관련한 연구에서 여러 가지 문제들이 도무지 기존의 뉴턴식 과학으로는 풀리지가 않았습니다. 제가 『새로운 과학과 문명의 전환』[10]이라는 책에 그 상황을 상세히 기술했는데, 오늘날 우리 사회는 1920년대 물리학계 전반이 겪었던 혼란을 답습하면서 기존의 패러다임이 부딪힌 한계상황을 그대로 나타낸다는 말을 했습니다. 한계상황을 드러내는 것으로는 황폐해진 우리의 자연환경, 핵전쟁의 위협 그리고 세계 도처에서 사라지지 않는 가난의 문제 등이 있습니다. 현재 이런 문제들은 너무나 심각한 지경에 이르렀는데, 기존의 패러다임으로는 도저히 해결할 수가 없습니다.

토마스 쿤은 패러다임 변동의 시기에 대해서 몇 가지 설명을 덧붙이는데, 이 기간에는 서로 다른 여러 시각이 팽팽하게 맞선다고 했습니다. 그러다 한 가지가 우세한 패러다임으로 자리를 잡으며 과학 공동체 전체로 확산된다는 것입니다.

과학은 이렇게 온 세계에 통용되는 무척 획일적인 패러다임을 추종하는데, 과연 사회의 경우도 그럴까요? 인류 공동체를 둘러보면 알 수 있듯, 사회의 경우는 모두 다릅니다. 다양한 사회의 모습과 서로 다른 패러다임이 공존하거든요. 이슬람 사회와 서구, 한국과 아프리카는 모두 다른 패러다임에 따라 작동합니다. 이렇게 각각의 사회는 서로 다른 패러다임으로 유지되기 때문에, 경제나 정치 혹은 사회생활이니 하는 동일한 개념

---

10 Fritjof Capra, *The Turning Point*, New York, 1982(이성범·구윤서 옮김, 『새로운 과학과 문명의 전환』, 범양사, 2007).

의 활동이라도 서로 다른 맥락에서 각각 고유한 패러다임을 통해서만 이해할 수가 있습니다.

슈타인들-라스트 사회적인 맥락에서는 그렇게 서로 다른 패러다임이 공존할 수 있는데, 과학은 그렇지 못하군요. 그 이유를 한번 설명해주실 수 있으신지요?

카프라 실은 과학에도 서로 다른 패러다임이 공존할 수 있습니다. 실제로 옛날에는 그랬고요. 17세기 유럽의 근대과학이 기틀을 잡으면서 사정이 달라졌지요. 오늘날은, 그러니까 근대적인 의미에서 과학을 하는 사람들은 전 세계를 통틀어 모두 똑같은 과학을 합니다. 미국이든 한국이든 아프리카든 모든 지역에서 다 유럽식 패러다임의 과학을 따르는 것입니다. 전 세계가 유럽식 과학에 세뇌당했다는 말을 하지 않습니까? 실은 나라마다 나름의 패러다임에 따르는 고유한 과학을 할 수 있는데, 그렇게 하지 않는다는 말입니다.

유럽과 미국의 과학자들이 실은 온 세계를 식민지로 만들어 지배하고 있다고 보아도 좋을 것입니다. 현재는 미국의 과학이라고 하지만, 그 뿌리는 물론 유럽입니다. 그에 비해 사회현상을 살펴보면 그렇게 단 한 가지의 패러다임이 득세를 하며 온 세계를 지배하는 일은 없습니다. 서로 다른 문화가 공존하거든요. 언제부턴가 과학에는 공존하는 문화의 개념이 아예 사라져버렸습니다. 과학은 이제 단 한 가지 문화밖에 남지 않은 셈이랍니다.

슈타인들-라스트 방금 하신 지적은 정말 굉장히 중요한 말씀입니다. 과학도 여러 가지 패러다임의 서로 다른 전통을 이어갈 수 있다는 사실을 까맣게 잊어버렸더랬습니다. 사실 오늘의 과학이 단 한 가지의 패러다임으로 통합되어버린 것은 서양 과학이 식민통치를 하는, 좀 이상한 상황입니다. 꼭 그래야만 할 이유가 전혀 없는데도요.

과학자도 기존의 패러다임에 묶일 필요가 없이 얼마든지 다른 패러다임에 따라 활동할 수 있다고 말씀하셨지요? 이건 정말 중요한 얘기입니다. 사람들은 이렇게 말하거든요. "한 가지로 완전히 통합된 점이 바로 과학의 강점이다. 과학은 다 통합되어 그 안에 모순이란 없다. 과학은 모든 진리를 받쳐주는 단단한 기반이다."

카프라 아무리 그런 소릴 하더라도 과학은 역시 더 큰 패러다임 안에서 가동되고 있습니다. 예를 들어 국방과학연구소에서 전략 방위 프로젝트를 세우는 경우, 전혀 다른 인원으로 구성원을 바꾼다 해도 거기서 나오는 결과는 모두 엇비슷할 수밖에 없습니다. 대기권 바깥으로는 레이저 광선을 이용해 공격 발사를 하고, 엄청난 예산을 따내서 우주 정거장을 짓겠다 할 것이고, 위성을 이용한 원격 장치로 조준을 하는 등 그만그만한 결론을 낼 수밖에 없다는 말입니다. 여러 나라에서 각기 다른 프로젝트를 수립할 경우 그 결과가 매양 똑같지는 않겠지만, 결국 이런 일을 하는 과학자들의 내용은 그다지 큰 차이를 보이지 않을 거란 얘기입니다.

그에 비해 가치관이 전혀 다른 문화권을 한번 생각해볼 수 있을 것입니다. 이러한 프로젝트가 도무지 무슨 의미를 지니고 있는지 전혀 흥미를 느끼지 못하는 지역에서는 아무도 이런 미치광이 같은 일에 말려들 생각이 없을 테니까 말입니다.

슈타인들-라스트 그게 바로 제가 강조하고 싶은 점이에요. 사회적 패러다임과 과학의 패러다임 사이에 분명한 관련이 있다, 이 말씀입니다. 사회의 성격에 따라 그 안에서 연구하는 과학의 성격과 범위가 결정되는 것이니까요.

카프라 그렇고말고요. 과학의 패러다임은 사회적인 패러다임에 뿌리를 두고 있습니다.

슈타인들-라스트 사람들이 느끼는 정도보다 현실은 훨씬 심각하지요. 이제 다른 질문을 한 가지 꺼내보겠습니다. 옛날에는 대기에 퍼져 있는 에테르라는 개념이 있었습니다. 이 사연은 세월이 가도 참 상징적인 일화로 기억될 것입니다. 19세기 후반까지만 해도 에테르의 개념은 면면히 지켜져왔습니다. 그런데 지금은 흔적도 없이 사라졌습니다.

그동안 무슨 일이 벌어졌습니까? 옛날에는 도대체 그게 왜 그렇게 유효했으며, 이제는 왜 쓸모가 없어졌을까요? 신학의 역사를 살펴봐도 아마 비슷한 경우를 찾을 수 있을 것입니다. 한때는 그리도 절실했는데 이제는 더 이상 필요 없는 것들 말입니다. 이런 예는 아마 패러다임의 전환과 더불어 벌어지는 전형적인 현상일 것입니다.

카프라 그렇습니다. 일정 기간 대단히 긴요했던 개념들이 더 이상 쓸모없어지는 이런 현상은 과학에서 끝없이 되풀이되는 일입니다. 한때는 좋은 모델이었지만, 더 좋은 모델이 나오면 쓸모가 없어져 내다 버려야 하는 거지요. 그렇게 자꾸 개선이 되다 보면 나중에는 정말로 버릴 게 없는 완벽한 이론으로 자리를 잡게 됩니다. 그래도 세월이 흐르다 보면 분명히 더 나은 이론으로 또다시 대체될 테지만 당분간은 일정한 범위 안에서 효용을 발휘하며 계속 쓰일 것입니다.

새로운 모델이 등장하면서 폐기된 과학의 개념 가운데 에테르는 가장 널리 알려진 이름일 텐데, 이 얘기가 그렇게 유명해진 까닭은 아마 여러 사연을 집약하기 때문일 겁니다. 에테르란 개념을 포기하도록 우리의 감수성이 달라진 경위는 20세기 물리학이 시작되는 사건들과 맥을 같이합니다.

이건 정말 숨 막히게 재미있는 이야기입니다. 빛의 성질은 무엇인가라는 질문과 함께 출발하는 문제였지요. 우리는 매일 지구에 도착하는 햇빛을 받고 있지만 구체적인 빛의 개념을 우리의 일상적인 경험과 일관되게 연결할 수는 없었어요. 우리들 상상력의 한계를 벗어나니까요. 햇빛이 어떻게 해서 지구에 도착하는가? 도저히 머릿속에서는 그려볼 길이 없습니다. 그런데 이 질문이 현대물리학의 시작을 알리는 돌파구가 되었다는 사실을 사람들은 잘 모르고 있더군요.

19세기 마이클 패러데이(Michael Faraday, 1791~1867)와 클러크 맥스웰(James Clerk Maxwell, 1831~1897)은 전기 현상과 자기 현상을 포괄하는 전자기(電磁氣) 이론을 발전시켰는데, 이 과정에서 이들은 놀라운 발견을 하게 됩니다. 빛은 빠른 속도로 전기장과 자기장을 바꿔치기하는 양식이며, 이때 전기장과 자기장은 파동의 형태로 공간을 가로지른다는 것이었습니다. 전자기장은 당시에 알고 있던 일반 기계론의 성격에 어긋나므로 이렇게 특별한 양식을 적절히 묘사하는 맥스웰의 방정식은 뉴턴식의 기계론을 벗어난 최초의 이론이라 할 수 있고, 19세기 물리학의 위대한 성과로 꼽을 만합니다.

그런데 맥스웰은 자신의 발견을 정리하다가 그만 새로운 문제에 부딪혀버립니다. 빛이 전자기파로 된 것이라면 아무것도 없는 우주 공간을 어떻게 가로지를 수 있겠느냐는 문제였습니다. 물결이 일렁이는 실제 모습도 그렇고 이론을 봐도 마찬가지로, 파동이라는 현상은 늘 매개 물질을 통해서만 나타납니다. 파도 치는 모습은, 물이라는 매체가 교란을 받을 때 파동의 진행에 따라 물이 오르락내리락하는 무늬입니다. 그리고 소리의 파장이 전달되려면 주변의 공기 분자들이 움직여 파동의 진행에 따라 진동을 일으켜야 합니다. 공기라든지 아무튼 무언가 매체 노릇을 해주는 물질이 없으면 물결이든 소리든 퍼져 나갈 수가 없단 말씀입니다. 그런데 빛은, 이러한 진동을 전해줄 매체가 전혀 없는 텅 빈 우주 공간을 가로지릅니다. 도대체 빛의 물결을 일으키게 만드는 물질은 무엇일까요?

여기서 과학자들은 에테르라는 가상의 물질을 만들었습니다. 대기권 바깥에는 공기가 존재하지 않지만, 에테르라고 불리는 보이지 않는 물질이 있어 빛의 파동이 이를 타고 진행하리라 가정한 것입니다. 그러니까 에테르는 참 깜찍한 속성을 가져야 했습니다. 무게를 가져서도 안 되고 마찰을 일으켜서도 안 되니 완벽한 탄성체인 셈입니다. 물결의 파고를 한번 생각해보세요. 파도를 전달하는 물질인 물이 계속 저항하며 마찰을 일으키니까 커다란 파고를 그리며 시작했던 물결도 점점 잦아드는 것 아니겠습니까? 그런데 빛의 파동은 그런 일이 없단 말입니다. 그러니 에테르는 전혀 마찰을 일으키지 않는 완벽한 탄성체일 수밖에 없었던 거지요.

20세기 초반까지도 과학자들은 이런 이상한 성질을 가진 에테르가 너무나 당연히 우주 공간에 퍼져 있다는 생각에 사로잡혀, 도무지 이런 고정관념으로부터 빠져나올 수가 없었습니다. 기계론식의 사고방식이 머릿속을 꽉 채우고 있어서 매개체 없이도 파동이 움직일 수 있으리라는 생각은 전혀 들어올 틈이 없었던 겁니다.

그런데 아인슈타인이 나타나서, 에테르 같은 건 없다, 빛은 매개체가 따로 없어도 저 혼자 움직이는 현상을 보인다, 여기서는 매개체가 필요하지 않다고 잘라 말합니다. 빛은 파동처럼 움직이지만 동시에 물질의 알갱이 같은 성격도 갖고 있어서 텅 빈 공간도 마음껏 질러 다닌다고 선언한 것입니다. 이러한 빛의 알갱이를 그는, 아주 작은 양(量)의 단위라는 뜻에서 양자(量子, quantum)라 불렀고, 이렇게 원자 수준의 현상을 다루는 이론이라는 뜻에서 양자론(量子論)이라는 이름이 생겨났습니다.

빛의 최소량이 어떻게 해서 물질의 알갱이인가? 그리고 어떤 의미에서 빛은 또 파동인가? 그래서 이런 의문을 가지고 이번 세기 첫 30년 동안 매달렸던 사연이 바로 양자론의 역사입니다. 물리학자들은 30년 세월을 이렇게 힘든 씨름과 환희의 순간을 거듭하며 드디어 빛의 파동이 '확률적인 파동'임을 밝혀냈습니다.

이게 무슨 말이냐? 빛의 알갱이를 요즘은 광자(photon)라고 부릅니다. 이러한 빛의 입자가 어디에 있는지 알아볼 때, 이를 표현하는 방식으로, 특정한 장소에서 발견하는 확률을 계산하는 수학 공식이 있습니다. 그런데 이 확률의 공식이 바로, 비어 있는 우주 공간을 가로지르는 파동을 표현하는 양식입니다. 이해하기 힘들다면 이런 상세한 사항은 빼놓고 얘기할 수도 있습니다. 요약하면, 빛은 작은 알갱이 같은 '물질'인 동시에 일렁이는 파도와 같은 '무늬'인 셈입니다. 아울러 에테르의 개념은 더 이상 필요가 없어져버렸습니다.

슈타인들-라스트 그러니까 물리학의 역사를 살펴보면, 한때는 절대로 없어서는 안 될 것 같던 개념도 얼마 후에는 폐기 처분되는 경우가 있다는 건데, 우리 신학에도 분명 이런 현상을 찾아볼 수 있으리라고 저는 생각합니다.

매터스 그리스도교 신학 사상에서 보편적인 상식으로 통용되다가 폐기 처분된 교리의 대표적인 예로는 지구중심설을 꼽을 수 있을 것입니다. 성서의 진리를 확고하게 지키고자 중세의 신학자들은 움직이는 우주의 한가운데 얌전하게 자리 잡고 있는 지구를 못 박아두어야 했습니다. 그러다 문예부흥이 시작되면서 코페르니쿠스(Nicolaus Copernicus, 1473~1543)를 비롯해 몇몇 영민한 사람들이 새로운 이론을 들고 나왔습니다. 지구가 중심이 아니라 태양이 가운데 있고 지구는 그 주위를 돈다는 얘기 아니겠습니까?

갈릴레이(Galileo Galilei, 1564~1642)는 코페르니쿠스의 견해를 입증하고 지지했지만, 열성 가톨릭 신자인 그는 그리스도교회 안에 온전한 일치를 이루며 그대로 머물고 싶어 했습니다. 갈릴레이는 신학 전통에도 상당한 식견이 있었고요. 성서를 읽으며 자연과학과 신학 사이의 조화로운 관계를 해명하고자 했습니다. 아니 과학의 언어와 성서의 언어 사이에 있는 조화로운 관계라는 편이 더 좋겠군요.

카프라 신학적으로 어떤 문제가 있었는데요?

매터스 당시 신학자들은 성서의 구절을 곧이곧대로 해석하여 한 점의 의혹도 없이 그대로 받아들여야 한다고 생각했거든요. 그런데 성서에 "태양이 그 자리에 멈춰 섰다"는 얘기가 나옵니다. 그러니 태양이 지구 둘레를 돌고 있다는 사실도 의심할 수 없다는 주장이었습니다.

슈타인들-라스트 시적인 표현을 과학 논문으로 받아들이는 우를 범한 것이에요.

매터스 갈릴레오는 "태양이 그 자리에 멈춰 섰다"는 성서 구절은 종교적인 비유로 해석해야 할 내용이라고 말했습니다. 성서의 언어는 보통 사람들이 쓰는 일반적인 대중 언어인데, 과학의 언어는 이와 다르다고요. 과학의 언어는 수학을 사용하는 더욱 정교하고 특별한 언어라는 것입니다. 인간의 종교적인 욕구를 채워주는 게 자연과학의 임무는 아니다. 우주에 관한 지식을 획득하여 경험적 지식의 거대한 탑을 쌓는 일이 과학의 목표라는 주장이었습니다. 이런 식의 견해를 조금만 더 세련되게 바꿔놓으면 아마도 오늘날 성서학자들이 표명하는 얘기와 같아질 것입니다.

카프라 그래서 더 이상 쓸모없어진 개념은 무엇입니까?

매터스 한자리에 못 박혀 있다는 지구의 개념이지요. 그리고 신학자들도 이제는 성서가 과학 교과서가 아니라는 사실을 깨달앉고요. 물리적인 세계에 대한 대답은 성서에서 찾아낼 것이 아니라는 사실도 받아들이게 되었습니다.

카프라 성서도 과학처럼 비유와 모델을 통해 얘기하는 것이라고 말할 수 있을지요? 성서의 비유라는 것은 종교적 진리를 가리키는 손가락일 뿐 온전한 진리 그 자체는 아니라고 말입니다. 은유는 달을 가리키는 손가락이지 달 그 자체는 아니니까 달과 손가락을 혼동해서는 안 되거든요.

매터스 '진리' 그 자체와 진리를 표현하는 '방편'을 혼동해서는 안 됩니다. 은유든 개념이든 모두 마찬가지입니다. 그런 까닭에 요즘의 신학자들은 일부러 자연과학처럼 '모델'을 쓰는 방법을 도입하고 있습니다. 아까도 말씀드렸듯이, 에버리 덜즈와 버나드 로너건은 이런 방법을 잘 활용하거든요. 예컨대 덜즈는 『교회의 모델(*Models of the Church*)』이란 책을 내기도 했습니다. 천주교 말고 다른 교파 출신으로는 이안 바버(Ian Barbour, 1923~2013)나 랭던 길키(Langdon Gilkey, 1919~2004) 같은 신학자들이 모델을 많이 사용합니다.

　신학에 모델을 세우는 양식을 도입하는 까닭은, 옛날부터 모든 신학의 언어가 비유적인 속성을 지녔다는 특징을 의식해서라고 저는 생각하는데, 하느님에 대해 우리가 하는 얘기는 무엇이든 다 비유고 은유입니다. 하느님에 대해 어떤 얘기를 하든지 그것은 결국 하느님이라는 실재와의 무한한 차이를 넘지 못하기 때문입니다.

슈타인들-라스트 최근에 와서 완전히 사라져버린 개념이 또 하나 있는데, 옛날엔 고성소(古聖所, limbo)라고들 했더랬습니다. 사실은 천동설이 옳으냐 지동설이 옳으냐는 문제보다 일반 사람들에게 더욱 절실한 문제가 이 고성소 개념이었습니다. 아직 영세를 시키지 못한 채 아이가 죽을 경우, 인간이면 누구나 타고나는 원죄 때문에 바로 천당으로 갈 수는 없고 그렇다고 지옥에 갈 일을 한 것도 아니니, 그 중간 상태인 고성소를 하나 만들어냈던 것입니다. 아직 영세를 시키지 못한 상태로 세상을 떠난 아이들이 고성소에 보내졌다는 생각 때문에 애통해하는 부모들이 정말 많았습니다.

매터스 '고성소'란 교리는 원래 성 아우구스티누스(saint Augustinus, 354~430)의 가설에서 비롯하는 신학적 결론이었지요. 아우구스티누스는 원죄를, 인간이면 누구나 갖는 일반적인 결함이 아닌 특정한 범죄로 받아들였고, 모든 인간이 어머니 배 속에 잉태되는 순간 그대로 유전되는 것이라고 생각했어요. 그러니까 그의 눈에는 인간성 자체가 곧 저주 덩어리(massa damnata)로 비쳤던 거죠. 아무리 그리스도를 통해 보속이 되었다 하더라도 원죄를 벗어날 수는 없고, 또 아이를 잉태하는 행위, 성행위에는 아무리 봐도 죄악의 흔적이 남아 있다고 생각한 것입니다.

'인간의 죄'라는 신학의 관점에서 아우구스티누스의 생각은 여러 가지 가능성 중의 하나일 뿐 전혀 다른 해석도 얼마든지 있습니다. 그런데 서구 신학에서 그가 차지하는 위치가 워낙 독보적이다 보니 원죄에 대한 견해도 역시 그의 해석이 주도권을 잡았더랬습니다. 아담과 이브에서 퍼져 나간 인류의 자손 모두에게 그 범죄와도 같은 원죄가 계속 유전되었다고 생각한 아우구스티누스의 교리에 입각해서, 후대의 신학자들은 결국 고성소라는 개념을 만들어냈던 것입니다.

카프라 그러니까 고성소는 천당도 아니고 지옥도 아닌 또 다른 곳인가요?

매터스 천당도 아니고 지옥도 아니고 연옥도 아닌 곳으로, 하느님으로부터 영원히 멀리 있는 자리랍니다. 고성소에서는 하느님의 모습이 보이지 않는다 했거든요. 원죄를 씻지 못하고 죽은 아이는 진짜 고문을 당하는 것이 아니고 그저 '약간의 처벌'만을 받는다고 아우구스티누스는 말했습니다. 이렇게도 어이없는 개념이 가톨릭 정신으로 슬그머니 스며들어와, 신학 교본은 물론이고 미사 때마다 암송하는 '신앙고백'에까지 쓰이면서 마치 정통 교리처럼 행세를 해왔지요. 이는 대단히 잘못된 일이었어요.

카프라 그 문제는 어떤 식으로 풀어갔나요?

매터스 고성소라는 교리가 발생한 역사적 배경을 연구하면서요. 서양의 그리스도교 사상 전반을 살펴본 결과, 이 교리는 특정 교파에만 국한되어 있다는 게 드러나면서 바로 해결되었습니다. 동방으로 퍼져 나간 정교회[11]의 전통을 살펴보면 원죄라는 개념을 전혀 다른 식으로 받아들입니다. 원죄는 자손 대대로 유전되는 범죄가 아니며, 따라서 인간성 전체를 저주 덩어리로 생

---

11 정교회(orthodox church): 정교회는 5~6세기 그리스도의 위격에 대한 교리를 둘러싸고 동·서방교회가 분열되면서 동로마 중심으로 형성되었다. 1054년, 로마 교황과 콘스탄티노플의 총대주교가 서로 파문하면서 동방교회와 서방교회는 결정적으로 분리된다. 동방정교회의 중심은 러시아 정교회와 그리스 정교회인데, 이들은 둘 다 콘스탄티노플에서 떨어져 나온 교회이다.

각하지도 않습니다. 아이들은 그리스도가 가진 인성(人性)을 나눠 가지므로, 아직 영세를 받지 않은 상태에서, 그리고 아직 철들기 전에 목숨을 잃었으면 당연히 그분 곁으로 가는 것입니다.

카프라 그러면 이제 새로운 패러다임으로 해석하건대, 어떤 얘기가 나올 수 있겠습니까?

매터스 새로운 패러다임의 신학에서는, 고성소란 개념은 해석이고 뭐고 할 것도 따로 없습니다. 그냥 폐기 처분이지요.

카프라 그건 물론 그럴 테고요, 원죄라는 것을 어떻게 해석하는지 궁금해서 드리는 질문입니다.

매터스 이것은 참 미묘하고 어려운 문제인데요, 인간의 본성이 심한 상처를 받았다는 사실은 충분히 인식되어 있습니다. 이 점은 누구나 대략 알고 있습니다. 그래서 우리 모두는 절대적으로 구원의 은총이 필요하다는 점… 사실 이것 말고는 가톨릭 교리의 내용이 별로 명료하지가 않습니다.

카프라 그럼 아직도 풀지 못하고 있다는 말씀이신가요?

매터스 해결을 보지 못한 상태이죠. 신학적으로 논란의 여지가 많은 부분입니다.

슈타인들-라스트 서양에서 교육받은 사람이 원죄가 뭐냐고 물어와도 저는 이렇게 대답합니다. 원죄란 불교에서 고뇌라고 부르는 인간의 보편적 현상을 그리스도교식으로 칭하는 이름이라고요. 고뇌(dukkha)라는 낱말의 원뜻은, 어느 축에 매달려 끝없이 돌고 있는 수레바퀴입니다. 그러니까 이 표현에는 뭔가 제자리를 못 찾고 있다는 뜻이 내포되어 있습니다. 고뇌라는 말을 제가 서슴없이 쓰는 이유는, 서양인들도 요즘은 '원죄'라는 말보다 '고뇌'라는 말을 더 잘 알아듣기 때문입니다.

원죄라는 개념과 고뇌라는 개념, 두 가지는 모두 우리의 실존에 뭔가 문제가 있다는 깨달음에서 비롯합니다. 인간의 삶은 아닌 게 아니라 어떤 축에 매달린 듯 쉼 없이 끌려갑니다. 이렇듯 뭔가가 어긋났다, 우리의 길을 잃어버렸다, 그러니까 제자리로 가는 길을 찾아야 한다, 이런 식의 자각이 들면서 무언가를 추구하는 것은 불교나 그리스도교만이 아니라 다른 종교 역시 마찬가지라고 생각합니다.

카프라 그런데 아이들은 아직 이런 의식이 없습니다. 어린아이는 아직 그런 인간의 상태에 빠져들지 않았거든요.

슈타인들-라스트 인간 세상이 워낙 번잡한 곳이다 보니 거기서 태어나는 아이들은 벌써 그런 상태로 들어오게 되지요. 오늘날의 신학은 옛날보다 원죄에 대한 사회적 의미, 일그러진 사회 구조에 많은 비중을 두고 있습니다. 우리가 원죄라고 부르는 개념에 대해 성서가 가리키는 내용은 본디 사회적인 측면과 결부시킬 때 그 뜻이 살아납니다.

매터스 사회 구조는 죄의 원인이기도 하면서, 또 한편으로 죄의 결과라는 말씀이군요. 그 말씀을 듣고 있자니 도덕과 관련한 과학자의 딜레마와 유사하다는 생각도 듭니다. 우리가 무엇인가 할 수 있다고 해서 그 일을 꼭 해야만 하는가? 과학기술의 진보라는 이름으로 여태까지는 "그럼, 해야 하고말고!" 이런 식으로 끝없이 앞으로 나가라고 충동질을 해온 셈입니다. 그렇다면 정말 아무런 제한이 없는 것일까? 이론상의 한계조차 없는 것일까? 아무런 제한 없이 쉬지 않고 앞으로만 나가버린다면, 우리 자신과 이 조그만 별 지구는 대체 어떻게 지킬 수 있겠습니까? 우리의 지성을 발휘해서 생산해놓은 물품을 감당하는데, 영성적으로 우리는 무엇을 얼마만큼 할 수 있겠느냐는 질문입니다.

카프라 인간의 호기심은 끝이 없다, 과학자가 자신의 능력을 발휘해서 새로운 지식을 찾아내는 데에는 경계가 없다, 이런 식의 잘못된 믿음이 마치 상식처럼 퍼져 있다는 생각이 들 때가 많습니다. 사람들은 과학자라고 하면 하얀 가운을 입고 실험실에서 세상 돌아가는 일에는 아랑곳없이 이상한 수수께끼를 푸느라 신바람이 나 있는 모습을 떠올립니다. 지적인 호기심은 인간의 본성이라고들 얘기하지요. 인간의 본성인 지적 호기심을 충족시킬 권리가 있는 거라고요.

그러나 실제로는 전혀 그렇지 않습니다. 오늘날의 과학은 그런 식으로 돌아가지 않거든요. 인간의 호기심이요? 여기에는 당연히 한계를 설정해야 합니다. 이를 굳이 따지면 두 가지 종류로 구분할 수 있는데 그중 한 가지는 이렇습니다. 모든 연구는 일정한 가치 체계가 들어 있는 패러다임에 따라 이루어진다는 사실을 명심하고, 그에 마땅한 한계를 두어야 한다는 것이죠. 어떤 주제를 연구 대상으로 삼느냐는, 한 사회의 가치 체계에 따라 정해집니다. 물론 과학자 개인의 취향이 중요하지만 개인적인 취향이란 것도 사실은 그가 속해 있는 사회의 문화적 패러다임으로부터 지대한 영향을 받습니다.

예를 들어 어떤 동물을 기계에 묶어놓고 괴롭히며 인내력의 정도를 측정하는 연구라면 저는 결코 지적인 구미가 당기지 않습니다. 눈에다 독극물을 투입하고 망막에서 일어나는 변화를 관찰하는 일이라면 흥미도 없고 보람도 얻지 못할 테니까요. 이런 식의 연구를 권장하는 패러다임 안에서 일하지 않는 이상, 이런 일은 아무런 매력이 없습니다. '저런 일이 기분 좋지는 않지만 그래도 한번 해보면 좋겠다. 어떻게 다른 기회가 없을까?' 하고 군침을 흘리는 사람도 있겠지만, 저는 전혀 아닙니다. 오히려 그 반대지요. 너무나 혐오스러워 지적인 호기심 따위는 얼어붙을 것입니다.

그런데 이런 연구를 좋아하는 과학자도 많습니다. 다른 패러다임에 살고 있으니까요. 패러다임에 따라서 이런 연구가 얼마나 짜릿한 작업인지 최소한 흥미로운 연구라는 논거를 얼마든지 들이댈 수 있거든요. 이는 물론 극단적인 예라고 할 수 있지요. 그러나 제 말은 대부분의 과학 연구에 있어서 그 내용은 항상 특정한 가치와 관련 있는 패러다임 안에 들어오거나 밖으로 튕겨져 나간다는 것입니다. 자신이 속하는 패러다임에 들어오지 않는 주제에는 도무지 흥미를 느끼지 못합니다. 이런 한계가 바로 우리 호기심의 범위를 정해줍니다.

두 번째 한계는 지적 호기심과는 상관없는 경제적 혹은 재정적인 것입니다. 오늘날 개인 실험실에서 자기 혼자 신나는 주제를 놓고 연구하는 과학자는, 아마 전혀 없다고는 말할 수 없겠지만, 이런 일은 거의 불가능하다고 보는 편이 옳을 것입니다. 대부분의 과학자는, 연구비로 운영되는 프로젝트 안에서 연구 활동을 합니다. 연구비를 따지 못하면 더 이상 연구를 할 수 없습니다. 연구비 지원을 받으려면 연구계획서를 써서 제출해야 하고, 돈을 얻어내려면 기존 패러다임의 방식에 따르는 신청서를 작성해야 합니다. 안 그러면 아무것도 할 수 없습니다. 여기서 바로 사회적인 가치가 작용합니다. 연구비를 얻지 못하는 주제를 놓고는 아무런 연구도 할 수 없으니까요.

매터스 이렇게 끈기 있는 지식 추구의 욕망에 벌써 기존의 패러다임이 깔려 있다는 말씀이군요. 지식을 쌓아 자연을 지배하는 힘을 얻으려는 욕구 말입니다.

카프라 당연하지요. 기존의 패러다임 정도가 아니라, 그런 식의 패러다임이 있다는 사실조차 깨닫지 못하니 문제입니다. 이런 분위기에서는, 지식이란 그렇게 마구잡이로 쌓아가서는 안 된다는 사실을 깨닫지 못합니다. 지식이란 개념뿐만 아니라 감수성과 가치, 그리고 실제로 통용되는 방법 모두가 종합해서 나오는 것입니다. 그래서 이들과 서로 불가분의 관계를 맺고 있다는 사실도 인정하지 않는단 말입니다.

슈타인들-라스트 연구비 말씀을 하셔서 얘기인데, 학제간의 합작 프로젝트는 연구비 따기가 무척 어렵다고 들었습니다.

카프라 말도 못하게 힘듭니다.

슈타인들-라스트 신과학의 패러다임은 학제간 연구를 촉진해야 한다는 입장인데, 빨리 제자리를 잡지 못하는 이유가 이런 연구비 문제 때문이 아닐까 싶습니다.

카프라 바로 그 점입니다. 연구비를 지급하는 기관들은 새로운 패러다임의 사고를 전혀 받아들이지 않고 있으니까요. 오늘날 지급되는 연구비의 대부분은 국방과 관련이 있습니다. 이는 뭐 새삼스레 놀랄 일도 아니고요. 미국에서 이른바 연구 개발비의 명목으로 지급되는 돈의 75퍼센트 이상은 군사비에서 나오는 것입니다.

과학이라는 이름의 거대 사업은 지금 말할 수 없이 왜곡되어 있습니다. 과학이라는 정신 자체가 뒤틀려져, 정말 긴요한 일과는 무관하고 어이없는 목적에 엄청난 수의 과학자를 투입해 그들의 능력과 노력을 소진하고 있습니다. 군사를 목적으로 하는 연구란 거의 예외 없이 탕진을 전제로 하는 것이 아니겠습니까?

슈타인틀-라스트 이런 상황에서 벗어날 수 있는 실질적인 방안이 있으신지요?

카프라 과학의 연구가 상당 부분 가치 체계로 결정된다는 점은 자명한 사실입니다. 이런 주제를 연구하느냐 저런 주제를 연구하느냐 하는 선택은, 어떤 가치를 갖느냐에 따라 달라집니다. 그런데 이러한 가치 체계라는 것도 변할 수 있습니다. '패러다임의 전환'이 바로 정답입니다.

다른 한편으로, 연구 주제는 연구비를 어떻게 분배하느냐에 따라 결정되는데 이런 결정은 이제 민주적으로 처리되어야 한다는 점입니다. 현재의 방법은 전혀 민주적이지 않거든요. 일반 시민은 이런 결정에 아무런 영향도 끼칠 수 없습니다. 연구비의 지급을 훨씬 민주적으로 분배한다는 얘기는, 연구 방향을 정하는 데 지역 주민들의 건실한 뜻이 많이 반영되어야 한다는 말입니다.

이런 식의 변화는 요즘 한창 일고 있는 지방자치의 열기와 더불어 가능해지리라 믿습니다. 지방 분권화가 자리를 잡아 자치제의 경제력과 정치력 등이 커지면 더욱 민주적인 과정을 거쳐 어떤 내용이 더 중요한 연구 과제인지를 선별할 수가 있으니까요. 유럽의 녹색운동은 이런 맥락에서 상당한 성공을 거두었습니다.

슈타인들-라스트 그런 움직임은 우리 미국에도 아주 바람직한 길이 될 것 같습니다.

신학의 패러다임

카프라 이제 신학 쪽은 어떤지 한번 말씀해주시겠습니까? 신학에도 패러다임이라고 할 만한 요소가 있는지, 그렇다면 패러다임의 전환이 일어나고 있는지를 말입니다. 그럴 경우, 현재 신학에 기존하는 패러다임의 문제는 어떤 점인지, 새로운 패러다임의 사유 방식이 절실한 이유는 무엇인지 좀 듣고 싶습니다.

매터스 신학에 서로 다른 패러다임이 존재하느냐고 물으신 거죠? 그렇다고 대답해야죠. 그리스도교에서 가장 뿌리 깊은 오래된 전통만 살펴보아도, 나름대로 논리와 이치가 정당한 패러다임을 여러 가지 찾을 수 있습니다. 아마 신학이라는 학문의 속성 때문에 다른 도리가 없을 것입니다. 신학의 연구 대상은 하느님이고, 하느님은 우리가 아무리 몰두해도 결국 온전한 이해가 불가능한 궁극적 신비니까요. 참된 신학은, 이러한 신비를 완전히 해결하겠다거나 데카르트식 '자명한 개념'으로 축약해보겠다는 주장을 한 적이 없었습니다. 그러니까 신학에 여러 패러다임이 공존하는 것은 학문 자체의 불가피성이기도 하고 아울러 역사적 사실이기도 합니다. 정통 그리스도교의 주류만 하더라도 역사적으로 살펴보건대 적어도 네 시대의 구분이 가능합니다. 각 시기의 신학은 나름대로 일관된 논리와 이치가 있지만, 이들을 함께 비교하면 서로의 차이가 상당합니다.

 초기 그리스도교를 살펴보면 로마와 알렉산드리아, 안티오키아, 그리고 조금 후에는 콘스탄티노플 등 이른바 '사도' 교회[12]를 중심으로 중요한 신학의 조류가 형성되었습니다. 중세신학은 이러한 그리스도교 전통과, 그보다 훨씬 세련된 고대 그리스 아리스토텔레스 사상의 거대한 융합을 통해 이른바 스콜라 철학을 탄생시켰고요. 종교개혁 이후 개신교가 등장하자 천주교 쪽에서는 이에 대한 응답으로, 또 새로운 신학의 패러다임을 내놓아야 했습니다.

슈타인틀-라스트 신학에서는 원래 과학과 달리, 아까 말씀하셨던 내부의 일관된 논리가 조금씩 어긋나고 또 나름대로의 이치가 자꾸 삐걱거리는 조짐을 보이더라도, 패러다임의 전환은 그렇게 요란스럽게 일어나지를 않는 것 같습니다. 부분적으로 조금만 변경시키는 소규모의 전환에 그치고 마는 편입니다.

카프라 그렇다면 패러다임은 그대로 둔 채 모델만 바꾸는 경우일 수 있을 것입니다. 패러다임이 바뀌려면 확실한 파탄의 징조가 보여야 하거든요.

---

12 '사도(apostle)'란 그리스어로 '어딘가로 보내지는 사람'이란 뜻으로, 원래는 예수의 열두 제자를 말한다. 사도교회란 이들이 창설하고 다스리던 원시 그리스도교 공동체로, 각 교회는 서로 독립적이면서도 일치를 이루는 특징을 지녔으니 각 교회의 창설자는 로마의 베드로, 알렉산드리아의 마르코, 예루살렘의 야고보, 아테네의 바울로 등이다.

매터스 자연과학에서 드러나는 파탄의 징조가 신학에도 똑같은 개념으로 드러난다면 문제가 뚜렷하겠지요. 하지만, 글쎄 우리 신학에도 과연 그런 경우가 있는지 생각해봐야겠습니다. 파탄의 징조에 해당하는 것으로는 이단(異端)이라는 현상, 다시 말해 교파의 정통성에 대한 도전을 생각할 수가 있고, 그리고 또 한 가지, 다른 문화와 접촉 혹은 충돌이 생길 때 새로운 문화의 요소가 득세하는 경우도 그럴 수 있을 것입니다.

토마스 아퀴나스가 살던 시대를 예로 들 수가 있는데, 고대 그리스 문화의 엄청난 유산을 유럽의 그리스도교 전통에서는 사실상 폐기해버렸습니다. 이들은 오히려 이슬람 문화의 근간이 되어 상당한 철학과 과학으로 결실을 맺게 되지요. 그런데 이슬람 문화권에서 간직해온 고대 그리스의 문헌들이 바로 이 시기, 13세기경 다시 유럽으로 유입됩니다. 덕분에 당시의 신학자들은 아리스토텔레스의 형이상학과 이에 대한 이슬람 사상가들의 주석을 접하는 기회를 얻을 수 있었습니다.

그러니까 신학은 자연과학과 같은 파국이 일어나지는 않겠습니다. 이단이 나타나 도전을 하든 생소한 문화와 상봉을 하든 신학에는 결국 긍정적인 영향을 끼칠 수밖에 없습니다. 이른바 이단의 교리가 등장하는 경우, 이들은 번번이 공동체의 참된 믿음이란 어떤 것인지를 시험하고 여과시키는 막대한 공헌을 했던 사실을 누구도 부인할 수 없을 것입니다.

슈타인들-라스트 옳은 말입니다. 하지만 과학의 패러다임 전환에 대응하는 측면은 어쩌면 우리가 지금 생각하는 정도보다 훨씬 더 클지도 모릅니다. 기존하는 체제로부터 이단이라 낙인찍혔던 사람들도 나름대로는 스스로의 종교적 체험이 우러났기 때문에, 당시 통용되던 신앙과 종교적 관행의 패러다임에 반기를 들었을 것이란 말입니다. 낡은 패러다임이 새로운 문화 요소와 정면으로 충돌하는 상황도 이와 큰 차이가 없을 테고요.

오늘날 과학의 경우 기존하던 패러다임은 인류의 새로운 통찰에 의해 사정없이 도전받고 있습니다. 예를 들어 우리의 별 지구에 대한 새로운 경각심은 과학자들에게 환경에 대한 책임의식을 점검하도록 다그치며 문화적 압력을 행사하고 있습니다. 한편 새로운 과학을 통해 우리는 놀라운 깨달음을 얻기도 합니다. 모든 것이 다른 모든 것과 연결되어 있다는 사실을 새롭게 깨우칠 수 있었거든요.

모든 것이 다른 모든 것과 연결되어 있다는 관련성의 통절한 깨달음은 인간과 동물의 관계를 새삼스레 밝혀주고, 따라서 쓸데없는 연구를 위해 동물한테 고통을 주는 일이나 냉혹한 계산으로 일관하는 동물의 사육에 대해 훨씬 예민해지게 만들어줍니다. 그러니까 충돌이 일어날 수밖에 없습니다. 신학이든 과학이든 새로운 생각을 갖는 사람은 언제나 '기존하는 체제'에 도전하는 입장이 되거든요.

카프라 새로운 사회의 패러다임을 한번 생각해보세요. 우리가 만약 '국가 안보란 이미 날 샌 개념'이라고 말하면, 그건 벌써 우리의 국가 정책을 거스르는 발언이 됩니다. 기성 체제에 도전을 하는 셈이 되고 말지요.

갈릴레오도 마찬가지였습니다. 행성에는 위성이 딸려 있으며 지구는 태양을 중심으로 돈다고 말했을 때, 그의 발언은 당장 기존하던 체제와 부딪혀버렸습니다. 기존의 체제가 누구를 말하느냐는 물론 언제나 차이가 있습니다. 갈릴레오 시대에는 그게 교회였고, 득세하던 패러다임은 아리스토텔레스식 혹은 스콜라철학의 전통이었지만, 오늘날의 교회는 더 이상 그런 힘이 없습니다. 대신 대기업과 그들이 소유한 언론 그리고 기득권 정부의 관료와 군사 관료 등등이 이 사회의 기성 체제를 붙들고 있지 않습니까?

슈타인들-라스트 그럼 이제 신학에도 과학의 경우와 비교할 만한 패러다임의 전환이 일어난다는 점에 합의를 본 셈인가요?

매터스 오늘날의 신학에 패러다임의 전환이 있다는 사실은 분명합니다. 그러나 이것이 과학 쪽의 패러다임 전환과 비교할 만한 것인지, 유사성이 어느 정도인지, 저는 아직 분명치가 않습니다.

그리스도교 패러다임의 변천

카프라 과학은 그렇습니다. 점진적인 발전이 이루어지는 보통의 시기이든 패러다임의 전환이 이루어지는 혁명의 시기이든, 발전을 유지하려면 과학적 방법의 일부인 '체계적인 관찰'이 지속적으로 이루어져야 합니다. 신학도 마찬가지가 아닐까 싶은데요. 교리를 더욱 다듬고, 믿음에 대한 지성적 이해 그리고 종교적 체험에 대한 성찰을 계속 발전시키려면, 종교적 체험을 연속화하는 노력이 필요하리라 가늠할 수 있습니다. 그런데 제가 보기에 오늘의 현실은 그렇지 않아 보입니다. 더 꼬집어서 말한다면, 그리스도교는 어느 시절에도 이런 점을 별로 보여주지 못했습니다. 신비주의자는 늘 주변으로 밀려났고 숱한 박해에 시달렸습니다.

매터스 지금 하신 말씀은 그리스도교 신학의 패러다임이 변천한 역사 가운데 시대에 따른 차이를 배려하지 않으신 것 같은데요.

카프라 아, 그런가요? 그럼 패러다임의 변천을 한번 요약해주실 수 있겠습니까?

매터스 그리스도교가 자리를 잡은 처음 천 년 동안을 통틀어 보면, 신학이라는 학문은 심오한 지성적 확신을 통해서라기보다는 아무래도 믿음에 대한 개인의 강렬한 체험을 기반으로 이루어진다는 인식이 일반적이었습니다. 이 시기를 줄잡아 교회에서는 '교부(敎父, Fathers of the Church)'[13]의 시대라고 부릅니다. 교모는 없고 교부만 있었던 게 유감이지만, 이 시기에 그리스도교 문헌을 남긴 사람들은 한결같이 남자일 수밖에 없었으니까요.

이 시기에 이름을 날린 교부들의 글을 읽어보면 신비주의자가 아닌 인물은 거의 없다고 봐도 과언이 아닙니다. 동방교회[14]

---

13 교부는 초기 교회에서 사목하던 주교를 가리키는 말이었으나, 교부들의 연설이나 저술을 기초로 신학이 탄생하면서 교회의 아버지란 뜻으로 쓰이게 되었다.

14 그리스도교는 예루살렘에서 시작하여 당시 로마제국의 동부 지역인 시리아, 소아시아, 그리스 반도, 이집트 등지로 전파되었고, 로마제국의 국경을 넘어 바빌론 지방과 아르메니아 등지로도 확산되었다. 400년경에는 제국의 동부 지역에 약 천만 명의 그리스도 교인이 있었으니 이들을 동방교회라 했다. 한편 그리스도교는 1세기 중엽 제국의 수도 로마에 전해졌고 거기서 제국의 서부, 즉 서유럽에 전파되어 400년

쪽은 오리게네스 아다만티우스,[15] 니사의 그레고리우스,[16] 나지안즈의 그레고리우스[17] 등이 그렇고요, 서방교회 쪽으로는 성 아우구스티누스[18]와 그의 스승 암브로시우스,[19] 그레고리우스 대교황[20] 등을 생각해보면 알 수 있습니다.

경에는 약 500만 명의 신자가 있었으니 이들을 서방교회라 했다.

15   오리게네스 아다만티우스(Origenes Adamantius, 185?~254?): 원래는 의사 출신으로, 알렉산드리아의 성서학자이며 주석가. 종교적 열정에 사로잡혀 스스로를 불구로 만들고, 이교 철학자와의 호교적 논쟁에 대처하기 위해 신플라톤주의와 이교 문학을 공부했다.

16   니사의 그레고리우스(Gregory of Nyssa, 335?~395?): 오리게네스 이래 최고의 조직신학자로 '본질'과 '위격'을 구별하는 삼위일체론을 주장. 성령은 성자를 통해 성부로부터 나오며, 그리스도는 신성과 인성이 결합한 존재로서 그의 어머니 마리아는 신의 어머니라고 주장했다.

17   나지안즈의 그레고리우스(Gregory Nazianzen, 329?~389): 웅변가로 유명했던 정통파 교부로 나지안즈의 주교인 부친의 자리를 계승했으나 곧 그만두고 은수생활을 하며 경건하고 시적인 인본주의적 신학을 발전시켰다.

18   아우구스티누스(Sanint Augustinus, 354~430): 북아프리카 히포의 주교. 그리스도교를 떠나 15년간 방탕한 생활과 정신적 방황을 겪다 스승 성 암브로시우스를 만나 신플라톤주의와 성 바울로가 집필한 성서에 나오는 서간문의 독서를 통해 개종한 후, 그리스도교 신학의 기초를 마련했다.

19   암브로시우스(Sanctus Ambrosius, 339?~397): 독일의 트리어 출신으로 밀라노의 대주교가 되어 이단을 추려내고 정통 교리를 확립한 그는 도덕적 스승, 영성에 대한 모범적 목자로 추앙되었으며, 동방 신학을 서방에 소개하고 라틴 성가를 작곡한 일 등이 알려져 있다.

20   그레고리우스 대교황(540?~604): 황제 유스티누스 2세에 의해 로마 총독에 임명되었으나 나중에 자기 영지를 매각하고 수도자가 되어 빈민을 돕고 7개의 수도원을 건설. 동로마제국이 약해지자 주변의 국가들과 우호 관계를 강화하는 정치 역량을 발휘하고 로마 주교는 사도 베드로의 후계자라는 교황의 절대권을 획득. 미사의 전례를 개혁하며 교회의 성가를 개조했다. 그레고리오 성가는 그의 이름에서 유래했다.

그리스도교의 전통에서 신비주의나 개인의 종교적인 체험에 대한 가치가 추락한 시점은 대략 13세기입니다. 이 무렵 위대한 스콜라철학의 패러다임이 등장합니다. 아퀴나스(Thomas Aquinas, 1225~1274)와 보나벤투라(Bonaventura, 1221~1274)가 대단한 활약을 했는데, 여기서 발생한 원동력은 16세기까지 지속되며 스콜라철학의 기치를 빛냈습니다. 16세기의 탁월한 사상가 가예타누스(Thomas Cajetanus, 1480~ 1547)는 여전히 스콜라철학을 계승하는, 아퀴나스의 훌륭한 주석가이기도 했습니다. 그러나 이 무렵 신학이라는 학문에는 이미 진보적인 해체가 이루어지기 시작했습니다.

제일 먼저 신학에서 분리되어 나간 것은 교회법이었습니다. 그다음은 교리신학과 윤리신학 그리고 수덕신학 혹은 영성신학이 갈라져 나갔고, 최종적으로 교리신학 자체가 세부적인 '각론'들로 나누어지기 시작했습니다. 이렇게 차례차례 갈라져 나간 덕에, 그리스도교는 아리스토텔레스 사상에 입각한 체계적인 방법으로 아주 새롭게 표현될 수 있었습니다. 그러나 이와 함께 그리스도의 가르침에 대한 내용을 전문적으로 연구하는 신학자와 이런 가르침을 자기 삶을 통한 실천과 체험의 깊은 차원에서 직접 겪어내려는 신비주의자들 사이에 갈등이 빚어지기 시작했습니다.

슈타인들-라스트 그렇다면 대략 13세기 이전까지는 신비주의자가 곧 신학자였고, 신학자는 곧 신비주의자였다는 말씀이신가요?
매터스 그랬습니다. 원칙상으로는 적어도 양자가 불가분의 관계였다는 점이 확실합니다. 신학자에게는 무엇보다도 귀 기울여들을 줄 아는 자세가 요구되었거든요. 신학자란, 믿음을 바탕으로 그리스도인의 체험을 조리 있게 설명하고 이를 다른 분야의 지식과 연관지을 수 있는 적절한 방법을 찾아내는 사람이었습니다. 이것이 바로 '믿음에 대한 지성적인 이해'를 구하는 신학이었지요.

　이런 시기의 그리스도교 전통에서 주목할 만한 점이 한 가지 있는데, 정통파의 권위를 물려받은 교부들도 이단자로 낙인찍혔던 사람들도 신학의 목표에 대해서는 기본적으로 같은 시각을 갖고 있었으니, 그것은 믿음의 교우들을 하느님에 대한 체험적 깨우침, '참된 앎(gnosis)'으로 인도해야 한다는 점이었습니다. 머리로만 아는 지식이 아니라 몸으로 느껴 스스로가 변화하는 깨우침을 통해, 믿는 이들이 모두 하느님처럼 거룩해져야 한다는 기록이 이 시대의 문헌에는 많이 나옵니다.

카프라　그러다가 신학자들과 신비주의자들 사이에 대립이 생기기 시작한 게 13세기 무렵부터라고 하셨던가요?

매터스　그 무렵에 등장한 패러다임 자체가 그러한 대립을 야기시킬 수밖에 없었고, 나아가 신학자들이 신비주의 쪽으로 기우는 것을 차단시켜버린 셈이었습니다. 이에 따라 신학은 투철한 지성적 작업의 차원에 머물러야만 했습니다. 하지만 이처럼 신비주의가 단절된 것은 대체로 서방교회의 사정이었다는 점을 덧붙여야 하겠습니다. 동방정교회는 그런대로 전체를 하나로 보고 이들을 일치시키는 신학 전통을 이어갔습니다. 그러나 그 무렵부터 동방교회와 서방교회는 일삼아 서로를 배척하고 파문했습니다.

카프라 그러니까 지난 700년 동안 신학의 체계를 구축하는 기반에 개인의 종교적 체험을 제외시켜버린 셈이었군요. 이런 난감한 사연이 있으니 과학과 신학 사이에 온전한 대응점을 찾는 일은 상당히 어렵겠습니다. 그렇다면 이제 '종교적 체험'의 중요성에 대한 각성 혹은 부활이 일어나지 않는 이상, 앞으로의 신학에 과연 새로운 패러다임식 사고가 출현하리라고 기대할 수 있으신지요?

슈타인들-라스트 종교적 체험의 르네상스는 반드시 일어나야 합니다. 그리고 요즈음은 한편으로 종교적인 체험에 대한 관심이 늘어날 뿐만 아니라 이를 솔직하게 평가하는 새로운 분위기가 고조되고 있기도 합니다. 예컨대 얼마 전까지만 해도 하느님과 내면적으로 깊은 일치를 이루는 일은 특별한 신비가들의 전유물처럼 여겼는데, 요즘 들어 이런 영적 교류는 누구한테나 가능하다는 식의 편안한 느낌이 조성되고 있습니다. 이제는 모든 인간이 일종의 신비주의자가 될 수 있다는 인식이 확산되는 것 같습니다.

사실은 어느 시대를 막론하고 수많은 그리스도인이 자신의 존재 가장 깊은 곳에 숨 쉬고 있는 거룩한 신성에 기대어 살아왔다는 점을 잊지 말아야 합니다. 마이스터 에크하르트(Meister Eckhart, 1260?~1327), 야콥 뵈메(Jakob Böhme, 1595~1624), 노르위치의 율리안나(Julian of Norwich, 1342~1416), 십자가의 성 요한(John of the cross, 1542~1591) 같은 분을 보면, 신비주의자로 알려진 인물은 대개 기존하던 체제에 물의를 일으켰던 모양입니다. 그러나 진정한 신비가 중에는 이름 없고 얼굴 없는 사람도 많았습니다. 실은 수없이 많은 사람이 마음속 신비한 생명의 원천으로부터 힘을 얻었지만 그걸 의식조차 못했었고요. 우리 안에 계신 하느님의 숨결을 '진정한 체험'을 통해 아는 순간 우리의 믿음은 새롭게 살아나는 것이거든요.

카프라 그러나 과학에서는, 글쎄 패러다임이 어떻든지에 상관없이, 적어도 과학적 지식의 기본이란 '체계적인 관찰'을 통해서 이루어진다는 점에는 이의가 없지요.

슈타인들-라스트 그리스도교 전통이 어떻게 흘러왔는지 살펴보면 말입니다, 신학이 최근까지도 너무나 독선을 고집했던 게 사실입니다. 대표적인 신학자들의 논조를 보면 특히나 교회의 진정한 생명줄로부터 신학의 가지를 뚝 잘라버린 채 신학을 말려 죽이는 듯한 느낌이 드는 경우가 많았습니다.

시대가 변해 이제 이런 일은 불가능해졌지요. 새로운 과학의 시야가 엄청나게 넓어졌고, 정치적인 문제들도 예민해졌으니까요. 게다가 가부장제의 몰락과 종교다원주의는 교회의 구태의연한 관행을 그대로 놓아두지 않습니다. 이런 문제들을 진지한 태도로 다루지 않는다면 신학은 더 이상 어디에도 발붙일 곳이 없어질 것입니다.

매터스 신학이 변천해온 역사를 올바로 관망하기 위해 몇 가지 상징적인 경우를 살펴보는 게 좋겠습니다. 예컨대 토마스 아퀴나스가 대단한 신비가였다는 점은 의심의 여지가 없습니다. 아주 깊은 영성의 체험을 자신의 몸으로 살아낸 인물이었는데, 놀랍게도 이 양반이 이루어놓은 신학은 자신의 체험과는 천양지차 별개의 이야기를 하고 있습니다. 그러다 죽음이 임박했을 때, 자신의 체험과 신학 사이에서 빚어지는 갈등이 극에 달하자 그는 자신의 신학을 '말라버린 지푸라기'였다고 탄식했답니다.

슈타인들-라스트 토마스 신부님, 아까 그리스도교 신학에서의 네 가지 패러다임의 변천을 말씀하셨죠? 그것을 좀 간추려서 설명해주시겠습니까?

매터스 아주 간략하게 한번 설명드려볼게요. 탁월하게 정리해놓은 자료가 있는데, 가말돌리회 소속의 이탈리아 신학자 키프리안 바가지니(Cyprian Vagaggini, 1909~1999)가 쓴 '신학과 그 방법'에 대한 책 한 권 분량의 논문이 있거든요.

슈타인들-라스트 그래요. 키프리안 바가지니는 온 평생을 통해 수백, 아니 수천의 제자를 양성한 훌륭한 스승으로 신학에 진정한 패러다임의 전환이 일어나도록 많은 작업을 하신 분입니다. 저희가 나누는 이런 대화에 꼭 거론해야 할 중요한 인물입니다.

매터스 바가지니는 먼저 서양 사상이 변천한 역사를 전반적으로 개괄합니다. 여기서 그는 고대 철학의 일반적인 추세에서 불거져 나오는 아리스토텔레스의 변칙적 면모에 주목합니다. 고전 철학이란 대체로 온전한 인본주의를 위한 지혜의 추구였거든요. 조화로운 인간을 양성하는 길, 요즘 말로 인간의 잠재력을 계발한다고들 하잖아요. 그런데 아리스토텔레스는 이렇게 보편적 흐름을 차단시켜버린 인물이었다고, 바가지니는 지적합니다. 이러한 아리스토텔레스의 사상이 13세기에 이르러 그리스도교 신학에 들어왔습니다. 뿐만 아니라 아리스토텔레스의 입김이 얼마나 지대한지가 신학의 발전에 중요한 지표가 되었다는 진단입니다.

그리스도교가 성립하던 당시, 신약성서에 이미 신학이 자리 잡고는 있었지만 이 당시의 신학은 체계적인 형태가 아니었고, 아직 교리의 형식을 갖춘 상태는 더욱 아니었습니다. 어쨌든 신약성서를 바탕으로 신학의 패러다임이 생겨나는데, 역사의 흐름에 따라 대체로 네 가지 시기로 구분할 수 있습니다. 초기의 교부신학, 중세의 스콜라신학, 종교개혁 이후의 실증적 스콜라신학, 그리고 20세기에 들어와 나타난 패러다임을 두고 우리는 새로운 패러다임의 신학이라 부릅니다.

교부신학의 패러다임은, 그리스도교 전통 안에서 처음 결실을 거둔 위대한 신학의 종합으로 3세기와 4세기, 5세기에 걸쳐 이루어졌습니다. 이 시대의 신학을 바가지니는 '직관과 지혜의 모델'이라 부르는데, 당시 신학의 목표는 믿음의 교우들을 하느님에 대한 추상적인 지식이 아니라 체험적인 깨우침, '참된 앎(gnosis)'으로 인도하는 것이었습니다. 참된 현실의 전망을 통해 온 인격이 변화하는 영적 직관을 추구했던 것입니다.

카프라 바울로의 해석은 어디에 속합니까?

매터스 사도 바울로는 두말할 나위 없이 그리스도교 최초의 신학자입니다. 그러나 당시의 신학은 아직 아무런 체계도, 전체적인 조망도 갖추지 못한 상태였습니다. 그렇다 할지라도 그가 신앙인을 위한 삶의 양식을 규정하는 데 예수의 십자가를 그리스도인의 생활 중심으로 삼고, 그리고 무엇보다 믿음을 통한 은총의 구원을 강조한 점은 모두, 그 이후 신학의 주요 지침이 되었습니다.

슈타인틀-라스트 오리게네스의 경우는 어떻지요?

매터스 오리게네스 또한 그리스도교 신학에서는 위대한 선구자 중의 한 분입니다. 신학의 방법을 이 양반이 창안한 셈이니까, 교부신학은 오리게네스의 작업 위에 이루어졌다고 볼 수 있습니다. 이분의 업적은, 특출한 사상적 내용이라기보다는 성서를 읽어내는 독특한 방법을 제시한 것입니다. 여러 차원에서 성서를 읽고 해석하는 방법을 창안했습니다. 오리게네스는 신학의 첫 번째 패러다임인 '직관과 지혜의 모델'을 발전시킨 교부신학 시대의 핵심적 인물로 꼽을 만한 분입니다.

두 번째 패러다임이 스콜라신학의 체계화였는데, 이는 아리스토텔레스의 문헌과 그에 대한 이슬람 전통 주석가들의 저술이 라틴어로 번역되어 나중에 다시 서방으로 유입된 결과였습니다.

카프라 연대로 나타내주시겠습니까?

매터스 교부신학의 시대는 3세기부터 1100년경까지, 중세 스콜라신학의 시대는 대략 12세기에서 16세기까지로 잡고 있지요. 스콜라신학의 특징은 뭐든 꼬치꼬치 따져 빈틈을 남기지 않는 식인데, 그리스도교의 믿음을 아리스토텔레스의 논리에 따라 규격화하고 아리스토텔레스의 철학 개념을 바탕으로 신학의 내용을 완벽한 체계로 정리하려는 노력이었습니다.

종교개혁이 일어나면서, 그리고 가톨릭 쪽의 반동 개혁과 더불어 이제는 실증적 스콜라신학(Positive-Scholastic Theology)이 발전하기 시작합니다. 이는 기존하는 문헌을 근거로 더욱 엄밀하게 따져가는 신학이었습니다. 성경 구절과 교부신학의 문헌에서 발췌한 구절, 그리고 토마스 아퀴나스의 『신학대전』에서 발췌한 구절을 놓고 교리의 이런저런 항목이 논박할 수 없는 진리라는 점을 아리스토텔레스의 삼단논법으로 증명하는 식이었습니다.

슈타인들-라스트 신학의 이 세 번째 단계는 아마 과학사에서도 비슷한 경우가 있었던 것으로 알고 있는데요. 르네상스가 일어나면서 과학의 실험 방법이 다시 소개되기 전까지 상당 기간 서양 과학이란, 고대 그리스 과학자의 이야기를 반복하는 일에 지나지 않았습니다. 근대화를 거치지 못한 당시의 과학자들은 한결같이, 천 년도 더 지난 권위 있는 말씀을 되풀이할 뿐 이런 내용을 몸소 실험해볼 생각은 안 했던 모양입니다. 일상생활을 통해서도 자신들이 되풀이하는 이론과 모순되는 현상을 많이 목격했을 게 분명한데, 이들은 도무지 체계적인 관찰에 둔했지요.

매터스 실증적 스콜라신학은 굉장히 논쟁적이고, 호교론적 색채가 강했습니다. 그 이유가 처음에는 종교개혁으로 떨어져 나간 프로테스탄트 신학과의 대립이었고, 다음은 계몽주의가 확산되면서 그와의 대결이 시작되었기 때문입니다. 그리고 이제는 세속화로부터의 방어, 마르크시즘과 그 밖의 온갖 현대적 흐름으로부터 교회를 지켜야 한다는 조바심을 꼽을 수 있겠습니다.

카프라 이런 경향이 현재까지도 계속되고 있다고 보십니까?

매터스 분명 현재까지도 계속되지요. 그러나 지금 상황은 '혼돈의 과도기'라는 편이 맞을 것입니다. 20세기 초반을 가톨릭 신학자들은 믿음에 대한 지성적 접근과 종교적 체험을 일치시키며, 아울러 인간학적이라 할까요 아니면 인간적이라 할 요소를 충분히 배려하는 새로운 종합을 위해 정말 많은 노력을 기울였습니다.

현대신학의 태동

카프라 저에게는 모두 금시초문의 얘기라 궁금한데요, 신학의 새로운 패러다임이라는 말을 할 때 과연 이러한 흐름을 대표하는 인물이라 할까, 이렇게 새로운 패러다임을 공유하는 공동체가 실제 있다는 말씀이신가요? 이렇게 새로운 생각을 하는 신학자란 대체 누구며, 그에 동조하는 신학자의 수는 과연 얼마나 되는지요? 열댓 명쯤 되는 것인지, 아니면 벌써 수백 명에 이르는지 궁금합니다.

슈타인들-라스트 숫자를 짚어 말한다는 건 물론 우스운 일입니다. 어차피 최신 정보에 따르는 정확한 수치를 헤아릴 수는 없지만, 상당수에 이른다는 점은 자신 있게 말씀드릴 수 있습니다.

새로운 패러다임의 선봉대 노릇을 하는 신학자라고 생각나는 대로 이름을 열거할 필요도 없는 것이, 현대신학을 연구하는 대부분의 신학자는 이미 새로운 패러다임 안에서 작업하고 있기 때문입니다. 이게 더 중요한 사실입니다. 더구나 오늘날 얼마나 많은 과학자가 여전히 새로운 패러다임을 거부하고 있는지와 비교해본다면 이는 사실 대단한 일입니다.

카프라 저는 전혀 모르고 있었습니다. 신학 분야에 새로운 사고방식을 추구하는 신학자가 그렇게 무리 지어 있다고는 상상도 못했습니다.

슈타인들-라스트 그러시겠지요. 그러나 이제 온 세계 그 어느 곳의 신학계에도 우리가 이 대화에서 말하는 새로운 패러다임에 동조하지 않는 이가 있다면, 그는 구시대적이고 반동적이다, 볼 것도 없는 인물이라는 비난을 감수해야 하는 분위기가 무르익었습니다. 그런데도 뭐 저기 높은 자리에 올라 권세와 목청을 독점하신 어떤 나으리들은 극보수주의 방벽 안에 꼼짝 않고 버티시기도 한답니다. 그런데 혹시 제 판단이 너무 과장된 게 아닌지 모르니 토마스 신부님 이야기도 한번 들어보죠.

매터스 사실 신학 분야에서 새로운 패러다임을 추구한 역사는 100년이 넘었습니다. 일부 가톨릭 사상가들은 이미 19세기 중엽부터 신학이라는 학문의 새로운 접근법에 대한 필요성을 크게 느끼기 시작했습니다. 존 헨리 뉴먼[21]은 저 먼 옛날의 신학적 패러다임, 이를테면 교부신학 시대의 자료들을 찾아 거기서 자신의 생각을 개진시켰습니다. 그는 여기서부터 그리스도교 교리의 발달을 다시 점검했고, 믿음의 행위에 있어 머리로만 인정하는 명분상의 동의와 진정한 동의가 어떻게 다른지를 추적하기도 했습니다. 독일의 신학자 요한 묄러[22]도 비슷한 과

---

21 존 헨리 뉴먼(John Henry Newman, 1801~1890): 영국 성공회 출신으로 1833년에서 1845년까지 옥스퍼드 대학을 중심으로 일어난 교회개혁 운동에서 그는 동료들과 함께 교회가 분열되지 않았던 초기 교회의 가르침으로 돌아갈 것을 역설했다. 이 운동을 주도했던 뉴먼과 급진적 운동가들이 로마 가톨릭으로 개종하면서 이른바 '옥스퍼드 운동'은 막을 내렸다. 로마 가톨릭의 추기경에 오른 뉴먼은 교리의 발전에 대한 신학 이론에 많은 기여를 했는데, 그의 신학은 특히 제2차 바티칸 공의회 이후 빛을 본다.

22 요한 묄러(Johann Möhler, 1796~1838): 독일의 가톨릭 신학자로 교회사와 신약학 교수로 개신교와 천주교를 비교하며 양자의 논쟁 신학을 발전시켰다.

정을 거치면서, 개념화시킬 수 없는 믿음의 차원에 몰두했습니다. 그 결과 교회의 실체는, 당시 표현으로 '이상 사회'라고 하는, 하나의 제도가 아니라 성사(聖事)의 신비라는 점을 강조했습니다.

20세기에 들어오면서부터 신학이 진정으로 거듭나야 한다는 절실한 요청은 비단 신학자한테만이 아니라 일반 신자들한테도 명백해져서, 이러한 요구는 결국 제2차 바티칸 공의회(1962~1966)[23]로 수렴되었습니다. 공의회라는 절차에 따라 새로운 신학의 패러다임을 공식적으로 승인하고 이를 위한 공동의 기반을 마련한 것이었으니, 사실상 이때부터 모든 사람이 새로운 패러다임을 받아들였다는 얘기입니다.

슈타인들-라스트 그렇습니다. 다시 말해 신학자들은 패러다임의 전환을 정말 꾸준히 추구했습니다. 이를 붙들어 매려고 오랜 세월 안간힘을 썼던 것은 오직 교회의 기성 체제였습니다. 그런데 과학 쪽에도 혹시 이렇게 패러다임의 전환이 이루어지지 못하게 버티고 있는, 이를테면 교회의 기성 체제와 같은 그런 경직된 조직이 존재하는지요?

카프라 물론입니다. 과학 쪽의 기성 체제는 뭐, 연구비를 지급

---

[23] 공의회란 교회를 사목하는 주교들이 신앙과 도덕에 대한 교리의 문제나 사목 문제를 협의 결정하는 공식회의로, 동방교회와 서방교회가 분리되던 1054년까지 모두 여덟 차례의 공의회가 소집되었다. 이후 16세기까지 열한 차례가 더 열렸으나 근대 서구사회가 산업화되고 정치가 민주화되는 과정에서 교회의 입지는 점점 위축되었다. 1869년 제1차 바티칸 공의회가 소집되지만 프랑스와 프러시아의 전쟁으로 중단되었고, 20세기 중반 현대사회가 탈그리스도교의 길을 재촉하는 중에 교황 요한 23세는 그리스도교 역사상 21번째로 제2차 바티칸 공의회를 소집해 교회 역사상 가장 대규모의 공의회를 치렀다.

하는 기관을 포함하겠습니다. 예를 들어 오늘날 생명과학 분야에는 크게 두 가지 흐름이 공존하거든요. 한 가지는 분자생물학이니 유전공학이니 하는 분야가 모두 그쪽입니다. 이와 다른 흐름은 생태론 분야입니다. 문화적으로나 사회적으로 이 시대에 정말 중요한 분야는 마땅히 생태론이지요. 그런데 분자생물학 쪽에는 돈이다 뭐다 닥치는 대로 퍼붓고 있지만 생태론 쪽은 돈 받아 쓰기가 참 어렵거든요. 새로운 과학의 사고방식은 신경망의 그물 구조와 스스로 짜짓기, 자기 조직 등의 개념이 있는 시스템식 생물학에서 나오고 있는데, 이는 모두 생태론과 아주 밀접합니다.

슈타인들-라스트 정말 흥미롭군요. 이런 식의 공통점이 있으리라고는 전혀 생각하지 못했습니다. 너무나 엉뚱한 자리에서 참으로 유사한 성격의 문제가 드러나네요.

카프라 과학 쪽은 그러니까 투자하는 돈과 연구비, 연구소들이 기성 체제를 고수하는 원흉들입니다. 그런데 아마 교회 쪽에는 꼭 돈하고 관계있는 권력 말고 다른 종류의 권력이 또 있는 모양입니다.

슈타인들-라스트 그럼요. 신학자들의 말문을 막아버리는 권한이 있거든요. 너 참 못쓰겠다, 그 자리에서 물러나야겠다고 저 위에서 한마디 지시가 떨어지면 그만입니다. 새 목소리가 세상으로 퍼져 나가는 길이 콱 막혀버리니까요. 독일 튀빙겐 대학의 한스 큉(Hans Küng, 1928~) 같은 분도 강의는 계속하지만, 더 이상 가톨릭 신학자라는 이름은 사용하지 못하게 금지시켜버렸습니다. 그래서 이분이 재직하는 기관은 가톨릭신학부가 아니라 세계종교연구소랍니다. 여기서 다른 종교를 함께 연구하다 보니 큉 자신은 오히려 그리스도교 신학을 다른 종교뿐 아니라 과학과 문학에도 연결시켜야 할 필요를 더욱 절감하는 좋은 기회를 얻게 된 셈입니다. 제2차 바티칸 공의회의 정신이 무엇이었는지 그분은 더욱 절실하게 느끼게 되셨을 겁니다.

카프라 그러니까 지금 몹시 기묘한 상황이네요. 1960년대 초, 제2차 바티칸 공의회에서 결정하고 권장한 일을 수십 년이 지난 오늘날에 오히려 교회 체제 쪽에서는 언짢아한다는 말씀 아니십니까?

매터스 교회 안에는 아직도 제2차 바티칸을 받아들이지 않는 사람들이 있습니다. 심지어 시곗바늘을 거꾸로 돌리고 싶어 하는 이들도 있지만, 물론 그렇게까지 될 수는 없는 노릇이겠지요. 교회 안에 원래 바티칸 공의회라는 변화의 물결에 씨앗이 되었던 사건이 몇 있었습니다. 1930년대에서 60년대에 걸쳐, 당시 최고의 가톨릭 사상가들은 침묵을 강요당했지만 오히려 사태는 역전되고 말았습니다.

대표적인 인물로 프랑스 출신의 예수회 사제 앙리 드 뤼박(Henri de Lubac, 1896~1991)과 도미니크회 사제 이브 콩가르(Yves Congar, 1904~1995) 같은 신학자를 들 수 있고, 신학과 자연과학의 경계를 넘나든 인물로 예수회 신부이며 고생물학자인 피에르 테이야르 드 샤르댕(Pierre Teilhard de Chardin, 1881~1955)이 유명하지요. 오늘날 생태신학의 선구자로 추앙받는 테이야르 신부님은 과학과 신학 양쪽의 기존하는 패러다임 모두에 도전을 한 셈인데, 이분은 교황청으로부터 당신이 살아생전

신학이나 철학 분야에 글을 발표하지 못한다는 엄혹한 징계를 당하시기도 했습니다.

　제2차 바티칸 공의회를 준비하고 진행하는 과정은 교회에게, 막연했던 현실을 확인하고 수용하는 좋은 기회였습니다. 서구 중심의 사상에서 탈피하여 현존하는 여러 문화와 꾸준히 대화하는 쪽으로 신학의 방향을 잡아야 한다는 판단을 할 수 있었고, 이는 어쩌면 그리스도교의 생존 전략일지 모른다는 사실을 처음으로 깨우친 계기가 되기도 했습니다.

슈타인들-라스트　따지고 보면 당시 상황은 몇몇의 신학자가 일으킨 작은 파도가 아니었습니다. 매터스 신부님 표현처럼 바닷속 깊은 곳에서 올라온 거대한 전환의 소용돌이였다고 보아야 옳을 것입니다. 밑바닥에서부터 시작한 변화의 소용돌이가 표면에 떠오른 결과 제2차 바티칸이 이루어졌다고 보아야 옳습니다. 이러한 변화의 씨앗이 처음으로 움튼 곳은 아마도 독일과 프랑스의 베네딕트회 수도원이었던 셈이고요.

카프라　물속에서 올라오는 소용돌이를 과학의 패러다임에 비교하면 파국의 징조와 비슷하다고 볼 수 있을까요? 더 이상은 견딜 수 없다, 나의 종교적 체험이나 삶의 경험 어느 것과도 일치하지 않고 이렇게 모순되게만 나아가는 것을 도저히 용납할 수 없다는 선언을 해버리는 셈이니까요.

슈타인들-라스트　물론 이런 식의 소용돌이가 수도원에서만 터져 나온 것은 아니었지만 수도원의 역할은 아주 결정적이었습니다. 수도원은 사실 종교적인 체험을 위한 실험실이나 다름없는 역할을 하고 있거든요.

매터스 수도원 얘기가 나왔으니 아주 평범하고 소박한 수도승 중에, 금세기 초 가톨릭신학의 패러다임 전환에 지대한 공헌을 하신 랑베르 보뒤엥(Lambert Beauduin, 1873~1960) 신부님에 대한 말씀을 좀 드릴게요. 이분은 벨기에의 베네딕트회 출신인데, 가톨릭교회 안에서 전례 운동과 교회일치 운동을 거의 혼자 힘으로 일으키셨습니다.

보뒤엥 신부님은 동방정교회와의 대화를 시작으로 다음은 영국 성공회, 이후에는 개신교와도 대화의 물꼬를 트는 역할을 하신 분으로, 교회의 일반 예식 안에 하느님의 신비를 드러내기 위해서는 종교적 체험에 근거하는 실험적 신학, 기쁨의 신학으로 돌아가자고 제안했습니다. 그가 제창한 전례신학은, 먼 곳과 가까운 곳의 모든 이방인들에게도 열려 있는 믿음에 대한 성찰이기도 했습니다. 이러한 영향 덕에 오늘날의 신학이 성사(聖事)를 중시하고 하느님의 신비를 지향하는 교회일치의 방향으로 선회할 수 있었던 것입니다.

이런 활동을 벌이던 보뒤엥 신부님은 한 수도원에 유폐되어 교회로부터 침묵을 강요받았지만, 다행스럽게도 요한 23세 교황 성하께서 공의회를 소집할 때까지 살아 계셨습니다. 그래서 드디어 공의회를 통해 당신의 사상이 받아들여지는 것을 살아생전에 멀리서나마 목격하실 수 있었습니다.

카프라 그분의 생각은 구체적으로 어떤 것이었나요?

매터스 보뒤엥이 깨달은 것은 무엇보다 유럽인들 대다수가 더이상 교회로부터 아무런 보상도 받지 못하고 있다는 사실이었습니다. 그런데도 여전히 상당수가 그리스도교를 떠나지 않고 교회에 나가는 이유는 결코 교회에서 각자의 삶에 대한 의미를 깨우쳐준다거나 종교적인 체험의 의미를 얻을 수 있어서가 아니라, 다른 대안이 없기 때문이라는 것이었습니다.

일반 신자들에게 남은 길은 철저한 세속주의밖에 없는데, 여기서는 정녕 영혼의 안식을 취할 수가 없단 말입니다. 그러니까 껍데기밖에 남아 있지 않은데도 할 수 없이 교회에 나가 주일 미사를 드리고 거기에 매달려보지만, 결국 거기서는 아무런 영혼의 양식도 취할 수 없다는 결론이었습니다. 이렇듯 소외당한 그리스도인의 영성적 목마름을 해소시켜줄 길을 찾아내야 하며, 이를 위해 신학의 방향과 사목 활동 모두는 교회일치적으로 변화해야 하고, 그래서 교회의 전례는 그리스도의 신비라는 기쁨에 초점을 맞춰야 한다고 보뒤엥은 생각했습니다.

4. 그리스도교의 패러다임

카프라 여태까지는 종교적 체험과 이에 대한 지성적 성찰, 그리고 종교적 체험을 기쁨으로 축하하는 종교 예식과 이에 걸맞은 삶의 태도, 즉 도덕적인 면모까지 얘기를 나누었는데, 이런 맥락은 사실 어느 종교에나 공통적으로 해당한다는 생각이 듭니다. 그런데 특별히 그리스도교를 특징짓는 점이라 할까, 뭐 그런 요소가 있다면 어떤 점을 강조하시겠습니까?

매터스 글쎄요, 천주교에만 있고 다른 종교에는 나타나지 않는 종교적 체험을 그리스도교의 특성으로 꼽아보라면 그걸 정확히 꼬집어내기는 어려운 일이라 생각합니다. 아울러 어떠한 종교적 체험이라도 제가 알고 있는 그리스도교의 개념, 천주교의 개념에서 동떨어진 얘기는 없다고 믿습니다.

카프라 제 질문은 꼭 종교의 원래 개념으로서의 체험을 얘기하는 게 아니라, 종교와 관련한 모든 요소를 포함하는 것입니다. 지성적 성찰과 그에 따르는 해석, 종교의 예식이나 도덕을 다 포함시켜 그리스도교의 독특성을 좀 설명해주셨으면 하는 부탁이에요.

역사적 예수와 하느님 나라

매터스 그리스도교의 특성은 아무래도 예수라는 인물의 삶과 죽음 그리고 부활이라는 역사적 사건, 다음은 그를 믿고 따르는 사람도 꼭 그분처럼 자기희생의 사랑을 실천하고 생활하며 이런 사람들의 공동체를 통해 그분의 사랑이 다시 투영되는 광채라 할까요, 뭐 이런 것이어야 하지 싶습니다.

 하지만 저의 개인적 경험으로 미루어 볼 때, 예수의 신비는 본질적으로 교회 혼자 독점할 수 있는 성격은 또 아닙니다. 실제로 오늘날은 힌두교도나 불교도 같은 타 종교 사람들도 모두 나름의 전통에 따라 예수님을 이해하고 해석하는 길을 모색하며, 상당히 깊은 차원으로 이해하고 있거든요. 이런 점은 신학적으로 굉장히 중요한 의미가 있다고 봅니다. 예수 그리스도의 신비는 물론 그리스도교의 특성이지만 이는 그저 보편적인 현상이지 결코 그리스도교 신자들만 독점하는 그런 것은 아니란 얘기니까요.

슈타인들-라스트 그리스도인의 특성을 이야기할 때, 절대로 이는 교회라는 범위에 국한시킬 수가 없다고 저는 생각합니다. 그리스도인답다는 말은 과연 어떤 경우에 쓰는 건지요? 얼마나 예수 그리스도와 관련이 있느냐, 예수 그리스도라는 역사적 인물과 얼마나 유사한가에 달린 일 아니겠습니까? 예수와 관련이 있는 정도는 천차만별일 거예요. 하지만 진실로 예수의 마음과 닮은 점만 갖고 있으면 그는 곧 그리스도인이라 할 수 있을 것입니다. 이런 뜻에서 저는 오늘날의 불교에도 그리스도의 정신이 담겨 있고 힌두교에도 역시 그리스도의 정신이 담겨 있다고 보는 토마스 신부님 의견에 동감입니다.

카프라 그리스도교를 그리스도교답게 해주는 요소는 무엇이죠?

슈타인들-라스트 제일 중요한 건 예수 자신의 종교적 체험이지요.

모든 것은 그 특별한 인간 존재에서 비롯하는데, 저는 예수라는 인물을 아무리 연구해도 이분은 역시 대단한 신비가였다는 결론에 도달하곤 합니다. 저는 신비주의를 보통 세간에서 쓰는 식의 아주 넓은 의미로 이해하는데, 이는 다시 말해 궁극적 실재(Ultimate Reality)와 영적인 교감 혹은 일치를 이루는 체험입니다.

예수님은 궁극적 실재와의 일치 체험에서, 너무나 친밀한 느낌으로 교감을 나누셨어요. 누구도 상상할 수 없는 친밀감으로 아주 자연스럽게 하느님과 관계를 맺고 계셨거든요. 예수님은 그러니까, 당신의 삶과 가르침을 통해서 사람들에게 하느님과의 신비로운 친밀감을 알려주셨던 겁니다. 그렇게 신비로운 깨우침이 곧 사회적인 의미를 갖는다는 점을 예수님은 하느님 나라를 통해 드러내셨습니다. 이는 예수님의 가르침 중 핵심입니다. 그분을 따르는 사람들은 예수에 대한 가르침을 전파하지만 우리는 언제나 예수 자신이 설파한 가르침으로 돌아가보아야 합니다.

예수님은 하느님에 대한 깊은 신비의 체험을 통해서 하느님 나라를 증언하셨고 이를 몸소 살아 보이셨더랬습니다. '하느님 나라'는 예수님에게, '인간 사회에 드러나는 하느님의 구원 능력'을 의미합니다. 예수님이 사셨던 시절 유대인에게 구원이란, 로마의 식민지였던 그들의 공동체가 구원되는 것을 뜻했습니다. 지금 이 시대 우리의 사회적 의미를 생각해볼 때, 구원이란 정녕 지구 공동체의 개념 말고 다른 해석의 가능성이 없다고 봅니다. 구원의 의미는 그러니까 개인적 차원에 국한시키면

안 되고 오늘날 우리에게 어떤 뜻으로 해석되어 다가오는지를 곰곰 생각해봐야만 할 것입니다.

우리에게 하느님의 구원 능력은 종교적인 체험, 즉 무한한 귀속의 체험을 통해서 드러납니다. 이러한 귀속(belonging)의 느낌과 정반대되는 것은 소외(alienation)의 느낌이라 할 수 있는데, 절정의 순간에 우리는 바로 하느님의 '구원' 능력이 소외감으로부터 우리를 구해내는 체험을 하게 됩니다. 요즘 말로 하자면, 우리가 어딘가에 온전히 귀속된다는 체험을 바탕으로 예수님은 하느님 나라에 대해 설교를 하셨던 것입니다. 당시 사람들에게 하느님 나라는 선택된 백성의 공동체를 뜻했고요. 그에 비해 오늘날 우리에게 하느님 나라는 더 넓은 맥락에서 귀속의 체험과 그에 따르는 사회적 실천을 의미합니다.

예수님의 가르침이 결실을 거두느냐 아니냐는 이런 사회적 실현과 맥을 같이하지요. 예수님은 사실 말보다 당신의 삶을 통해 가르침을 주셨거든요. 그런데 이 양반의 삶이란 무한한 귀속의 신비로운 느낌과 이를 그대로 사회적 현실에 반영함으로써 완전히 새로운 사회를 열어가는 것이었습니다.

그리스도의 사랑과 회개

카프라 여기에 그리스도의 사랑은 어떤 관계가 있나요?

슈타인들-라스트 사랑이란 귀속감에 대한 응답입니다. 저는 사랑을 그렇게 순정하고 소박한 뜻으로 정의합니다. 사랑이라 불리는 것은 뭐든지 이런 식의 응답과 관련이 있다고 봅니다. 성관계를 갖는 인간끼리의 사랑이든 애완동물과의 사랑이든, 또 나라에 대한 사랑이나 세상에 대한 사랑, 그리고 환경에 대한 사랑까지 어떤 대상도 다 마찬가지로, 사랑이란 한결같이 우리가 어떤 대상에 속한다는 관계에 대해서 응답을 하는 것입니다. 그런데 이런 응답은 그저 머리에서 이루어지는 질문과 대답의 관계가 아니라 깊은 도덕적 의미를 담고 있습니다. 앞에서도 말씀드렸듯이 서로가 함께 속하는 사람끼리 마땅히 취해야 할 도리를 따르는 것입니다.

카프라 사랑에 빠지는 식의 낭만적인 사랑은 아닌 것 같군요.

슈타인들-라스트 아닐 거예요. 낭만적인 사랑을 통해서도 물론 누군가에게 속하고 그에 따라 행동하는 것이 얼마나 황홀한 일인지 알 수 있지만, 그리스도의 사랑은 아마 어디에 빠지기보다는 솟구쳐 오르는 쪽이 맞을 거예요.

낭만적 사랑도 역시, 기쁜 마음으로 "좋아!"라고 말하는 게 어떤 것인지 담박에 알 수 있지요. 사랑이라고 했을 때 곧 연인과의 낭만적 사랑을 떠올리는 것도 그렇기 때문이 아니겠습니까? 서로에게 속한다는 것이, 그런 마음으로 행동하는 것이 얼마나 기분 좋은 일인지 다들 겪어본 적이 있으니까요.

매터스 성서에도 사랑과 관련해 가장 앞서는 은유는 연인과의 사랑입니다. 노래 중의 노래이며 고귀한 노래라는 구약의 「아가(雅歌)」에 나오는 시들은 모두 관능적 사랑을 찬양하고 있지요. 힌두교의 탄트라 전통에도 남신인 시바와 여신인 샥티의 결합을 사랑의 은유로 표현하거든요.

카프라 그러고 보니 두 분께서 종교적 체험이라는 말씀을 하실 때, 아까도 그랬고, 이를 표현하는 방법에 벌써 그리스도교의 특성이 포함되어 있던 셈이네요?

슈타인들-라스트 그렇습니다. 그리스도인에게는 절정의 체험 혹은 종교적 체험 혹은 신비체험이라 해도 좋고요, 이들은 모두 동일한 실재를 가리키는 다른 말입니다. 그리스도교의 독특한 표현을 굳이 쓴다면, 하느님 나라를 맛보는 순간으로 이해할 수 있을 것입니다. 하느님 '나라'라고 하니까 조금 이상하게 들리실지 모르겠는데, 뭐 동물의 나라니 식물의 나라니 등등의 표현이 가능하잖아요? 하느님 나라는 우리가 이 위대한 우주의 실재에 속한다는 뜻을 내포하지요.

카프라 저 역시 지난 10년 동안 많은 생각을 했는데, 영성(spirituality) 혹은 뭐 신부님들 쓰시는 표현대로 종교적 체험이라 해도 좋고, 우리가 모두 함께 거기에 연결된 통째의 우주, 그에 대한 우리 마음자리의 모양새가 곧 영성이라는 결론에 이르렀거든요. 제 느낌은 표현이 좀 다르긴 해도 귀속감을 강조하시는 신부님 말씀과 무척 가깝습니다. 그런데 저의 개념인 '연결(connectedness)'과 신부님의 '귀속(belonging)'은 분명히 차이가 있어요. 어디에 속한다는 표현은 애정의 빛깔을 띠고 있거든요. 아무래도 좀 다른 것 같아요.

슈타인들-라스트 맞습니다. 그러니까 여기가 바로 예수의 패러다임을 조금 더 발전시켜야 할 자리인 셈이에요. 예수의 메시지는 사실 하느님 나라에만 그치는 게 아니에요. 하느님 나라가 절반이고 하느님 나라에 속하는 뗄 수 없는 나머지 절반이 또 하나 있으니, 그것은 '회개'입니다. 회개는 '그에 따라서 산다'

는 뜻입니다. 그러니까 그리스도교는 원래부터 도덕적 추진력이 아주 강한 종교입니다. 제 생각으론 이런 성향이 어떤 다른 종교보다도 강한 편입니다. 이 점도 두드러진 특징으로 꼽을 수 있을 것 같아요.

그렇다고 도덕주의를 지향한다는 말은 아닙니다. 회개에는 뭐 누구들이 외치듯 무릎 꿇고 잘못을 빌라는 식의 태도와는 정말 판이한 내용이 담겨 있습니다. 여태까지 잘못된 죄를 모두 뉘우치면 그 보상으로 하느님이 우리를 받아주신다, 이런 뜻이 절대로 아니거든요. 그와는 정반대, 완전히 거꾸로예요. 회개는, '우리가 이미 받아들여졌다'는 종교적 체험을 통해 이미 체험한 그 확신과 함께 자연스레 용솟음치는 겁니다. '그러면 이제 그에 따라서 살아라!' 하고 예수님은 가르쳐주시니까요.

이런 내용이 사도 바울로의 두 문장에 그대로 요약되어 있습니다. "은총으로, 거저, 아무런 대가 없이 우리는 구원을 받았으니, 이러한 부르심을 따라 값지게 살아라." 이렇듯 하느님 나라와 회개란 동전의 앞뒷면처럼 서로 떨어지지 않는 사건, 동시에 이루어지는 사건입니다.

매터스 '은총으로 구원받았다'는 얘기를 조금 더 설명드릴게요. 그리스도교의 도덕이란 내면적 체험을 통해 이루어지는 진정한 변모(transformation)에 초점을 맞춥니다. 이는 선물처럼 주어지는 것이지, 나쁜 습관을 버리고 다른 습관을 새겨 가지려는 의지의 문제가 아닙니다. 깊은 내면으로부터 신성(神性)이 밝혀지는 독특한 체험에 가까운데, 그리스도인들은 이런 체험을 우리 인격 안에서 이루어지는 하느님의 활동으로 이해합니다.

예수와 부처

카프라 지금 하신 말씀과 아주 비슷한 맥락의 이야기를 불교와 관련지어 말씀드리려 했었습니다. 저는 두 분 신부님의 말씀을 이렇게 이해합니다. 은총이든 계시든 우리는, 우주라는 거대한 통일체에 귀속되며 이러한 귀속감에 합당한 삶을 사는 것이다. 그런데 제가 공부한 바에 따르면 불교에서는 영성의 체험 혹은 깨달음을 얻으려면 도덕적인 생활을 해야 한다고 말하거든요. 바르게 살아야 한다고요.

부처님 가라사대 바른 생각, 바른 생활, 바른 언행 등 여덟 가지 바른 길을 따라 살라고 하셨습니다. 올바로 사노라면 번뇌에서 벗어나 생자필멸(生者必滅)과 사물의 무상함에 초연해지니, 그러면 결국 불성을 얻으리라는 말씀도 하셨거든요.

슈타인들-라스트 부처님 말씀이 예수님 말씀과 모순되는 점이 있습니까?

카프라 그럼요. 순서가 완전히 거꾸로인데요.

슈타인들-라스트 저는 그렇게 생각하지 않아요. 그리고 제 논지는 그리스도교의 관점이 아니라 오히려 불교에서 배운 논리에 따른 것입니다. 혹시 제가 틀릴지도 모르니 한번 잘 들어보세요. 지금 순서가 바뀐 게 아니냐는 말도 물론 일리는 있습니다. 그렇지만 끝은 언제나 새로운 시작이 아니던가요? 따지고 들자면 이런 것입니다. 우주의 조화가 이미 주어진 까닭에 우리는 이런 조화에 우리 자신을 조율하는 것이고, 그러다 보니 또 우리의 진아(眞我, true self)를 발견한다는 것입니다.

카프라 사실은 그게 맞는 얘기예요. 불성을 얻으려고 명상하는 게 아니라 불성이 있으니까 명상하는 것이란 말도 있거든요.

슈타인들-라스트 보세요, 예수님의 가르침과 얼마나 잘 통합니까? 가장 심층적인 차원에는 아무 차이가 없잖아요. 그런데 겉으로 드러나 보이는 역사적 결과가 엄청나게 달라진 것입니다. 부처님께서 당신의 통찰을 공식적으로 선포하신 상황의 여러 사회문화적 요소와 예수님 시절의 사회적 의미들이 그렇게 달랐기 때문이지요. 그렇지만 한편으로는, 두 분이 사셨던 역사적 상황에 공통적인 요소도 몇 가지 있긴 했어요. 예수님이 깨치고 나온 당시 유대교의 상황하고 부처님이 깨치고 나온 당시 힌두교의 상황이 턱없이 다르지만은 않았거든요.

매터스 예수가 당면했던 사회 분위기와 부처가 출현하신 시대, 혹은 당면했던 사회 분위기는 유사한 점이 있습니다. 형식에 치우친 종교적 관행이라든가, 지식층인 성직자 계급이 일반 백성들의 종교적 욕구를 악용하고 왜곡시키는 작태는 엇비슷했지요. 부처님과 마찬가지로 예수님도 그 모든 걸 '파괴하려는 것이 아니라 완성시키러' 오셨고, 광명과 해방의 길이 모든 인간에게 열려 있음을 선포하러 오셨던 거죠.

광명은 영원히 변치 않는 것을 '깨닫는 일'이라고 부처님은 말씀하셨습니다. 그런데 사도 바울로의 얘기에 같은 말이 나옵니다. "본래의 너 그대로가 되어라! 너는 그리스도와 더불어 부활하였고, 그리스도와 함께 하늘에 올랐으며, 그와 함께 왕좌에 앉았노라." 이는 그리스도 진리의 역설이라고 할 수 있습니다. 하느님이 보시기에 우리가 누구인지를 나타내느라 사도 바울로는 '더불어' 혹은 '함께'라는 표현을 거듭 강조합니다. 이런 사건이 이미 벌어졌으니 너희는 이제 너희의 삶을 그에 따라서 살아라! 다른 말로 하면, 본래의 너 그대로가 되라는 얘기였습니다. 그러니까 '무엇이 된다'는 말은 여기서, 본래 그러했기 때문에 그렇게 된다는 것입니다. 은총은 본성 안에 이미 주어졌다는 얘기고요. 구분을 하자면… 아니, 사실은 구분이 되지도 않습니다.

슈타인들-라스트 제 생각에는 예수의 이야기와 부처의 이야기 사이에 중요한 차이가 하나 있습니다. 하느님 나라에 대한 예수님의 개념은 엄청난 사회적 의미를 야기시킵니다. 부모 자식 사이처럼 허물없는 하느님과의 관계가 성립되면서 우리 모두는 형제와 자매처럼 가까운 사이가 되는 것입니다. 그렇기 때문에 예수님은 가는 곳마다 사람들을 일으켜 세우고 공동체를 살려놓을 수 있었잖아요?

하지만 권위적인 지도자들은 대개 아무 데서나 군림하려 듭니다. 그런데 예수님은 이렇게 말씀하셨죠. "여러분은 달라야 합니다. 여러분 중에 가장 훌륭한 자는 모든 이의 종노릇을 해야 합니다." 이는 정말로 중요한 예수님 가르침의 핵심입니다. 이러한 가르침은 당시부터 지금까지 그리스도교가 사회의 누룩으로, 근본적인 변화를 일으키는 발효 작용을 일으키도록 인도하는 힘이었습니다.

예수가 처형을 당한 이유도 바로 그래서였습니다. 종교의 기성 체제에 대한 반란일 수밖에 없었거든요. 다른 권위를 갖는 지도자는 사람들의 내면적 힘을 꺾어버리는 데 비해 예수님은 백성들 내면에 있는 자의식, 자기 스스로에 대한 믿음, 자기 나름의 권위를 일으켜 그들을 세우시거든요. 정치의 기성 체제도 똑같은 이유로, 예수를 위험인물로 규정했습니다. 이렇게 새로운 눈으로 권위를 해석하는 일은 그리스도교의 가장 중요한 사명입니다. 이는 그리스도교의 연원인 예수님한테서 비롯한 것이고요.

나중에 예수님이 돌아가셨다가 부활하신 다음에는 그리스도교가 예수 자신의 말씀보다 예수님에 대한 말씀으로 돌아가지요. 물론 두 가지가 서로 모순을 일으킬 정도는 아니지만, 분명히 관점의 차이가 있습니다. 예수님 자신은 늘 하느님 나라를 강조했던 데 비해, 이후의 교회는 예수라는 인물을 강조했지요. 사실 예수에 대한 개인 숭배에 치우쳐 '하느님 나라'를 이룩하려는 사회 변화의 근본정신이 퇴색되지 않는다면 큰 차이가 있는 것은 아니지만 말입니다.

삼위일체
———

카프라 얘기가 이렇게 예수 그리스도라는 인물에 쏠리게 될 줄은 몰랐는데, 기왕 말이 나왔으니 신성(神性)과 부활에 대해서도 묻고 싶습니다. 실은 두 분 신부님께서 이런 식의 언급을 하실 때마다 저는 그리스도교에 대해 갖고 있는 불편한 느낌 탓에 여간 거북스럽지가 않거든요. 아까 예수는 신비체험 혹은 종교체험을 통해 만나는 궁극적 실재와 대단히 내밀한 관계를 가졌던 신비가라서 스스로를 신의 아들이라 했다고 말씀하셨잖아요.

슈타인틀-라스트 당신 스스로를 그렇게 칭하신 적은 없습니다. '하느님의 아들'이란 표현은 당신이 쓰셨던 게 아닙니다. 교회가 성립되면서 예수에 대한 가르침을 정리하는 과정에서 나온 것이라는 역사적 근거가 있습니다. 그분은 그저 하느님과 굉장히 가까운 관계가 있는 것처럼 행동하셨고, 다른 이들도 그렇게 살도록 힘을 북돋워주셨을 뿐입니다.

카프라 그렇지만 '아버지 그리고 나' 뭐, 이런 얘기를 하지 않았던가요?

매터스 하느님과 예수의 관계에 대해 확실히 알려진 한 가지 일은, 하느님께 기도할 때 당시 어느 누구도 그렇게 입에 올리지 않던 말을 사용했다는 기록입니다. 예수님은 하느님을 아빠라고 불렀는데, 이 말은 도무지 하느님에 대한 통상적 관계, 즉 가부장적 남성의 분위기와는 정말 거리가 있거든요. 가부장적 무게에 짓눌림이 전혀 없는 편안한 느낌입니다. 예수님이 "아빠, 아빠!" 부르면서 기도하셨다는 얘기입니다.

슈타인틀-라스트 그리고 여자들한테도 예수님은, 당시의 사회적 통념하고는 전혀 다른 지위를 부여하셨다는 점이 역사적으로 확인되지요.

카프라 예수의 신성(神性)에 대해 좀 여쭤볼게요. 제 생각에 '나는 신이다'라는 그의 선언이 만약 '그게 바로 너'라는 신비가들의 표현과 같은 맥락에서 나오는 얘기라면, 예수는 정녕 다른 신비가의 대열에 서는 것이죠. 그런데 교회에서는 다른 식으로 가르치거든요. 삼위일체라는 내용에 예수는 각별한 자리를 차지하는 것 아니겠습니까? 하느님이 세 가지 모습으로 나타난다고 말하고요.

슈타인틀-라스트 제가 이해하는 식으로 한번 설명드려볼게요. 프리초프의 말은 지금, 예수님이 이렇게 신비스런 친근감으로 신성에 접해 있으니 그분도 신비주의의 대열에 드는 게 아니냐, 이 말이죠? 저는 교회에서 가르치는 교리를 수용하는 열심한 신자이지만, 프리초프의 이 질문에 대해 그렇다, 맞는 얘기다라고 말하겠습니다. 그래도 삼위일체 신학과 모순되지 않습니다.

왜냐? 신학은 어떤 경우에도 우리를 예수님으로부터 갈라놓는 쪽으로 가서는 안 되기 때문입니다. 예수님에 대해 이질감을 느끼는 이유는 그리스도교의 교리가 이상해서가 아니라 교리에 대한 오해가 만연해서라고 저는 생각합니다. 그러한 오해가 어디서 생겼는지 아십니까? 그건 우리의 개인주의, '주의'에서 비롯하는 것으로, 이는 예수의 가르침이나 성서의 관점과는 어떻게도 융화할 수가 없고, 그리스도교의 교리를 올바로 이해한다면 도무지 통할 데가 없는 요소입니다. 다시 말해서, 그래요, 예수님을 끼워 넣는 삼위일체에 대한 가르침, 그리고 예수님은 거기서 두 번째 인격이라는 점까지도 얼마든지 확인할 수가 있습니다.

카프라 그런 걸 도대체 어떻게 확인할 수가 있지요?

슈타인틀-라스트 삼위일체는 프리초프, 당신과 나를 포함한다는 사실을 확인해줍니다. 왜냐하면 예수님을 이야기할 때 나와 떨어진 혹은 당신과 떨어진 존재인 예수님을 얘기할 수 없기 때문입니다.

카프라 그래서 삼위일체는 대관절 무슨 얘긴가요? 저는 도무지 아무것도 이해할 수가 없거든요. 삼위일체인 하느님이 도대체 무슨 뜻이지요?

슈타인들-라스트 삼위일체의 교리가 세워진 이유, 궁극적 이유는 오로지 모든 인간의 존재가 온전한 신성(神性)임을 보장하기 위해서라고 저는 확신합니다. 이러한 논거를 가리켜 구세론(救世論)이라 하는데 이는 아타나시우스[24]가 남긴 최상의 논거이기도 했습니다. 아타나시우스는 4세기 그리스도교 최초의 공의회인 니케아 회의[25]를 주도했던 중요한 신학자로, 그의 논지는 간단히 말해 예수님이 성부와 성자와 성령의 삼위인격 중 두 번째가 아니라면 우리는 그분의 신성을 함께 나눌 수 없다는 얘기입니다.

"하느님이 인간이 되셨으니 모든 인간도 하느님이 될 수 있으리라." 이는 아타나시우스의 전통을 비롯하여 초기 그리스도교의 가르침에 끊임없이 되풀이된 공식과도 같은 명제였습니다. 이렇듯 삼위일체라는 교리를 만들어낸 사람들 마음속에는 원래부터 인간의 '신성을 밝힌다(divinisation)'는 개념이 자리하고 있었습니다.

---

[24] 아타나시우스(Saint Athanasius, 297~373): 이성을 앞세우며 그리스도교를 헬레니즘화시키려는 아리우스파에 맞서, 신앙과 전통의 우위성을 강조한 알렉산드리아 출신의 주교로, 325년 제1차 니케아 공의회에서 결정된 정통 신앙과 니케아 신경을 사수하느라 파란만장한 생을 살았다.

[25] 325년 콘스탄티누스 황제가 소집한 제1차 니케아 공의회는 아리우스파의 이단 문제가 주요 사안으로, 아리우스파와 아타나시우스파 양쪽에서 신경(信經, credo)을 제출했는데, 아리우스파의 것은 폐기되면서 동시에 이단으로 규정되었다.

카프라 신성을 밝히는 개념은 다른 종교 전통에도 많이 있지요. 예를 들어 힌두교는 우리 같은 개별 인간인 아트만이 거룩한 신성인 브라만과 사실은 같은 존재이므로 '그게 바로 너'라고 하거든요. 그러니까 이런 종교에는 자신(self)과 신성(divinity), 이렇게 두 가지 요소면 충분한데, 그리스도교는 세 가지를 말합니다. 왜 굳이 삼위(三位)라고 하지요? 성령(the Holy Spirit)이 끼어들어간 이유가 따로 있습니까?

슈타인들-라스트 힌두교에도 역시 있어요. 그리스도교의 관점으로 보면, '아트만이 브라만'이라 말할 때 거기 바로 성령이 계시므로 그런 관계가 되는 거예요. 사도 바울로의 말을 인용하면, 성령 안에 있지 않다면 아무도 아트만은 브라만일 수가 없기 때문이지요. 하느님이 스스로를 알려주시지 않는 한 그 누구도 하느님의 존재를 알 수 없으니, 우리는 바로 성령 안에서 그리고 성령을 통해서 하느님의 말씀을 깨닫는 것입니다.

「고린도인들에게 보내는 첫 번째 편지」(2:11)에서 사도 바울로는 독특한 얘기를 합니다. 마음에 어떤 생각을 품고 있는지 다른 사람은 모른다고 말입니다. 더욱이 자신에 대해서도 가장 깊은 곳의 지식은 스스로의 영성을 통해서만 얻는 것입니다. 당신의 깊은 내면은 당신의 영혼만이 아는 것이고 나의 내면은 내 영혼만이 아는 것이니 거룩한 신성의 깊이는 하느님의 영만이 아신다는 얘기입니다. 그러니까 다른 인간의 깊은 내면조차 알 수 없는 게 우리 인간의 능력일진대 하물며 어떤 인간이 하느님을 알 수 있느냐, 이는 불가능하다는 결론입니다.

여기서 사도 바울로는 예상치 못한 도약을 합니다. "우리는 하느님께로부터 성령을 받았으므로, 하느님께서 주시는 은총의 선물이 무엇인지 알 수 있습니다." 다시 말해 우리의 깊은 내면으로부터 하느님을 알게 되는데, 이는 하느님이 스스로를 알려주실 때 이를 함께 나누어 받는다는 얘깁니다. 이렇게 보면 삼위일체란, 우리 인간과 거룩한 신성이 어떤 관계를 맺고 있는지를 설명하는 하나의 방편입니다. 하느님은 무엇이든 아는 분이며, 우리가 알 수 있는 분이며, 무엇을 알아가는 마음이기도 한, 우리의 신비스런 체험에 뿌리를 둔 하나의 독특한 가르침입니다.

부활
——

카프라 좋습니다. 그런 식의 설명을 듣고 보니 여기저기서 주워들었던 엉터리 얘기들이 잘 걸러지는군요. 그럼 이제 부활에 대해서도 말씀해주시지요. 아까 설명 도중에 아주 천연덕스럽게 '예수님이 돌아가셨다가 부활하신 다음'이라는 말씀을 하시던데, 어렸을 때 학교에서 배운 천주교 교리로, 예수가 부활했다는 사실이 그가 신이라는 증거라던 얘기가 기억납니다. 죽었다가 다시 살아났다고요.

매터스 그건 신학이 아니라 호교를 위한 억지죠. 예수의 부활을 신성(神性)의 '증거'로 삼는 것이 바로 낡은 신학의 대표적인 패러다임입니다. 요즈음 제대로 공부한 신학자 중에는 그런 식의 구닥다리 설명을 하시는 분이 없을 겁니다.

새로운 패러다임으로 설명한다면, 이야기가 대략 이렇습니다. 예수가 죽음에서 부활한 사건은 말로는 설명하기 어려운 극히 개인적인 체험으로, 그 양반 혼자서 겪었던 일입니다. 그의 제자들이 경험한 것은 이와는 또 전혀 다릅니다. 예수님이 그들 곁에 계신데 이전과는 다른 새로운 방식이었습니다. 돌아가시기 전에 물리적 육신으로 함께 있던 느낌, 그와는 좀 다를지 모르지만 그 생생함은 하나도 다를 게 없더라는 얘기입니다. 그런데 부활하신 예수를 보면서 제자들은 자신들도 함께 부활하였다, 그분과 함께, 그분 안에서 죽음을 딛고 일어서리라는 점을 깨달았습니다. 다시 말해 제자들은 예수님을 '죽음에서 새로 태어난 첫 인간'이며, 이는 새롭게 부활하는 인류의 시작을 알리는 위대한 사건으로 경험했습니다. 사도 바울로는 감개무량을 금치 못하며 이 내용을 강조합니다. "우리 모두가 죽음을 딛고 일어서지 않는다면 어떻게 예수님이 부활하셨다는 얘기를 할 수 있겠습니까?"

카프라 그러니까 그게 곧 신과 마찬가지라는 이야기군요?

매터스 그런 셈이지요. 여기서 중요한 건, 그리스도 신앙은 예수님이 십자가에서 돌아가신 후 일어난 일을 중심으로 최초의 모습을 갖추었다는 점입니다. 이런 사실에 주목해야만 그분의 죽음이 하느님의 구원 능력을 드러내고 있다는 사실을 이해할 수가 있습니다.

예수는 훌륭한 스승이었고 멋있고 정말 좋은 사람이었는데 애매한 죄목으로 사형선고를 받았다, 이런 설명으로는 이 사건이 세상을 구하는 하느님의 능력과 관계있다는 생각을 하기가 불가능합니다. 아무런 죄가 없는 훌륭한 남자가 무고한 죄로

희생된 사건만 놓고 본다면, 인간의 무지와 폭력 그리고 잔인함이 드러났다는 쪽으로 이해하지, 하느님의 구원 능력이 드러난 면모를 알 수가 없으니까요. 그런데 여기서 설명하기 어려운 사건이 일어나, 제자들이 새로운 경험을 하게 됩니다. 말로는 다할 수 없는 신비체험이 일어나지요. 제자들이 부활한 예수를 체험하면서부터 상황은 예상치 못한 쪽으로 돌변을 하는 겁니다.

슈타인들-라스트 이런 식으로 설명하면 어떻겠습니까? 무엇보다 예수의 삶에 대한 이야기를 접어둔 채 죽음과 부활을 얘기하는 것은 핵심을 비껴가는 일이라고요. 사실 이런 경우가 너무 많아 안타깝지만 말입니다.

매터스 그래요. 십자가의 처형은 아름다운 삶을 마감했다는 뜻일 뿐, 그런 죽음이 아름다운 삶과 어떤 관련을 맺고 있는지는 드러내지 못합니다. 그런데 부활하신 예수님을 만나 직접 손으로 만져본 제자들은 그분의 아름다웠던 삶이 기억의 파편에 불과한 것이 아니란 점을 깨닫지요. 자신들과의 연결이 확연해지면서 각자의 삶이 그 안에 일부로 들어가는 것입니다. 다시 말해 부활을 통해 제자들의 주 관심은 하느님 나라에서 예수님으로 변해버립니다.

슈타인들-라스트 그렇기 때문에 예수의 '삶'이 중요하다는 얘기입니다. 예수님은 하느님과 나누는 신비로운 친밀감을 통해, 이 세상에 절대로 권위주의가 발붙일 수 없는 그런 식의 삶을 보여주셨거든요. 예수님을 보면, 하느님과의 이 신비로운 친밀감을 토대로 무한한 귀속감에 응답하는 사람의 삶이 과연 어떻겠구나 하는 생각이 절로 듭니다. 예수님이 그렇게 사셨으니까요. 하지만 우리가 만든 이 세상에서 누군가 다시 그런 식의 삶을 산다면, 그 역시 짓뭉개지고 어떻게든 또 곤경에 처할 수밖에 없을 것입니다. 그럼 이제 막다른 골목입니다. 그래서 이게 끝입니까? 부활의 가르침은 그렇지 않다는 사실을 확인시켜줍니다. 그 생명력은 결코 사라지지 않습니다. 그는 죽었다, 정말로 죽었어, 그런데 여기 봐라, 그가 여기에 또 살고 있다는 사실이 새롭게 드러납니다. 어디에 살고 있다고? 뉴욕이야? 서울이야? 이렇게 나오면 얘기는 엉뚱한 데로 흘러버리지요.

이에 대한 정답을 초기 교회의 기록에서 찾아낼 수 있으니, '그의 생명은 하느님 안에 숨어 있다'는 것이었습니다. 사도 바울로는 이 말을 조금 다른 식으로 표현합니다. "우리의 생명이 그리스도와 함께 하느님 안에 숨어 있다"고 하지요. 이 말은 다시, 그리스도의 생명은 하느님 안에 숨어 있다는 뜻입니다. 하느님은 세상 곳곳에 숨어 계십니다. 하지만 깨어 있는 사람에게는 그분의 존재처럼 확실한 것도 없습니다. 하느님은 어디에나 계시지만 늘 숨어 계시거든요.

예수님은 돌아가셨지만 언제나 살아 계시며 그 생명은 하느님 안에 숨어 있습니다. 그러니까 우리 안에도 살아 계시지요. 결코 지팡이로 요술을 부리듯, '여기!' 하고 가리켜 무덤에서 꺼내 올 수는 없는 노릇입니다. 부활은 죽은 시체를 회생시키는 일이 아니고, 구사일생으로 목숨을 늘리는 일도 아니며, 사라진 사람을 찾아내는 일도 아닙니다. 눈에 안 보이게 숨어 있지만 무엇보다 거짓 없는 현실이어서, 그 든든한 힘을 믿고 우리가 사는 것입니다. 부활에 대해 우리가 알아야 할 사항은 이게 다입니다.

2부

현재 진행 중인 패러다임의 전환

전일적인 사고와 생태론[1]식 사고

카프라 요즘 저는 전일적(全一的, holistic)인 것과 생태론적인 것의 차이를 구별하는 게 중요하다는 얘기를 많이 하고 다닙니다. 생태론식 세계관은 당연히 전일적인 것이지만, 사실은 그 이상이기도 한데, 생태론식 세계관에서 우리는 전체를 한꺼번에 바라보지만, 그 전체는 또 그다음 더 큰 차원의 전체에 어떻게 편입되는지 이 점까지 동시에 살펴봐야 합니다.

이는 생물체나 생태계 같은 생명의 시스템을 연구할 때 특히 중요한 시각이지만, 그 밖의 다른 사물을 관찰할 때에도 퍽 요긴하게 쓸 수 있습니다. 자전거를 한번 예로 들어보겠습니다. 자전거는 여러 가지 부품을 기능적으로 잘 연결시킨 하나의 기능적인 전체로 볼 수 있겠지만, 생태론식 관점에서는 각 부분이 어떤 상관관계를 맺고 있느냐에 그치는 것이 아니라, 타이어에 쓰인 고무 원료는 어디서 왔는지 또 쇠붙이는 어떤 경로를 거치며 가공되었는지 그리고 자전거를 널리 보급하면 환경에 어떤 영향을 미치는지, 지구 생태계와의 관계를 다 따져보는 것입니다. 전체를 더 큰 전체에 끼워 넣는 것이지요.

---

1 ecology는 원래 특정 생태 구역에 서식하는 온갖 생물과 무생물의 분포 상황과 생물 종 사이의 다양한 상호의존 관계를 통계적 방법을 사용하여 파악하는 생물학의 한 분과이다. 1970년대 들어 환경문제가 일상적이고 문화적인 개념으로 확산되면서 인류의 미래에 대한 올바른 비전을 논의하는 환경학의 개념으로도 ecology란 이름이 통용되기 시작했는데, 요즘은 광의와 협의의 ecology로 구별하기도 한다. 우리말로는 생물학의 분과인 ecology를 진작부터 생태학이라 부르고 있으므로, 문화적 맥락에서의 환경 논의, 즉 광의의 ecology는 생태론이라고 부를 것을 옮긴이는 제안한다.

이는 아주 중요한 차이입니다. 이러한 감수성은 새로운 패러다임에 아주 각별한 의미를 갖기 때문에 저는 가능한 이런 특성을 생태론식이라고 부릅니다.

생태론과 종교

카프라 '생태론식'이라는 용어는 또, 우리가 지금 여러 차례에 걸쳐 진행하는 대화의 주제와 관련하여 대단히 중요한 의미를 지닙니다. 생태론식의 깨우침과 생태론식의 감수성이, 제한된 과학의 울타리를 멀리 벗어나 마지막 심연에 도달하면 거기서는 종교적 깨우침 그리고 종교적인 체험과 맞닿기 때문입니다. 마지막 심연의 차원에서 마주치는 생태론식 깨우침이란, 이 세상의 모든 현상, 우주의 어느 자리에서 일어나는 온갖 조화라도 근본적으로는 모두 상호 연결되며 상호 의존적이라는 깨우침을 말합니다.

우주의 어느 자리에 편입된다는 말은 생태론적 표현이며 우주에 속한다는 말은 종교적 표현인데, 사실 이 둘은 매우 비슷한 뜻입니다. 종교와 생태론이 만나는 자리니까요. 또한 새로운 과학의 패러다임과 종교적인 영성의 전통 사이에 놀랄 만한 유사점이 있다는 사실도 바로 이런 자리가 있기 때문에 가능한 것입니다. 이러한 예는 제가 쓴 『현대물리학과 동양사상(*The Tao of physics*)』에서도 동양의 신비주의 사상과 대비시켜놓았습니다.

오늘날 새로운 과학에서 부상하는 세계관은 생태론식 관점입니다. 생태론식 깨우침이 심화되어 경지에 이르면, 거기에서는 이제 종교적인 영성의 차원이 시작됩니다. 과학에서뿐만 아니라 다른 분야에서도 활발히 일어나는 패러다임의 전환에, 영성에 대한 관심이 특별히 지구 중심적인 새로운 종류의 영성과 더불어 부상하는 연유는 바로 그래서입니다.

슈타인들-라스트 설명하신 점 하나도 빠짐없이 동감합니다. 그런데 여기 아주 재미있는 비유가 또 한 가지 있습니다. '생태론적'이라는 말을 즐겨 쓰시는데, 저는 그 말 대신 '종교일치적'이라는 말을 즐겨 씁니다. 이게 말장난이 아니라, 두 경우 모두 지구의 살림살이라는 더 깊은 직관을 통한 진리랍니다. 생태론적(ecological)이란 말과 종교일치적(ecumenical)이란 말의 어원은 두 가지가 공통적으로 그리스어의 '오이코스(oikos)', 즉 '집'이라는 뜻이거든요.

카프라 그게 무슨 내용을 담고 있는데요?

매터스 우리 시대의 오이코스란, 인류의 집 혹은 거주하는 세계를 뜻합니다.

슈타인들-라스트 게리 스나이더[2]의 표현을 빌리자면 '지구의 살림(Earth Household)'이란 뜻이지요.

카프라 인간에게만 국한시키는 말씀이신가요?

---

2 게리 스나이더(Gary Snyder, 1930~): 미국의 저명한 시인이며 대표적인 환경보호론자. 그는 현대 문명, 특히 20세기 후반의 고도로 산업화된 서양 문명은 기술의 발전을 통해 인류의 행복을 가져오는 게 아니라 오히려 멸망을 초래할 인류의 가장 무서운 적이 되었다고 진단하며, 현대 문명이라는 끔찍한 병을 치유하여 온전케 하는 처방으로 '꿈과 비전'을 제시한다. 끝없는 성장을 통해 전진과 발전만을 고집하는 산업문명에 대해 그는 도시가 발생하기 이전 원시사회에 대한 새로운 성찰과 명상(meditation)을 통해 꿈과 비전을 얻을 수 있다고 말한다.

슈타인들-라스트 결코 그렇지 않습니다. 인간만이라고 제한하지 말고 더 넓은 의미를 포괄해야 합니다.

카프라 그렇다면 '생태론적'이란 말과 '종교일치적'이란 말의 차이는 무엇인가요? 내용은 같은데, 하나는 과학자들이 쓰는 말이고 하나는 신학자들이 쓰는 말인가요? 관습상의 차이일 뿐 내용상의 차이는 없다는 얘기입니까?

매터스 아니요, 분명한 차이가 있습니다. 관습만 다른 것은 분명 아니지요. 제가 이해하기로 '생태론적'이라는 말은 지구를 물질적 존재로만 파악하는 게 아니라 우주 전체를 생명으로 받아들이고 그 안에 우리가 속한다는 느낌 같습니다. 그에 비해 '종교일치적'이라는 말은 지구 상에 일어나는 문화 전반에 우리 인류가 모두 함께 속한다는 쪽입니다.

신학 전통은 자연을 정복하고 지배하는 인간이라는 맥락은 물론 아닐지라도 어느 정도는 '인간중심주의' 시각이 강했습니다. 그런데 지구 상의 인류는 단순히 생명을 영위하며 우주 생명계에 속한다는 생물학적인 차원 말고 지구 곳곳마다 참으로 다양한 문화와 생활양식, 그러면서도 지극히 보편적인 가치를 발전시켜왔습니다. 그래서 이들을 모두 하나로 묶는 최종적인 연대가 있으리라 믿고, 바로 그 단계에 이르려 하는 진보적인 신학의 노력이 곧 종교일치적 운동입니다.

카프라 그건 참 중요한 논점이네요. 생태계는 문화라고 할 것이 따로 없어서 과학자들은 그 문화라는 것을 간과하고 생물학적 상호 의존성에만 초점을 맞추려는 경향이 있거든요. 그렇네요, 문화는 인간의 자연현상인데, 생태론자들은 아무래도 지구 살림의 문화적인 차원을 도외시해버리지요. 그러니까 '종교일치적'인 분들이 그 점에 초점을 맞춘다는 건 참 좋은 일이네요. 하지만 또 이쪽에서는 문화적인 것에 몰두하느라 상대적으로 생물학적인 측면을 도외시할 수도 있겠습니다. 두 가지 모두 대단히 필요한 작업이라는 점은 확실합니다.

슈타인들-라스트 저는 '지구의 살림'이란 말을 참 좋아하고, 가능한 많이 씁니다. 참 좋은 말 아니겠습니까? 생태론적이라거나 종교일치적이라는 말은 아무래도 추상적이고 막막하지만, 지구의 살림이라면 누구나 바로 알아듣거든요. D. H. 로렌스가 쓴「평화」라는 시가 있는데요, 여기서의 평화라는 의미가 사뭇 각별합니다. 중세의 신앙 전통에서 '베네딕트의 평화'라는 개념이 있었는데, 여기서 온 세상을 붙들어주는 개념이 바로 이 지구의 살림이었습니다. 물론 현대와는 또 다른 그 시대의 감각에 충실한 것이었지만 말입니다. 한번 들어보시겠어요?

평화

생명의 하느님 집에 태어난 모든 것은
살아 있는 하느님과 하나이어라.
부뚜막의 하품하는 고양이처럼
아랫목에 편히 잠든 고양이처럼
평온하고 평온하도다.
생명의 불을 밝힌 아늑한 집
살아 계신 하느님의 숨결을 느끼나니

마음 그윽히 평온하도다.
안주인과 바깥주인이 하나 되어
한집을 짓고 한 살림을 이루노라.

카프라 아름답군요!

슈타인들-라스트 그대로 직관에서 나온 글이지요. 머릿속에서 다듬고 짜낸 글이 아니고 말입니다. 하지만 중요한 내용은 다 들어 있습니다.

매터스 신학도 포함되고요. 신학의 내용을 담아내는 데 가장 적합한 표현 양식은 아마 이런 양식의 시(詩)가 아닌가 싶습니다.

시스템 이론

매터스 '시스템 이론'에 대한 얘기를 많이들 합니다만, 저는 사실 거기에 대해 기초적인 것도 모릅니다. 시스템 이론이 뭔지 좀 쉽고 정확하게 설명해주시면 좋겠습니다.

카프라 제가 빠뜨렸던 얘긴데, 마침 질문 잘하셨습니다. 새로운 패러다임을 생태론식 패러다임이라고 부른다는 말씀은 드렸지요. 그런데 생태론식 세계관을 과학 쪽에서 잘 정리해놓은 게 있으니, 그게 바로 시스템 이론입니다.

우선 역사적인 발전의 배경을 요약해보겠습니다. 시스템 이론의 한 갈래를 이루는 중요한 뿌리는 인공지능(cybernetics)이라고 부르던 연구로, 이는 1940년대 이후 상당한 성과를 거두었습니다. 다른 한 갈래는 시스템 철학이라 부르던 분야로, 루

드비히 폰 베르탈란피(Ludwig von Bertalanffy, 1901~1972)가 이 분야의 거물이었고요.

인공지능 쪽은 두 갈래로 나누어져 시스템 이론의 중요한 내용을 발전시켰는데, 그중의 한 학파를 대표하는 인물이 바로 존 폰 노이만(John von Neumann, 1903~1957)입니다. 이분은 컴퓨터를 고안한 천재적인 수학자일 뿐 아니라 양자역학을 비롯해 다른 분야에서도 뛰어난 책을 여러 권 썼습니다. 그러나 이 학파의 개념은 아직 기계론식 시스템 이론에 머뭅니다. 이 정도면 기계론에서는 최고의 정밀도에 도달했다고 볼 수 있습니다만, 생명체도 결국은 정보를 받아들이고(input) 이를 처리(processing)하여 그 결과를 내보내는(output) 정교한 기계라는 관점에서 작업을 하셨습니다.

이에 비해 노버트 비너(Nobert Wiener, 1894~1964)가 대표하는 다른 학파에선 처음부터 '스스로 짜짓기(self-organization)'라는 개념을 가지고 출발했습니다. 생명체는 스스로를 짜짓는 특성을 갖는다고 전제한 것입니다. 그러나 1940년대와 50년대 그리고 이후에도 꾸준히 노이만식의 개념이 우세했습니다. 인공지능 연구가 상당한 성과를 거두고, 그래서 정보를 받아들이고 이를 처리하여 그 결과를 내보내는 시스템의 컴퓨터가 개발되는 등 혁혁한 공로가 인정되었습니다.

그동안 '스스로 짜짓기'의 개념은 완전히 뒷전으로 밀려난 채 전혀 빛을 못 보고 있다가 1960년대에 들어서야 비로소 새롭게 주목받기 시작했는데, 요즘 들어서는 완전히 되살아나 온갖 분야에 선풍을 일으키고 있습니다. 특별히, 살아 있는 시스템을 연구하는 분야에서는 가장 주목받는 학파를 일구었고요. 스스로 짜짓기, 다시 말해 자율(autonomy)[3] 현상은 곧 생명의 특성이라는 맥락에서 여러 분야로 연구가 진행되었습니다. 세포 단위에서의 생명현상은 움베르토 마투라나(Umberto Maturana, 1928~)와 프란치스코 바렐라(Francisco Varela, 1946~2001)[4]가, 가족 단위의 생명현상은 심리 치료에서 가족요법 이론을 창립한 밀라노학파에서, 사회학에서는 니클라스 루만(Niklas Luhmann, 1927~1998)이 이 개념으로 새로운 지평을 열었습니다.

슈타인들-라스트 생태론식의 개념에서 생명체는 모두 더 큰 생명체 안에 포함된다 하셨습니다. 그렇다면 이 세상에서 가장 큰 시스템은 무엇인가요? 생명체의 차원에서 제일 높은 단계는 어디라고 이해할 수 있느냐는 질문입니다.

카프라 오늘날의 과학을 정리해볼 때, 그리고 현재 통용되는 생명의 개념에 입각해볼 때, 가장 큰 생명의 시스템은 지구입니다. 이것이 바로 '가이아론'[5]이고요. 지구를 하나의 거대한 생명체로 보는 것입니다. 수성, 금성, 지구, 화성, 목성, 토성, 천왕성, 해왕성, 명왕성을 포함하는 태양계 전체는 아직 생명체로

---

[3] 여기서는 스스로 짜짓기에 해당하는 그리스어 '자기 조직(自己組織, autopoiesis)'이 맞는 표현인데, 카프라는 자율 혹은 스스로 다스리기(autonomy: self-regulation)라는 약간 어긋난 표현을 한다.

[4] Maturana & Varela, *The Tree of Knowledge*, 1987. 『신과학 산책』의 마지막 장 '창조적인 맴돌이─나에게로 돌아오는 여행' 참조(김재희, 『신과학 산책』, 1994, 김영사).

[5] 제임스 러브록, 『가이아─살아 있는 생명체로서의 지구』, 갈라파고스, 2004.

여기지 않습니다. 더욱이 태양계 바깥으로 나가 은하계와 우주 전체를 조망할 때면 생명과학은 빠져버립니다. 무슨 언급을 하더라도 아직까지는 뭐 억측 정도의 수준입니다. 그러니까 현재 과학자들이 동의하는 가장 큰 생명의 시스템은 바로 우리가 살고 있는 별, 지구입니다.

상극에서 상생으로

카프라 패러다임의 변화에 따라 새로운 사고방식이 생겨나지요. 사고의 변화와 함께 가치관의 변화도 일어나는데, 이 둘의 바탕에 기가 막히게 꼭 같은 밑그림이 있음을 알 수 있습니다. 기존의 사유와 기존의 가치관을 살펴보면 사유 방식은 곧 그 시대의 가치 기준이란 사실이 드러나는데, 새로운 사유 방식도 마찬가집니다. 새로운 사유와 새로운 가치는 아주 밀접하게 얽혀 있습니다.

사유 방식과 가치 기준, 이 두 가지 모두에서 공통적인 것은 상극에서 상생으로의 변화, 다시 말해 '자기를 주장'하던 분위기가 공존과 화합으로 옮아간다는 점인데, 시대의 변화와 함께 온갖 변화가 일어나지만 이를 통괄해서 그 특징을 요약해보면 아마 가장 합당한 개념이 상극에서 상생이라는 말일 것 같습니다.

사유 방식을 보면, 이성(理性) 중심에서 직관(直觀) 중심으로 옮겨 가는 추세입니다. 이성적인 사고는 사물을 있는 대로 조각 내어 특성에 따라 구별하고 분류하는 것입니다. 이는 개별적인 단위마다 자기 특성을 내세우고 분명한 자기주장을 하던 분위기와 관련이 깊습니다. 이렇듯 모든 걸 구별하고 분류하는 방식을 분석이라 했는데, 이제는 분석에서 종합으로 가고 있습니다. 모든 것을 간추리는 환원주의를 벗어나 전일적인 시각을 갖고, 선형(linear)의 사고에서 비선형(non-linear)으로 가는 특성도 이에 속합니다. 가치 기준을 보면, 경쟁에서 협조 체제로 옮겨 가는 추세입니다. 자기주장보다는 공존과 화합의 분위기임이 확실하지요. 팽창에서 보존으로, 양에서 질로, 그리고 리안 아이슬러[6]가 강조하듯 인간관계도 지배와 종속의 관계에서 상호 동반자의 관계로 바뀌고 있습니다.

이런 변화를 앞에서 설명한 시스템식 관점, 그러니까 살아 있는 시스템의 관점에서 살피면, 살아 있는 시스템은 모두 더 큰 생명체 안으로 포함된다 그러지 않았습니까? 이런 점에서 바로 아서 케슬러(Arthur Koestler, 1905~1983)가 말하는 야누스의 얼굴, 즉 양면성이 명실상부하게 드러납니다.[7] 살아 있는 시스템은 모두 나름대로의 개별성을 갖고 자기를 주장하는 독특한 면모가 있지만, 그 전체는 또 온전한 화합체로서 더 큰 전체에 속하기 위해 스스로를 하나의 전체로 통합시키기 때문입니다.

이 두 가지 성향은 사실 정반대의 방향이고, 상당한 모순의

---

6 리안 아이슬러(Riane Eisler, 1931~): 오스트리아에서 태어나 쿠바에서 성장한 미국의 작가. 대립보다 평등과 화합의 단계로 여성과 남성의 문제를 다루며, 평화 운동과 인권 운동에도 적극 참여했다.

7 아서 케슬러, 최효선 옮김, 『야누스―혁명적 홀론 이론(Janus)』, 범양사, 1993.

관계이기도 합니다. 그런데 우리 몸과 마음의 건강을 유지하려면, 이 양극단 사이에 역동적인 균형이 필수적이라는 사실을 잊지 말아야지요. 동양인들은 뛰어난 직관력을 바탕으로 이런 점을 갈파했습니다. 건강한 삶을 영위하려면 스스로를 내세우기도 하고 때에 따라 물러설 줄도 아는 지혜를 얘기합니다. 역사를 통해 살펴보건대 문화적으로나 사회적으로 이 두 가지 흐름 사이를 번갈아 왔다 갔다 하는 경향이 있습니다. 예를 들어 서양의 중세는 오로지 화합에 치우친 나머지 개인의 자기주장이 없었더랬습니다.

슈타인들-라스트 화합만을 너무 강조했던 거지요.

카프라 그러다 문예부흥의 개막과 더불어 개인에 대한 관심이 커지기 시작했습니다. 개별성의 강조는 19세기까지 계속되고 더욱 고조되어 그 이후, 특히 이곳 미국에서는 오로지 개인에게 모든 초점을 맞추었고, 그 결과 카우보이식 윤리라든가 황폐해진 개인주의 같은 부작용이 나타나기 시작했지요. 개별성의 강조는 서구 사회 전반에 개인주의를 만연시켰지만, 적어도 이를 견제하는 세력인 사회주의 풍토가 무르익었습니다. 그러나 이 또한 사회주의 국가에서는 너무 극단적인 형식으로 왜곡되어 완전히 균형을 잃었더랬지요.

개별성이 강조되기 시작하던 문예부흥 시절, 당시를 특징 짓던 개념이 바로 '인본주의(humanism)' 아니었습니까? 그런데 고르바초프도 그랬고, 그 이전의 사회주의 철학자들도 한결같이 '신인본주의(new humanism)'라는 기치를 내세웠습니다. 1968년 프라하의 봄 당시에, 체코의 지도자였던 두브체크(Alexander Dubček, 1921~1992)는 '인간의 얼굴을 한 사회주의'를 제창했습니다. 그 무렵 『작은 것이 아름답다』로 유명해진 경제학자 슈마허(Ernst Fritz Schumacher, 1911~1977)는 '인간의 얼굴을 한 기술'에 대한 이야기를 꺼냈는데, 과학기술이 벌써 인간의 숨통을 조이기 시작했기 때문입니다. 이렇게 자기를 주장하는 경향과 화합을 중시하는 경향 사이의 간극에 초점을 맞춰 오늘날 우리 사회의 가치관이 어디쯤 위치하는가를 가늠해보건대, 아무래도 우리는 너무 자기주장만을 앞세워 화합의 가치는 뒷전으로 밀려나 있다는 점을 고백하지 않을 수가 없습니다.

그리고 이런 불균형은 가부장식 가치 체계가 기승을 떨면서 더욱 심화되었습니다. 자기를 앞세우는 분위기, 이런 식의 가치나 사고방식은 대단히 남성적인 특징이지요. 이게 생물학적으로 타고난 특징인지, 아니면 사회적으로 문화적으로 그렇게 형성된 것인지를 가려내기는 너무나 복잡 미묘해서 더 이상 얘기하지 않겠습니다. 그러나 대부분의 문화권, 특히 우리 사회에는 분명히, 자기를 주장하는 사고방식이나 가치관이 곧 남성적인 것으로 득세하게 마련이며, 그래서 이런 쪽으로 정치적인 역량이 쏠려 있습니다.

매터스 개별적인 것들에 주목할 때와 이들의 통합적이고 화합하는 양식에 주목할 때, 사물에 대한 지식을 획득한 결과는 어떻게 달라지나요? 다시 말해, 어떠한 방식으로 사고하느냐에 따라 지식의 내용이 어떻게 달라지느냐 하는 질문입니다.

이성적으로 분석해 요점을 간추려내는 환원주의 그리고 선형적 방법을 쓸 경우, 자연에 대해 몇 가지 중요한 특성은 배울 수 있지만 그와 더불어 놓치는 것이 있지 않습니까? 그에 비해 직관적이고 종합적이며 전체를 살피는 비선형의 방법으로는 그 밖의 나머지 것들을 얻을 수 있을 것 같습니다.

카프라 그렇지요. 하지만 그 두 가지 중 어느 한쪽만 쓰는 일은 불가능하다는 사실을 아셔야 합니다. 과학에는 두 가지가 한꺼번에 쓰이거든요.

슈타인들-라스트 직관이란 말에 정확히 대응해서, 이성이라는 표현 말고 뭐 다른 말은 없을지요?

매터스 관념적 지식과 비관념적 지식으로 구분하면 이들 관계를 근사하게 나타낼 수 있지 않겠습니까? 직관으로도 관념을 잡아낼 수는 있겠지만, 관념이라 하면 대체로 연역적 추론을 하는 이성적인 과정에서 형성되거든요.

슈타인들-라스트 그런데 이런 식으로 이성과 직관을 나눠놓으면 오해가 생길 수 있을 것 같아요. 직관적이란 말을 혹시라도 비이성적인 것으로 혼동하면 큰일이거든요.

카프라 그럼 제가 한번 그 표현들을 삼가면서 말해보겠습니다. 다른 식으로도 그 뜻을 살려낼 수 있을 것입니다. 개별적인 것들에 주목하는 방식은 사물을 조각으로 잘라 이들을 구분하고 분류하여 한 줄로 세우는 사유 방식이고, 다른 한 가지는 한 줄로 세울 수 없는 밑그림의 무늬를 그대로 느끼며, 비선형적 무늬의 전체 모습으로 종합하는 감각 방식입니다. 직관이란, 사물이나 사태의 전체 모습을 단번에 파악하는 능력이라고 저는 생각합니다.

슈타인들-라스트 직관(intuition)이란 말의 사전적인 뜻은, 무엇인가의 '안을 들여다보아' 내부의 일관성을 파악하는 것이라서, 이는 대부분의 상황에서 지극히 이성적인 방법이거든요.

카프라 아니지요. 그것을 이성적인 방법이라 할 수는 없습니다. 말로 일일이 설명할 수는 없으니까요. 저는, 말로 따져서 옮길 수 있어야 이성적이라고 간주합니다.

매터스 그건 이성적인 게 아니라 추론적인 것이죠.

슈타인들-라스트 추론적인 것과 직관적인 것, 맞아요. 그렇게 짝을 맞추니까 잘 통하네요! 이제 됐습니다. 그럼 우리 분야도 한번 살펴봅시다. 신학에도 과연 사유 방식이나 가치 기준 일반의 전폭적인 변동이 나타나고 있는가? 자기를 주장하던 분위기에서 공존과 화합으로 옮아가는, 그러니까 상극에서 상생으로 전환하는 뭐 그런 추세가 있느냐는 질문에 대해, 저의 직관은 '그렇다'고 대답합니다. 틀림없이 그렇습니다. 자, 그럼 제 직관이 옳은지 그른지 한번 분석을 하면서 따져봅시다.

매터스 이러한 결론은 아마, 현재 진행 중인 여러 가지 신학적 논의의 상이한 관점들을 있는 대로 살펴보면 어디서든 확인할 수 있을 텐데요. 실증적 스콜라신학의 호교론적이고 논쟁적인 성향에는 아무래도 자기를 내세우는 분위기가 강했습니다. 그에 비해 현대신학의 새로운 패러다임은 종교일치적인 시각으로 화합을 강조합니다. 다시 말해, 자신의 종교 전통에 진정한 믿음이 있다면 다른 종교에 대해서도 충분한 이해와 열린 마음이 생긴다는 얘기입니다.

슈타인들-라스트 더 구체적인 예를 들면, 신학적 명제들을 간추려

늘어놓던 식에서 요즘은 그냥 이야기로 풀어가는 경우가 많아지고 있습니다. 원래는 말입니다, 신학이 그렇게 딱딱한 명제로 정리되기 전에는, 사실 신학적인 통찰은 모두 이야기에 담겨 있었거든요.

옛날처럼 이야기로 풀어가면 좋지 않나? 요즘 많은 이들이 이런 생각을 합니다. 무슨 말이냐? 추론으로 말고 직관으로 해보자는 말입니다. 이야기는 직관에서 나오니까요. 분석으로가 아니라 종합으로 하자는 것입니다. 이야기는 종합적인 것이니까요. 그리고 쪼개서 간추리지 말고 그냥 통괄적인 전체로 다 듣겠다는 것입니다. 이야기는 하나의 커다란 전체로, 전체는 부분의 합보다 크거든요.

매터스 이야기라고 해서 꼭 소설처럼 늘어져야 할 필요는 없습니다. 문학 장르로 확장해도 좋지 않을까요? 전에는 신학이라면 무조건 특정 명제로 간추리던 방식을 썼는데, 요즘은 시나 은유로도 잘 표현하고 있거든요.

슈타인들-라스트 맞습니다. 전에는 관념으로 추상화시키던 것을 이제는 있는 그대로의 체험을 살리는 쪽으로 변해가고 있어요. 다 통하는 소리입니다.

카프라 이야기식이라는 말씀을 하시니까 언뜻 그레고리 베이트슨이 생각나는데, 이 양반은 시스템식 사고의 중요성을 일깨운 대표적인 인물이셨습니다. 이분은 당신의 생각을 정리해서 발표할 적에 늘 이야기로 풀어가셨어요. 삼라만상 온갖 양식이 서로 어떻게 연결되어 있는지를 보여주는 길은 옛날이야기처럼 전체가 다 이어지는 것이라고요.

선교

슈타인들-라스트 가치 기준의 변화에서 신학과 관련한 패러다임 전환의 좋은 예로, 선교를 꼽을 수 있을 것 같아요. 전에는 선교 사업이라 하면 남성다운 패기로 전진하며 경쟁하고, 확장과 정복 위주의 양적인 성취에 치중했습니다. 무턱대고 세례를 베풀었지요.

카프라 요즘은 어떻게 하는데요?

슈타인들-라스트 근래 몇십 년 동안 우여곡절이 꽤나 많았습니다. 그러나 이제 다시 옛날식으로 돌아가야 한다는 사람은 거의 없습니다. 오늘날은 선교의 의미를 '증언'에서 찾고 있습니다. 더 이상 개종이 아니지요.

매터스 증언과 대화지요. 그러니까 다른 사람들 속에 섞여, 특히 아시아에서는 그들의 종교 가운데 함께 있는 것, 이것이 벌써 대화를 시작하는 일입니다.

카프라 이제는 선교의 목적이 더 이상 현지인들을 천주교 신자로 만드는 게 아니란 말씀입니까?

매터스 사실은 옛날에도 결코 그런 건 아니었습니다. 선교는 원래 하느님이 세상을 구원하는 계획에 대한 기쁜 소식을 증언하는 것입니다. 선교사는 누구를 개종시키는 사람이 아닙니다. 진정한 의미에서 개종이란, 이것이 '나를 위한' 기쁜 소식이로다! 하고 깨닫게 하시는 우리 마음속의 하느님이 하시는 일입니다.

슈타인들-라스트 요즘엔 개종할 전망이 전혀 없는 지역에도 기꺼이 들어가서 열심히 활동하는 선교사들이 많습니다.

매터스 인도에서 마더 테레사가 이끄셨던 사랑의 선교회는 설교나 개종, 세례 등의 활동을 벌이지 않도록 아예 못 박아놓은 수도회입니다. 그분의 선교는 사랑의 일을 하는 게 전부였어요. 마더 테레사는 자기 회 소속의 수녀들이 오로지 기도와 사랑의 일을 통해 그들의 믿음을 증언하길 원하셨거든요.

카프라 '믿음을 증언한다'는 게 무슨 뜻이죠?

매터스 자신의 믿음을 알리되, 말로 하는 것이 아니라 믿음대로 사는 모습으로 보이는 것입니다. 증언과 설교를 비교해볼 수 있는데, 설교라 하면 부정적인 면이 강조될 수밖에 없나 봅니다. 증언은 나의 자아를 통해 이루어지는 것이 아닙니다. 다른 말로 바꾸어 내가 존재하는 이유는, 나를 통해 참된 진리가 빛나는 것뿐입니다. 마지막에 나는 사라져야 합니다. 다만 그 진리가, 내가 마음을 쏟았던 사람들 속에서 계속해서 빛나고 있으면 되는 것입니다.

슈타인들-라스트 절대로 제가 그리스도인이 되라고 이런 소리를 하는 게 아니라는 점을 이해해주십시오. 증언이란, 우리 모두가 갖고 있는 참된 인간성에 대한 증언입니다. 이에 대한 증언은 언제고 반복되어야 할 증언이고요.

이제는 과거 선교사들이 저지른 커다란 잘못을 모두 통절히 깨달았고, 더욱이 선교와 함께 자행된 서양인들의 제국주의 만행에 대해서 충분히 숙지하게 되었습니다. 그렇지만 한편으로 당시 선교사들이 활동했던 여러 지역사회의 심각한 낙후성에 대해서도 진지하게 고민해볼 필요가 있겠습니다. 이런 지역 문화를 보면 놀라우리만치 공동체의 화합과 결속이 단단합니다. 그런데 빈번히 개별 인간의 잠재력을 억압하는 장치를 가동시켜, 예컨대 너무나도 터무니없는 공포심에 사로잡혀 살고 있던 경우들이 많았습니다.

오늘날 이런 점에 대해서는 아무도 말을 하지 않는 경향이 있습니다. 그러나 공정히 따져서 이 점은 언급해야 합니다. 인간의 존엄성에 대해 우리도 예수님이 하신 것처럼, 마땅한 증언을 하는 게 선교니까요. 예수님은 누구를 개종시키신 적이 없습니다. 사람들을 해방시키셨죠. 그분이 사셨던 때와 장소를 택해, 예수님은 당신이 만난 모든 인간에게 그들의 존엄성을 증언해주셨습니다. 이런 행적을 따라 하는 것은 언제라도 그리스도인의 선교 과제입니다.

카프라 그렇다면 마더 테레사나, 혹은 설교나 세례를 행하지 않는 다른 선교사들이 굳이 아시아나 아프리카에 가서 증언을 하려는 목적은 또 무엇이죠? 그냥 여기서 해도 되는 것 아니겠습니까?

슈타인들-라스트 여기서도 물론 그 일을 하고 있습니다. 어디 가나 다 하는 것입니다.

카프라 그럼 여기서도 스스로를 '선교사'라 부르나요?

슈타인들-라스트 선교사란 원래 '파견된 사람'이라는 뜻일 뿐이에요. 성서에 보면, 예수님은 당신 제자를 파견하시거든요. 예수님이 열어주신 새로운 삶에 대한 열정에 불타오르는 제자들을 사람들 사이로 보내신 것이지요. 그렇지 않습니까, 어떤 영화를 봤는데 정말 기가 막히더라, 열광하는 마음이 생기지요, 그래서 친구나 친지를 붙들고 펠리니(Federico Fellini, 1920~1993) 얘기를 하고 잉그마르 베르히만(Ingmar Bergman, 1918~2007) 얘기를 하고, 열렬한 영화광이 되는 것 아니겠습니까?

카프라 그럼 대체 그리스도교를 선교하러, 예컨대 타일랜드에 가는 것은 어떤 의미가 있습니까?

슈타인들-라스트 억압과 착취가 자행되는 곳, 특별히 비참한 지역엔 어디라도 파견될 수 있습니다. 예수의 작은 형제나 예수의 작은 자매 같은 수도회는 미국이나 다른 나라에서 가장 비참한 지역, 가난하고 억압받는 사람들이 사는 세상의 그늘로 파견되어 그곳에서 함께 삽니다. 그분들은 힘들게 사는 이들 사이에서 함께 살며 해방에 대한 기쁨을 전할 뿐 설교를 하는 일은 금지되어 있습니다.

카프라 그러니까 타일랜드로 가는 이유는, 그 지역 사람들이 그리스도교를 모르니까 그것을 알려주러 가는 게 아니란 말씀이시군요. 타일랜드로 간다면 그 이유는, 그곳에 특별히 억압받는 사람들이 있고, 그런 심각한 상황이 지속되니까 가는 것이란 말씀이죠?

매터스 그렇게 난감한 상황 속으로 하느님 나라의 기쁜 소식을 갖고 들어가는 것입니다. 물론 이러한 일을 구체적으로 어떻게 진행하느냐, 그리고 어떠한 대화 형식으로 선교의 과업을 풀어가느냐는, 패러다임 전환의 현 단계에서 교회 안에 남아 있는 큰 숙제입니다.

새로운 패러다임은 무엇이 새로운가?

슈타인들-라스트 과학과 신학에서 우리가 기존의 패러다임이라는 얘기를 할 때, 기존이라고 하니까 옛날에 있던 것이라는 뜻인데, 과학과 신학 두 가지 경우 모두 그렇게 오래된 옛날의 패러다임을 말하는 것은 아닙니다. 그리고 새로운 패러다임이라고 말하지만, 이것도 사실은 그렇게 새로운 것만은 아니며 오히려 우리의 오래된 직관을 회복하는 작업입니다.

카프라 맞는 말이긴 하지만, 그게 전부는 아니지요. 사회의 패러다임 전환, 그러니까 사회 풍조가 달라지는 일은 그저 옛날식으로 돌아간다고 해결되는 게 아니거든요. 오늘날 부상하는 새로운 세계상을 유럽 중세 시절의 세계상과 비교해보세요. 놀랄 만한 유사점들이 발견됩니다.

오늘날 우리가 구닥다리라 부르는 기존의 패러다임은 르네상스 시대에 부상하여 데카르트와 뉴턴이 기틀을 잡아놓은 것인데요, 중세식 패러다임과는 여러 면에서 많이 대립합니다. 그런데 이제 우리는 다시 중세식 패러다임과 그보다 더 오래된 패러다임의 여러 면모를 회복시키려 하는 것입니다. 그렇지만 한편으로, 예전에는 전혀 없던 새로운 요소들이 또 있거든요.

슈타인들-라스트 그 새로운 요소란 어떤 것이지요?

카프라 최근의 문화적인 조류와 관련해서 저는 크게 두 가지의 새로운 요소를 발견합니다. 하나는 상업주의로 번져가는 향락 문화 중에 과거 어느 때보다 극성스레 세상을 파괴하는 경향을 보이고 있습니다. 진정한 패러다임의 전환으로 이러한 기승을 꺾지 못하면 인류는 정말 파국으로 치닫게 될 것입니다. 그러니까 오늘날 패러다임의 전환은 인류가 계속해서 생존할 수 있느냐, 못하느냐가 달린 중대한 문제입니다. 다른 한 가지는 퍽 긍정적인 흐름인데요, 그것은 바로 여성주의(feminist) 시각으로 세상을 재편하는 것입니다. 이 움직임은 인류가 자연을 정복한 이후 사상 처음 일어나는 변화입니다.

슈타인들-라스트 그렇군요. 좀더 연구해보면 문명 전환의 새로운 징후를 다른 각도에서도 찾아낼 수 있겠습니다. 예를 들어 교통과 통신의 급속한 발달로 세계가 한결 좁아진 것도 한 가지 새로운 변화의 요소겠어요.

카프라 맞습니다. 지구 차원의 각성, 교통과 통신으로 지구의 상호 의존성이 살에 닿는 얘기가 되었으니까요. 이것도 최근에 일어나는 새로운 변화지요.

매터스 신학을 놓고 말씀드리면, 기존의 패러다임과 새로운 패러다임 사이의 변증법은 과학의 경우와 조금 다른 점이 있습니다. 데이비드 신부님이 아까 말씀하셨지요? 신학의 새로운 패러다임은 아주 오래된 우리의 직관을 회복하는 작업이라고요. 신학에서는 정말 그렇습니다. 그게 또 자연과학과 신학 사이에 차이가 있는 점이고요.

신학은 새로운 패러다임이 발전한다 해도 기존의 패러다임이 오류였다고 보지 않습니다. 어른이 되었다고 어린 시절의 것을 오류라고 하지 않는 것과 마찬가지입니다. 그렇지만 사도 바울로가 쓴 사랑의 편지를 보면 "그러나 어른이 되어서는 어렸을 때의 것들을 버렸다"(「고린토 1서」 13:11)고 나오거든요.

오늘날 천주교의 고위 성직자들 중 많은 분이 새로운 변화를 거부하고 기존의 신학을 고수하려 들지만, 이런 식의 노력은 결국 기존의 신학이 마땅히 차지해야 할 적절한 자리마저 없애버리는 결과를 초래하고 말 것입니다. 시간은 흘러 21세기가 되었는데 여전히 16세기 가톨릭신학을 가르친다면, 이는 400여 년 전에는 당연히 참된 진리였을 그 내용을 이제 와서 새삼스레 왜곡시키고, 그래서 진리의 본뜻을 거스르는 결과를 가져올 것입니다.

3부

새로운 사유 방식의 면모

카프라 이제 과학과 신학에서 '새로운 패러다임의 사유 방식'이라는 말을 구체적으로 어떻게 쓰는지 검토해보기로 하겠습니다. 과학에서의 새로운 패러다임식 사유, 즉 시스템식 사유 방식의 특성을 다섯 가지 면모로 요약해보았습니다. 이들의 특성은 오늘날 인문과학이나 사회과학 혹은 자연과학을 막론하고 학문의 모든 분야에서 공통적으로 나타나는 현상이라 생각됩니다. 하나하나의 특성은, 기존의 패러다임에서 새로운 패러다임으로 전환하는 차이점을 축으로 놓고 설명했습니다. 그리고 신학에서 이들에 대응하는 새로운 패러다임식 사유의 다섯 가지 면모를 열거해보았습니다. 이제 이 다섯 가지 면모를 더 구체적으로 살펴보겠습니다.

1. 부분에서 전체로의 패러다임 전환

카프라 학문 전반에 나타나는 새로운 패러다임의 첫 번째 특성은 부분에서 전체로의 전환입니다. 기존의 패러다임에서는 아무리 복합적인 시스템이라도 각 부분의 성격을 모두 파악하면 그로부터 시스템 전체의 기능과 특성을 도출할 수 있다는 믿음이 있었습니다. 그런데 새로운 패러다임은, 부분과 전체가 맺고 있던 여태까지의 관계를 뒤집었습니다. 각 부분의 성격은 전체 시스템의 기능과 특성을 파악한 다음, 바로 그 바탕 위에서만 이해가 가능하다는 쪽으로 말입니다. 부분으로 끝나는 부분은 사실상 존재할 수가 없습니다. 우리가 부분이라 부르는 것은, 쪼갤 수 없이 얽히고설킨 무수한 관계가 그물처럼 엮여 있는데 거기서 드러난 무늬 하나를 가리키는 것이니까요.

매터스 신학도 마찬가지로 부분에서 전체로의 패러다임 전환이 이루어지고 있습니다. 기존의 패러다임에 따르면 교리의 한 조목 한 조목은 원칙적으로 대등한 가치를 가진 것이며, 그것들이 모두 합해져 신으로부터 계시된 진리의 전체를 이루는 것이었습니다. 그런데 새로운 패러다임은 부분과 전체의 관계를 뒤바꾸지요. 개별 교리의 세부적인 내용은 계시된 진리 전체의 역동성을 근거로 하지 않고는 의미를 파악할 수 없습니다. 계시는 궁극적으로 하나의 커다란 과정을 통해 드러나는 것이며, 따라서 그것은 낱낱이 쪼갤 수 없는 하나의 온전한 완결체입니다. 교리 조목 하나하나는 하느님께서 자연 속에, 역사 속에, 그리고 인간의 경험 속에 스스로를 드러내심을 특정한 관점에서 바라보고 해석하는 것일 뿐입니다.

슈타인들-라스트 예, 맞습니다.

카프라 제가 의논하고 싶은 게 바로 그 점입니다. 1920년대 물리학에서 벌어진 극적인 전환의 사건이 있었는데요, 그 사건을 기점으로 이 세상을, 그러니까 우리 눈앞에 보이는 물질로 이루어진 이 세상을, 낱낱이 떨어질 수 있는 물질의 총합으로 보았던 데에서 이제는 수많은 관계의 커다란 그물로 보는 쪽으로 관점이 바뀐 것입니다.

부분이라고 하던 것은, 그러니까 전체 그물에서 어느 정도의 안정성을 유지하는 일종의 '무늬'였던 셈입니다. 우리 감각에 얼른, 그리고 쉽게 잡히는 그 무늬 때문에 거기에 시각을 고정시킨 채 이것은 세포다, 이것은 원자다 하면서 전체로부터 그 부분을 도려냈던 것입니다. 그러나 중요한 사실은 우리가 한 부분을 묘사하면서 다른 부분으로부터 그것을 떼어내는 순간, 거기서 벌써 오류가 생기기 시작한다는 것입니다.

부분과 전체와의 수많은 관계 중 일부를, 물리적으로나 관념적으로 도려내면서 "자, 요만큼이 바로 우리가 관찰할 부분이다. 요 부분은 물론 다른 부분과 여러 가지 방식으로 복잡하게 얽혀 있지만 그 모든 관계를 한꺼번에 고려한다는 것은 너무나 복잡하니까 몇 가지만 추려서 생각하겠다"고 금을 그었던 셈입니다.

슈타인들-라스트 학생들에게 설명하는 과정에서는 뭐 피할 수 없는 방법이기도 하지요.

카프라 그렇지요. 그 부분이 나타내는 특정한 '무늬'가 어느 정도 안정되게 자기 모습을 유지해주므로 그런 방법이 가능한 것이지요. 물론 기존의 패러다임에도 모든 사물 사이에 존재하는 관계성에 대한 인식은 있었습니다. 그러나 관념상으로, 독자적인 속성을 가진 각각의 사물이 먼저 존재하고 그들을 관계 짓는 힘과 작용은 그다음에야 나타났습니다.

새로운 패러다임에서는 어떤 대상도 그 자체로 독자적인 속성을 가질 수가 없습니다. 일체의 속성은 그 사물이 맺고 있는 제반 관계성으로부터 파생되어 나옵니다. 전체의 기능을 바탕으로 해서만 부분의 속성을 이해한다는 말은 바로 그런 뜻입니다. 관계성이라는 것은, 서로를 움직이는 역동적 관계에서 비롯하는 것이니까요. 따라서 부분을 이해하는 유일한 길은 그 부분이 전체와 맺고 있는 관계성을 이해하는 것입니다. 물리학에서 이런 통찰이 나타난 것은 1920년대의 일이었고, 이는 또 생태론의 기본 개념과도 일치합니다. 생태론자의 사유 방식이 바로 이렇습니다. 모든 생물체는 지구 상의 다른 모든 것과 모종의 관계를 맺고 있으며, 개별 생물체는 그러한 관계성을 통해서만 존재의 성격이 규명된다는 관점입니다.

매터스 잠깐만요, 자꾸만 '부분'에 대해 말씀하시는데, 부분이라는 것은 일체 존재하지 않는다고 하시지 않았나요?

카프라 고립된 부분은 존재하지 않는다고 했지요.

슈타인틀-라스트 저도 그 점을 지적하고 싶었습니다. 여기서 '고립'이라는 말을 강조하겠습니다. 그리고 신학에서의 부분과 전체 사이의 관계성에 대해서 짤막한 설명을 하나 드리겠습니다.

신학에서는 계시의 전체 과정과 구체적인 교리들 사이의 관계를 생각해볼 수 있을 것입니다. 라틴어로 '아날로기아 피데이(analogia fidei)'라는 용어가 이 점을 잘 밝혀줍니다.

매터스 글자 그대로 '아날로기아 피데이'를 풀이하면 '믿음에 비추어'란 뜻입니다. 이는 신앙의 명제 가운데 어느 하나를 말하면 그 밖의 다른 모든 명제는 저절로 함축되는 원리입니다. 그러므로 하나의 교리든, 한 차례의 강론이든 전체에 대한 이해 없이 따로 떼어 그 부분만 이해하는 일은 있을 수 없습니다. 의미는 삼단논법이나 선언문을 통해 떨어져 나오는 게 아니라 전체를 통해 그 맥락이 함께 드러난다는 것입니다.

슈타인들-라스트 핵심을 꿰뚫는 결정적인 표현입니다. 그 정도면 신학의 홀로그램 모델[1]이라고 해도 좋지 않겠습니까?

카프라 그렇군요. 그 얘기를 들으니 입자물리학의 '구두끈 이론'이 생각납니다. 말하자면, 하나하나의 소립자는 다른 소립자 모두를 제 안에 품고 있다는 내용입니다.

매터스 이 원리는 사실상 전혀 새로운 것이 아닙니다. 중세신학에서는 주춧돌과 같은 기본 개념이었는데, 최근 들어 새롭게 부각되기 시작한 것뿐이지요.

---

1 홀로그램이란 실물과 똑같이 입체적으로 보이는 3차원 영상으로, 레이저에서 나온 광선을 2개로 나눠 하나의 빛은 직접 스크린을 비추게 하고 다른 하나의 빛은 우리가 보려고 하는 물체에 비춘다. 이때 기준이 되는 레이저광과 물체로부터의 반사 레이저광으로 이루어지는 간섭 줄무늬를 필름에 기록하는데, 이 간섭 줄무늬는 사진화되는 물체의 광학적인 정보를 모두 지닌다. 모든 부분은 전체를 포함한다는 개념을 물리적으로 잘 보여주는 홀로그램의 원리는 신과학 운동의 상징으로 널리 애용되었다(김재희, 『신과학 산책』, 김영사, 1994 참조).

자연에서 인간의 자리

카프라 그와 같은 맥락에서 인간과 자연의 관계성에 대해 조금 얘기해보고 싶습니다. 인간과 자연의 관계를 이해하는 시각이 지난 20년 동안 크게 두 가지로 나뉘어버렸거든요. 이른바 표층생태론과 심층생태론의 구분으로요.

표층생태론은 인간을 자연의 바깥에 혹은 자연보다 높은 자리에 설정하는 관점으로, 여기서는 인간의 자연 지배를 당연한 것으로 간주합니다. 궁극적인 가치는 오로지 인간이고, 자연은 이용 가치나 혹은 도구로 가치가 있는 것이지요. 그에 비해 심층생태론은 인간을 자연에서 떼어낼 수 없는 하나의 부분으로, 그러니까 얼크러 설크러진 생명의 그물을 함께 잣는 독특한 실의 가닥으로 간주하는 것입니다.

슈타인틀-라스트 표층생태론과 심층생태론의 구분은 아주 유용하군요. 꼭 기억해두어야 할 내용입니다. 아울러 더욱 궁금한 것이 생깁니다. 그렇다면 자연 안에 인간의 자리는 과연 어디인가? 우리는 마땅히 우리의 독특한 자리와 역할을 갖고 있을 텐데, 모든 생명체는 다 나름대로의 자리와 몫이 있는 것이니 우리 인간도 마찬가지 아니겠습니까?

자연 안에 주어진 우리의 고유한 몫과 역할을 설명하는 데 혹시 '책임'이라는 표현을 쓰면 어떨지, 두 분의 생각을 듣고 싶습니다. 왜냐하면 요즈음 벌어지는 일들을 보면 대개는 우리 인간한테 책임이 있는 경우가 허다하거든요. 예컨대 송골매가 멸종의 위기에 처해버린 상황을 보세요. 그 일은 결코 송골매의 책임이 아닙니다. 인간의 책임입니다. 그런데 다른 한편으로는 멸종 위기에 처한 생물 종을 구하는 일 역시 인간의 책임 있는 행동에 달려 있습니다.

카프라 맞는 말씀입니다. 그런데 말이지요, 자연에서 우리 인간이 맡고 있는 각별한 역할이랄지, 그런 식 인간 중심의 사고는 물론 중요한 테마지만, 솔직히 저는 좀 난감한 점이 있습니다.

제가 알기로 심층생태론자들이나, 또 생물학에서 출발한 프란시스코 바렐라 같은 인지과학자는, 지구 상의 모든 생물 종은 다 나름대로 고유한 특성을 갖고 있어서 이들을 분류하여 '고등'이니 '열등'이니 하는 이름을 붙일 수가 없다고 주장합니다. 바렐라의 말로는 시스템 이론의 측면에서 볼 때도 과연 어느 생물 종이 더 복잡한 단계에 있는지 판정을 내릴 수가 없다고 합니다. 복잡성(complexity)의 기준이 너무나 여러 가지여서, 어떠한 측면에서는 분명히 인간의 신체가 가장 복잡한 것 같지만 다른 면에서는 또 곤충의 몸이 더 복잡하다고 말할 수도 있다는 것입니다.

이런 식으로 모든 생물 종은 각자의 고유한 특성이 있는 까닭에, 예컨대 벌은 벌대로 개미는 개미대로 자기네들이 모든 생물체 중에서 으뜸가는 자리에 있다는 믿음을 가질 수가 있다는 것입니다. 인간의 믿음과 똑같이 말이지요. 이런 식으로 본다면 신학자한테는 엄청난 과제랄지 하나의 커다란 도전이 생기는 것 같은데요. 전통적인 그리스도교 신학에서 인간은 자연 위에 군림하거나 혹은 그 바깥에 서서 자연을 다스려야 하는 존재로 여겨오지 않았습니까?

슈타인들-라스트 아니요, 그렇지는 않습니다. 제가 아는 한, 그런 관점은 그리스도교의 전통에 묻어 있는 일종의 문화적 요소일 뿐, 그리스도교 본래의 가르침과는 정말 거리가 멉니다.

카프라 하지만 제가 어떤 뜻으로 그렇게 여쭙는지는 이해하실 테지요?

슈타인들-라스트 물론이죠. 민망한 경우가 얼마든지 있고말고요. 잘못된 믿음이 퍼져나간 현실은 참으로 기가 막힐 노릇입니다.

신의 모상대로?

카프라 인간은 신의 모상(模像)대로 창조되었다고 말하지 않습니까? 그건 무슨 뜻인지요? 동물은 분명히 안 그런데, 아니 동물도 역시 신의 모습을 따라 창조된 건가요? 아담한테 모든 동물의 이름을 짓고 그들을 지배할 권리를 주었다고 그러던가요? 그 얘기 다 아시죠? 새로운 패러다임의 신학으로 다시 본다면 어떻게 해석할 수 있겠습니까?

먼저 영혼 불멸이라는 관념을 생각해보기로 하지요. 제가 알기로 그리스도교에서는 영혼 불멸이 인간만의 특성이라고 하던데, 인간만이 불멸하는 영혼을 가진 존재이며 다른 동물과 식물은 그렇지 않다고 말하잖아요.

매터스 도대체 어디서 그런 얘길 들었습니까?

카프라 옛날에 학교 다닐 때, 교목 선생님한테요.

슈타인들-라스트 그 이야기를 새로운 패러다임으로 해석해본다면, 이 세상 만물은 하느님의 숨결대로 창조되었노라는 뜻입니다.

"주께서 세상에 숨결을 보내시니 만물이 생명을 얻었노라."

매터스 "그리고 주께서 온 땅을 새롭게 하시나이다. 주께서 그들로부터 숨결을 거두시니 그들이 사라지나이다."「시편」104편에 나오지요.

슈타인들-라스트 따라서 '주님의 영'이라고 하는 그분의 숨결이 '온 땅과 하늘을 가득 덮고 만물을 지탱시켜주시는' 것입니다. 성서는 그렇게 말하고 있습니다. 동물과 식물만이 아니라 온 세상 삼라만상이 모두 하느님으로부터 오는 생명의 숨결로 채워져 있다는 얘기입니다.

인간의 경우는 우리가 제일 많이 관심을 갖고, 또 우리의 내면에서도 알 수가 있지 않습니까? 그러므로 인간에 대해서는 훨씬 구체적으로 언급이 되어 있는 것이고요. 우리 인간은 하느님 당신의 생명을 통해 이렇게 살아 있고, 또 하느님을 알 수 있는 존재입니다. 우리는 하느님과 바로 얼굴을 맞대고 바라볼 수가 있으니까요.

카프라 그러니까 하느님의 영이랄지 혼이랄지, 뭐 그런 것이 인간만의 특성은 아니라는 말씀이네요?

슈타인들-라스트 성서의 말씀으로 보자면 그건 결코 인간만의 특성이 아닙니다. 훨씬 나중에 철학적 관념으로 추가시킨 것이지요. 불멸하는 영혼이라는 통념은 결코 성서에 근거하는 것이 아닙니다.

카프라 부활이니 영생이니 하는 것은 어떻습니까?

매터스 성서에 영혼의 불멸성이 나오는 곳은 한 군데뿐입니다. 구약에 '솔로몬의 지혜' 편이 있는데, 그 책으로 말씀드리면 개신교와 유대교에서는 성서로 인정조차 하지 않습니다. 가톨릭 교회에서 성경의 일부로 받아들여주긴 하지만 '엄밀히 말씀드리면 이 책은 '외경'에 속합니다. 구약이 희랍어로 번역된 후, 히브리어 경전에서 나중에 추가된 일종의 계시록이지요.

슈타인들-라스트 '영혼 불멸'이라고 하는 것은, 성서에서는 아주 희박한 개념입니다. 예수님의 부활조차 영혼의 불멸과는 거의 관계가 없는 얘기입니다. 불멸하는 영혼, 이건 원래 그리스에서 나온 개념으로 그리스도교 전통이 나중에 그리스 철학에서 취한 요소입니다.

카프라 하지만 부활이란 분명히, 인간에게만 고유한 개념이 아닙니까? 나무나 풀의 부활이라는 건 생각할 수가 없거든요.

매터스 그렇지 않아요! 우리가 키우던 가축은 하늘나라에 함께 못 간다는 생각, 그게 바로 옛날식 패러다임입니다. 아이들 마음에 도대체 터무니없는 상상을 심어줬던 것입니다! 그건 신학이랑 아무런 상관이 없습니다. 왜곡된 문화의 산물이지요. 신학적으로는 아무 근거가 없는 황당한 미신일 뿐입니다.

카프라 그렇다면 육신의 부활과 영원한 삶을 믿는다는 그리스도교의 신앙고백은 무슨 뜻인가요? 그건 대개, 오로지 인간한테만 주어진 미래의 기약, 다시 말해 구원이라는 뜻으로 받아들여지지 않습니까?

슈타인들-라스트 통속적으로들 그렇게 믿는 것이지요. 올바로 이해한다면 그것은 온 우주가 새로워짐을 뜻합니다.

카프라 좀 부연해서 말씀해주실 수 있겠습니까?

슈타인들-라스트 무엇보다 중요한 건, 죽음을 여태까지보다 훨씬 진지하게 있는 그대로 받아들여야 한다는 점입니다. 영혼 불멸에 관한 대부분의 이야기는 성서에서 비롯한 것이 아닙니다. 성서가 나온 이후 여러 가지 다른 문화 전통으로부터 유입되어 사람들을 현혹시켜온 것입니다.

성서는 죽음을 훨씬 진지하게 다루고 있고, 저는 특히 우리가 구약이라 부르는 이스라엘인들의 성서대로, 죽음을 있는 그대로 받아들여야 한다고 생각합니다. 사람이 죽는다는 것, 그것은 그 사람이 더 이상 세상에 없다는 말입니다. 죽은 것이지요. 죽음이란 말 그대로 그다음에는 아무것도 남지 않는 것입니다. 시간이 다 흘러버린 것입니다. 그 사람의 시간은 끝이 난 것입니다. 다른 사람의 시간은 계속해서 흘러가지만 그 사람의 시간은 다 되었다는 말입니다. '죽은 뒤'란 그 사람한테는 존재하지 않습니다.

그렇지만 우리는 지금이라도, 아직 죽기 전인데도 그렇게 시간에 묶이지 않는 특별한 체험을 할 때가 있습니다. 시인 엘리엇(Thomas S. Eliot, 1888~1965)의 말을 빌리면 그런 순간은 '시간의 안쪽과 바깥쪽'을 넘나드는 것입니다. 우린 지금 여기서도 시간을 초월한 체험을 할 수가 있습니다. 그런 순간에 시간은 하나의 제약으로 감지됩니다. 그러나 내 시간이 다 끝났을 때, 그때는 시간을 초월한 것만 그대로 남습니다. 변할 수 없는 것들, 그것만이 그대로 남는 것이지요.

마침내 삶이 끝났을 때, 그때는 다 익은 과일이 나무에서 저절로 떨어지듯 그렇게 삶에서 떨어져 나가는 것입니다. 언제까지고 하던 일을 계속할 수는 없는 것이죠. 누구든 자기 생애를 통해 가장 왕성했던 삶의 순간을 기억하듯, 나의 삶 그것도 시간과 함께 사라집니다. 대신 나에겐 시간을 초월해 내가 살았던 삶이 있습니다. 그리고 바로 그 '사라지지 않는 바로 지금'에 우리가 가졌던 모든 게 서로 얽히고설킨 채 다 들어 있습니다. 시간이 우리를 가로막을 수 없는 그곳에는 우리가 사랑하는 모든 이들, 그리고 동물과 식물까지도 모두 우리와 함께 있습니다.

카프라 그렇게 모든 게 다 있다는 뜻에서 '충만'[2]이라는 표현을 쓰시는군요.

슈타인들-라스트 그렇습니다. 그러나 사실은 이렇게 말로 하는 표현이 그러한 충만을, 그리스도인으로서 내가 믿고 있는 하늘나라를, 그러니까 지복(至福)의 광경(visio beatifica)을 제대로 그릴 수는 도저히 없는 것이죠.

카프라 지금 하신 말씀은 불교에서 일컫는 보살사상과도 잘 통할 것 같은데요. 보살은 다른 모든 중생이 깨달음을 얻을 때, 바로 그 순간 자신도 깨달음을 얻는다고 하지 않습니까?

슈타인들-라스트 예, 비슷한 것이죠. 안 그래도 스티븐 라커펠러란 양반이 여러 사람의 글을 모아 『그리스도와 보살』[3]이라는 제목의 책을 펴냈습니다. 그 책도 이런 맥락에서 읽어볼 만합니다.

매터스 아직 그 책은 읽어보지 못했습니다만 제가 알고 있는 한

---

2   데이비드 슈타인들-라스트의 시집 『충만의 무(*Fülle und Nichts*)』(München, 1988)를 가리켜서 하는 말이 아닌가 싶다.

3   참조: Lopez, Donald S., and Steven C. Rockefeller(Eds.), *Christ and the Bodhisattva*, Albany: State University of New York Press, 1987.

에서는 바로 그런 관점에서 두 종교가 대화를 시작하면, 두 가지 전통에서 최고의 정수를 뽑는 좋은 계기가 될 것 같습니다. 예컨대 그리스도교는 그 발생부터 성장 과정을 통해, 종교적인 영성의 가르침이 개인에 머무는 게 아니라 사회적으로도 어떤 작용을 일으켜야 하는지를 구체적으로 추구해왔습니다.

그런 가르침은 불경에도 물론 충분히 나와 있지만, 실제로 사회참여의 기풍은 그리스도교를 통해 배웠노라고 많은 불교 신자들이 얘기하거든요. 인간 사회와 자연에 대한 책임이라든가, 사회의 변화를 촉진시키는 종교의 역할 같은 것들 말입니다.

그리스도교의 입장에서는 불교와 힌두교 덕분에, 인간만이 아니라 온 우주의 신성에 대한 고도의 감수성을 일깨울 수 있었습니다. 그 덕에 우리는 인간이 속한 대자연 역시 하느님의 구원 사업에 들어 있음을 그리스도교의 성서나 전승에서 새롭게 찾아냈거든요. 지극한 신비의 성서인 「시편」을 보면 "오 하느님, 당신은 인간과 짐승을 도우시매"라는 말이 나옵니다. 「시편」 36편이지요. "당신은 생명의 샘이시니 당신의 빛을 통해 우리는 빛을 보나이다"라고요.

아시시의 프란치스코 성인은 그리스도교 전통에서 과연 '생태 성인'으로 꼽을 만한 분입니다. 이 양반은 우리 인간이 대자연과 우주에 대해 책임감을 가질 뿐만 아니라 대화를 나누고 응답을 할 수 있다는 사실도 당신의 삶과 시를 통해서 보여주셨습니다.

카프라 이제 인간의 특질이 불멸하는 영혼에 있지 않다면, 새로운 패러다임은 과연 창조의 의미와 자연 속에서 인간의 역할에 대해 어떠한 해석을 할 수 있겠는지요?

매터스 성서에는 이에 대한 설명이 가지각색 다르게 나옵니다. 예를 들어 사도 바울로가 「로마인들에게 보낸 편지」 8장에는, "모든 피조물이 하느님의 자녀가 나타나기를 간절히 바라며 신음하고, 우리 인간도 산고의 고통 속에 우리 몸이 해방될 날을 고대하며 신음하고 있다"고 적고 있습니다. 모든 존재가 대단히 고통스러운 현실적 조건에 함께 묶여 있다는 것입니다.

다시 말해 인간은 자연에 맞서 적대적 싸움을 벌이는 것이 아니라, 우리를 통해 앞으로 태어날 모든 것을 합한 것보다도 더 위대한 무엇이 있음을 통절히 깨닫고 함께 기다리는 겁니다. 시간의 끝에서, 역사가 다했을 때, 거기에 비로소 모습을 드러낼 위대한 어떤 것을 모두가 함께 예감하는 것이지요. 이렇듯 「로마서」 8장에 깔려 있는 세계관은 「창세기」 1장과 전혀 다릅니다. 그리고 구약의 「아가(雅歌)」에 나오는 낙원 이야기, 「이사야서」 2장에 나오는 새로운 창조에 대한 상징은 또 다른 내용을 담고 있습니다. 그러니까 창조에 대해 성서에는 온갖 얘기가 다 나옵니다. 특정한 시각이 정해져 있는 게 아니지요.

카프라 일언지하, 딱 잘라서 말해주시지요. 신학의 새로운 패러다임으로 살펴보건대 자연에서 인간의 역할은 무엇입니까?

매터스 「이사야서」에 나오는 상징에 주목했으면 합니다. "사자는 양과 함께 뒹굴고, 어린아이는 뱀의 굴에 손을 넣으리라." 이것이 바로 이 시대 우리 인간에게 주어진 과제입니다. 인간의 참된 자리는 주변과 완벽하게 어우러진 바로 그곳이지요. 아이들처럼 순진무구한 마음을 다시 찾아야 하는 것입니다. 천

진한 아이들은 자연에 대해 아무 두려움이 없을뿐더러 지배할 줄도 모릅니다. 동물과 식물 그리고 자연에 대해 본능적으로 호감을 가질 뿐이고, 그래서 그냥 만져보려고, 아름다움을 그대로 느껴보려고 손을 내미는 것이지요.

슈타인들-라스트 이렇게 이해하면 어떨까요? 결국 인간의 자리는 책임의 자리이며, 따라서 우리가 맡은 몫은 이 세상을 다시 평화롭게 일구어 신화에서 얘기하는 낙원을 건설하는 것이다.

매터스 「이사야서」를 잘 읽어보면 낙원이란 인간이 힘들여서 건설하는 것이 아니고, '생명의 근원이며 빛의 원천'이신 하느님께서 인도하는 새로운 시대를 기꺼이 받아들이는 편에 가깝습니다. 사자와 양의 이야기는 탄생의 예언과 밀접하게 연관을 맺고 있습니다. "보라. 처녀가 잉태하여 아이를 낳으리니 그의 이름은 임마누엘, 우리와 함께 계신 하느님이란 뜻이노라." 하느님이 거저 주시는 새로운 탄생의 선물을 받아들이고, 그에 합당한 행동을 하라는 것이지요.

카프라 데이비드 신부님, 자연에서 인간의 자리는 과연 어디인지 신부님 생각도 듣고 싶습니다.

슈타인들-라스트 글쎄요. 무엇보다 이런 일에 대한 인식을 사람들은 어디서 얻게 될까요? 성서를 기록한 사람들도 마찬가지로, 결국 모든 건 체험으로 얻는 것 아니겠습니까? 우리가 하느님의 모상대로 창조되었음을 어떤 때에 깨닫습니까? 가장 아름답고 강렬한 삶의 순간들입니다. 우리한테 하느님에 대한 느낌이 생기는 건 바로 그런 순간이니까요. 바로 그런 때 우리는, 글쎄 표현이 적절할지 모르겠지만, 하느님이 누구신지를 깨닮습니다. 나는 그분에게 속한다, 우리의 참된 모습은 하느님과 일치한다는 체험을 하는 것입니다. 이러한 인식은 신비주의의 유구한 전통이며, 성서는 같은 내용을 이제 아름다운 신화로 표현합니다. 우리는 흙이다, 흙으로 빚은 후 하느님이 넣어 주신 생명의 숨결에 따라 숨을 쉰다고 나옵니다. 그러고 나서 곧 에덴동산을 '지키고 돌보라'는 얘기가 이어지지요. 책임이 주어지는 자리입니다. 자연을 착취하고 지배하는 게 아니라 자연을 잘 돌보고 지키라는 청지기의 임무가 주어지는 것입니다. 「창세기」가 잘못 읽혀서 인간의 파괴적 행위를 정당화시킨 것은 정말 유감스런 일입니다. 제대로 이해한다면 아담은 에덴동산을 지키고 돌봐야 할 청지기인 셈입니다. 그 책임이 우리에게도 전해지는 것이고요.

청지기의 비유

카프라 청지기의 비유를 조금 더 따져볼까요? 청지기란 동산을 관리하는, 동산 밖의 존재입니다. 동산의 일부가 아니거든요. 프랑스 사람한테 들었는데, 잡초의 정의를 재미있게 내리더군요. '내가 안 심은 건 모두 잡초다.' 그러니까 동산의 청지기는 분명 동산 밖에 있는 존재가 아니겠습니까?

슈타인들-라스트 그렇죠. 청지기란 동산과 별개의 존재라고 저도 생각합니다. 그러나 이는 인간의 죄로 인해 빚어진 거지요. 청지기가 동산에서 떨어져 나온 사연, 이게 바로 우리의 죄라고 이해할 수 있습니다. 그 전까지 청지기는 자기가 벌거벗고 있다는 사실도 몰랐거든요. 벌거벗었다는 생각은 성적인 내용이 아니라 낯선 느낌을 말합니다. 나는 여기에 떨어져 나와 있고 남들은 모두 저기서 날 쳐다보고 있는 황망한 느낌 말입니다. 우주의 질서에서 소외된 모습, 이게 지금 우리가 처한 상황입니다. 그러나 낙원에서 우리는, 전체를 이루는 동산의 일부가 되어 우주의 질서와 조화를 이룹니다.

카프라 하지만 아까는 인간 혹은 아담한테 동산을 지키고 돌보라는 임무가 주어졌다고 말씀하셨잖아요. 그건 아직 죄를 짓기 전의 일인데요.

슈타인틀-라스트 그렇죠. 하지만 청지기의 자리는 아직 동산에서 떨어져 나온 게 아니었지요.

카프라 잠깐만요. '지키고 돌보라!'는 얘기는 벌써 동산과 청지기를 갈라놓는 것처럼 들리는데요.

슈타인틀-라스트 갈라놓는다기보다는 구별한다는 얘기겠지요. 따지자면 배나무와 사과나무는 서로 다르잖아요. 토끼와 당근도 다르고요. 토끼는 당근을 먹어 치우기도 하는걸요. 각자 맡은 몫이 있는 거죠. 인간의 몫은 자연을 지키고 돌보는 일이란 뜻입니다. 그래서 여기 '책임'이라는 말이 다시 나오지 않습니까?

카프라 아무래도 저는 석연치가 않습니다. 그런 식으로 말하면 토끼의 똥도 자연을 돌본다고 할 수 있어요. 토양을 비옥하게 만들 테니까요. 생태계를 둘러보세요. 도처에 공생 관계가 널려 있고 끊임없는 물질 교환이 일어나고 순환의 길을 따라 계속해서 돌아가거든요. 생태계는 이렇듯 스스로를 지키며 돌본다고 할 수 있어요.

과학적 관점으로 볼 때는 바로 그게 생명현상입니다. 제 몸을 지키며 스스로를 짜짓는 '자기 조직(self-organization)'은 생명의 특성입니다. 그러니까 동산은 원래부터 청지기가 필요 없었습니다. 이제 와서 갑자기 청지기가 필요해진 건, 인간이 너무나 개판을 쳤기 때문입니다. 지키고 돌봐야 할 책임은 그래서 생긴 것이고요.

슈타인들-라스트 그래요. 하지만 어떤 식으로든 창조의 신화를 한번 새롭게 써보기로 합시다. 이제 우리의 우주나 다름없는 그 동산에 살고 있습니다. 거기서 무엇을 하시겠어요?

카프라 그곳의 일부가 될 수밖에 없겠지요. 다른 생명을 양분으로 취하고, 결국은 또 다른 생명에게 먹힐 테니 먹이사슬의 일부가 되겠지요. 그리고 여기저기서 물질을 취해 집을 짓고 옷과 음식을 만들고, 또 남들처럼 애들을 키우는 데도 쓰겠지요. 다른 차이는 하나도 없을 겁니다.

다만 인간으로서, 전 그렇습니다, 사실 엄청난 차이가 여기서 시작하는데 스스로를 인식하는 이른바 '자의식'이 생겨날 것입니다. 무엇보다 나 자신을 돌아보는 능력이요. 그리고 언어를 사용하여 사회생활을 꾸려가겠지요. 언어를 가지고 다른 인간들과 함께 사물에 대한 이름을 짓고 개념과 상징을 도출하고, 그리고 문화를 만들어내겠죠.

슈타인들-라스트 맞아요, 「창세기」에도 나오잖아요. 아담이 동물들에게 이름을 지어줬다는 게 그 얘깁니다. 그리고 이제 동산에서 우리가 할 일 중 혹시 뭔가를 지키고 돌보는 일에 해당하는 건 없는지 살펴볼까요? 아니, 이 말은 너무 부담스러울 수 있으니까 이렇게 바꿔보겠습니다. 우린 벌써 동산에 살고 있습니다. 그렇다면 어떤 나무에 특별히 거름을 칠 수도 있지 않겠습니까? 나중에 실한 과일이 맺을 테니까요. 대부분의 인간은 그렇게 할 겁니다. 그게 곧 '지키고 돌보는' 행위입니다. 주어진 생태계 안에서 그저 잘 자라기를 바라는 마음이지요.

카프라 그게 바로 베이트슨이 말하는 '계산된 마음'입니다. 양면성이 있는 거지요. 인간은 미래를 계획합니다. 우리가 가진 지성과 자의식, 상징 언어를 다 동원해서 말입니다. 거름을 치되 왼쪽에 더 많이 칠까 오른쪽에 더 많이 칠까, 여기서 그치는 게 아니라 인간은 '20년 후에 내가 이걸 따 먹을 수 있을 테니까'라고 계산을 합니다. 이런 점이 바로 우리의 행동을 유별나게 만드는 우리 의식의 각별함입니다. 근데 계산이 지나쳐 만물과 공유하는 생태론적 지혜를 망가뜨리면 말썽이 생기기 시작합니다. 우리의 문제는 과연 그렇게 발생한 것이고요. 책임이라는 과제가 그래서 생긴 것 아니겠습니까?

슈타인들-라스트 책임이란 게 꼭 그런 맥락이라면, 그건 벌써 말썽이 다 터져버린 다음에라야 나타나는 것이겠어요. 생각을 좀더 해봐야겠는데요.

카프라 그러니까 생태론적인 직감에 따라 칼로 벤 듯한 이성적 사유를 궁글리는 것, 책임이란 뭐 그런 종류가 아니겠습니까?

매터스 동산과 청지기라는 비유에 대한 두 분의 대화를 들으면서 저는 과연 이런 식의 해석이 그리스도교에서 대자연 안에 인간의 자리를 매김하는 본질적인 척도일까, 그런 생각을 했습니다. 예언자 이사야는 우리 인간을 계산된 마음으로 동산을 지키는 청지기보다는 놀이에 열중한 어린아이로 봤습니다. 어린애라고 해서 아무것도 안하는 게 아니며 무책임하다는 뜻이 아닙니다. 아이들은 오히려 창조의 소리에 민감하게 반응하고 화답하며 부르는 소리를 잘 듣습니다.

슈타인들-라스트 바로 그겁니다. 책임(responsibility)이란 뭐냐? 부르는 소리에 화답하는, 다름 아닌 '반응하기(responsiveness)'올시다. 적절히 반응하는 능력 말입니다.

카프라 올바르게 반응하는가의 문제는 사실 인간 말고 다른 생물에겐 상관없는 것입니다. 다른 생물은 늘 일정한 반응이란 게 있으니까요. 이를테면 새와 나무는, 도대체 부당한 반응을 보일 수가 없는 존재이지요. 계산된 마음을 갖는 인간한테만 문제가 되는 것입니다. 계산된 마음 때문에 자연을 훼손시키고, 그에 따라서 스스로를 파괴하는 능력까지 지녀버린 게 아니겠습니까?

슈타인들-라스트 정곡을 찌르셨습니다. 자연을 파괴해서는 절대 안 되는데, 우리는 그만 그 엉뚱한 능력을 장악해버렸습니다. 다른 생물 종에겐 그런 수단이 없습니다. 그런 무시무시한 힘을 인간이 갖고 있는 것입니다.

인간의 자유

카프라 그런데 그 힘을 사용하느냐 마느냐는 우리의 자유입니다.
슈타인들-라스트 예, 자유란 책임과 같은 동전의 다른 면입니다.
카프라 그러니까 자유와 책임은 서로 떨어질 수가 없단 말씀이군요?

슈타인들-라스트 그렇지요. 그게 핵심입니다. 우리의 체험으로도 그렇지 않습니까? 자유와 책임은 동전의 앞뒷면이어서 따로 떼어놓을 수가 없는 것이지요.

카프라 그렇다면 청지기인 인간의 책임은 동산과의 일체감을 회복하는 것이겠군요. 여태까지 인간은 동산에서 떨어져 나와 그 위에 자리하려 했으니까요.

슈타인들-라스트 성서에서 일컫는 타락이 바로 그런 얘기였습니다.

카프라 거기서 그친 게 아니지요. 인간은 자기뿐 아니라 동산까지도 한낱 기계 덩어리로 멸시하며 타락시켜버렸으니까요.

슈타인들-라스트 동산에서 영성(靈性)을 지워버렸거든요.

카프라 동산을 살해한 셈이었습니다.

슈타인들-라스트 그래요. 영성은 생명의 근원이니까요.

매터스 생명이란 영성에서 비롯하며, 인간의 영성은 생명을 살리는 힘입니다. 계산된 마음이든 놀이에 열중하든 그건 큰 문제가 아닙니다. 환경 파괴의 원인은 청지기가 동산을 떠난 일보다 하느님의 동산을 영성이 없는 기계로, 청지기 마음대로 조종하며 움직이는 기계 덩어리로 보기 시작한 데 있습니다.

이제 인간의 자유라는 데 다시 초점을 맞춰볼까요? 데이비드 신부님께서 먼저 말씀해주시지요.

개인성과 인간성

슈타인들-라스트 자유에 대해서 얘기하려면 먼저 개인과 인간의 차이부터 살펴야 하겠습니다. '개인'이란 다른 개인과 구별되는 존재입니다. 이 바구니에 달걀이 몇 개 있느냐는 것처럼 이 울타리 안에 사람이 몇 명 있느냐 하는 것은 개인을 헤아리는 것입니다. 반면 '인간'은 관계성을 통해서, 다른 사람과의 관계 그리고 다른 모든 존재와의 관계 속에서 파악됩니다. 우리는 개인으로 태어나지만 목표는 인간이 되는 것입니다. 그러기 위해서 더욱 깊은 관계, 더욱 복잡하고 얼크러 설크러진 관계, 더욱 성숙한 관계로 발전시켜가는 것입니다. 더욱 참된 인간성을 추구하며 끝없는 길을 갑니다. 우리한테 주어진 자유는 바로 온 우주를 인간화하는 데 쓰라는 것입니다. 인류가 지상에 나타나기 전, 세상은 아직 인간적이지 않았습니다. 아담이 에덴동산에서 처음 만난 환경, 그건 인간적이지 않았지요. 그곳을 인간적으로 만드는 게 그의 과제였어요. 여러 동물에게 이름을 붙여준 일은 아주 중요한 인간화 작업이었습니다.

카프라 북미 인디언의 풍습에도 그런 게 많습니다. 그들도 온갖 식물과 동물한테 이름을 붙여주는데, 여기서 더 나아가 동식물과 친척 관계까지 맺더군요.

슈타인들-라스트 아름다운 일입니다. 그런 설화는 인류 전체의 소중한 유산입니다. 인간이 무엇인지를 알려주니까요.

카프라 프랜시스 무어 라페(Frances Moore Lappé, 1944~)가 이런 말을 한 적이 있어요. 인간 혹은 인간성의 의미를 타자와의 관계로 설정한다면 내가 더 자라기 위해 다른 사람의 성장을 방해할 수가 없는 것이라고요. 한 사람의 성장은 오히려 다른 사람을 도와주지요. 주변의 삼라만상과 관계를 많이 맺으면 맺을

수록 그만큼 내 이웃에게도 덕이 된다는 것입니다. 그만큼 내가 줄 게 많아지고, 그래서 그 사람도 커지고, 따라서 나도 자라니까요.

정치 세계에서 자유란, 그녀의 말인데, 내 자리가 커지면 남의 자리는 그만큼 줄어드는, 어깨로 밀어내기랍니다. 뉴턴식 개념입니다. 누군가 자리를 차지해버리면 나머지는 쫓겨나는 거지요. 그에 비해 시스템식 관점에서 성장과 자유는 서로의 활동을 촉진합니다. 무한한 성장과 자유가 가능한 것입니다. 제로섬 게임이 아니거든요.

매터스 정치판에서의 자유라는 것을 뉴턴식 패러다임의 전형으로 규명하니까 기가 막히게 들어맞네요. 복음서에 나오는 자유의 개념과는 정반대군요. 정치판에서는 내 자유를 넓히기 위해 남을 밀어내지 않습니까? 그런데 예수님의 자유는 무엇보다 자신을 낮춘 데서 드러났습니다. "그분은 스스로를 낮추어 종의 신분을 취하셨다." 「필립보서」에서 세례자 요한도 말씀하셨죠. "주님이 더욱 커지도록 나는 더 작아져야 합니다."

슈타인들-라스트 그런 현상은 꼭 긍정적인 면으로만 나타나는 게 아닙니다. 예컨대 누군가 비참해지면 우리 역시 한꺼번에 그렇게 되지 않습니까? 이런 일도 세상에는 아주 많습니다.

카프라 지금까지 우리는 인간의 특성과 우주에서 인간이 맡고 있는 역할에 대해 얘기했습니다. 여기서 드러난 점은 우리의 감수성이 대상 자체에서 관계성으로 그 초점이 바뀌었다는 것입니다. 이 점은 새로운 패러다임의 일반적인 특성입니다. 이런 사실을 이렇게 확실히 깨달은 적이 전에는 정말 한 번도 없었습니다.

 인간의 참다운 본성인 인간성도 타자와의 관계를 통해 고양되다는 점을 확인했는데, 이는 사람만이 아니라 다른 모든 생물체 그리고 심지어는 목숨이 없는 삼라만상에도 마찬가지인 듯합니다. 어떤 자연현상의 본성도 본래의 고유한 것은 없는 셈이니까요. 어떤 특성이든 주변 환경과의 여러 가지 관계성 안에서 규정되는 것입니다.

 생물체의 본성은 늘 주변과의 관계를 통해 규정되니까, 관계성이란 꼭 인간한테만 적용되는 독특한 현상은 아닌 것 같아요. 그렇다면 결국 인간의 특별함은 언어와 관념 그리고 추상적인 사고로 이루어지는 자기반성의 능력에서 찾아야 하겠습니다. 인간은 추상적인 사고를 통해 지적 능력을 확장시키고 장기적인 계획도 세울 수 있거든요. 뿐만 아니라 치졸하게 계산된 행동까지 가능해져서 불행하게도 주변을 파괴하고 결국은 스스로를 파괴하는 사태가 벌어지는 것입니다.

슈타인들-라스트 그러나 덕분에 우리는 이제 의미와 목적을 대비시킬 수 있게 되었습니다. 인간은 과학만이 아니라 지혜도 얻었거든요. 자연현상을 조작하는 방법뿐 아니라 자연과 조화하며 사는 길도 알게 되었잖아요.

카프라 그래요. 의미는 상황에 따라 달라지니까요. 모든 부분이 어떻게 해야 전체와 어울리는지를 찾아내야지요.

슈타인들-라스트 여기서도 중요한 것이 '자유'와 '책임'입니다. 추상적인 사유 능력은 좋은 데 쓸 수도 있고 나쁜 데 쓸 수도 있으니까요. 인간 말고 다른 생물은, 글쎄요 그게 꼭 좋은 건지

나쁜 건지 잘 모르겠지만, 그런 식의 자유는 없지 않나요?

카프라 시스템 이론으로 보면 생명체는 분명 스스로를 짜짓고 있습니다. 자율성을 가졌다는 말인데, 생물의 자율성은 그 복잡성에 비례하니까 아무래도 한계가 있지요. 그에 비해 우리 인간은 좀 유별난 형태의 자유가 있습니다. 머릿속에다 개념들을 제멋대로 부릴 수 있는 쓸데없는 자유가 있거든요. 그래서 결국 스스로를 옭아매고 말지요.

매터스 프리초프, 지금 말씀이 진심이 아니시란 건 잘 알아요. 그런데 아닌 게 아니라 관념의 자유와 선택의 자유가 인간이 악을 저지르는 원인이라고 믿는 사람도 있더라고요. 그런 사람은 인간의 의식이 다시 '미개'한 수준으로 돌아가야 한다고도 말합니다. 하지만 그건 해결이 아니지요. 문제는 고도의 복잡성을 갖게 된 우리 마음이 아니라, 우주를 관념화하는 능력에서 얻어진 자유의 활용 방식인 거잖아요.

신은 곧 자연인가?

카프라 인간의 본성에 대한 해명은 이 정도로 마치고, 이제는 신의 본성을 얘기해보았으면 합니다. 특별히 신은 어디에나 있다는 '신의 내재성'과 신은 모든 것을 초월해 있다는 '신의 초월성'은 좋은 대조를 이루어 신학과 과학을 비교하는 우리 작업에 큰 의미가 있다고 생각합니다.

요즘 생태론의 주요 쟁점이 표층생태론과 심층생태론의 차이라고 말씀드렸지요. 여기서 중요한 기준은 자연에 대한 인간의 태도입니다. 표층생태론은 인간을 자연 위에, 혹은 바깥에 있는 것으로 보는 반면, 심층생태론은 커다란 생명의 그물을 이루는 수많은 가닥의 실 중에서 어떤 실 하나가 인간이라고 봅니다. 이와 관련해 자연과 신의 관계, 피조물에 내재한 신에 대한 의문이 생기는데, 특히 인간은 신의 모상대로 만들어졌다 하니 더욱 그러합니다. 인간과 자연의 관계, 그리고 신과 피조물의 관계는 일맥상통하는 게 아니겠습니까?

그리스도교와 관련해 늘 듣는 얘긴데, 그리스도교는 유일신을 섬기지만 원칙적으로는 이원론에 묶여 있다고들 하거든요. 창조주와 피조물은 서로 별개니까요. 초월적인 신은 피조물의 반대편에 있거나 지배하는 위치에 있습니다. 태초에 신은 무(無)에서 세상을 만들어냈고, 그 후로는 세상과 떨어진 곳에서 피조물을 내려다보고 있습니다. 그에 비해 신비가들은 모든 것에 내재하는 신의 체험을 이야기해요. 스피노자의 '자연은 곧 신(Deus sive natura)'과 같은 개념입니다. 이런 입장은 심층생태론과 통하는 게 아니겠습니까? 그러니까 심층생태신학이라 부를 수 있는 건 아닐는지요?

슈타인들-라스트 '신'이란 말은 여러 가지 뜻으로 쓰일 수 있습니다. 그런데 이른바 유신론(有神論)의 전통에 속하는 문화에서 여러 갈래의 신학자가 함께 공감하는 한에서는, 신이 곧 자연이라는 등식은 성립하지 않습니다. 신에 대한 얘기를 할 때 그건 꼭 지평선을 보는 것과 같습니다. 눈앞에 펼쳐진 풍경에서 지평선만 떼어낼 수는 없습니다. 지평선 없는 풍경도 있을 수 없고, 풍경 없는 지평선도 있을 수가 없거든요. 그렇다고 지평선이 곧 풍경은 아닙니다. 그 앞으로 아무리 다가가도 지평선은 뒤로 물러서며 언제나 제자리를 지키니까요.

매터스 그리스도교가 이원론에 묶여 있다는 평가에 대해서도 한 말씀 드리고 싶은데, 저로서는 이를 초월적 신성에 대한 진정한 신학적 이해로 받아들일 수가 없습니다. 신은 저 위에 있고 우주는 이쪽 아래에 있는, 그런 게 아니거든요. 지평선의 개념에 훨씬 가깝습니다. 지평선처럼 그 경계가 계속해서 뒤로 물러선다는 비유가 무척 근사합니다. 그리고 저는 하느님의 초월성이라는 것을 내면적 초월성으로 이해합니다. 성 아우구스티누스는 하느님을 이렇게 불렀습니다. "오 하느님, 나 자신보다 내게 더 가까운 분이시여(Deus intimior intimo meo)!"

이는 창조의 중심에서 끝없이 물러서며 숨어버리는 그런 하느님입니다. 모든 피조물의 한가운데 있지만 경계를 찾을 수 없는 모습 말입니다. 그래서 초월성은 '숨어 계신 하느님(Deus absconditus)'의 모습과도 통합니다. 「이사야서」 45장에 이런 말이 나옵니다. "진정 당신은 스스로 모습을 감춘 신이시며… 땅을 만드시고 그 위에 사람을 살게 하는 분이십니다." 그러니까 「이사야서」의 숨어 계신 하느님은 곧 우리 지구의 살림살이를 꾸리시는 분인 겁니다.

슈타인들-라스트 각자의 내면적인 체험을 근거로, 성 아우구스티누스의 표현이 무슨 뜻인지 알 수 있지 않습니까? 우리의 가장 깊은 곳에 있는 실존, 나 자신보다 더 나에게 가까운 존재 말입니다. 일상적인 나 자신을 넘어 나의 근본인 그 무엇은 내가 아무리 다가가도 자꾸만 물러서는 지평선과 같습니다.

카프라 그런 경지에 이르는 체험을 심리학자들은 '초월(transpersonal)' 체험이라 부르더군요. 개인의 경계를 넘어서는, 그게 해체되는 체험 말입니다.[4]

슈타인들-라스트 그래요, 개인의 경계를 넘어선다는 뜻에서 초월 체험은 여러 종교 전통에서 일컫는 진정한 초월의 체험과 매우 유사합니다. 통속적으로 생각하듯 뭔가 기이하고 상식에 어긋난 환상과는 크게 다른 것이지요.

카프라 신은 종교적 체험의 궁극적 기준이라는 말씀과 같은 맥락이로군요. 그런데 만약 '우주는 곧 신'이라는 말을 해도 이 또한 초월성입니다. 우리를 넘어서는 차원이니까요. 하지만 그런 식의 설명은 우리에게 아무런 의미가 없습니다.

창조를, 창조라는 현상 전체로 한번 생각해보세요. 그러면 신은 그 가운데 계신 존재로서 창조의 근원이며 정신이며 의식이며 뭐 그런 것인가요, 아니면 그 모든 것을 넘어서는 존재입니까? 무엇보다 먼저 이 질문에 답해주셔야 합니다. 여기서 '창조'는 물론 신학적인 뜻입니다. 다시 말해, 존재하는 모든 것을 통틀어 대자연 혹은 우주라 부를 때, 신은 그 안에 포함되는 것이냐 아니면 그 모든 것을 넘어서는 것이냐, 먼저 그 질문에 답하셔야 합니다.

슈타인들-라스트 딱 잘라 말하기가 어렵네요. 바깥에서 답을 구할 수 없는 문제니까요. 스스로의 체험을 통해서만 알 수 있을 것 같아요. 누구한테 물어보는 게 아니라 각자 자기 안에서 답을

---

4 스타니슬라프 그로프, 「초월심리학—죽음과 부활의 체험」, 『신과학 산책』(김영사, 1994)에 포함.

찾아야 해요. 그게 유일한 길입니다. 혹시 답을 얻지 못할 수도 있지만 우리가 물려받은 전통에 따르면 그렇습니다. 몸소 부딪치며 찾아내는 수밖에 다른 도리가 없습니다.

우리가 사물을 어떻게 체험하는지 한번 살펴봅시다. 돌멩이 하나를 집어보세요. 돌멩이를 손바닥에 올려놓으면 그 모양의 테두리선도 따라옵니다. 무슨 말인지 아시겠어요? 한번 해보세요. 돌멩이 하나를 손에 집고 들여다보면 그 윤곽이 선명하게 드러날 것입니다. 윤곽의 경계를 따라 그 뒤에는 아무것도 보이지 않습니다. 다른 물건도 모두 마찬가지입니다. 한참 들여다보고 있으면 모든 사물은 뒤편의 것을 지워버립니다. 그러니까 어떤 '존재'를 느낄 때 거기에는 '비존재'가 함께 있음을 알아야 합니다. 비존재를 깨닫지 못하면 존재를 제대로 본 것이 아닙니다.

아마 이러한 '비존재'가 우리가 말하는 신(神)일 것입니다. 이렇듯 신은 비존재이므로, 자연은 당연히 신이 아닙니다. 신은 아마도 모든 존재에 대응하는 비존재가 아닐까요? 이러한 비존재가 우리한테는 세상의 모든 존재를 다 합친 것보다도 중요합니다. 비존재는 곧 의미니까요. 의미는 특정한 사물이 아닙니다. 눈에 안 보이는, 그러므로 비-존재입니다. 그리고 신은 모든 의미의 원천… 저기, 존 케이지(John Cage, 1912~1992)가 한 말이 생각납니다. "모든 존재는 그것을 받쳐주는 비존재의 향연이다."

카프라 그렇다면 이제, 모든 사물을 서로 얽히고설킨 관계의 그물로 보는 새로운 패러다임의 시각에서 한번 살펴볼까요? 여기서는 모든 존재가 그를 제외한 나머지에 의해 규정됩니다. 돌멩이에 대해 저는 한번 이런 식의 명상을 해봤으면 합니다. 돌멩이를 손 위에 올려놓으면 보통은 그것을 바위에서 떨어진 돌 조각으로 생각합니다. 그런데 차분히 마음을 가라앉혀 더 깊이 생각을 가다듬으면, 그 돌이 과연 어디서 왔는가, 전체 배경을 그릴 수가 있습니다. 그 돌멩이가 떨어져 나온 커다란 배경은 무엇인가? 그건 바로 대자연, 우리의 우주입니다. 그렇다면 신이라고 하는…

슈타인들-라스트 아니, 그건 한 가지 측면일 뿐입니다. 돌멩이는 하나의 예로 들어본 것이고, 꼭 돌멩이가 아니라 뭐라도 마찬가지입니다. 모든 사물은 비존재라는 그림자가 있기 때문에 우리가 인식할 수 있습니다. 이러한 비존재가 바로 우리가 말하는 신과 같은 개념이란 말입니다. 우리가 체험을 통해, 저는 늘 체험을 강조합니다. 몸으로 겪는 체험은 딱 두 가지로 나뉘는데요, 존재와 비-존재의 양상입니다. 여기서 제가 말씀드리는 비존재란, 뜻 혹은 의미입니다. 이게 우리한테 어떤 것, 어떤 존재보다도 더 중요한데, 의미란 어떤 '것'이 아닙니다. 비-존재란 말입니다. 그러니까 아무리 살아 있어도 의미가 없으면, 세상의 모든 존재가 다 있어도 살 가치가 없는 거지요.

카프라 거기서의 비-존재, 그러니까 '없는 존재'란, 불교에서 말하는 '공(空, shunyata)'과 비슷하게 들리는데요.

슈타인들-라스트 맞았어요! 불교에서 말하는 '공'은, 모든 사물의 존재를 밝히는 지평선으로서의 하느님 개념과 아주 잘 들어맞아요. 하느님을 가리키는 설명으로 불교에서의 '공' 이야기를 들으면 어떤 그리스도인도 거부감을 느끼지 않을 것입니다. 사실 '하느님'이란 말도 신을 온전히 표시하는 것은 아니거든요. 지평선을 손안에 잡고 '이게 그거다'라고 말할 수 없는 것과 마찬가지입니다. 비-존재니까요.

아마도 이러한 '비존재'의 개념을 근간으로 하면, 그리스도인과 불교도는 얘기가 아주 잘 통할 것입니다. 저도 그런 경험이 여러 번 있습니다. 불교의 '공(空)' 혹은 '무(無)'라는 개념을 순수하게 받아들이며, 우리는 그것을 신이라 부른다고 말한다면 그들도 선선히 받아들입니다. 그러면 불교도들과 서로 허물없이 지낼 수 있는 거죠. 가능한 한 '신'이란 말을 삼가고, 대신 뭐 '궁극적 실재'에 대한 얘기를 나누다 보면 불교도들도 스스럼없이 '신'이라고 말하기 시작합니다. 그러면 문제가 없는 거죠. 양측은 '공'의 체험 위에 서로 만나고, 나머지는 그저 용어의 차이일 뿐이니까요.

중요한 것은 우리가 무슨 뜻으로 말하는가 하는 '의미'입니다. 말이란 것은 의미를 가리키는 수단일 뿐입니다. '신'이라는 말에 의미가 있다면 그것은, 모든 의미의 근원으로 만물에 의미를 부여하는 비-존재를 가리킬 것입니다.

신학의 새로운 패러다임에서는 그러니까 우주와 신 그리고 인간이 모두 밀접한 관계를 맺고 있다는 점을 강조해야 하겠습니다. 신학자 중의 신학자로 꼽을 수 있는 라이몬도 파니카는 이러한 삼자의 결합을 우신인(宇神人, cosmotheandric)의 원칙이라 부릅니다. 우주와 인간과의 관계를 빼고 신에 대한 얘기를 할 수 없으며, 신과 우주와의 관계를 빼고 인간에 대한 얘기를 할 수가 없다는 것입니다. 마찬가지로 우주에 대해 얘기할 때도, 지평선으로서의 하느님 그리고 관찰자로서의 인간이 들어와야 합니다. 이 셋은 따로 떨어질 수가 없다는 것이지요. 바로 이 점이 신학에 새로운 패러다임을 세우는 주춧돌이 될 것입니다.

매터스 파니카의 '우신인' 원칙 말고, 신학의 새로운 패러다임을 받쳐줄 또 하나의 주춧돌이 있으니 이름하여 '부정 신학(Negative Theology)'으로, 이는 원래 대단히 유서 깊은 신학의 전통입니다. 이성(理性)에 기대어 신을 추구하기 위해, 끝없이 신을 부정하다가 결국 최종적인 긍정에 도달하는 방식입니다.

다시 말해 새로운 신학의 패러다임은, 모두가 다른 모두를 포함하는 이른바 전일적인(holistic) 접근과 끊임없는 부정으로 긍정에 도달하는 부정적인(否定的, apophatic) 접근, 이렇게 두 가지를 근거로 성립합니다. 여기서의 신은, 그러니까 우주의 지평선이며 동시에 불가지(不可知)의 타자(他者, the Other)입니다.

카프라 지평선의 비유에 대해 덧붙이고 싶은 말이 있는데요, 지평선은 어디에 고정되어 있는 게 아니라 움직임에 따라 변합니다. 그러니까 어떤 절대적 존재가 아니라 끊임없이 변화하는 개념이잖아요.

슈타인들-라스트 6세기 초에 살았던 디오니시우스 아레오파기타는 신비사상가로 후대에 많은 영향을 끼쳤는데, 이 양반이 바로 그런 말을 했습니다. "우리가 모든 것을 알았을 때, 신은 도저히 알 수 없는 존재임을 알게 되리라"고요. 이 양반은 "너희는 결코 신을 알 수 없으리니, 알려고 애쓰지 말라"고 말하지 않았습니다. 우리는 진정 신을 알 수가 있습니다. 그런데 '알 수 없는 존재'인 신을 알게 되는 것입니다.

친구 관계도 마찬가지인 경우가 흔히 있지 않습니까? 어떤 친구에 대해 더 많이 알수록, 그 친구가 정말로 알 수 없는 사람이란 사실이 분명히 드러나는 참으로 신비스런 경우 말입니다. 신비스런 존재란 아직 그 내막을 파악하지 못해서 우리를 혼란시키는 그런 존재가 아닙니다. 마치 우리의 인생처럼 너무나 끝이 없고 광대하여 영원히 포착할 수 없을 뿐입니다. 인생이란 풀어야 할 숙제가 아니라 체험으로 겪어야 할 신비라고, 릴케는 말하거든요.

카프라 여태까지의 설명을 모두 요약해서, 내재성과 초월성의 문제를 해명할 수가 있겠습니까? 두 가지 성격을 대비시켜 적절한 대답을 하는 게 가능할지 모르겠습니다.

슈타인들-라스트 가능합니다. 아까는 뭐 진반농반으로 얘기했지만, 사실 그보다 더 좋은 방법은 없습니다. 신의 초월성은 너무나 초월적이라 초월성에 대한 우리의 관념도 초월합니다. 그러니까 내재성과도 전혀 모순을 일으키지 않는 것이지요. 패러독스인지도 모르겠습니다.

카프라 하지만 초월성이란, 체험 세계를 두고 하는 말이지요. 맞습니까? 신의 초월성은 우리의 모든 체험을 초월한다는…

슈타인들-라스트 맞아요. 아니 그보다, 우리의 체험이 우리의 모든 개념, 그러니까 초월이라는 개념도 초월한다고 말하는 편이 나을 것 같습니다.

매터스 신에 대한 체험은 지식이나 인식의 차원을 넘어서는 것이라서, 신에 대해선 부정적인 진술이 제일 적합한 표현일 수밖에 없다고 합니다. 신학의 본질적인 명제들은 그래서 문법 상으로는 긍정의 형식이지만 내용으로는 부정을 취하고 있습니다.

다마스커스의 성 요한은 '신은 모든 지식을 넘어 계시며, 모든 존재를 넘어 계신다'는 말을 했습니다. 신은 인간의 관념이나 언어에 맞춰질 수 없다는 것이지요. 우리가 어떤 개념이나 언어를 적용하든, 그것이 신을 그대로 나타내는 것은 아닙니다.

카프라 생명을 새로운 시스템 이론에서 접근할 때 가장 중요한 명제 중 하나가 바로 '그대로 나타낼 수는 없다'는 개념인데, 객관적 세계가 저기 바깥에 따로 존재하는 게 아니기 때문에 과학 이론을 통해 그것을 그대로 나타낼 수 있는 게 아니라는 것입니다. 그래서 과학은 단지 우리가 체험하는 세계를 정리하고, 거기서 일정한 규칙을 뽑아내는 작업이라 보는 것입니다. 마투라나와 바렐라는 여기서 한 걸음 더 나아가, 우리의 인식 작용은 우리가 무언가를 인식하는 행위를 통해 하나의 세계를 '만들어가는' 과정이라고까지 말하고 있습니다.[5]

---

[5] 인간이 어떻게 여러 현상을 파악하고 이해하는가 하는 근본적인 질문을 다루는 인식론이라는 서양 철학의 오래된 전통에서 명백하게 유지되어온 한 가지 특별한 사실은, 당연히 혹은 객관적으로 '저기' 바깥에 어떠한 사태가 벌어지는 것으로 '치는' 바로 그 관점이다. 반면에 '저기'에, 즉 그 관찰자의 바깥에 그 사태가 벌어지는 것으로 받아들이는 인간의 인지구조 자체에는 충분한 주의를 기울이지 않았다. 마투라나와 바렐라는 이러한 점을 지적하며 인간의 특이한 인식구조 역시 두뇌에서 이루어지는 것이라면, 그 현상은 결국 세월을 통해 주위 환경과 더불어 진화한 하나의 생물학적 현상임을 천명한다. 이러한 현상에 주목하여 이른바 생물학적 인식론 혹은 공진화적 인식론이라는 새로운 관점이 부각되었다(Humberto R. Maturana and Francisco J. Varela, *The Tree of Knowledge*, Boston ; Shambhala, 1987 참조).

슈타인들-라스트 신학에도 똑같은 얘기가 나오는데, 놀랍습니다. 물론 늘 그렇게 말하는 건 아니지만 말입니다. 저는 감히 단언하건대, 인간이 체험한 내용에 순서를 매기며 세계를 만들어내는 바로 그 과정이 다름 아닌 창조의 본질입니다. 그건 바로 성령, 즉 우리 안에 계신 신의 마음이 세상을 만들어가는 것이라고 볼 수 있습니다.

우리는 세상에서 체험하는 일들에 순서를 매기며 이 세상 사건에 동참합니다. 우리의 체험에 질서를 세우는 일, 이는 바로 신의 창조를 체험하는 길이기도 합니다. 그러니까 창조란 매 순간 끊임없이 일어나는 활동입니다. 그리고 '동산을 돌보는' 일도 우리의 체험에 질서를 세우는 일, 그것에 해당합니다.

카프라 이러한 구성주의식[6] 관점을 채택해본다면 이 세상에 존재하는 것은 모두 우리의 체험일 뿐이라는 결론이 납니다. 우리가 얘기하는 것은 체험에 대해서일 뿐, 그 밖의 것에 대해서는 아무런 얘기를 할 수가 없다는 것입니다. 그렇다면, 신은 우리의 체험을 초월하므로 우리가 얘기하는 모든 것을 초월해버린다는 결론이 납니다.

매터스 지금 하신 말씀은 신학에서의 논리적 결론이기도 합니

---

6 구성주의(constructivism): 과학은 결코 순수한 지식을 찾아내는 객관적인 방법이 아니라, 실험하고 관찰하는 주체의 가치관 혹은 시대 사조에 지대한 영향을 받는다. 예컨대 마투라나와 바렐라의 '생물학적 인식론'은 연구자의 내면에 그리고 여성주의(feminist) 관점에서 분석하는 지식 형성의 사회적·정치적 조건 등은 연구자의 외부적인 환경에 초점을 맞추어, 과학은 결코 가치중립적인 지식을 보증하는 수단이 아님을 설파한다. 이렇듯 지식을 산출하는 환경이나 조건을 '구성'하는 복잡한 요소들에 주목하는 관점을 강조하여 구성주의라고 한다.

다. 실제로 신에 대한 체험을 따라가다 보면, 신에 대해 더 이상은 아무런 말도 할 수가 없는 지점에 도달합니다. 거기서부터는 오로지 침묵의 언어로만 소통됩니다.

슈타인들-라스트 아까 얘기했던 '부정 신학'의 전통이 바로 그것인데요, 여기서의 기본 명제는, 아무리 정확한 것일지라도 신에 대해서 자꾸만 얘기하다 보면 참보다 거짓에 가까워진다는 것입니다.

매터스 바로 그 설명이, 어떤 공간적인 비유보다도 초월성을 잘 정의하는군요. 철학도 그렇고 저급한 신학도 마찬가지입니다. 신을 저 밖에 있다느니 혹은 저 위에, 저 건너편에 있다는 식의 서술을 공간적 개념으로 혼동하는 바람에 문제가 생겨납니다. 초월성의 본질은 뭐냐? 그건 신에 대한 얘기가 나오면 곧 그 한계를 부정하는 것입니다. 신의 초월성이란 그런 뜻입니다.

카프라 심심할 때면 저 혼자 굴려보는 생각이 하나 있는데요, 스스로를 짜지어가는 생명체에 관한 이론에서 도출한 거예요. 그러니까 우리의 정신 작용도, 이를테면 자기 조직의 과정이 아니겠느냐는 겁니다. 그레고리 베이트슨의 마음론을 이런 식으로 표현해보는 것인데요, 그 양반은 마음을 고정된 무엇이 아니고 하나의 과정이라고 봤습니다. 저는 이러한 정신 작용을 '스스로 짜짓기'의 대표적인 과정으로, 다시 말해 생명의 과정이라고 생각해요. 그러니까 생명현상을 일으키는 모든 차원에는 다 그에 해당하는 마음의 작용이 있다는 것이죠.

예컨대 인간이라는 생명의 차원에서 따져본다면, 인간한테는 그 마음의 작용이 스스로를 느끼는 능력, 이른바 자의식이라는 특이한 형태를 취하고 있는 것 아니겠습니까? 더 나아가 인류 전체를 생각한다면, 이 또한 마음의 작용을 일으키는 하나의 거대한 생명체로 생각할 수 있다는 것입니다. 여기서 마음의 작용이란 아마도 집단적인 의식일 테고 말입니다.

매터스 테이야르 드 샤르댕[7] 신부님의 '정신권(noosphere)'[8]에 상응하겠네요.

카프라 바로 그래요. 융(Carl Gustav Jung, 1875~1961)이 말하는 집단 무의식과도 통하고요. 그런데 테이야르의 이론은 어쩌면, 인류를 넘어 지구의 차원에 더 적합할 것 같습니다. 그가 말하는 정신권이란 바로 지구의 의식으로, 지구라는 행성이 스스로를 짜짓는 과정으로 볼 수 있어요.

그다음에는 또 지구의 바깥으로 더 나아가 우주를 하나의 전체로 생각하는 것입니다. 그러니까 우주 의식은 우주 전체가

---

[7] 피에르 테이야르 드 샤르댕(Pierre Teilhard de Chardin, 1881~1955): 예수회 신부이면서 북경원인을 발굴했던 프랑스 출신의 고생물학자. 과학에서 얻은 통찰을 자신의 신비체험과 신학적 원리에 결합하여 지구 상의 진화 현상을 독특한 시각으로 정리하였다. 그에 따르면 사물은 점점 더 복잡한 상태로 진화를 하며 양적인 진화가 일정 수준에 도달하면 질적인 변화로 도약을 일으키니, 예컨대 의식(意識)은 생물학적 복잡도가 극에 달한 특별한 결과라고 한다. 그는 지구 상의 진화가 물질권에서 생명권으로, 그리고는 드디어 정신권으로 도약하여 최종 단계인 완성점, 그의 표현으로 오메가 포인트를 향하고 있다는 견해를 피력하여 가톨릭교회로부터 절필을 강요받기도 했다. 하지만 서구에서는 이른바 신과학 운동의 정신적인 대부로 추앙받고 있다.

[8] 생물학과 물리학, 지학과 화학 등 근대과학 전반에 족적을 남긴 러시아 출신 버넷스키(Vladimir Vernadsky, 1863~1945)가 1926년 『생명권(*Biosphere*)』이라는 책을 출간하며 주조한 표현으로, 샤르댕은 버넷스키의 '물질권'과 '생물권' 그리고 '정신권'의 개념도 고스란히 수용했다.

스스로를 짜짓는 과정이 되는 셈입니다. 그렇다면 바로 이 우주가 스스로를 짜짓는 과정, 그것을 두고 우리는 '신'이라 부르는 게 아닐까라는 생각을 저는 자주 하는 편입니다.

이제 이런 맥락에서 초월성과 내재성의 문제를 살펴보면, 다음과 같은 얘기가 가능해집니다. 대자연이란 이 세상 전부를 통틀어 말한다. 그러니까 우리가 아는 모든 것, 나무와 바위와 사람, 이들을 몽땅 다 합친 게 우주다. 그러면 신은 그보다 큰 어떤 거냐 아니냐. 이런 식의 생각은 그러나 크게 잘못된 것이란 말입니다. 대자연을 제대로 이해한 게 전혀 아니니까요. 대자연, 즉 우주는 스스로를 짜짓는 생명의 존재입니다. 나무와 바위와 사람들, 이들은 물론 다 그 안에 들어 있지만, 그것은 겉으로 드러난 형상일 뿐입니다. 훨씬 더 중요한 것은 이들 모두를 생성시키는 힘 혹은 원리인데, 이는 물질적인 게 아니거든요.

슈타인들-라스트 의미로서의 비존재라고 말씀드렸던 게 바로 그 얘깁니다.

카프라 그렇죠. 그러니까 대자연이 스스로를 짜짓는 과정, 다시 말해 전체 우주 차원의 생성 원리를 신이라고 이해하는 경우, 초월성이냐 아니면 내재성이냐의 관건은 과연 대자연을 어떻게 보느냐에 따라서 달라집니다.

예컨대 대자연, 즉 우주가 이 세상 모든 것, 온갖 원리와 작용 등등을 다 일컫는다면, 신은 어디에나 있다는 이른바 '내재성'이 옳은 편입니다. 그에 비해 나무와 바위처럼 우리 눈에 보이는 물상을 합해 우주라 한다면, 그때는 마땅히 '초월성'이 강조되겠지요. 왜냐하면 신은, 모든 물질적인 현상을 일으키는 생성의 원리니까요. 스스로를 창조하는 힘, 스스로 짜짓는 원리 말입니다.

슈타인들-라스트 좋은 접근입니다. 여러 난제를 명료히 갈라낼 수 있을 것 같습니다.

매터스 그런데 프리초프, 플라톤식의 아주 고전적인 개념으로, 세상의 혼(world soul)이란 게 있었잖아요? 자기 자신을 스스로 짜짓는 우주의 생성 원리라는 개념과 '세상의 혼', 이를 어떻게 비교할 수 있을까요?

카프라 기존의 과학 이론과 비교해볼 때 '스스로 짜짓기'의 개념은 말할 수 없이 정교합니다. 생명은 바로 창조의 힘이고, 생명이 스스로를 짜짓는 과정은 그 본성상, 창조의 과정이라 말할 수 있어요. 새로운 것을 만드는 일은 생명의 특징입니다. 모든 생명체는 매 순간 새로운 것을 만들어냅니다. 각각의 생명체는 끊임없이 새로움을 더하면서 개체 발생(ontogeny)의 길을 밟아가지요. 그에 비해 하나의 종(種) 전체는 다시 또 쉬지 않고 진화의 새로운 방향을 더듬어 발생하는, 계통 발생(phylogeny)의 길을 밟아갑니다.[9]

그러니까 창조의 힘은, 스스로를 짜짓는 능력입니다. 이러한

---

9   생물의 발생(development)이란, 단세포로 시작한 식물이나 동물의 수정란이 분화하여 세포 수가 늘어나면서 특정한 생물 종이 갖는 고유한 모습으로 성장해가는 현상을 일컫는데, 포유류인 인간이 어머니의 배 속에서 발생하는 과정을 보면 어류에서 양서류, 파충류, 조류로의 진화 단계를 두루 밟는 모습을 보인다. 이를 두고 에른스트 헤켈(Ernst Haeckel, 1834~1919)은 "개체 발생은 계통 발생을 되풀이한다"는 유명한 말을 남기기도 했다.

창조의 개념을 저는 신학에서의 창조와 연결시켜볼 수가 있다고 믿습니다. 특별히 대자연의 차원에서 이런 생각을 펼쳐보면 아까 두 분이 하신 말씀과도 아주 비슷해집니다.

슈타인들-라스트 저도 그런 관점을 퍽 좋아합니다. 사실 그런 식의 탐구는 옛날에도 많이 있었습니다. 철저한 과학의 입장에서 세상을 탐구하다 결국 종교적인 논의로 돌아서는 것 말입니다. 자연스런 귀결입니다. 지금 식으로 꾸준히 생각을 전개하시면 아주 의미 있는 결과를 산출하시리라 믿습니다. 한데 여기서 창조라는 개념이요, 신학에서는 대단히 중요한 내용인데, 실은 기존의 패러다임도 창조는 언제나 여기 그리고 지금 일어나고 있는 과정으로 이해해왔습니다. 그렇지 않으면 모든 것이 다 무너지고 말 테니까요. 신을 이 세상의 생명 현상으로 파악하신다면 그것도 하나의 좋은 관점이라 생각합니다. 물론 저희와는 다른 관점이지만 그것도 분명 이 세상이 생명의 존재임을 밝히는 좋은 방법입니다.

카프라 상통하는 점이 아주 많은데도 불구하고, 아마 '스스로 짜짓기'라는 표현은 신학자들이 달가워하지 않는 것 같습니다. 대자연은 스스로를 짜짓는다, 그러므로 스스로를 창조한다. 이런 생각이 좀 거북하시죠?

슈타인들-라스트 파니카 같은 신학자는 지극히 복잡한 논변을 통해 '대자연은 곧 신의 몸'이라 단언합니다. 과정신학을 하시는 존 B. 코브 같은 분도 그렇고요. 이 견해를 놓고 왈가왈부 신학계에서 논란이 많긴 하지만 전적으로 부정되지는 않는다고 파니카는 주장합니다.

카프라 보세요, 스스로를 짜짓는 시스템 이론에 따르면 물질과 정신의 관계를 구조와 과정의 관계로 이해할 수가 있습니다. 여기서 구조는 물론, 이 세상 우리가 보는 사물 모두를 포함하는 대자연을 일컫지요. 과정이란 거기서 발생한 의식이고요.

인격신

카프라 그리스도교는 '인격신(personal God)'이란 말을 쓰고 있습니다. 저는 여기에 대해서도 궁금한 점이 많아요. '인격신'을 어떻게 이해하시는지, 그리고 계시란 인격신한테 해당한다고 말씀하셨는데 이 문제도 짚어봤으면 합니다. 인간성이란, 남들과의 관계성으로 규정된다는 맥락에서 말입니다. 또 신의 개념과 어떻게 조화하는지, 그리고 신이 '인격'이라는 건 대체 무슨 뜻인지요?

슈타인들-라스트 먼저 말씀드리고 싶은 점은, 하느님이 곧 인간이란 뜻은 아니라는 사실입니다. 그리스도교는 신을 세 분의 인격으로 모시고 있습니다. 그러니까 여기서의 '인격'은 벌써, 우리가 보통 인간이라 일컫는 뜻과 다르다는 점이 드러나지요.

매터스 하느님은 인격이시라고 말하는 것은, 우리가 하느님이라 부르는 그분과 진정으로 '관계'를 가질 수 있으며, 또 맺고 있다는 뜻입니다. 우리의 궁극적 실재이신 그분과 말입니다. '인격체'이신 하느님, 오로지 그러한 면모를 통해 우리는 그분과 관계를 맺으며 또한 우리 자신의 인간성을 온전히 발휘할 수가 있습니다.

그런데 그리스도교 신학에서 삼위일체라고 말할 때의 세 분 '인격'은 그것과 전혀 다른 맥락입니다. 하느님 안에 계신 세 분의 인격은 개별적인 존재가 아니라 '끊임없이 서로를 있게 하는 관계'입니다.

슈타인들-라스트 이러한 내용과 관련해서 슈베르트 오그덴(Schubert Ogden, 1928~)의 책을 꼭 한번 읽어보시기 바랍니다. 이분은 개신교의 대표적인 신학자인데, 저는 이 양반 책을 읽고 깊은 감명을 받았습니다. 이분은 하느님을 정의하여, 모두에게 의미를 주며 모두의 의미인 분이라 하더군요. 하느님은 찬란한 고독의 빛이 아니라 온갖 삼라만상을 비추는 따뜻한 사랑의 존재입니다. 한결같은 연민의 정으로 하느님은 온 세상과 굽이굽이 인간적인 관계를 맺고 계십니다.

매터스 불교는 궁극적 실재를 공(空)이라 말하며 동시에 끝없는 자비심이라고도 합니다. 공과 자비심을 동일시한 것은 대승 불교의 뛰어난 직관입니다. 그리스도교에서 '하느님은 인격'이라 말할 때 이와 가장 가까운 불교의 개념은 바로 이 점이라고 여겨집니다.

슈타인들-라스트 동감입니다. 가장 아름답고 살아 있음을 만끽할 때 우리는 신을 믿느냐 아니냐와 상관없는 포근한 귀속감(歸屬感)을 느끼는데, 궁극적 귀속감이란 우리가 귀속할 누군가를 향하게 마련입니다. 막연한 방향이 아니라 특정한 방향이 정해진 것이며, 신의 이름을 부르는 사람에겐 바로 그 방향을 일컫는 것입니다.

크리스토퍼 프라이(Christopher Fry, 1907~2005)의 작품에서

말하는 '하느님의 탐구'는 여기서 시작합니다. 하느님을 찾아가는 여행은 세상에 인간이 나타난 이후 여태까지 계속되는 거대한 사업입니다. 의식을 하든 그렇지 않든 인간은 모두 이 탐험에 참여하고 있습니다. 우리의 가장 내면적인 갈구니까요.

인간은 의미를 찾습니다. 우리가 어디서 왔으며 어디로 가는지를 알고 싶어 하죠. 이는 하느님의 영토를 돌아보는 일입니다. 그러나 하느님의 영토는 너무 넓어서 영원무궁토록 탐색을 해도 한 모퉁이밖에 돌아보지 못합니다. 다른 쪽으로 간 사람은 만나지도 못하는 일이 허다하지요. 그런데 이따금 갈림길이 있어 어느 쪽이든 한쪽을 택해야 할 경우가 있고, 그러면 나머지 길로는 영영 접어들 기회조차 잃어버리기 십상입니다.

어떤 갈림길에서 우리는 이러한 귀속감이 일방적이 아니란 사실을 발견합니다. 우리가 하느님 안에 머물고 있듯 하느님께서도 우리 안에 계십니다. 우리는 이러한 관계성을 가집니다. 이는 물론 신비주의의 내용인데요, 사실은 누구라도 매일매일 그것을 체험할 수 있어요. 하느님이 우리와 인간적인 관계를 맺고 계시기 때문입니다. 바로 이를 통해서 우리는 하느님의 완전함을 깨달을 수가 있는 것이고요. 신이 완전하다는 말은, 하느님께서 우리의 인간성을 온전히 갖고 계시되 인간으로서의 결함은 없다는 뜻입니다.

카프라 관계성을 통해 생겨나는 인간성과는 어떤 식으로 연결되는지요? 관계가 풍성해질수록 나의 인간성도 넉넉해지는 건가요?

슈타인들-라스트 동물이나 식물이나 사람 혹은 어떤 사물과의 관계를 이루는 것도 나의 인간성을 고양시키는 길이기는 하지만, 깊이를 찾기는 어렵습니다. 그러나 모든 것 너머의 지평선에 주목한다면, 우리는 하느님께서 이 세상의 모든 것과 가장 깊고 은밀한 방식으로 인격적인 관계를 맺고 계시다는 결론에 도달합니다.

카프라 저는 그게 참 애매한데요. 인간이란, 관계성으로 규정된다는 신부님의 정의는 충분히 받아들입니다. 우리가 더 많은 관계를 맺을수록 우리의 인간성은 그만큼 넉넉해지지요. 그런데 지금 신부님은 '하느님은 세상 만물과 관계를 맺고 있다'고 말씀하십니다. 그렇다면 신은 우리가 상상할 수 있는 가장 넉넉한 인간성을 가진 존재란 말이 됩니다. 너무나 넉넉해서 이 세상 삼라만상 모든 것을 다 초월해버립니다. 모든 것과 관계를 맺는다는 말은 벌써 우리의 상상력조차 초월한다는 뜻이니까요. 여기까진 뭐, 괜찮습니다.

그런데 신이 맺는 관계란 어디 동떨어진 누구가 아니라 결국 나 자신의 일부와 맺는 관계입니다. '우리'의 인간성을 산출해주는 '우리'가 맺는 관계는 그에 비해서, 우리 자신과 다른 존재와의 관계거든요. 즉, 인간성이란 게 자기와는 다른 존재와 맺는 관계를 통해 산출되는 것이라면, 이런 의미에서 신을 인격으로 비유하는 것이 도무지 적합한 일이 아닐 것 같은데 이 점을 좀 명확히 알고 싶습니다.

슈타인들-라스트 아! 놀라운 지적이십니다. 여기서 이미 스스로의 질문에 대한 답변을 찾아내신 것이고요. 삼위일체, 세 분의 인격이신 하느님에 대해서 얘기했잖습니까? 그런데 지금, 하느님이 맺는 관계는 동떨어진 다른 존재와 맺는 것이 아니라고 말씀하셨습니다. 우리가 하느님과 가장 내밀한 관계를 가질 때, 그때 하느님은 바로 우리 안에 계신 하느님 자신과 관계를 맺는 것입니다. 우리는 신비체험을 통해 이를 깨닫지요. 우리의 참된 자아가 하느님과 관계를 맺을 때, 이는 '우리 안에 계신 하느님'입니다.

이러한 체험은 삼위일체이신 하느님을 깨닫게 해줍니다. 우리의 가장 깊은 곳에 있는 참 자아는 바로 '우리 안에 계신 하느님'이고요, 그다음은 우리와 궁극적인 관계를 맺고 계시는 지평선 같은 하느님, 그리고 우리의 삶에서 이러한 양극을 이어주는 살아 있는 관계이신 하느님, 이들은 물론 따로따로 떨어진 세 존재가 아니라 한 분의 하느님이십니다.

삼위일체에 대해서 이러니저러니 하는 설명은 모두 신비체험을 근거로 하는 얘기입니다. 말장난에 휘말려 드는 일부 신학자는 설익은 경우이고요, 위대한 신학자들은 한결같이 우리가 바로 하느님 생명의 일부라는 사실을 알고 있었어요. 하지만 우리가 하느님의 일부라고 말할 수는 없습니다. 하느님이라 부르는 존재는 너무나 단순해서 여러 부분으로 갈라지지 않기 때문입니다. 돌이며 풀이며 짐승이며 사람이며 하는 것은 하느님을 이루는 여러 부분이 아니라, 하느님을 가리키는 여러 가지 다른 표현이라는 것입니다. 성서에서 온 우주를 가리켜 그렇게 말하지 않았습니까? "하느님이 말씀하시니 만물이 생겨나도다."

우리와 궁극적인 관계를 맺고 계시는 지평선 같은 하느님은 세상 만물을 지탱시켜주는 분이십니다. 이 하느님은, 온 세상 삼라만상이 함께 어울려 그분께 귀속됨을 기꺼워하시는 위대한 '긍정'이고요. 그러니까 이 말은 '하느님은 사랑'이라는 말을 다르게 표현한 것입니다. 사랑이란, 상대가 자기에게 귀속됨을 기꺼워하는 마음입니다. 연인끼리 바로 이런 식의 말을 주고받는 게 아니던가요? 세상에서 가장 많은 것을 쏟아내는 말이거든요.

하느님은 사실 너무나 단순한 분이라 이러니저러니 많은 말이 필요 없지만, 세상 처음부터 스스로를 표현하는 한마디 말씀이 계시니 그것은 사랑입니다. 그런데 이렇듯 말로는 다할 수 없는 놀라우신 은총은 끊임없이 새로운 표현으로 드러나고 이러한 하느님의 사랑을 깨닫는 일은 세상이 어떻게 창조되었나를 이해하는 길입니다. 그러니 우리 자신은 모두, 하느님이 사랑이심을 드러내는 새로운 표현이지요. 여기서 발견하는 놀라운 점은 우리가 그분의 사랑을 드러내는 표현일 뿐 아니라 그분의 진정한 말상대이기도 하다는 것이고요.

그러므로 공(空)이라 하든, 신(神)이라 하든, 무(無)라 하든, 큰 침묵이라 하든, 이러한 표현은 모두 이 세상을 다 품고 있다는 온전함을 뜻하며, 우리가 아까 말했던 '우리 안에 계신' 하느님의 스스로에 대한 이해를 끊임없이 새롭게 표현한 방식으로 이해할 수 있다는 것입니다. 이렇듯 우리 자신은 벌써 하느님과 아주 깊은 관계를 맺고 있습니다. 우리 인간을 통해 이 세계는 의식적으로 세 분의 인격이신 하느님의 생명을 나눠 갖게 되는 것입니다.

침묵과 언어, 그리고 이해는 모두 하느님의 '인격'이지만, 여기서 말하는 인격이 꼭 사람을 가리키는 게 아닌 건 당연합니다. 그런데 제가 너무 얘기를 농축시켜버린 건 아닌지 모르겠습니다.
카프라 글쎄요, 머릿속이 상당히 뻑뻑하네요.
슈타인들-라스트 머리로 이해하기보다 체험으로 받아들이기 위해, 예수라 불리던 특정 인물의 구체적 체험을 출발점으로 삼아볼 수 있을 것입니다. 당시 유대인 사회의 분위기 그대로, 그분은 하느님을 아버지와 아들의 관계로 지극히 가깝게 느꼈고, 그래서 이런 관계를 통해 하느님의 거룩한 영으로 당신의 온 삶이 꼴 지워지도록 그대로 맡겼습니다.
　이는 하느님을, 우주에 무소부재한 지평선 같은 존재로 여기는 것보다는 훨씬 긴밀한 관계입니다. 제자들도 예수님처럼 하느님과의 이런 인격적인 관계에 함께 들어와, 성부(聖父)와 성자(聖子)와 성령(聖靈), 이렇게 세 분의 '인격'을 그대로 받아들였습니다. 보통 인간이라고 하는 의미에서의 '인격'은 물론 이 중에서 '성자'뿐입니다. 혼동이 생기는 까닭은 언어의 부족함 때문이기도 할 것입니다.
카프라 솔직히 말해서 저는 아직 인격신에 대한 설명을 제대로 이해할 수가 없습니다.
슈타인들-라스트 어떤 점이 어려운지 집어서 얘기해볼 수 있으시겠어요?
카프라 이렇게 한번 설명해보겠습니다. 우리의 인간성은 관계성을 통해서 생겨나고, 그러니까 관계가 풍성해지면 우리의 인간성도 넉넉해지지요. 일단은 다른 사람과의 관계를 일컫겠지만, 심층생태론의 입장에선 살아 있는 대자연, 우주 전체와의 관계까지 포함시킬 수 있습니다. 이 정도면 대단한 풍요로움입니다. 관계를 확장해갈수록 인간성은 더욱 풍요로워집니다. 제가 이해하는 한 여기에 더 이상 인격신을 끌어들일 필요는 없습니다. 이 정도의 불교식 입장이어도 저한테는 정말 충분하거든요.

슈타인들-라스트 불교식의 입장은 그리스도교의 인격신을 올바로 이해하는 교정쇄가 될 수 있겠어요. 둘은 좋은 상보관계네요. 그 점은 다음에 말씀드리고 우선 밝혀두어야 할 점은, 인간성이란 반드시 남들과의 관계성으로만 생기는 게 아니라는 사실입니다. 자기 자신과의 관계도 중요하니까요. 이 작업이 빠졌다면 우리의 자아는 아직 제 모양새를 찾지 않은 상태입니다. 무엇보다 가장 내밀한 자신을 찾아 성실히 귀를 기울여봐야 합니다. 이는 우리가 자기 자신과 실존적인 관계를 맺는 가운데 우리의 인간성이 무르익고 성장하는 길입니다. 이를 몸소 체험해야 하는 겁니다.

불교식 입장에 대해서는 아까 토마스 신부님이 말씀하셨던 내용, 즉 불교는 공(空)과 자비심을 동일시한다는 얘기를 다시 생각해보세요. 공과 자비심을 동일시하는 점이 그리스도교에서 말하는 '하느님은 인격'이라는 내용과 유사한 맥락이라는 지적은 정확합니다. 저는 이 점을 달라이 라마를 비롯해 덕망이 높은 불교도들께 여러 차례 확인받은 바 있습니다.

저는 이렇게 이야기합니다. "누군가를 대하는 태도는 자비심이다. 하지만 다른 사람에게 자비심을 베풀기 전에, 우리 자신도 이미 어딘가에서 자비심을 얻는다. 그러면 도대체 자비심이 나오는 원천은 어디인가. 그건 바로 공(空)이다. 이런 맥락에서 그리스도인들이 '하느님이 먼저 우리를 사랑하셨다'라고 하는 말도 쉽게 이해할 수 있을 것이다."

불교도한테 이런 설명은 좀 아리송하지 싶은데도 대개는 좋아라고들 하십니다. 하지만 우리가 아무리 많이 생각에 생각을 거듭할지라도 언제나 생각이 머무는 한, 불교식으로 표현하든 그리스도교식으로 표현하든 제대로 그 답을 잡아낼 수가 없습니다. 기도를 통해 그리고 명상을 통해 몸과 마음으로 체험해야만 아는 것이니까요.

가부장적 상상력

카프라 이제 또 대단히 큰 주제를 하나 건드려야겠는데요, 실은 너무나 범위가 넓은 얘기라 여기서 제대로 다룰 수 있을지 모르겠습니다. 신을 인격으로 얘기하자면 성별이 문제가 됩니다. 그런데 그리스도교는 전통적인 가부장제의 종교이고, 그러다 보니 모든 게 다 남성이란 말입니다. 너무 힘든 문제입니다.

엄청난 불평등의 요인이라는 문제 말고, 신학적으로 너무나 많은 한계에 부딪히고 맙니다. 성부(聖父)라 하면 우선 거리감, 무조건의 복종, 내면적 대립, 뭐 이런 식의 느낌이지 않습니까? 그에 비해 성모(聖母)의 느낌은 포근함, 무조건의 사랑, 이런 것들입니다. 그래서 여성주의 신학자들은 생태론적인 관점으로 여성적 모습이 더 적합한 하느님이라고 거듭해 강조합니다.

슈타인들-라스트 제대로 보는 것입니다. 새로운 표현법을 찾아야 합니다. 우리는 아직 성에 대한 편견에 발목이 묶여 있습니다. 문화 전반이 이런 식의 편견에 사로잡혀 있어서 개선이 쉽지는 않겠지만, 그리스도교 본연의 정신적 문화가 그를 뒤덮은 잘못된 편견과는 비할 수 없이 크고 깊겠지요.「창세기」만 봐도 하느님께서는 인간을 하느님 자신의 모상대로, 다시 말해 '여성과 남성으로 만드셨다'고 하지 않습니까?

매터스 남녀 한 쌍이 바로 하느님의 모습이라는 것입니다. 어느 한쪽이 아니고 말입니다.

카프라 그런데 가톨릭 교단의 조직은 전부 남자로만 되어 있어요. 그러니까 하느님도 늘 남성이고요. 물론 여기서 이 문제를 다 살펴볼 수는 없을 테지만, 제 생각에 신학의 새로운 패러다임을 찾는 작업에서 굉장히 중요한 부분이 될 것임에는 틀림없지 싶습니다.

슈타인들-라스트 그렇다마다요. 다행스럽게도 최근 들어 이 문제를 연구하는 여성 신학자가 꾸준히 늘고 있습니다.

매터스 요즈음 '교회 안의 여성'과 관련된 주제는 뭐든지 새로운 주목을 받고 있지요. 이런 현상은 시대적인 패러다임의 전환이라는 맥락에서 인문과학 전체, 그리고 신학에서도 한번 본격적으로 다뤄봐야 할 필요가 있습니다.

슈타인들-라스트 지금 시점이 무르익었습니다.

카프라 두 분은 글이나 말에서 인칭의 성을 어떻게 처리하시는지요? '하느님(God)'이란 용어는 이미 지독한 가부장제의 역사를 내포하고 있어서 참 쓰고 싶지 않거든요. 그렇다고 무작정 여성(She)으로 표현하자니 너무 어색하고 작위적이란 말입니다.

슈타인들-라스트 저는 가끔 하느님을 여성으로 쓰기도 합니다. 대개는 특정한 성에 치우치는 것을 피하고 '하느님'을 되풀이해 쓰는 편입니다. 하느님은 그의 모상을 따라 혹은 그녀의 모상을 따라, 이렇게 쓰기가 뭣하니까 대신, 하느님은 하느님의 모상을 따라서 우리를 만드셨다, 뭐 이런 식으로 인칭대명사를 삼가는 편입니다.

교회 안의 불평등한 구조를 해소하고 아직도 여성을 천시하는 잘못된 관습에 저항하기 위해서 이런 구차한 요령이라도 기꺼이 활용해야 합니다. 그런 노력을 우리 수도원에서도 함께 하고, 개별적으로도 다들 노력하고 있습니다. 수도원이나 다른 종교 단체들도 요즈음 옛 문헌을 새로 번역하는 게 유행입니다. 무엇보다도 '남성' 위주의 문장들을 다른 식으로 고쳐 쓰는 데 역점을 두고 있습니다.

「시편」의 경우는 사실 매일매일 성무일도를 바칠 때마다 낭송하기 때문에 성차별을 소거하는 재번역 작업을 우선적으로 마쳤고, 그래서 지금은 양성평등이 완벽하게 구현된 새로운 양식을 쓰고 있지요. 하지만 앞으로도 꾸준히 매진해야 할 소소한 과제가 산적해 있습니다.

매터스 이는 사회적 요소와 신학적 요소, 그리고 영성적 요소가 복합적으로 엉켜 있는 문제입니다. 저는 요즘 예수님한테서 발견하는 여러 가지 신성(神性) 중 사실상 그 대부분은 전형적인 여성의 특질임을 새록새록 깨닫습니다. 쉽게 연민을 느끼고, 인정이 후하고, 부드러운 마음씨, 그리고 개인에게 귀 기울이며, 관계를 맺는 성향들이요. 이런 것 말고도 아직 많을 거예요.

슈타인들-라스트 그리고 예수님이 하느님을 부를 때 쓴 '성부'란 말에 대해서는, 오늘날 우리가 갖는 왜곡된 아버지 상을 연상해서는 안 될 것입니다. 예수님이 부른 아버지는 전형적으로, 돌아온 탕자의 아버지입니다. 그 아버지는 아무리 봐도 인정 많은 어머니처럼 행동합니다.

멀리서 돌아오는 아들을 보고 쫓아나가 이렇게 말하지 않습니까? "오, 내 아들아! 네 꼴이 대체 이게 웬 일이냐! 피골이 상접하고 옷은 다 해어졌구나. 어서 오렴. 어서 뭘 좀 먹고 새 옷으로 갈아입자꾸나. 그리고 손가락에는 이 반지를 끼워주마." 그러고는 큰 잔치를 준비합니다. 돌아온 탕자의 아버지는 이렇게 행동합니다. 예수님이 부르는 '하느님 아버지'는 바로 이런 분입니다.

카프라 하지만 예수 당시의 유대 사회는 정말로 지긋지긋한 가부장제 사회가 아니었나요?

슈타인들-라스트 그랬지요. 예수님이 여자와 남자를 차별 없이 대했기 때문에 많은 적을 만들었다는 사실은 역사적으로도 증명되는 점입니다. 철저한 가부장제 사회였기에 그런 인물을 용납할 수 없었지요.

카프라 그런데 요즘 들어서는 전통적인 아버지 상도 바뀌고 있습니다. 우리 딸아이는 이제 두 살인데, 아버지와의 거리감이 전혀 없거든요. 그 아이가 갖는 친근감은 엄마 아빠 양쪽이 똑같습니다. 밤에 깨서 울 때도 보면, 엄마랑 아빠를 똑같이 부르며 울거든요. 완전히 똑같습니다.

슈타인들-라스트 그 아이가 자랐을 때는 하느님을 아버지라 불러도 가부장적 선입견 탓에 움츠러들지는 않겠네요. 하지만 우리는 아직 아까 말씀하신 대로 아버지에 대한 좋지 않은 기억이 습관처럼 각인되어 있습니다. 하느님을 아버지라 부르다 보면 우린 어느 사이, 하느님의 사랑을 구하기 위해 슬금슬금 눈치를 살피기 시작합니다.

우리의 전형적인 아버지는, 우리를 무조건 사랑해주는 어머니와는 달리, 아버지의 욕심과 바람대로 우리가 움직일 때만 우리를 사랑하셨지요. 그런데 우린 하느님을 어머니라 불러오지 않았기 때문에, 하느님은 우리를 무조건 사랑하신다는 그리스도교 복음의 핵심적인 내용을 자꾸만 잊어버리는 거예요. 하느님의 사랑이란, 눈치를 살피며 애쓰지 않아도 누구에게나 주어지는 사랑입니다.

모상에서 닮음으로

카프라 지금까지 우리는 자연에서 인간의 역할과, 우리는 과연 신을 어떻게 그리는지에 대해 이야기했습니다. 그런데 '우리'가 하느님의 모상대로 만들어졌다는 것은 도대체 어떤 뜻에서인가요?

슈타인들-라스트 우리는 하느님이 어떤 분인지 조금은 알고 있습니다. 그런데 우리가 하느님을 닮았다면, 그건 대체 어떻게 그렇다는 것일까요? 제 생각에, 우리는 오직 특별한 신비의 순간에만 하느님이 어떤 분인지를 알 수 있습니다. 그 순간으로 돌아가야 가능한 일입니다. 신비의 순간에 우리는 스스로의 가장 내면적인 자신이 신성함에 닿는 것을 깨닫습니다. 그건 바로 이러한 순간 우리의 모습이 하느님의 모상대로 만들어졌고, 또 닮았다는 뜻일 것입니다.

매터스 그런 거지요. 그게 신학적으로 올바른 이해입니다. 우리가 하느님 모습과 닮게 만들어졌다는 믿음을 고백할 때 이는 결코 우리가 어딘지 하느님과 견줄 만하다는 얘기가 아닙니다. 우리는 하느님과 관계를 맺고 있으니 아무리 하느님과는 비교할 수 없다 하더라도 우리의 진정한 실존에는 하느님의 특성이 포함되어 있다는 뜻입니다. 이는 하나의 신비이지만, 사실은 우리 존재의 가장 깊은 가운데로 들어가보면 저절로 확인할 수 있는 분명한 현실입니다.

하지만 그 현실은, 항상 고정되어 있는 어떤 것이 아닙니다. 그리스도교의 동방교회는 그래서 '모상'과 '닮음'을 구별해 쓰기도 합니다. 이를 통해 우리가 하느님과 맺고 있는 관계의 정적인 차원과 동적인 차원 사이에 긴장을 표시하는 것이지요. 정적인 차원에서 우리는 하느님의 모상대로 만들어졌습니다. 하느님과 아주 친밀하고 신비로운 관계를 맺을 수 있는 상태로 만들어졌다는 얘기이고, 삶을 통해 점점 더 하느님과 닮아갈 수 있다는 얘기입니다. 일상을 통해 꾸준히 하느님의 모상이 펼쳐져 나타난다는 뜻입니다.

카프라 그렇다면 '모상'이라는 말이 애매하군요. 예를 들어 꽃의 모상을 그린다는 말은 꽃의 몇 가지 특성을 대략 나타낸다는 것이지, 하나도 빠짐없이 옮겨 그린다는 얘긴 아니거든요. 많은 것을 다 그릴 수가 없으니까요.

매터스 옮겨 그린다는 말과 비교하는 것은 적당치가 않습니다. 성서에 나타난 표현을 볼 것 같으면 하느님과 우리의 관계는 부모 자식 간의 관계와 비슷합니다. 아이는 부모의 모습을 베껴낸 것도 아니고 복사기로 찍어낸 것도 아니지만 부모의 모습을 많이 닮았습니다.

카프라 아, 알겠습니다. 그렇게 생각하면 되겠군요.

매터스 전혀 새로운 삶이지만, 아이의 근원은 부모의 삶입니다.

슈타인틀-라스트 히브리어로 모상이란 말을 보면 어떤 구절에서는 '우상(idol)'이란 뜻으로도 쓰입니다. 성서는 구약과 신약을 막론하고 한결같이 우상숭배를 금합니다. 이 말을 아주 좋은 뜻으로 쓴 유일한 경우가 바로 우리가 하느님을 '우상'으로 해서 만들어졌다는 구절인데, 이는 다시 말해 우리 인간이 하느님을 대신할 수 있는 유일한 존재란 뜻입니다.

카프라 하지만 우상이란 꽃의 모상과 같은 것입니다. 신을 대신하기 위해, 예컨대 예술품으로 만든 동상이 우상 아니겠습니까?

매터스 그 표현은 중첩된 뜻으로 사용한 게 아닌가 싶습니다. 여기만 특별히 긍정적인 뜻으로 그 말을 쓴 셈인데, 이는 히브리식 역설에 잘 나오는 독특하고 미묘한 요소입니다. 하느님을 경배하려면 궁극적으로 인간을 섬겨야 한다, 다시 말해 자신의 마음을 향해 바로 서야 한다는 뜻이 될 수 있습니다.

슈타인틀-라스트 그리고 명확한 논리로 유도하는 철학에서의 신(神)과, 그에 비해 우리와 어딘지 닮은 점이 있다고밖에 말할 수 없는 성서에서의 신은 엄청나게 다르다는 점을 가리키기도 합니다. 그런데 우리는 구체적인 삶 속에서 어떤 고정된 존재로서가 아니라, 우리가 우리 자신이 되는 살아 움직이는 과정에서 하느님이라는 현실을 발견하곤 하지요.

그리스도교 신학의 초창기 명제 중에 '인간의 완전한 생명은 신의 영광'이라는 구절이 있었어요. 우리의 건강한 생명은 하느님의 모상 그대로라는 말입니다. 우리는 하느님의 모상대로 만들어졌고 닮았다는 말을 요즘 식으로 다시 쓰면 그렇게 될 것입니다. 그러니까 건강한 생명은 바로 '모상'이라는 표현의 핵심적인 내용입니다.

카프라 이런 걸 어떻게, 사랑에 빠진 사람과 비교할 수는 없을까요? 사랑에 빠지면 극치감이라는 게 있잖아요? 극치감에 도달하면 우리는, 상대가 내 속의 어떤 것을 건드려놓았음을 느끼고 그래서 뭔가를 움직이게 하거든요. 공명과 같은 게 일어나지요. 내면 깊은 곳에서 그는 혹은 그녀는 나랑 닮았다, 나는 그와 혹은 그녀와 닮았고요. 이렇게 서로 닮은 것끼리 공명을 일으킬 것입니다. 공명이란 물론 정지된 무엇이 아니라 대단히 역동적인 현상이므로, 이러한 공명의 체험은 하나의 극치감과 같을 것입니다.

슈타인들-라스트 사랑에 빠졌을 때 상대가 나와 닮았다는 것 말고 우리가 황홀경을 느끼게 되는 또 다른 이유가 있습니다. 서로가 전혀 다른 사람인데도, 두 사람은 믿을 수 없을 만큼 잘 들어맞는다는 사실입니다. 나와 그토록 다른 사람이 나와 그렇게 일치할 수 있다니, 이러한 체험은 하느님과 우리의 관계에도 그대로 반영됩니다. 하느님은 가장 내밀한 우리 자신이기도 하고요. 한편으로는 우리와 전혀 다른 절대의 타자이기도 하거든요.

매터스 신비주의의 본질은 바로 이렇게 상이한 두 가지 체험이 마주치는 데서 나오는 거라고 저는 생각합니다.

신학의 다른 해석 한 가지가 생각나는데, 하느님의 모상대로 만들어진 인간이라는 주제와 관련해서 꼭 따라나오던 중요한 얘깃거리가 하나 있었는데, 어쩌면 신학에서는 다 잊혀져버린 전통인지도 모르겠습니다. 그러니까 인간은 이 세상 피조물을 모두 포함하는 대자연, 즉 우주의 모상대로 만들어졌다는 것이죠. 이런 생각은 성 그레고리오의 문헌에 잘 요약되어 있어요. 사람한테는 천사의 모습도 있고 새의 모습, 꽃의 모습, 돌멩이의 모습도 조금씩은 다 있다는 내용입니다.

슈타인들-라스트 그러니까 인간을 이른바 소우주로 보고 있네요.

매터스 예, 그래요. 이 세상 전체인 대우주에 대비시켜 인간을 소우주로 보는 것은 물론 고리타분한 전통인지 모르겠습니다. 그런데 제 생각에 인간이 소우주라는 말은 이런 뜻 같습니다. 인간이 자기 스스로를 충분히 발휘하기 위해서는, 우주의 온갖 미물과의 관계, 우리가 이 세상 피조물 하나하나와 맺고 있는 아주 근본적인 관계성을 온전히 깨우쳐야 한다고 말입니다.

카프라 인간이 대우주의 축소판인 소우주라는 생각은 무척 오래된 것으로, 헤르메스[10] 전통에서 나왔다고도 하지요. 그런데

---

10 지식과 언어, 문헌과 시간, 그래서 도서관의 신이었던 이집트의 토르와 교환 및 거래, 횡단을 주도하는 신이었던 희랍의 헤르메스가 결합된 신이다. 우주 전체의 세 가지 지혜, 즉 태양과 달과 별들의 비밀을 모두 안다는 뜻에서 헤르메스 트

이런 생각은 현대과학에서도 나타납니다. '양식(pattern)의 유사성'이라는 개념으로 말입니다. 그레고리 베이트슨 같은 분은 이를 가리켜 '사물에 관계를 맺어주는 양식'이라 이름 붙였어요. 우주 전체에 널려 있는 공통양식을 일컫는 것이죠.

이런 생각을 할 때면 떠오르는 괴테의 아름다운 시구가 하나 있습니다. "우리 눈에 태양이 들어 있지 않다면, 태양은 빛을 내지 않을 것이다." 이들 사이에 바로 관계성이 있어요. 이 말을 오늘날의 과학적인 표현으로 바꿔주면, 이렇게 말할 수 있을 겁니다. 관찰자와 관찰되는 대상은 밀접한 관계성으로 맺어집니다. 무엇인가를 관찰할 때 우리는 벌써 그 대상 안으로 깊숙이 들어가는 셈이니까요. 무엇을 관찰한다고 할 때 우리는 이미 특정한 방식을 정한 다음 관찰 대상을 보는 것이며, 이때 관찰자와 대상 사이에 관계가 맺어지는 건 바로 이들을 맺어주는 공통의 양식이 있기 때문입니다.

리메기스투스(Hermes Trimegistus)라는 이름이 생겼다. 헬레니즘 시대 대중적 신비주의 영향이 가미된 채 유럽 중세의 연금술 전통으로 이어졌다.

2. 구조에서 과정으로의 패러다임 전환

카프라 과학에서 새로운 패러다임식 사고의 두 번째 특성은, '구조(structure)'에서 '과정(process)'으로 관점이 바뀐 것입니다. 기존의 패러다임은 무엇보다 전체 골격에 해당하는 구조가 기본이었고, 과정이란 이런 구조의 결과일 뿐이었습니다. 과정이란, 구조를 바탕으로 이들이 상호작용을 일으키는 힘 그리고 그 힘이 작용하는 원인과 결과에 따라 수동적으로 이루어지는 현상이었지요. 그에 비해 새로운 패러다임에서 구조란, 온갖 현상을 빚어내는 바탕인 '과정'이 능동적으로 활동을 펼치며 드러내는 어떤 규칙일 뿐입니다. 그러므로 온갖 요소가 맺고 있는 얼크러 설크러진 관계의 그물은, 그 자체가 역동적일 수밖에 없습니다.

매터스 신학에서 이에 상응하는 패러다임의 전환을 찾아본다면 하느님의 계시를 예로 들 수 있겠습니다. 예전에는 계시란 것을 시간을 초월한 영원한 진리로 보았는데, 요즈음 들어서는 역사적 사건을 통해 하느님이 보여주시는 진리의 말씀이라는 쪽으로 이해합니다. 관점이 바뀐 거지요.

기존의 패러다임에서, 진리는 초자연적이며 그 내용은 몇 가지로 정해져 있다고 믿었습니다. 하느님이 우리에게 보여주시는 진리의 최종 내용은 고정불변하므로 이를 드러내 보이시는 과정, 그것은 별다른 의미가 없는 것으로 생각했지요.

새로운 패러다임에서는 그러나, 구원의 역사가 이루어지는 역동적인 과정, 그것이 바로 하느님이 스스로를 드러내 보이시는 위대한 진리로 여겨지기 시작했어요. 이런 의미에서의 계시는 본질적으로 역동적일 수밖에 없습니다.

슈타인들-라스트 역동성이 얼마나 중요한 특성인지, 이제 좀 명확해졌나 모르겠네요. 옛날에는 그랬어요. 교회에서 가르쳐준 대로 또박또박 신앙고백만 확실히 정리하면 아무 문제가 없다고 생각했지요. 그런데 이제는 정말 중요한 게 뭔지 깨달았어요. 그건 뭐냐, 바로 하느님의 존재를 직접 대면하고 서로 관계를 맺는 일입니다.

이 체험이 충분하다면 그것을 말로 읊조리는 건 순간순간 저절로 스며 나올 수밖에 없습니다. 그러나 말로 표현한다는 건 사실, 우리가 실제 체험한 그 내용에 비하면 언제나 부족하기 마련입니다. 그러니까 우리에게 중요한 건 이제, 체험을 통해 하느님과 만나고 서로 통하는 그 과정입니다. 지도를 놓고 아무리 금을 그어도 내 발로 디뎌 그 길을 직접 가보지 않고는 보물을 얻을 수 없으니까요.

정신과 물질

카프라 알겠습니다. 역동성의 의미도 명확하게 드러났습니다. 그러면 이제 '과정' 중에서도 특정한 양식을 하나 정해서 얘기해보기로 하지요. 생명의 과정이라는 양식으로 좁혀서요. 생명에 시스템 이론을 적용해보면, 생명의 과정은 본질적으로 정신적 과정일 수밖에 없다는 결론에 도달합니다. 여기서는 사실

마음도 하나의 과정으로 이해되지요.

 이런 관점에서 살피면, 정신과 물질의 관계는 과정과 구조의 관계와 닮았다고 할 수 있어요. 물질이 존재하지 않으면 마음도 있을 수 없다는 말입니다. 정신과 물질, 이 둘은 서로를 지탱하는 보완의 관계입니다. 물질로 보완되지 않은 채 정신만 둥둥 떠다니는 현상은 있을 수 없지요. 그렇다면 물질의 옷을 입지 않은 성령(聖靈)이란 존재를 이런 관점에서는 어떻게 해석할 수 있을까요?

슈타인들-라스트 영혼은 곧 생명입니다. 어떤 존재의 생명입니다. 파니카도 그렇게 말합니다. 물질적 형태를 취하지 않은 정신이 있다고 한다면 그건 현실을 잊고 관념에 빠진 철학적 혼란일 뿐이라고요. 20세기를 대표하는 가톨릭 신학자로 예수회원이었던 칼 라너(Karl Rahner, 1904~1984)도 역시 성령과 관련해서는 그런 입장을 취했습니다. 물질적인 옷을 입지 않은 정신의 개념이란 받아들이기 어렵다고요. 그러니까 정신과 물질이란 동전의 앞뒷면처럼 붙어 있는, 현실의 두 가지 얼굴이라고 저는 생각합니다.

매터스 정신과 물질을 딱 갈라놓는 것은 데카르트 사상의 출발이었는데, 기존의 패러다임 전반이 무너지면서 그 기반을 함께 잃고 있습니다.

슈타인들-라스트 기존의 패러다임이 모두 무너진다면 그건 신학에도 해당하는 얘기입니까?

매터스 당연하죠. 몸이라는 실체를 빼고 '영혼'에 대해 논하던 이론은 다 마찬가지입니다. 저는 물질과 별도로 '창조된' 정신은 없다고 생각합니다. 물질은, 정신이 어떤 방향의 과정을 거쳐야 할지를 정해줍니다. 그냥 허공에 둥둥 떠 있는 상태로는 정신도 아무런 과정을 밟지 못한다는 말입니다.

하느님을 성령(聖靈)으로 표시할 때, 이는 하느님의 초월성을 그런 식으로 나타냅니다. 초월성의 개념을 제대로 표현하기 어렵기 때문에 하느님을 가리켜 거룩한 혼, 즉 성령이라 하는 것입니다. 하느님이 곧 '정신의 과정', 혹은 그런 특성을 지니신 존재라는 뜻이 아닌 건 확실하지 않습니까? 하느님은 정신과 물질 '모두'를 초월하십니다. 다마스커스의 성 요한(St. John of Damascus, 675~749)에 따르면, '하느님은 모든 이름과 모든 존재 저 건너에 계십니다.'

스스로 짜짓기

카프라 생명의 스스로 짜짓기 개념을 가만히 따져보면 참 재미있는 게, 여기서도 '삼위일체'의 속성이 확인됩니다. 생명을 짜짓는 '양식', 그의 '구조'와 '과정', 이렇게 세 가지 특성으로 나눠볼 수가 있겠습니다.

생명체가 스스로를 짜짓는 '양식(pattern)'이란, 생명의 시스템이 돌아가도록 중요한 특성끼리 관련을 맺게 하는 관계성의 총합을 말합니다. 이 양식은 그러나 물리나 화학의 용어가 아니라 관념의 언어로 표현할 수 있습니다. 에너지나 유기물의 대사라든가 물리적 성분 따위를 일일이 표시하지 않고 말입니다. 관계성의 양식을 추상적으로 파악하는 것이지요.

생명의 시스템을 지탱시키는 '구조(structure)'란, 그런 식의 추상적 양식을 물리적 차원으로 드러내는 것입니다. 그러니까 똑같은 양식이 생명체의 전혀 다른 구조에서, 예컨대 세포의 구조에서 혹은 이파리의 구조나 꽃의 구조에도 똑같은 무늬로 나타날 수 있는 것이며, 그런 구조들은 보통 물리와 화학의 용어로 표현됩니다.

그런데 오늘날 대부분의 생물학자들이 바로 이 물리적 구조 혹은 화학적 구조의 해독에만 매달려 있습니다. 구조에 대한 지식을 쌓다 보면 어떻게든 생명을 이해하게 되는 줄 알고 있는데, 사실 그렇게 구조만을 추적하다 보면 생명의 본질이 뭔지 알아낼 수가 없습니다. 양식에 대해서도 주의를 기울이고 함께 살펴보지 않는 한 생명 현상의 본질을 파악할 수 없다는 말입니다.

생명이 스스로를 짜짓는 양식이 실제 현상으로 발휘될 때는, 역동적으로 특정한 과정(process)을 밟아갑니다. 생명의 과정이 진행되는 거지요. 생명체가 끊임없이 스스로를 갱신하고 환경에 적응하고 무언가를 터득하면서 새롭게 진화해가는 겁니다. 그러니까 이 생명의 과정은 본래 정신적인 과정이라고 그레고리 베이트슨[11]은 말합니다. 삼위일체의 세 번째 요소지요.

슈타인들-라스트 양식의 연구에서 생명이 실현되는 과정으로 한 걸음 나아갔을 때 있잖아요, 생물학자로서는 한시바삐 해결의 실마리를 잡고 싶은 게 당연한 일 아니겠습니까? 예컨대 신경

---

11 Gregory Bateson, *Mind and Nature-A Necessary Unity*, Bantam Books, 1980(박지동 옮김, 『정신과 자연』, 까치, 1998).

생리학을 연구하는 사람은 자신의 연구를 통해 심리적 과정을 이해하고 싶어 할 것 같거든요.

카프라 구조를 아무리 연구해도 생명이 일어나는 양식을 찾을 수는 없습니다. 양식 그 자체를 독립시켜 연구하고 이해해야죠. 예컨대 하나의 시스템을 보면, 저는 그게 스스로를 짜짓는 양식인지 아닌지를 바로 판별할 수가 있습니다. 그런데 꼭 물리학과 화학의 용어만 써야지 그걸 넘어서는 차원의 이야기는 안 된다는 조건이라면, 전 아무 말도 꺼낼 수 없을 것입니다. 생명의 본질인 '스스로 짜짓기'는, 물질적인 측면을 벗어난 여러 관계들의 추상적 양식들을 연결시켜야 설명할 수 있기 때문입니다.

삼위일체

슈타인들-라스트 이런 맥락에서 우리는 신학의 기초 또한 새롭게 연구할 수 있지 않을까 싶네요. 그러니까 이제 세 분의 인격이신 하느님에 대해서 말인데요, 세 분의 인격이 얼마나 서로 다른 면모인지는 이들이 서로 맺고 있는 관계성을 통해서만 이해할 수 있다는 점이 드러나거든요.

카프라 스스로를 짜짓는 양식과 그 구조 및 과정의 이론을 삼위일체에 끼워 맞춘 까닭은 무엇보다 '과정'의 개념을 성령(聖靈)에 비유하면 훨씬 명료하게 드러날 것 같아서였어요. '구조'는 곧바로 육화한 말씀인 성자(聖子)를 연상시키고, 그리고 스스로를 짜짓는 '양식' 혹은 원리는 아무래도 성부(聖父)라는 연상작용을 일으키지요.

슈타인들-라스트 육화한 말씀을 일컬어, 보이지 않는 하느님의 모상이라고도 합니다. 그러니까 여기서 우리 눈에 안 보이는 것은 곧 겉으로 드러난 것의 본래적 양식이라 할 수 있습니다.

카프라 척척 들어맞네요!

매터스 옛날부터 내려오던 다른 비유가 몇 가지 있지만, 이건 뭐 어느 것에 못지않은 걸작입니다. 예컨대 성 아우구스티누스는 우리의 정신작용 일체를 비유해서 성부를 기억(記憶)에, 성자를 지성(知性)에, 성령을 의지(意志)에 연결시키기도 합니다. 스스로 짜짓기에서 나온 비유는 이제, 우리의 '우주'를 구원하는 역사까지 다 포함해서 설명할 수 있겠습니다.

진화와 목적론

카프라 여기서 꼭 짚고 넘어가야 할 주제가 하나 남았는데요, 진화에 대한 얘기입니다. 모든 생물체의 공통 현상인 생명의 과정을 논하다 보면, 이들이 성장하고 발달하는 점에 주목하지 않을 수가 없습니다. 개개의 생물체도 그렇고 종(種) 전체의 차원에서도 마찬가지고요. 그런데 스스로 짜짓기의 이론에 따르면, 생명체가 스스로를 짜지어가는 길에 특정한 목표가 있는 건 아니거든요. 이리저리 상황에 따라 표류(drift)하는 것입니다. 이 분야를 대표하는 마투라나와 바렐라는 그래서, 개개의 생물체 안에서 일어나는 변화를 개체발생적인 표류라 하고, 종 전체의 차원에서 벌어지는 변화를 계통발생적 표류라

부릅니다.[12]

　이러한 표류는 주변 상황의 영향에 따른 정신적 반응입니다. 생물체와 환경의 꾸준한 상호작용으로, 모든 단계마다 창조성이 발휘되는 것이죠. 그러니까 생명체는 상황에 따라 각각 다른 방향으로 발달해가고, 결과적으로 서로 다른 개체가 되어 각기 다른 성품을 갖는 거예요. 하지만 여기에 어떤 계획이나 청사진 같은 건 따로 없습니다. 미리 방향을 정해놓은 적도 없다는 얘기지요.

슈타인들-라스트　그 견해를 받아들이시나요?

카프라　저는 아직 확실한 입장을 세워놓지는 않았습니다.

슈타인들-라스트　계획이 없다? 좋아요. 청사진이 없다? 그것도 좋습니다. 그런데 방향조차 없다는 건 좀 문제가 있지 않나요?

매터스　그게 확실한 공감대가 형성된 얘기입니까? 좀더 목적론적인 견해를 가진 과학자는 없는지요?

슈타인들-라스트　오늘날의 과학자한테 목적론(teleology)이란 일단 금기시되는 방향입니다. 그렇지만 이런 경우는 어떤 식으로든 목적론을 포함하지 않을 수 없다고 저는 믿습니다. 어딘가로 방향을 설정하지 않고는 우리 눈으로 보고 있는 여러 현상을 도저히 설명할 수가 없거든요.

　소립자의 세계에도 어느 쪽으론가 방향은 있습니다. 이에 대한 통찰력을 갖지 못한다면 우리는 인간을 대자연과 동떨어진 존재로 여기며 세상 꼭대기에 올려놓는 오류를 저지르고 맙니

12　Humberto R. Maturana, and Francisco J. Varela, *The Tree of Knowledge*, Boston: Shambhala, 1987.

다. 인간의 생각과 행동에는 목적의식(purposefulness)이 있습니다. 그런 까닭에 우리가 동물이나 식물과 구별되는 건가요? 저는 그렇지 않다고 생각합니다. 그런데 프리초프, 가만 보니까 제 말이 몹시 거북한 모양이에요?

카프라 도대체 목적의식이란 게 무슨 뜻인가요?

슈타인들-라스트 뭔가 목표를 가지고 노력하는 것입니다. 그냥 이리저리 표류하는 것과는 대립되는 개념이지요.

카프라 저는 어떤 입장이냐 하면, 그러니까 어떤 환경에 살고 있는 생명체를 관찰하잖아요. 그러면 이 녀석은 그 환경에 적응하고 필요한 만큼 성장하거든요. 이런 경우에 도대체 이 녀석한테 무슨 목적의식이 있는 거냐, 아니면 그냥 이리저리 표류하는 거냐, 대답하기가 참 막막하단 말입니다. 그런데 여기서 조금 더 포괄적인 차원으로 시각을 넓혀보기로 하지요. 그러면 이 작은 단위의 생명체는 더 큰 시스템의 활동이 원활하게 이루어지는 쪽으로 움직여주었다는 사실이 드러납니다. 여기서야 그게 밝혀지는 겁니다.

예를 들어 내 혈관 속에 사는 백혈구 하나를 관찰해보면, 이놈이 움직이는 길을 함께 따라간다고 생각해보십시오. 이리저리 혈관을 따라 표류하는 거지, 무슨 목적이 있어 보이진 않거든요. 그러나 내 몸 전체를 두고 살펴보면 많은 게 드러납니다. 손가락에 상처가 나서 면역 체계가 반응한다는 사실이 밝혀지거든요. 상처에 대해 몸 전체가 반응하느라 백혈구가 그 길을 따라 움직였던 겁니다. 이런 경우는 명확합니다. 한 부분의 움직임이나 성장은 더 큰 시스템의 전체 양식(pattern)에 따라 그에 맞게 이루어지는 거라고요. 이런 맥락에서는 뭐, 목적이란 것을 인정합니다.

슈타인들-라스트 그렇죠, 바로 그겁니다. 그러니 그저 맹목적으로 아무 방향도 없이 표류하다 어느 날 갑자기 눈도 생기고 코도 생기고 이렇게 복잡미묘한 생물체가 되었다는 얘기는 도저히 용납할 수가 없습니다.

카프라 글쎄요. 사실 그들이 말하는 우연이란 자크 모노(Jacques Monod, 1910~1976)식의 무지막지한 우연은 아닙니다. 충분한 내용이 있습니다. 생명체와 그것이 사는 주변 환경, 여기선 환경도 생명이거든요. 이들이 서로 정신적인 반응을 하며 함께 진화한다는 얘기니까요.

슈타인들-라스트 지금 설명을 들으니까 훨씬 잘 이해할 수가 있네요. 그럼 제가 이해한 바를 한번 설명해볼게요. 과학에서 기존의 패러다임은 이랬어요. 이 세상 삼라만상을 밑바닥에서부터 들여다보니 아무 관련이 없는 물질들이 이리저리 만나고 어울리다 아름다운 향연이 되고, 또 멋들어진 조화가 이루어졌다는 쪽이었어요. 그런데 이제는 반대로 저 위에서부터 시작하자. 그러면 전 과정의 목적, 그 목표가 드러나 보여 전혀 다른 이야기가 나오더라. 이렇게 설명할 수 있는 건가요?

카프라 맞습니다. 이제는 먼저 전체의 역동성을 이해해야 각 부분의 특성을 제대로 파악할 수가 있다는 쪽입니다. 그런데 목적이라는 개념을 좀더 따져보기로 할까요? 신화학자인 조셉 캠벨(Joseph Campbell, 1904~1987)의 말이 생각나는데, 그는 강조하기를, 영원이란 아주 긴 시간을 말하는 게 아니라 시간의 바깥에 있는 거라고 하거든요.

슈타인들-라스트 성 아우구스티누스도 "지금은 흘러가버리지 않는다"고 말씀하셨지요.

카프라 시간을 그런 식으로 이해한다면 어떻게 목적을 얘기할 수 있지요? '지금'이 흘러가버리지 않는데 무슨 목적이 있을 수 있을까요?

매터스 정확한 지적입니다. 하느님은 목적이 없습니다. 그냥 계신 존재예요.

슈타인들-라스트 하지만 우리는 시간을 통해서만 의미의 전개를 압니다.

카프라 이건 꼭 언어의 효용을 시험하는 장난 같군요. 뭐 시를 쓸 때야 문제될 게 없겠지요. 블레이크의 유명한 시에 이런 게 나오지 않습니까. "영원을 손바닥에 담았나이다."

슈타인들-라스트 얘기가 좀 방만해지기는 했지만 아주 빗나가버린 건 아니라고 생각합니다. 성 아우구스티누스는 "만물은 사랑의 힘으로 이끌린다"고 말했는데, 우리는 뭔가 우리를 끌어당기는 대상을 사랑합니다. 그건 분명한 것 아닙니까? 그런데 이런 성향이 우리 인간한테만 있는 게 아닌 것 같거든요. 동물은 물론이고 식물의 세계도 마찬가지고, 물질계에도 이런 사랑의 힘은 한결같으리라 생각합니다.

카프라 아니죠, 그건 그렇지 않습니다. 목적의식이란 말 그대로 인간의 의식과 더불어 처음으로 생겨난 겁니다. 의식과 목적의식에 대해서는 이미 충분히 얘기를 했더랬지 않습니까?

매터스 그렇죠. 성서의 맥락에서 '목적'이란 늘 '시간'이라는 개념과 연결된다고 얘기했지요. 성서학자나 신학자는 보통 그렇게 말합니다. 성서의 시간은 시작과 끝이 있는 선(線)이라고요. 그러나 이것은 비유의 한 가지일 따름입니다. 다른 비유도 있어요. 커다란 공간을 액체나 기체처럼 시간이 채워간다는 식의 비유도 있거든요. 그러면 점점 시간의 밀도가 높아지겠죠. 그리스도는 '시간이 꽉 찼을 때' 오신다고 하거든요. '시간이 꽉 차면' 사랑과 생명이 죽음을 이기고 승리한다는 것입니다. 그러니까 이런 식의 시간 개념과 이에 따른 목적의식은, 어떤 방향을 따라 이어지는 선형적인 것은 아닐지라도, 신학적으로는 마찬가지 의미를 지니고 있어요.

카프라 고대문화 그리고 아직도 남아 있는 원주민들의 문화를 보면 시간에 대해 훨씬 순환적인 생각을 갖고 있다는 걸 알게 됩니다. 자연에 밀착된 삶으로부터 나온 것이지요. 여기저기서 많이 들었는데, 예수의 탄생을 시작으로 삼고 그 점에서부터 모든 피조물이 부활하는 시점을 종점으로 잡는 식의 선(線)과 같은 시간 개념을, 그리스도교식 사고의 특징이라 하지 않습니까?

매터스 우리가 보통 연대를 표시할 때, 기원전을 그리스도 탄생 이전이란 뜻에서 B.C.(Before Christ)라 하고, 기원후를 주님의 해란 뜻에서 A.D.(Anno Domini)라 하지만, 이 역시 하나의 비유일 따름입니다.

카프라 그렇다면 오늘날의 신학은 뭐가 좀 달라졌나요? 그 얘기를 좀 들어보면 재미있겠습니다.

매터스 이 점과 관련해서는 아직 신학자들 사이에 일치하는 견해가 없습니다. 개인적으로 저는 테이야르 드 샤르댕의 '오메가 포인트' 가설에 관심이 많은데요. 시간과 목적이 인간 너머의 한 점에 수렴되는데, 거기는 바로 영원한 완성이신 우주의 그리스도가 계시다고, 테이야르는 말합니다.

슈타인들-라스트 이제는 그리스도의 복음을 편협한 역사의 틀에 한정시켜서는 안 돼요. 대자연 그리고 특히 인간의 역사를 통해 우리 그리스도인의 눈에 하느님이 스스로를 드러내시는 메시지는 마땅히 인류 공동체의 다른 지역에도 전달될 것입니다. 행여 우리에게 낯선 형태일지라도 말입니다. 이런 경우 대개는 특정한 문명의 형식이 아니라 우주론적 형식으로 표현되며, 현대 문명에서 많이 떨어진 원주민의 문화일 경우에는 특히 그럴 수밖에 없는 거지요.

매터스 그건 정말 중요한 말씀이에요. 신학은 지금 그리스도교 초창기에 견줄 만큼 엄청난 기회를 맞고 있습니다. 당시는 지독한 박해가 막을 내린 후 사람들이 무척 개방적이었던 때라 뛰어난 지성을 높이 평가했어요. 덕분에 주변에서 꽃을 피운 유수한 철학들을 그대로 흡수하고 용해시켰지요. 그런데 지금 이와 유사한 황금의 시기가 신학자들 앞에 와 있습니다. 창의력을 발휘할 수 있는 절호의 기회지요.

슈타인들-라스트 게다가 지금은 지중해 연안의 헬레니즘 문명 정도가 아니라 온 세계의 문화가 다 들어올 수 있습니다.

매터스 초기 그리스도교가 헬레니즘 문화에서 받아들인 것보다 훨씬 많은 것을 우리는 지금 온 세계에서 얻어 올 수 있습니다. 힌두교와 불교 경전을 원문으로도 읽고 훌륭한 번역으로도 볼 수 있다니요. 이는 옛날에 성 이레네우스[13]나 성 유스티누스,[14] 그리고 이후의 성 바실리우스[15]나 니사의 성 그레고리우스 등이 당대 철학에서 끌어들였던 것에 비할 수 없이 풍부한 내용을 보충시킬 수 있는 굉장한 기회입니다.

슈타인들-라스트 이런 기회를 제대로 활용하는 조짐이 보이나요?

매터스 태동하는 기운은 있습니다. 아직은 시작이고 조짐에 불과하지만요.

---

13 성 이레네우스(St. Irenaeus, 140?~202?): 리용의 주교로, 그의 생애에 대해서는 거의 알려진 바가 없다. 소아시아 스미르나 출신으로 추정되는 최초의 위대한 그리스도교 신학자이다.

14 성 유스티누스(St. Justin, 100?~165?): 아리스토텔레스와 피타고라스, 플라톤을 공부한 후 인간의 모든 사상에 한계와 부족함이 있음을 깨닫고 그리스도교에 입교했던 가장 뛰어난 호교론자 중 한 사람이다. 이성과 계시를 구원사의 한 맥락으로 이해하여 신앙과 이성을 조화시키려 한 최초의 그리스도교 사상가이기도 하다. 그는 제자들과 함께 순교했다.

15 성 바실리우스(St. Basil, 330~379): 소아시아 카파도키아의 케사리아에서 태어났으며, 당시 케사리아와 콘스탄티노플, 아테네에서 최고의 교육을 받고 이교적 교양과 그리스도교적 교양을 함께 터득했다. 그는 고향에서 수사학을 가르치다가 누이의 권유로 입교했다. 케사리아의 종교 분쟁에 휘말려 당시 최고의 신학자들과 격렬히 논쟁을 벌이기도 했다.

3. 객관적 학문에서 인식론적 학문으로의 전환

카프라 과학에서 새로운 패러다임식 사고의 세 번째 특징을 꼽자면, 그것은 객관적(objective) 과학에서 인식론적(epistemic) 과학이라 해야 할까요, 이건 제 표현인데, 그런 식의 전환이 일어나는 것입니다. 기존의 패러다임에서 과학적 서술은 언제나 객관적인 것으로 여겨졌습니다. 그러니까 관찰자인 인간과 인식 과정의 특성에 대해선 전혀 고려하지 않았죠.

새로운 패러다임은 자연현상을 묘사하는 데 있어서, 이를 관찰하고 받아들이는 과정에 대한 연구인 인식론이 포함되어야 한다는 점에 주목합니다. 그러면 인식론이 차지하는 몫은 어느 정도인가? 이에 대한 입장은 무척 다양해서 일치점을 찾기가 어려워요. 하지만 적어도 과학 이론을 세우는 데 인식론적 측면을 고려해야 한다는 견해는 크게 부상하고 있습니다.

매터스 신학에도 그에 상응하는 움직임이 있지요. 신학도 이전에는 객관적인 학문인 줄만 알았는데 이제는 새롭게 깨우쳐가는 과정이라는 쪽으로 시각이 변동하고 있는 게 확실합니다. 기존의 패러다임에서 신학적 명제는 가치중립적이라고 여겼습니다. 그러니까 신을 믿는 사람의 개성이나 세상을 이해하는 과정과는 전혀 상관없는 일로 생각했다는 말입니다.

새로운 패러다임은 신학적 진술에 훨씬 다양한 내용의 지식을 허용합니다. 추상화시키지 않은 지식, 예컨대 직관이나 감성 그리고 신비체험을 통해 터득한 내용까지도 신학 지식에 포함시키지요. 하지만 아직은, 과연 관념적인 지식의 전개에 관념화시키지 않은 지식들을 어느 정도로 풀어놓을 수 있을지 구체적으로 합의를 본 적은 없습니다. 그러나 비관념적일지라도 정말로 생생한 진술들을 신학적 지식의 중요한 내용으로 받아들여야 한다는 점에 동의하는 목소리가 상당히 높아지는 추세입니다.

슈타인들-라스트 그런데 프리초프, 먼저 좀 물어볼 말이 있습니다. 과학 이론을 말씀하실 때, 인식론적 측면을 어느 정도 고려해야 하는지 과학자들 사이에서도 아직 적절한 합의가 이루어지지 않았다고 하셨잖아요? 그렇지만 이 주제에 대해 상당히 오랜 기간 몰두하신 것으로 알고 있는데, 인식론을 어떤 식으로 처리해야 할지 그 방향에 대해 감이 잡히는 대로 한번 말씀해 주실 수 있겠습니까?

카프라 이 방면에서 가장 급진적인 생각을 하는 사람들은, 이른바 '구성주의(constructivism)'가 인식론의 기본이라는 입장입니다. 구성주의란, 우리가 보고 느끼는 세상은 객관적으로 거기에 그렇게 존재하는 것이 아니라 인간이 가진 특정한 감각 기관을 통해 인식의 과정을 거치면서 창조된다는 견해예요. 그동안 마투라나와 바렐라의 말이 유명해졌습니다. "세상은 인식의 과정에서 생겨난다."

슈타인들-라스트 참으로 놀라운 일입니다. 이와 꼭 같은 통찰을 정말로 옛날 옛적 신화에서 예견했으니까요. 하느님께서 당신이 아시는 바를 표현하시니, 그 말씀의 과정에서 세상이 창조되었노라! 이런 내용이 있잖아요? 이건 정말 딱 들어맞는 얘기에요. 사실은 신화적인 이야기에서 탄생한 건데, 그런 신학적 사유가 과학적 사유에도 그대로 적용되다니요. 무언가를 알아가는 과정에서 그걸 마음이 산출한다는 얘기를 과학 하는 분들이 하신다니, 참 놀라운 일이네요.

카프라 저는 이런 식으로 이해합니다. '우리가 세상을 만들어낸다'라고 구성주의에서 말할 때는, 애초부터 물질도 에너지도 아무것도 없었는데 갑자기 그것을 창조해서 물질화시킨다, 뭐 이런 뜻은 아니라고 봅니다. 어떻게든 현실은 있는 것입니다. 나무며 새며, 그런 식의 특정 사물이 없었던 것이고요. 그런데 나무라든지 혹은 새라든지 하는 양식(pattern), 우리가 창조하는 것은 바로 그 양식입니다. 특별한 양식에 마음을 쏟아 나머지로부터 그것을 도려낼 때 거기에 바로 사물이 생겨나는 것입니다. 그런데 사람마다 모두 그 방식이 다르고, 서로 다른 생물 종은 또 각기 다른 방식으로 그렇게 하거든요. 그러니까 우리가 무엇을 볼 때 그 결과는 어떤 관찰 방법을 쓰느냐에 따라 결정된다는 겁니다. 이런 통찰을 하이젠베르크(Werner Heisenberg, 1901~1976)는 양자물리학에서도 찾아내서 엄청난 회오리를 일으켰지요.

이와 관련해 흔히 덧붙이는 좋은 예가 있지 않습니까? 심리학에서 로샤크 실험 같은 것이요. 선명하지 않은 형상의 잉크 자국을 보고 그게 무슨 꼴인지 맞혀보라고 하는 테스트 말입니다. 제가 만약에 어떤 잉크 자국을 들고서 뭐가 보이느냐고 물으면, 예컨대 데이비드 신부님은 돛단배가 보인다고 대답하시거든요. 그런데 토마스 신부님은 다람쥐가 보인다고 대답하세요. 왜 하나의 형상을 놓고 한 분은 돛단배를 보고, 다른 한 분은 다람쥐를 보는 걸까요? 그건 두 분이 사물을 도려내는 방식이 달랐기 때문입니다. 여기에 더해 해석을 다르게 한다거나, 그런 점도 얘기할 수 있겠지요. 그러나 이것 또한 사물을 도려내는 방식에 속합니다. 그러니까 무엇을 관찰하는 과정에서 주관성(subjectivity)은 세상 만물이 서로 얽히고설킨 관계에 깊숙이 개입됩니다. 이 세상이 관계의 그물이라면 모든 사물은 우리가 그것을 어떻게 도려내느냐에 따라서, 그리고 도려낸 그것을 그물의 다른 부분과 어떻게 구분하느냐에 따라서 결정됩니다. 우리가 세상을 만들어낸다고 얘기하는 것은 바로 이런 뜻입니다.

슈타인들-라스트 그러니까 우리가 질서를 세우는 양식대로 현실이 생겨난다는 말씀이죠? 그렇다면 현실은 무슨 의미가?

카프라 무엇보다 체험을 통해야죠! 우리는 몸소 체험한 것에 질서를 부여하거든요.

슈타인들-라스트 여기에는 좀 혼동의 여지가 있습니다. 지금 말씀대로라면 세상의 모든 사물은 우리가 체험하는 데 필요한 재료 이상의 아무것도 아니라는 얘기가 됩니다.

카프라 바로 그거예요. '재료'라는 표현을 쓰니까 성격이 확실히 밝혀지네요. 여기 우리가 체험할 수 있는 뭔가가 있을 때, 서로 다른 존재는 각각 다른 방식으로 이걸 체험한다는 거죠.

슈타인들-라스트 토마스 신부님, 신학에도 이런 구성주의에 대응할 만한 내용이 없겠습니까? 저는 아퀴나스 신학의 핵심이 되는 구절 하나가 떠오르는데요. "어떤 것을 수용하든 수용하는 자의 모양대로 수용된다."

매터스 그것은 뭐 지식의 기본 원리지요. 지식이란 원래 안에서 일어나는 성격, 즉 내재성(immanence)이 있습니다. 객체를 인식하는 과정은 주체 안에서 일어나니까요. 이와 가장 잘 통하는 예를 신학에서 찾는다면, 아마 이렇게 얘기할 수 있지 않을까 싶습니다. 지식이란 건 결국 현실과 끊임없이 대화하는 일종의 참여 형태이다.

슈타인들-라스트 이를 하느님의 계시와 관련해서 얘기할 수 있을 것입니다. 우리가 하느님에 대해 진정으로 아는 것은 하느님을 몸소 체험한 내용뿐이다. 그러니까 하느님에 대해 무슨 얘기를 하든 그건 모두 각자의 투영(projection)입니다. 우리는 오로지 하느님에 대한 자신의 체험만을 얘기할 수 있을 뿐이니까요.

카프라 그렇다면 결국 신이 그의 모상대로 우리를 만드셨다기보다는 우리의 모상대로 그를 만들었다는 말이 되겠습니다.

매터스 어느 한쪽만 옳은 게 아니라 양쪽이 다 옳은 얘기일 거예요.

슈타인들-라스트 그래요, 양쪽이 다 옳다는 얘기는 마이스터 에크하르트의 유명한 문장에도 나옵니다. "내가 하느님을 보는 바로 그 눈으로 하느님은 나를 보신다."

우리는 하느님을 우리와 닮은 모습으로밖에 상상할 수 없노라는 말을 많이들 합니다. 개구리들의 하느님이 있다면, 그 하느님은 개구리의 모습일 거라고 고대 그리스의 철학자들도 말했습니다.

카프라 종교적 체험에 대한 말씀 중에는 구성주의식 관점에 해당하는 내용이 정말 많을 것 같습니다. 자연과학에도 그와 비슷한 아인슈타인의 유명한 일화가 있어요. 수학 공식이라는 게 원래 굉장히 추상적인 것 아닙니까? 그런데도 우리 현실에 그토록 잘 들어맞는 건 기적이라고요. 그 양반 얘기가, 우리가 만들어낸 부호를 가지고 바깥에서 관찰하는 사항을 어쩌면 그렇게 딱 들어맞게 묘사할 수 있느냐는 겁니다. 아인슈타인한테는 이런 사실이 엄청난 신비로 느껴진 것입니다.

그러나 마투라나는 이건 지극히 당연하다고 얘기합니다. 어차피 뚝 떨어져 존재하는 객관적인 현실이란 없는 거니까요. 존재하는 것은 모두 주관적 체험의 양식이기 때문에, 사람에 따라 체험하는 양식이 조금씩 다를지라도 그 내용은 충분히 서로 비교하고 상호 소통할 수 있다는 거지요.

슈타인들-라스트 그것도 사실 처음 나온 얘기는 아닙니다. 옛날에 그리스인들이 인간을 정의하여 '로고스의 동물(zoon logicon)'이라고 했어요. 이것을 번역해서 '이성적 동물'이라고들 하지만 그건 제대로 옮긴 말이 아닙니다. 로고스를 가진 동물이라고 했을 때, 여기서 로고스는 '말씀'으로 양식(pattern)을 읽어내는 원리라는 뜻이에요. 그런데 이성이라고 잘못 번역한 거죠. '로고스'는 혼돈으로부터 우주의 질서를 잡아내는 무늬, 즉 '양식'입니다. 그렇기 때문에 로고스를 가진 동물인 우리는 우주를 이해할 수가 있는 거고요.

카프라 인간만이 그런 건 아니지요. 생명체는 다 마찬가지일 거예요. 차이가 있다면, 인간은 그러는 자신에 대해 곱씹으며 생각을 한다는 점이지요.

슈타인들-라스트 여기서 바로 의식과 성찰의식 사이에 중요한 차이가 있다는 사실이 드러나네요. 성찰의식은 우리 인간한테 혹은 아주 지성적인 고등동물한테만 나타나지요.

카프라 그렇기 때문에 시스템 이론에서는, 성찰의식이 언어와 함께 생겨난다고 보는 거예요. 동물이 언어를 사용하는 정도에 따라 꼭 그만큼의 성찰 능력을 갖게 된다는 것입니다. 다른 형태의 의식, 저는 그걸 의식이라기보다는 감식(awareness)이라고 부르는 편인데, 시스템 이론에 따르면 생명체는 이런 감식력을 모두 다 가지고 있다고 설명합니다.

슈타인들-라스트 좀더 내려가면 안 될까요? 감식이라고 불렀죠? 그런 능력은 혹시 온 세상 만물의 아래까지, 그러니까 모든 물질의 원자를 이루는 아원자 입자의 수준까지 내려가도 다 있는 것으로 볼 수는 없는지요?

카프라 아니요. 시스템 이론에 따르면 감식이란, 생명체가 스스로를 짜짓는 차원에서 나타납니다. 제가 스스로 짜짓기에 대해 설명드릴 때 세 가지 차원, 혹은 세 가지 요소에 대해 말씀드렸죠? 구조와 양식과 과정에 대해서요. 그런데 정신적인 과정 혹은 인식의 과정은 말 그대로 스스로 짜짓기의 과정이라, 모든·생명의 특징입니다. 생명이 없는 것에는 이런 특질이 없습니다.

슈타인들-라스트 그럼 이건 대체 어디서 갑자기 나타나죠?

카프라 정신은 갑자기 나타나는 게 아닙니다. 정신의 뿌리는 무생물의 세계에까지 깊이 닿아서 그 요소는 어디에나 있어요. 하지만 그것들이 모여 맨 처음 정신이 시작하는 곳은 세포입니다. 그러니까 우리가 알고 있는 한, 정신의 과정이 드러나는 최초의 단계는, 생명체의 기본 단위인 세포입니다.

슈타인들-라스트 그러니까 이제 정신의 과정에서 마지막 단계인 성찰의식의 뿌리는, 언어를 사용하는 동물한테 닿아 있다고 말할 수 있겠네요. 외마디 신호가 아니라 체계적 언어를 사용하는 고등영장류요. 하지만 이들은 간신히 언어의 뿌리 정도에만 닿아 있지요. 복잡하고 세련된 언어를 쓰면서 성찰의식을 발달시킨 건 인류의 출현과 함께 나타난 현상입니다. 이건 대단히 중요한 사건이었고요.

의식과 목적의식
———

카프라 여기서 의식에 대해 조금 더 부연해야 할 점이 있어요. 마투라나는 의식이 언어와 함께 생겨난다고 했지만, 언어에 앞서서 이루어지는 게 의사소통이라 했거든요. 그가 말하는 의사소통이란, 개개인이 바깥 세상에 대한 정보를 전달하고 전달받는다는 뜻이라기보다는 끊임없는 상호 교류를 통해 각자의 행동을 적절히 조화시킨다는 개념입니다. 그러니까 아직은 언어라고 부를 수 있는 수준이 아니고 언어의 원형 단계 정도라고 할 수 있습니다. 언어는, 의사소통에 대한 의사를 소통할 때라야 생성되지요.

마투라나는 이렇게 예를 듭니다. 아침에 눈을 떴더니, 고양이가 부엌에서 야옹거립니다. 그 소리를 듣고 냉장고로 가서 우유를 꺼내 고양이한테 줍니다. 이렇듯 의사소통이란 각자의 행동양식을 적절히 조화시키는 단계에서 이미 이루어지는 것이지요. 그런데 어느 날 우유가 떨어졌습니다. 그러니까 고양이가 항의를 합니다. "아니 이게 대체 무슨 일입니까? 아무리 야옹거려도 우유 줄 생각을 안 하시네!"라고 말할 수 있다면, 그제서야 비로소 언어의 단계에 이르는 것입니다. 언어는 그렇듯 의사소통에 대한 의사를 소통하는 단계인데, 고양이는 물론 그런 말을 할 수 없습니다.

언어에 대한 분석은 여기서부터 시작한다고 마투라나는 얘기합니다. 아까 말했던 의사소통에 대한 의사를 소통하려면, 무엇이든 기호로 표시하는 수단이 있어야 하고 이 수단은 대단히 논리적인 체계를 가진 큰 구조물 안에 포함됩니다. 그러니까 언어라는 구조물은 사물이나 개념을 표시하는 기능도 있고, 부호들이 규칙적으로 조작되면서 끝없는 의미를 산출하는 기능도 있습니다. 인간의 언어는 이렇게 거창한 수단의 구조물이라서, 이런 기능을 활용하며 우리는 나 자신(self)을 감식하는 자의식과 의식의 세계를 갖게 되었다는 설명입니다.

마투라나의 견해 중에 특히 극단적인 입장은, 인간의 의식도 본질적으로는 사회적 현상이라는 점입니다. 의식은 언어와 함께 탄생하지만 언어는 또 사회라는 시스템 안에서 돌아가는 것이니까요. 그러므로 인간의 의식을 연구하기 위해서는 사회적 차원으로 시선을 확장해야 합니다. 언어를 사용하는 인간의 생리적 측면에 몰두한 채 물리학과 화학 그리고 생물학과 심리학의 범주에 머무는 한, 아무리 들여다봐도 해결의 실마리를 찾지 못한다는 얘기입니다.

매터스 해방신학과 통하는 점이 있겠는데요. 신학적 진리는 무엇보다 사회적 차원에서 읽어내야 한다는 점을 강조하는 방법론이거든요. 방금 말씀하신 내용과 연결이 잘될 것 같습니다.

카프라 거기에 대해 조금 더 설명해주실 수 있는지요?

매터스 해방신학에서는, 사회의 밑바닥에 뿌리박고 사는 기층 민중들의 일상적 체험을 이해하는 것이 믿음의 출발이라고 선언합니다. 그리스도교의 믿음은 민중의 실제 생활에서 그들이 갖는 욕구와 고통 그리고 열망을 함께 느끼며 체험할 때라야 진정코 믿음으로서의 의미와 가치를 갖는다는 얘기입니다. 가난하고 소외된 사람들의 곤경과 박탈감을 간과해버리는 신학이란 공허하고 무의미하다고 주장합니다.

슈타인들-라스트 렉스 힉슨이라고 뉴욕의 컬럼비아 대학 라디오 평화방송에 계신 분인데, 언젠가 아주 기가 막힌 종교일치 운동의 프로그램을 만드셨어요. 이 양반이 제게 그리스도교가 뭔지 방송에 나와 얘기를 좀 해달라고 부탁한 적이 있었습니다. 그래서 그렇게 말씀드렸지요. 한 사람이 나와서 그리스도교가 뭔지를 설명하는 건 우스운 일이다, 그리스도교가 뭔지를 방송으로 제작하려면 무엇보다 함께 사는 사람들의 이야기를 다루어야 한다. 그래서 저는 사람들이 떼거리로 나가는 게 어떻겠냐고 제안했지요. 몰려나온 사람들이 함께 노래 부르고, 음식도 나누며 토론하는 형식을 취해, 그러니까 공동체에서 흘러나오는 자연스런 생동감을 시청자도 그대로 느낄 수 있게 말입니다. 실제로 그 프로그램은 큰 성공을 거두었어요. 시간 제한 없이 그대로 내보냈는데, 청취자들의 성원으로 평화방송은 그 프로그램을 여러 차례 재방송했습니다. 그리스도교 공동체의 진수가 뭔지 바로 그걸 보여주었기 때문입니다.

그런데 저는 아직 나 자신(self)이 뭔지, 그에 대한 질문이 몇 가지 더 남아 있어요. 아까는 열심히 듣고 있었는데, 얘기가 너무 빨리 지나가버려서요. 자신이 뭔지 우리가 아까 하던 얘기를 다시 좀 요약해서 설명해주실 수 있겠어요, 프리초프?

카프라 우리 주체에 대응하는 개념으로 '객체(object)'라는 게 있습니다. '의사소통에 대한 의사'를 소통하는 상대가 있다는 사실은 이미 어떤 '객체'를 전제로 하는 거지요. 일상적 체험을 통해 우리는 자연스레, 무언가를 객체화하는 버릇이 있거든요. '내가 아닌 무엇이, 그러니까 객체가 있다'고 추상화시킨 생각을 말로 할 수가 있는 겁니다.

이런 생각이 어떤 식으로 일어나는지 그 단계를 하나하나 추적해볼 수가 있을 테지만, 일단은 여기까지가 첫 단계입니다. 다음에는 이런 객체의 개념을 그렇게 말하는 사람에 대응시킬 수가 있고, 그러면 자기 자신이라는 개념이 자아라는 뜻으로 자연스레 생겨납니다.

슈타인들-라스트 '자신'에 대해 그런 식으로 생각해보는 것도 참 재미있네요. 그런데 말입니다, 자신에 대한 개념을 이런 식으로 먼발치부터 시작해서 다가가다 보면 도중에 그만 불필요한 낭비를 하는 건 아닌가 싶거든요. 곧장 우리 자신의 체험으로 다가갈 수도 있는데요. 그럴 경우 나 '자신'은 우리가 속해 있는 그 무엇이에요. 원하든 그렇지 않든 우리 자신은 바로 우리가 거기 속하는 그 무엇이거든요.

카프라 제가 '자신'이라고 말할 때의 뜻은 그것과는 거리가 있습니다. 제가 말씀드렸던 '자신'은 흔히들 '자아(ego)'라고 부르는, 그러니까 자신의 상(像)에 국한시켜 쓰는 말입니다. 자의식이라고 할 때의 '의식'과 관련해서는 이런 맥락의 자신을 일컫습니다. 왜냐하면 우리가 살고 있는 현실 세계에서, 나와 나 아닌 것을 구별해내고 그런 다음 나 자신을 거기서 따로 떼어내는 굉장히 관념적인 작업의 얘기니까요.

슈타인들-라스트 그런 의미에서라면 '자신'은 퍽 부정적인 것이겠네요. 참된 자신이 아닌 못난이 자신이기가 쉽겠어요.

카프라 그래요, 객체라는 말도 역시 좀 부정적인 뜻이 될 수 있어요. 하지만 대단히 요긴한 개념입니다. "나한테 네 연필 좀 줄 수 있겠니?"라고 말할 때, 연필을 하나의 객체로 생각하면 얼마나 요긴한지 모릅니다. 그걸 손에 넣는 과정을 사물과 관계의 양식이니 뭐니 해서 얼마라도 복잡하게 설명할 길이 많이 있지만, 모두 다 생략한 채 "내가 네 연필 좀 빌려 쓸 수 있겠니?"라고 물어보면 간단하거든요.

슈타인들-라스트 하지만 이 못난이 자신이 스스로를 참된 자신이라고 착각하기 쉬울 텐데, 그건 어떻게 방지하죠? 대수로울 일 없을 것 같지만, 방향이 어긋나기 십상이거든요. 곤두박질치고, 어디에 가서 처박히고, 갈라지기 마련이란 말이죠. 아집과 참된 자아를 혼동하면 정말 만신창이가 되기 쉽습니다. 이걸 대체 어떻게 해야 막을 수 있을까요?

카프라 여기서 우리는 토론의 출발점으로 다시 한번 돌아가야 할 것 같습니다. 처음에 우리는 귀속감(belonging)이라는 것에 대해서, 또 그런 체험에 대해서도 얘기를 했어요. 그러면서 인간성이란 관계성을 통해 규정된다. 하지만 관계성이란 꼭 사람한테만 특별한 무엇은 아니라고 했습니다. 생명과 무생명을 망라한 모든 존재의 양식에 다 있는 것이라고요.

그에 비해 인간한테만 있는 고유한 특성은 자기 자신을 감식하는 능력이라 했습니다. 이렇게 스스로를 감식하는 특성은 상당히 위험한 면도 있지만 한편으로는 대단한 영광을 불러올 수도 있습니다. 그 덕분에 우리는 찬란한 과학 이론을 정립해놓았고 문화와 예술 등을 일으켰으니까요. 하지만 이는 우리 자신, 그러니까 스스로를 파괴하는 속성도 있습니다. 이를 방지하기 위해서는 책임이란 게 따라야지요. 아울러 우리는 이 못난이 자신을 위대한 자신과 다시 묶어주어야 합니다. 이렇게 서로 '다시 묶는다(religare)'는 말의 라틴어가 종교(religion)라는 말이 된 것 아닙니까?

슈타인들-라스트 그렇게 보니까 과학과 종교를 연결시킨다는 의미가 아주 새롭게 느껴지네요. 과학자로서 과학을 연구하는 자아는 보통 그 못난이 자아입니다. 그러니까 이 못난이 자아가 참된 자아로부터 유리되고 우주 삼라만상에 대한 귀속감을 잃어버리면 과학은 정말 위험해집니다. 소외감에 허덕이는 못난이 자아가 엉뚱한 방향으로 과학을 이끌어갈 수 있거든요. 이런 위험을 방지하기 위해 이들을 '다시 묶어놓는(religio)' 노력을, 다시 말해 '종교적인(religious)' 마음을 기울여야 한다는 말씀이시지요? 명쾌하게 설명해주셔서 정말 기분 좋습니다.

두 번째와 세 번째 준거를 더 살펴보면

카프라 패러다임 전환의 그다음 특성으로 넘어가기 전에 두 번째와 세 번째의 특성에 대해 몇 가지 짚어보았으면 합니다. 신학에서 두 번째 특성은 계시의 문제였습니다. 계시란 것을 전에는 영원한 진리로 여겼는데, 새로운 패러다임에서는 계시를, 역사를 통해 신이 자신을 드러내는 쪽으로 보게 되었지요. 관점의 전환이 일어난 것입니다. 대전환이지요.

슈타인들-라스트 그렇습니다. 옛날엔 하느님의 계시를 '진리의 꾸러미'로 여겼는데 새로운 패러다임에선 진리를 하나의 역동적인 과정으로 이해하게 되었지요. 계시란 이 세상에서 벌어지는 온갖 현상 속에 하느님의 실존을 깨우치는 과정인 것입니다.

카프라 그러니까 인식의 과정에 초점을 맞춰, 하느님의 실존을 인식해가는 과정 그 자체를 중요시한다는 말씀이죠? 그런데 인식의 과정에 대한 얘기를 저는 과학에서 세 번째 면모로 잡았거든요. 두 번째 것은 구조에서 과정으로의 변동이지, 그 얘기는 아니었습니다. 자연에서 무엇을 관찰할 때 구조가 아니라 과정에 초점을 맞춘다는 뜻입니다. 그러니까 신학에서는 두 번째와 세 번째 면모 사이에 별다른 차이가 없는 것 같습니다. 서로 합쳐져버리지 않겠습니까?

슈타인들-라스트 두 번째 특성을 제가 다시 설명해보겠습니다. 세 번째 특성과 확실하게 구별 짓도록 말입니다. 기존의 사유 방식으로 치면 신학에서는, 하느님에 대한 서술 그리고 교회의 가르침과 교리, 여기에 모든 것이 집중되어 있었어요. 이와 관련한 내용들을 가지런히 정리해놓은 것이 바로 진리였고, 그것만이 전부였지요.

새로운 사유 방식에서는 계시가 일어나는 전 과정의 단계 단계를 다 중요하게 생각합니다. 그리스도교 신학에서 성서란, 인간이 조금씩 하느님을 깨달아가는 과정을 기록한 것입니다. 계시의 역사는 하나의 과정이며, 신학이란 바로 그 과정을 연구하는 학문이거든요. 그에 비해 계시된 진리는 하나의 구조물이지요. 하느님과 우리 사이에 일어나는 여러 사건은 과정이며 이들이 함께 드러나 표현된 것, 이것이 구조입니다.

카프라 그렇게 드러난 구조물이 교리이고, 그것을 이루는 과정이 신과 인간 사이에 벌어지는 여러 과정의 일이라는 말씀이시죠? 교리란 거기서 형성되어 나타나는 것이고요. 그렇다면 그리스도교의 교리는 고정된 무엇이 아니라 알아가는 과정, 곧 인식해가는 것이란 말씀이 되나요?

슈타인들-라스트 그렇죠. 계시란 우리가 하느님을 깨달아가는 과정이니까요. 그리고 신학도 마찬가지로 나름으로 하느님을 깨달아가는 길입니다. 그럼 이제 과학에서 이전의 패러다임과 새로운 패러다임을 구별 짓는 두 번째 특성과 세 번째 특성의 차이를 다시 한번 설명해주시겠습니까?

카프라 두 번째 면모를 설명하기 위해 나무를 예로 들어보겠습니다. 이전 패러다임은 나무를 보면 몇 가지 기본 구조를 따질 것입니다. 나무 줄기가 있고 가지가 있고 이파리가 있고 뿌리가 있습니다. 이런 것들을 아주 열심히 묘사했어요. 다음에는 이들이 상호작용하는 점을 얘기하겠지요. 그러니까 상호작용의 과정에 대한 설명이 나오기는 하지만, 그것보다는 구조에 대한 설명이 우선이었다는 거지요.

새로운 패러다임은 나무가 하늘과 땅을 연결시키는 현상이란 얘기부터 할 거예요. 이파리에서 일어나는 광합성 과정이 바로 그것인데, 광합성의 효율을 극대화하고자 이파리는 주로 태양을 향해 뻗어 있는 줄기와 가지 쪽에 잔뜩 붙어 있습니다. 그런데 나무는 양분이 필요하니까 줄기가 있고 뿌리도 있지요. 땅에서도 양분을 취하고 하늘에서도 양분을 취하는데, 이렇게 얻은 양분이 나무 안에서 서로 섞입니다. 이들이 잘 섞이려면 여러 과정을 거쳐야 하고, 그러기 위해서는 적당한 구조가 필요합니다. 우리 눈에 보이는 나무의 구조물들은 바로 이런 기능을 위해 생겨난 것입니다.

여기까지 제가 한 설명은 나무가 무엇인지, 그것을 하나하나 우리가 인식하는 과정에 대해 얘기한 게 아니었어요. 저는 나무가 무엇인지를 얘기했습니다. 그에 비해 새로운 패러다임의 세 번째 특성은 인식의 과정에 대한 겁니다. 그건 전혀 다른 차원이지요. 여기서는 나무 얘기를 해도 초점은 나무가 아니라 나무에 대한 '관찰'입니다. 관찰하는 동안 어떤 과정이 일어나는가? 그러니까 두 번째는 대상물의 과정이고, 세 번째는 관찰이 일어나는 과정입니다. 두 개는 전혀 다른 것입니다. 그런데 신학은 이 두 가지 특성이 그냥 섞여버리는 것 같다는 말씀입니다.

슈타인들-라스트 무슨 말인지 이제야 알겠습니다. 그런데 두 가지 특성은 과학보다 더 밀착되어 보이지만 신학도 분명히 두 가지 특성으로 구분할 수가 있어요. 토마스 신부님, 신학에서도 뭐 좋은 예를 한 가지 찾아, 그 차이를 드러내 보일 수는 없을까요? 삼위일체라든지, 뭐 그런 구체적인 예로 말입니다.

매터스 한번 그렇게 해보겠습니다. 그런데 또 전문 용어를 써야 할 것 같아 미리 양해를 구하겠습니다. 과학은 사건이 일어나는 현실의 '구조'와 '과정' 사이의 관계에 대해 얘기했지요? 그에 비해 신학에서는, 예컨대 삼위일체라 하면 '불변의' 삼위일체와 '현실의' 삼위일체 사이의 관계에 대해 얘기해볼 수 있겠습니다. 아까 말했던 새로운 패러다임의 두 번째 특성에 따라 '영원한 진리'이신 삼위일체와 '역사를 통한 발현'이신 삼위일체, 뭐 이렇게도 표현할 수가 있습니다.

성서를 비롯해 삼위일체를 뒷받침하는 자료에는, 거룩하신 삼위(三位), 아버지와 말씀 혹은 아들 그리고 성령(聖靈)의 관계를 인간의 구원과 관련지어 설명하고 있습니다. 다시 말해 하느님이 우리 인간과 어떤 방식으로 관계 맺느냐를 그렇게 설명하지요. 그런데 실제로 '우리 앞에 계시는 하느님'은 어떤 존재냐? 인류의 구원 사업과 우주 전체의 거룩한 사업을 통해 스스로를 드러내시는 분입니다. 이런 의미에서의 삼위일체는 정녕이 세상과 역사 안에 속하는 우리 삶에 직접적인 영향을 끼치는 현실적인 존재이시죠. 그런데 그리스도교 신앙의 교리에 따르면, 이러한 '현실의' 삼위일체가 바로 그 '불변의' 삼위일체와 다른 분이 아니라는 겁니다. 우리 인간을 소외에서 구출하여 사랑의 성찬에 끌어들이는 분이 바로 아버지요, 말씀이요, 성령이라는 얘기입니다. 그러니까 하느님 생명의 내적인 면에 대해 우리가 조금씩 더 알아가는 과정은 곧 우리의 영성이 변화하고 해방되고, 그래서 완전히 깨우쳐가는 그 과정이라는 것입니다.

그래서 과학의 패러다임 변화와 신학의 패러다임 변화를 비교하는 구도를 잡아 서로를 연결시켜보면, 과학에서의 '구조'를 신학에서는 '불변의' 삼위일체로, 과학에서의 '과정'을 신학에서는 '현실의' 삼위일체로 맞대응시킬 수 있겠습니다. 그러니까 거룩한 사업을 펼치시는 하느님은 역동적인 관계의 그물을 짓고 계셔서, 그 속으로 들어서면 곧 역설적 전환에 마주하지요.

과학에서의 구조는 바닥에 깔리는 여러 과정이 겉으로 드러난 것이라 하셨지요? 그런데 신학은 그런 여러 과정을 바닥에서부터 뚫고 들어가, 역동적인 관계의 그물 그 자체이신, 바로 하느님이라는 그 '구조물'을 만나게 되는 거예요.

슈타인들-라스트 다시 말해 삼위일체를 말할 때, 이제는 더 이상 저편에 앉아 계신 세 분 어른을 생각하면 안 된다는 겁니다. 삼위일체란 이제 역동적 개념으로 우리가 그 속에 살고 있는 현실로 받아들여야 합니다.

매터스 바로 그겁니다. 그리스도인들은 가끔 '하느님께서 삼위일체'시라는 사실을 교회가 어떤 식으로 깨우쳤는지를 까맣게 잊어버리는 경향이 있어요. 삼위일체라는 교리를 하늘에서 딱 인쇄한 다음 튼튼하게 포장해 직접 받아온 것인 양 착각을 한단 말이죠. 만약 그렇게 하늘에서 다 완성시켜 보내준 거라면 차라리 속 편한 일일지도 모르겠지만 결코 그런 게 아니거든요. 만약 그런 거라면 교회는 대체 무엇 때문에 그 많은 회의를 열어가면서, 말로는 이루 표현할 수 없는 하느님의 신비를 인간의 언어로 표현해보겠노라고 갖은 애를 썼겠습니까? 완제품으로 송달된 교리가 있는 게 아니라는 말입니다.

인류가 함께 하느님의 신비를 이해하려 애쓰는 노력, 바로 그러한 노력을 하는 과정에서 우리는 구원을 얻고 해방과 깨우침을 얻는 것입니다. '현실의' 삼위일체, 그게 정말로 중요한 것입니다. 우리 존재가 초월적인 인간이 되는 역량이 바로 거기서 나오거든요. 그러니까 여기서의 삼위일체는 거룩한 존재가 스스로를 체험하는 하느님의 삼위일체와 별개의 것이 아니라는 뜻입니다.

삼위일체의 교리는 정말 중요합니다. 교회라는 제도를 통해서든 아니면 개별적인 신자의 입장에서든, 이러한 신비를 더 잘 이해하려 애쓰는 노력은 어찌 보면 그 자체가 바로 커다란 신비입니다. 삼위일체를 이해하려는 열망, 하느님 안에 어떻게 '불변의' 세 위격이 계신지를 깨우치려는 시도, 그 자체는 깨우침의 필수적인 요건입니다. 아울러 그렇게 깨우쳐가는 과정은 곧 구원과 해방과 깨달음의 과정이기도 합니다.

슈타인들-라스트 삼위일체를 더 많은 사람이 이런 식으로 받아들이면 얼마나 좋을까요! 그러면 하느님께서 스스로를 드러내는 계시의 과정에 바로 우리 자신의 삶이 포함된다는 사실을 깨우칠 수 있을 텐데요.

카프라 그러니까 계시도 역시 하나의 과정이라는 뜻이네요. 그렇다면 계시란 몰랐던 것을 깨우쳐가는 과정인 데 비해, 신학을 통해서는 그런 식의 계시에 대한 지식을 얻는 것이라고 가를 수 있는 건가요? 그러면 두 가지는 서로 다른 과정이네요. 지식을 얻는 차원이 서로 다르니까요.

슈타인들-라스트 바로 그렇습니다. 세 번째 특성은 두 번째 특성과 분명히 다릅니다. 두 번째 특성은, 신학의 관심이 계시된 결과에서 계시의 과정으로 옮아가는 것이고, 이제 세 번째 특성은 신학을 하는 행위에 대한 거니까요. 신학이란 그 자체가 하나의 과정으로서, 신비를 감식하는 인간의 면모를 포함해 그렇게 깨우쳐가는 길이라는 사실을 명료하게 표현해야 한다는 내용입니다.

카프라 그러니까 두 번째는 하느님 실존을 깨우쳐가는 계시에 대한 것이고, 세 번째는 계시가 무엇인지를 깨우치는 과정인 신학에 대한 것이었습니다. 세 번째 특성은 사물을 관찰하는 방법이나 요령이 결과적으로 이론에 큰 영향을 준다는 뜻에서 인식론적이라는 말을 쓰는 것이고요. 신학과 과학의 대비에서 제가 혼란을 일으켰던 까닭은, 계시는 바로 인식의 과정이었기 때문이지요. 예컨대 나무에서 일어나는 광합성의 과정은 인식의 과정이 아니거든요.

슈타인들-라스트 그런 까닭에 신학에서는 두 가지 특성이 훨씬 더 맞물려버린 셈입니다. 하지만 두 가지는 명백하게 구별됩니다.

4. 건물에서 그물로 전환하는 지식의 체계

카프라 자연과학에서는 지식의 체계를 이야기할 때 건축물에 비유하는 경우가 많습니다. '현상의 기반을 이루는 초석'이라든가, '기초 공식' 혹은 '기초 원리' 같은 말을 많이 씁니다. 확고하게 기초를 다진 위에 벽돌을 쌓듯 과학 지식은 층층이 쌓여야 한다고들 믿습니다. 그런데 패러다임의 변동이 일어나면 그 건물의 기초가 바닥부터 흔들리니까 몹시들 불안해합니다. 그런데 이제 지식의 체계에 대해, 벽돌이 차곡차곡 쌓인 건물의 구조라는 비유보다는 서로가 얽히고설켜 있는 그물의 구조(network)라는 비유 쪽으로 옮겨 가고 있습니다. 모든 게 상호 관계로 연결되어 있는 그물 말입니다. 상위 지식과 하위 지식이 따로 없고, 그러니까 위계질서가 있을 수 없고, 더 기초적인 혹은 덜 기초적인 요소도 따로 없습니다. 그러니까 지식 체계에 대한 비유가 건물에서 그물로 전환하는 것, 이 점이 제가 생각하는 새로운 패러다임의 네 번째 면모입니다.

슈타인들-라스트 신학도 꼭 같습니다. 신학에서도 이전의 패러다임은 과학에서와 똑같이, 건물의 비유를 내내 써왔습니다. 우리의 기초적 믿음이라느니, 우리 믿음의 기초적 구조라느니 등등 해서 말이죠.

매터스 꼭 비유만이 아니고요, 이러한 비유가 내포하는 지식에 대한 느낌이 있지 않습니까? 옛날에는 지식이란 게 보통 정지된 무엇이었거든요. 그러니까 신학에서 기존의 패러다임으로 보면, '계시된 진리'란 변치 않는 내용을 하늘에서 아예 한 묶음으로 엮어 직접 땅으로 내려보낸 것과 다름이 없었습니다. 신학적 진술이란, 신자들의 성향이나 종교가 일어난 문화적 풍토에 얽매이지 않는 '객관적'인 것이었고요.

오늘날은 신학에도 '그물 구조'라는 비유가 들어오기 시작했어요. 서로 다른 문화 사이의 소통이 잦아지고 서로 다른 학문 간의 관계성을 추구하는 노력도 상당히 늘어나고 있고요. 자연과학 쪽보다 오히려 더 뚜렷한 추세지요. 아마 이런 점은 과학보다 신학이 앞서 가고 있는 좋은 예가 될 것 같아요.

카프라 과학에서는 아마 다른 특성에 비해 이 네 번째 전환이 가장 어려운 일일 거라고 저는 생각합니다. 벽돌을 차곡차곡 쌓아 건물을 지어간다는 식의 기존하는 비유법에 과학자들이 워낙 뿌리 깊게 길들여져 있거든요. 과학의 언어가 모두 그렇게 각인되어 있어 이제 와서 갑자기 '그물 구조식' 사유로 전환하는 것은 몹시 힘듭니다.

예를 들어 오늘날 대부분의 생물학자는, 생물학의 가장 기초적 차원은 유전자의 분자 수준이라고 생각합니다. 생물 현상은 유전부호인 DNA의 기초적 차원에서 모두 다 결정 난다는 식이지요. 그런데 새로운 사유 방식으로 보면 DNA는 그저 생명의 시스템 전체의 한 가지 측면이고 한 가지 차원일 따름입니다. 모든 게 DNA를 기초로 그야말로 벽돌을 쌓듯 차곡차곡 올라가는 건 아니거든요.

그리스도교 신학의 여러 가지 길

슈타인들-라스트 그런 현상은 신학 쪽도 마찬가지예요. 이런 변화를 도저히 받아들이지 못하는 사람들이 있지요. 특히 모든 것이 정리 정돈 일색 아니면 큰일 나는 줄 아는 신학자들한테는 참 어렵습니다. 그렇게 보수적인 신학자들은 늘 이렇게 말합니다. "신학자의 목소리가 여러 갈래로 나누어져서는 안 된다. 관점이 그렇게 각양각색이면 믿음에 혼란을 초래한다."

이런 입장을 내세우는 배경에는, 그리스도교 신학의 탄생과 더불어 열두 사도로부터 전해오는 유일무이하고 확고한 믿음이 있으리라는 막연한 어림짐작이 깔려 있습니다. 부활하신 예수님이 하늘에 오르신 후 다시 성령이 세상에 오신 오순절쯤에 이르러서는 어떻게든 완성품 신학이 도착했을 것이고, 이후의 일은 그것을 좀더 세부적으로 발전시켜나가는 것뿐이라는 생각이지요. 이렇게 유일무이한 원단의 믿음으로부터 조금씩 가지를 쳐나간 이단들은 세월의 흐름과 함께 자연스레 떨어져나갔으리라고 믿어버리는 것입니다.

그러나 실제로는 이와 정반대의 상황이었어요. 기원후 100년에 걸친 교회사에 대해 최근 수십 년의 연구 결과에 따르면, 당시의 그리스도교 신학은 결코 단일한 형태가 아니었어요. 엄청나게 서로 다른 여러 갈래의 신학이 있었지만, 이들은 다 같은 그리스도인이었지요.

사실은 이렇게 현란한 다양성을 통해서만 루멘 크리스티(lumen Christi), 그리스도의 빛은 온전히 드러나고 제대로 발휘될 수 있는 것입니다. 신약성서만 보더라도 바울로, 야고보, 요한, 베드로, 루가처럼 서로 다른 신학이 모두 함께 나옵니다. 현란한 다양성, 바로 그 이유 때문입니다. 조금씩 어긋나는 이들의 내용을 억지로 통일시키지 않았습니다. 이들은 서로를 보완하며 균형을 맞추니까요.

매터스 다른 인문과학과 마찬가지로 오늘날은 성서 연구도 역사비평의 방법을 적용하는데, 이 작업을 통해서 신학자들은 신약성서 안에 여러 가지 신학의 입장이 혼재한다는 사실을 인정해야만 자기모순에 빠지지 않는다는 결론에 도달했지요. 사도 바울로를 비롯해 성서의 저자들은 결코 완벽한 신학 체계를 완성시켜놓지 않았거든요. 그런 까닭에 우리는 그리스도의 신비를 이해하는 신학의 여러 방향과 가능성을 가늠할 수 있고, 또 그렇게 해야만 하는 겁니다.

슈타인들-라스트 그토록 서로 다른 입장과 방향을 가졌던 사람들도 딱 한 가지, '예수 그리스도가 주님'이라는 확신만은 나눠 가졌습니다. 정말 그게 다였을까 싶을 정도로 의아한 일인데 초대 그리스도교 신학의 여러 갈래가 공유한 내용은 정말 그것뿐이었던 것 같습니다. 이 단단한 믿음 하나가 그 이후 전개될 모든 신학의 무게를 받쳐주기에 충분했던 것입니다.

'예수 그리스도가 주님'이라는 말은 경건한 후렴도 아니고 열에 들뜬 맹세도 아닙니다. 이는 예수 그리스도가 그분의 삶과 가르침을 통해 세워놓은 기준에 따라 우리의 모든 일을 맞추어 살겠다는 확고한 약속입니다. 우리 모두가 동조한 믿음의 핵심을 이토록 분명하고 확고하게 표현해놓은 이상, 그 이외 주변적인 건 얼마든지 다양하게 펼쳐놓아도 좋다는 것이죠. 그래서 오늘날 '중심은 하나로 묶고 바깥은 마음껏 풀고, 그리고 모든 일에 사랑!'이라는 원리를 제창한 성 아우구스티누스의 말씀이 더욱 새롭게 다가옵니다. 이렇듯 중심을 하나로 묶어둔 이상, 현대신학의 길은 더욱 다양하게 갈라져 나갈수록 그만큼 모두에게 풍성하고 더 좋은 결과가 나올 것입니다.

대목수이신 하느님

카프라 이 점에서는 과학과 신학이 몇 가지 공통성을 나눠 갖는 정도가 아니라 완전히 합동작전을 펴는 것 같습니다. 이전의 패러다임에 따른 과학에서 보면 이 세상은 견고한 기초 위에 세워진 하나의 건축물과 같았습니다. 그러니까 그 건물에는, 최종적으로 뽑아낼 수 있는 확실한 과학 이론이 꼭 있는 줄로 알았지요. 건물의 기초란, 이 세상의 물질을 자를 수 있을 때까지 잘라본 최종적 기본 요소, 자연을 움직이는 기본적인 힘과 법칙 그리고 기본 공식이었습니다.

뉴턴이 살았던 17세기 사람들은 대자연이 한 권의 책인 줄 알았거든요. 가지런히 정돈된 무엇이 있어서, 그 책만 잘 읽어 보면 신이 세상을 어떻게 창조했는지 다 나와 있고 신의 뜻도 정확하게 밝혀져 있으리라 믿었지요. 자연을 열심히 읽노라면 신의 마음도 알게 되리라는 것이었어요. 자연은 바로 신이 우리한테 넘겨준 진리의 꾸러미였으니까요. 그러니까 과학자란, 자연을 관찰하여 도대체 신이 이 모든 것을 어떻게 창조했는지 기초 원리들을 차근차근 찾아내고 정리하는 사람이었어요.

신학에도 아까 하느님이 직접 계시하신 기초적 진리의 보따리가 있는 줄로 믿었다고 하셨죠? 그러니까 과학과 신학을 망라하여 기존의 패러다임은, 이런 기초를 모두 창조하신 하느님으로부터 한 보따리 완제품의 진리를 받아놓은 셈이었네요.

매터스 뉴턴이 신학에도 상당한 관심을 갖고 있었다는 사실은 사람들이 잘 모르더군요. 나이가 든 후 뉴턴은 대부분의 시간을 성서 연구에 바쳤는데요, 요즘 우리가 봐서는 좀 어이없는 작업에 몰두했었다는 자료가 있어요.「창세기」에 나오는 아비들의 나이를 따져서 창조의 시점을 정확히 계산해보려고 했으니까요.

슈타인들-라스트 그건 뉴턴 시대까지 올라갈 필요도 없답니다. 하느님이라 이름 붙여 표현하지는 않지만 요즘도 그런 터무니없는 신학의 양상은 별로 달라지지 않았습니다.

카프라 맞습니다. 하나도 변하지 않았어요. 그리고 재미있는 건, 현대과학이라고 해도 신에 대한 미련이 말끔히 가신 건 아니라는 사실입니다. 과학의 이름으로 된 논문이나 책이라면 겉으로는 물론 신이라는 표현이 나올 곳이 없습니다. 하지만 여기저기서 끊임없이 신을 기대어 비유합니다. 제일 유명한 예가 아인슈타인의 말이지요. "신은 주사위 놀이를 하지 않는다."

슈타인들-라스트 그것도 기존의 패러다임에 속하는 사유인가요?

카프라 당연하죠. 하느님이 계시는데, 그 늙수그레한 어르신은 세상을 창조해놓고는 어딘가 저만치 혼자 앉아 계시고, 그러다가 심심하면 한 번씩 주사위를 던져 세상일에 간섭하시고, 이런 게 모두 신에 대한 기존의 고정관념 아니겠습니까?

슈타인들-라스트 아인슈타인도 그런 고정관념에 매여 있었다고요? "신은 주사위 놀이를 하지 않는다"라고 못 박아 말했는데도요?

카프라 그렇고말고요. 그런 식의 은유가 자연스레 입에서 나오잖아요. 아인슈타인은 신을 끌어들인 점이 잘못되었다고 말하지 않습니다. 신이 주사위 놀이를 하느냐 하지 않느냐, 그게 중요한 겁니다. 그러니까 아인슈타인은, 신이 주사위 놀이 같은 심심풀이가 아니라 뭔가 훨씬 진지한 방식으로 세상일을 다스린다는 말을 하고 있는 거예요. 신은 저기 어딘가 세상 바깥에 앉아, 당신의 뜻을 세상에 펼치는 무엇인가를 하고 있다는 고정관념에는 변함이 없는 거죠.

사실은 스티븐 호킹의 입장도 마찬가지예요. 신은 저 바깥 어딘가에 앉아 여러 행동을 선택할 수 있는데, 호킹은 그런 신이 과연 어떤 선택을 할지가 궁금하다는 얘기입니다. 호킹은 현재 아주 뛰어난 과학자 중 한 사람이고 그가 쓴 『시간의 역사』[16]는 물리학과 우주론을 잘 연결시킨 매우 뛰어난 책이지만 신학의 관점에서는 초등학교 아이들의 교리문답 수준을 넘지 않습니다. 게다가 신이란 말을 얼마나 자주 해대는지요! 꼭지마다 하느님 얘기가 안 나오는 데가 없습니다. "신의 마음을 이해하고 싶다"고 그는 대놓고 떠듭니다.

지식의 체계를 건축물로 보는 기존의 패러다임에 따르면 진

---

16 Stephen Hawking, *A Brief History of Time*, New York; Bantam, 1992 (현정준 옮김, 『시간의 역사』, 삼성출판사).

정코 신은 그 건물을 지은 대목수입니다. 건물을 올리는 데 들어가는 기본 요소는 대목수가 쓰임새를 정해놓은 것이어서, 우리는 하나하나 개별적인 사실을 발견하고 확인하면 그만이었지요.

새로운 패러다임에도 과학의 기본 요소는 있습니다. 하지만 여기서의 기본 요소는 각각의 과학 이론에 중심이 되는 가장 기본적인 것들을 일컫습니다. 기본적이란 말은 더 이상 설명을 하지 않는다는 뜻에서 기본적입니다. 그러나 이는 잠정적인 상황이고, 이론이 조금 더 확장되는 다음 단계에 이르러서는 자연스레 그 정체가 밝혀집니다. 다른 요소들과의 관계가 드러나면 곧 전체 윤곽이 밝혀지니까요.

하지만 우리가 뭔가를 탐구하는 과학의 세계에 머무는 한, 설명되지 않는 부분은 언제라도 남아 있게 마련입니다. 여기서 무엇을 기본으로 삼느냐는 아무래도 과학자가 정합니다. 객관적이 아니라는 말이지요. 이렇게 모든 개념과 이론이 서로 관계를 맺고 있다는 그물 구조의 사유 방식에 따르면, 아무리 '기본 요소'라 할지라도 처음부터 그 내용이 확실한 게 아니고, 오히려 그와 관련한 다른 이론을 통해 상세한 윤곽이 드러나는 경우도 있습니다. 그러니까 무엇을 기본으로 삼느냐 하는 문제는, 효과적인 방법론을 찾는 일이라 이는 과학자 임의로 선정하는 것이지 영속적인 내용은 아닌 것입니다.

슈타인틀-라스트 여기서 신에 대해 언급을 하느냐, 하지 않느냐는 의미가 없다는 말씀이시죠?

카프라 아무런 의미가 없습니다. 밑도 끝도 없이 갑자기 신을 떠올리는 일은 사회학적으로나 관심을 가져볼 현상입니다.
슈타인들-라스트 그렇지만 하느님이라는 말을 꺼냈다는 이유로 무조건 기존의 패러다임으로 몰아붙여서는 안 될 것 같은데요.
카프라 무조건은 아니겠지만 보통 신이라 하면 기존의 패러다임에서 나오는 생각이지요. 옛날식으로 우주를 창조하신, 엄청나게 나이 드신 그 구닥다리 남자 어르신을 찾으니까요. 근본주의자들처럼 말입니다.
매터스 오늘날 근본주의는 아무래도 사회 일반적인 문화 현상 같습니다. 신학만이 아니라 다른 분야도 마찬가지거든요.
슈타인들-라스트 혹시 말인데, 꼭 하느님이라는 이름을 쓰지 않더라도 상관없어요. 새로운 패러다임에서, 그러니까 뭐 궁극적 실재라 할까, 어떻게든 그런 존재를 상정해야 할 자리는 없을까요?
카프라 물론 있습니다. 어쩌면 과학자한테는 그 자리가 아마도 이론적으로 도달하는 한계선에 해당할 거예요. 그런 지평이 펼쳐지면 과학자는 '여기서부터는 모든 것이 너무 많은 맥락과 다 겹치고 온갖 관계에 얽혀버려 더 이상 말로는 표현이 불가능하다'고 인정할 수밖에 없으니까요. 그럼 아마 거기서부터가, 굳이 표현하자면 신의 영역이라 할 수 있을 거예요. 하지만 지금은 세상을 창조한 신의 존재를 구태여 과학 이론에 끌어들일 필요가 없지요. 신이라는 말을 하더라도 그냥 비유적으로 쓰는 거지 기존의 고정관념에 박혀 있는 그런 식의 신은 아니겠지요.
슈타인들-라스트 저는 그 얘기를 조금 더 진전시켜봤으면 합니다.

새로운 패러다임에서는 과연 하느님을 어떻게 얘기할 수 있는가 하는 문제 말입니다. 그것이 무엇이든 우리는 종교적 체험을 통해서라야 가장 심오한 의미를 깨닫게 마련입니다. 그러니까 극적인 상황에서 우리는 뭔가를 깨우치잖아요. 이런 말들 많이 하지요. "섬광처럼 뭔가가 스치더라." 혹은 "나한테 바로 그 말을 하는 것 같더라." 혹은 어떤 내용을 깨우치는 순간 이런 식으로 무언가에 혹은 누군가와 정면으로 부딪쳐버린 듯한 느낌이 강렬할 때가 있거든요.

프리초프, 여기서부터는 과학자로서가 아니라 그냥 일반적인 사람, 그러니까 가장 극적인 상황에서 무엇인가를 깨우쳐보려는 보통의 인간으로 한번 대답해보시겠습니까? 이 세상을 더욱 깊이 이해하고 의미를 찾으려 애쓰다 보면 어느 순간 '나한테 직접 무언가를 얘기해주는' 식의, 온 존재를 통해 감전된 듯한 체험을 할 때가 있지 않습니까? 우리가 찾는 대상에 대해서도 그렇고 우리 자신에 대해서도 바로 그때 필요한 내용을 그대로 얘기해준단 말입니다. 그러면 이런 경우는 일종의 대화처럼 진행이 된다고 볼 수 있지 않을까요?

카프라 뭐 그렇다고 볼 수 있겠지요.

슈타인들-라스트 동의해주셔서 참 기쁩니다. 저한테는 사실 이런 식으로 존재의 의미와 서로 말을 나눈 것 같은 만남의 체험이 너무나 좋고 강렬하거든요. 그게 어떤 건지를 이해하신다면 이제 얼마든지 하느님을 찾아낼 새로운 길을 모색할 수가 있습니다. 왜 그런 줄 아세요? 하느님은 이제 더 이상 세상 저 위에 버티고 앉아 우리를 굽어보고 계시지 않기 때문이에요. 역사

안에서 서로 만나고 통하기 위해 우리는 여기 이렇게 함께 있는 것입니다. 이게 바로 제가 이야기했던, 역사를 통한 계시의 과정이며 여기서 우리는 하느님과 대화를 나누며 서로 죽이 맞는 동반자가 된답니다.

우리 전설 중에 이런 얘기가 있을 텐데, 이슬람 문화에도 비슷한 것이 있고, 코란에도 이런 구절이 나옵니다. "나는 감춰진 보물이었다. 그래서 나를 찾아보라고 이 세상을 창조했노라."

카프라 힌두교 신화에도 같은 이야기가 나와요. '거룩한 놀이'라는 뜻에서 '릴라'라 그러는데 개념이 거의 비슷하네요.

매터스 이 얘기는 지중해 유역의 전설과 인도 지방 그리고 중동 지역의 전설에도 똑같이 나오는, 정말로 보편적인 지혜의 전승입니다. 구약성서의 「잠언」 8장에도 그 얘기가 나오거든요. '지혜'가 여성으로 의인화되어 등장하는데, 그녀는 하느님이 세상을 창조하시는 동안 그 옆에서 내내 즐겁게 놀고 있어요. 지혜가 '놀더라'는 겁니다. 아주 중요한 얘기 아니겠어요?

일과 놀이의 관계를 목적과 의미의 관계로 다시 생각해보란 말이죠. 우리는 목적을 이루려고 일을 합니다. 그런데 의미를 찾기 위해서는 놀아야 한다는 거예요. 대자연의 의미를 알기 위해서도 마찬가지로 지혜의 규칙에 따라 아주 잘 노는 법을 배워야 한다는 겁니다. 그리고 구약성서의 지혜신학을 신약으로 연결지어 생각해야 예수님으로 육화하신 말씀의 신비와 오순절 때 제자들에게 쏟아진 성령의 신비 또한 더 잘 이해하게 된다는 점도 덧붙일게요. 그런데 히브리어로 이 '성령'이 또 여성이네요.

슈타인들-라스트 유대교에서 하시딤 전통의 신비주의에 나오는 이야기가 있습니다. 랍비의 손자인 꼬마 아이가 하루는 할아버지한테 달려와 울면서 말하더래요. "저는요, 머리카락 보일라 꼭꼭 숨었는데, 아무도 저를 찾을 생각을 안 하지 뭐예요." 술래잡기 놀이에 여념이 없는 아이들을 바라보던 늙은 랍비는 눈물을 글썽이며 말했답니다. "오, 나는 방금 하느님이 내게 하신 말씀을 들었노라. '나는 열심히 숨었는데, 아무도 나를 찾지 않는구나.'" 이렇듯 놀이는 계속되고 있고, 하느님은 여전히 우리를 그 놀이에 청하신다는 겁니다.

자연과의 대화

카프라 여기서 다시 자연과학과의 연계점을 찾을 수 있겠어요. 이건 제가 아주 중요하게 여기는 점인데, 자연과학에서 이전의 패러다임은, 이미 우리가 논의했듯이 자연을 지배하고 정복하려는 욕망이 학문의 커다란 동기였어요. 그런데 새로운 패러다임은 무엇보다 이 세상이 살아 있는 생명의 존재임을 천명합니다. 세상은 더 이상 삐걱거리며 돌아가는 커다란 기계 덩어리가 아니라 그 나름의 지성과, 베이트슨의 표현대로 '마음'이 작동하는 하나의 시스템입니다.

이 맥락을 염두에 두고 우리는 대화를 통해 자연을 탐색해보려 합니다. 그러므로 지배와 정복 대신 상호간의 대화 쪽으로 비유의 양식이 바뀌는 건 당연하지요. 사실 대화라는 비유는 자연과학 전반에 그리고 현대 학문 전반에도 널리 쓰이던 것이었어요. 자연과 대화를 나눈다는 표현은 워낙 많이 하잖아요. 같은 상황을 놓고 과학자들은 '신'과 대화를 나눈다는 말은 하지 않을 거예요. 하지만 그 안에 들어 있는 뜻은 거의 비슷하다고 볼 수 있지요.

슈타인들-라스트 신학자는 물론 같은 내용도 좀 다르게, 그러니까 아마 우리가 자연과 나누는 대화라는 것을, 모든 존재의 가장 깊은 샘이신 하느님과의 대화라는 식의 좀더 극적인 분위기로 바꾸어 이해하지요. 아마 이런 맥락에서 서로 통한다면 과학자와 신학자는 정녕 함께 만나서 동일한 목표를 추구할 수 있겠습니다.

관용 그리고 다원주의

카프라 과학과 신학에 어느 정도나 상이한 시각이 허용되는지, 이 문제를 앞에 놓고 저는 아직 자신 있게 답할 수가 없는데요. 과학 분야에 이런 그물 구조식의 사유 방식을 대변하는 분 중에 제프리 추라는 물리학자가 계시는데, 양자역학에서 '구두끈 이론'으로 유명한 제프리 추 선생님은, 자연에는 절대 특정한 기본 요소가 없다는 입장이세요. 물리 현상이란 원래부터 서로 얽히고설키는 사건들의 역동적인 그물과 같다고 하시거든요. 사물은 서로의 끊임없는 상호작용을 통해 존재하므로, 이 구성 요소들이 서로를 받쳐주며 유지시키는 관계만 적절하게 설명하면 얼마든지 또 다른 물리학의 이론이 될 수 있다는 주장입니다.

초기 논문에서 추 선생님은, "누구라도 새로운 관점에 대해 기존의 선입견을 버리고, 이것은 저것보다 혹은 저것은 이것보다 더 기초적인 요소라고 주장하지 않는 사람이라면, 그는 곧 구두끈 이론의 동조자"라는 이야기를 쓰셨습니다. 다시 말해 구두끈 이론 혹은 그물 구조의 철학을 지키려면 무엇보다도 관용(tolerance)의 태도가 요구된다는 겁니다.

아까 신학에 대해 말씀하실 때, 그리스도교 신학은 초창기부터 여러 시각이 늘 공존했다는 설명을 하셨거든요. 그런데 그 중의 한 가지 전통이 교회 전체의 입장을 독점하기 시작했고, 그 이후로 스스로를 가톨릭, 다시 말해 모든 것을 포용하는 보편적 전통이라고 이름 붙여버렸어요. 그런데 오늘날 이 변화무쌍한 시점에 이르러 신학에 다시 다양한 관점과 입장이 대두되고 있건만, 가톨릭교회는 이런 변화에 대해 도무지 너그럽지 못한 곳으로 알려져 있지요. 바티칸의 교황과 교회의 관료 조직은 번번이, 관용의 반대가 무엇인지를 확실하게 보여줍니다. 종교다원주의와 관련해 오늘날 신학의 상황은 대체 어떻게 돌아가고 있는지요?

매터스 상황은 뭐 언제나 그렇듯, 양면이 다 있습니다. 겸손한 마음으로 교회사를 뒤돌아볼 때, 콘스탄티누스 황제[17] 시대 이후 그리스도교 안에서 '신학의 다양성'은 내용이 없는 겉치레의 말뿐이었다는 사실을 부인할 수 없지요. 그러나 관용의 반대에 해당하는 행각이 두드러져 보인다 해도, 교회를 비롯해

---

17   그리스도교를 공식으로 인정하고 국교로 받아들인 로마제국 황제(306~337)로, 현재의 이스탄불인 동로마제국의 수도 콘스탄티노플을 건설했다.

정치적이고 사회적으로 만연해 있는 편협함에 비해 실제로 신학적인 관점이나 관심의 다양성은 꾸준히 이어져왔어요. 교회가 추구하는 의미의 다양성은 이미 굳건한 내력이 되어 이제는 어떠한 제재나 강압으로도 예전처럼 효과적으로 통제할 수는 없다는 인상을 받습니다.

슈타인들-라스트 봉건적인 권력 구조를 유지하는 데는 아무래도 유일무이한 교리를 지키는 것이 유리해 보이니까 그렇게 했던 모양입니다.

카프라 그건 이데올로기지요.

슈타인들-라스트 그렇고말고요. 권력을 위해 봉사하는 교리라면, 그게 바로 이데올로기지요. 사실 신학은 언제라도 그런 이데올로기로 전락할 위험이 있는 분야입니다. 권위를 갖는 위계 조직이 마음먹고 조작을 시작하면 그렇게 하는 건 일도 아닙니다. 다른 종교 조직도 마찬가지일 거예요. 권위를 장악한 조직이 있어 권력을 휘둘러대면, 신학은 순식간에 권력을 휘두르는 수단이 될 수 있습니다.

이런 점 때문에 제2차 바티칸 공의회에서는, 교회 내 권력을 건강하게 분산시키는 방편으로, 교황은 다른 주교들과 협의해 일을 처리한다는 '협의(collegiality)의 원칙'을 마련했어요. 이런 변화와 더불어 교회 안에도 어쩔 수 없이 상이한 견해와 관점을 갖는 다원주의 신학들이 한발 한발 자리를 잡아가기 시작했고요.

카프라 현재 신학의 다원주의는 어떤 상황입니까?

매터스 제가 한번 전반적인 조망을 해보겠습니다. 오늘날 신학에 다양한 관점이 들어선 배경으로 사회적인 변화, 문화적인 변화를 통틀어 세 가지 요인을 꼽을 수 있겠습니다.

첫째는 통신혁명으로, 세계가 하나의 지구촌이 되면서 지구상 어디에 사는 누구와도 연락해 정말로 낯선 지역들의 문화를 직접 체험해볼 수 있게 되었다는 점.

둘째는 그동안 아무런 소리도 내지 못했던 사람들, 이를테면 가난하고 억압받는 사람들 그리고 여성들이 스스로의 해방을 위해 영성을 발휘하고 경제적으로나 정치적으로 필요한 힘을 쟁취하려 자꾸만 더 큰 목소리를 내고 있다는 점.

셋째는 인류가 가진 여러 종교가 서로 만나 대화를 나누기 시작했다는 사실입니다. 이 점은 특히 요한 바오로 2세께서 열심히 지원하셨지요. 1986년 아시시에 모인 종교 지도자 회합에서 우리는 앞으로의 신학이 불교와 힌두교 그리고 아프리카의 전통 종교와 어떻게 조화하며 나갈 수 있을지를 가늠해보았습니다. 아울러 바티칸에서는 별로 고운 눈으로 봐주지 않지만, 해방신학에 대해서도 이제 나름대로 자리를 잡아가며 남미에서 아시아와 아프리카로 번져나가는 추세입니다. 어느덧 이런 일은 모두 지구촌 시민의 일상을 동시에 넘나들게 되었습니다.

슈타인들-라스트 종교다원주의 시대의 변화를 보여주는 한 가지 구체적인 예가 있어요. 성체성사(聖體聖事, Eucharist) 혹은 성찬의 전례라고도 부르는, 천주교의 미사에서 가장 중요한 예식이 그것인데요, 이에 대한 신학적 개념도 이제 폭넓은 시각으로 해석되기 시작했습니다. 이전 패러다임에서 성체성사는 예수님이 베푸신 거룩한 만찬에서 그분이 나눠주신 빵과 포도주가 당신의 살과 피로 변하는 기적과 같은 의미, 그것만이 핵심이고 전부였어요. 그런데 이 예식의 의미는 예수님이 사셨던 당시의 철학적 배경에서 나온 것이라 이 시대 사람들에게는 당연히 낯설고 어색합니다.

이제 새로운 사유 방식을 받아들이는 신학에서는, 하느님을 우러르는 그리스도교 신앙의 핵심적인 신비로 이 아름다운 예식을 바라봅니다. 한가운데 있는 우리의 믿음과 모순되는 게 없을진대, 얼마든지 다양한 관점과 통찰이 가능하다는 사실을 기꺼이 받아들여야 하지 않겠습니까?

카프라 그리스도의 복음만 담겨 있으면 된다는 말씀이신가요?

슈타인들-라스트 그렇습니다. 성령이 가득한 그리스도를 통하여 하느님을 받드는 성체성사, 이 특별한 경배 예식에서 우리는 이 세상의 뭇 생명과 인간을 만나고 교류하는 의미를 되새기는 것입니다. 이는 정말 핵심적인 내용이며 다양한 관점으로 갈라진 신학자들도 대부분 공감하는 해석입니다.

카프라 이것을 어떻게 귀속감이라는 것과 연결시켜볼 수는 없을까요?

슈타인들-라스트 글쎄요, 성체성사란 그러니까 우리의 궁극적인 귀속, 교회의 모두를 포함하는 그 자리에 우리도 속해 있음을 기뻐하는 잔치로 이해할 수 있는데요. 그렇다면 거기 속하는 모든 존재는 당연히 그 잔치에 초대받는 것이고요.

이런 식으로 해석하면 성체성사는 우선 예수 그리스도를 따르는 전통에 우리가 귀속함을 기뻐하는 잔치인데, 이 잔치의 상징이 뜻하는 내용에 따르면 이는 그리스도교 전통뿐만 아니라 다른 문화와 종교 전통을 모두 포함하지요. 그러니까 이는 우리가 삼라만상 모두에 함께 속함을 기뻐하는 잔치이며, 궁극적으로는 우리 모두가 하느님께 속한다는 기쁨을 나누는 잔치인 셈입니다.

카프라 그렇게 좋은 일을 기뻐하는 잔치에 또한 음식이 빠질 수 없겠지요. 생태론식 순환이란 본디 서로가 서로를 먹는 일이거든요. 삶과 죽음이 돌고 돈다는 말입니다. 생태계에 온전히 귀속된다 함은 삶과 죽음의 이런 순환 속에 우리가 녹아든다는 뜻입니다. 잔치 음식을 나누는 일은 그 순환을 따라 함께 돌아가는 것이고요.

슈타인들-라스트 지금 하시는 말씀을 들으며, 과학의 새로운 관점에서 얻은 통찰 가운데 이것은 정말 종교적인 진리를 새삼스레 확인시켜주는 좋은 예라고 생각했어요. 신학에서 성체성사는 죽음과 삶의 신비를 다루는 예식입니다. 예수 그리스도께서는 죽음을 이 맥락으로 이해하시며 우리에게 당신 몸을 내주셨던 것이겠어요. 그리고 그리스도교의 전통에는, 이 빵을 먹고 또 다른 사람을 위한 빵이 된다는 그 말에 상응하는 내용의 흔적들이 있습니다. 신학의 새로운 패러다임은 이렇게 성체성사에 담겨 있는 공동체적 요소를 굉장히 강조합니다.

여기서 다시 제가 늘 하는 얘기인데, 신학에서 새로운 생각은 신학의 가장 오랜 관념으로 회귀하고 있습니다. 이건 아무리 따져봐도 그렇습니다. 여기서 말하는 가장 오랜 관념이란 원래의 그리스도 신비가 갖고 있던 사유 방식을 일컫습니다. 기존의 패러다임이라고 표현할 때 이는 낡고 구닥다리가 되었다는 뜻이지만, 오늘날 우리가 추구하는 진리는 사실 이들에 견줄 수 없을 만큼 오래된 것입니다. 글쎄, 자연과학에서는 이런 사정이 어떤지 모르겠네요. 오늘날의 자연과학이 있기까지 분명 수천 년에 걸친 과학의 역사가 있었을 텐데, 그동안도 사람들은 자연과 대화하며 살아오지 않았을까요? 제가 터무니없는 비교를 하는 게 아닌지 모르겠네요.

카프라 아니요. 분명히 그런 점이 있습니다. 그래요, 산업혁명이 일어나기 이전, 그러니까 근대 이전으로 돌아가고 있는지도 모릅니다. 그렇다고 또 완전히 거꾸로 가는 거냐, 그건 아닙니다.

예를 들어 중세의 과학과 오늘날 새로운 패러다임의 과학 사이에는 유사성이 꽤 많습니다. 전체를 우선으로 한다든가 결속 관계를 중요시한다든가, 또 자연친화적이라거나 뭐 이런 유사성이 있지만 차이점도 사실 많이 있습니다. 예컨대 가장 확실한 차이를 한 가지만 든다면, 옛날에는 모든 게 가부장적 질서였고 또 가부장식 표현 일색이었거든요.

슈타인들-라스트 그렇지만 중세과학의 기본 개념은 오늘날의 새로운 사유 방식과, 예컨대 19세기 과학과 비교해볼 때 훨씬 더 닮은 점이 많은 것 같은데요.

카프라 뭐 여러 가지 측면에서 그런 점을 찾아볼 수 있겠지요. 하지만 새로운 패러다임을 추구하는 오늘날의 과학이라고 해도 이들은 여전히 근대과학을 이룩한 갈릴레이와 뉴턴의 과학이 이룩한 내용 위에서 성립합니다. 새로운 과학도 역시 뉴턴 과학의 성과인 여러 가지 실험 도구와 방식들을 계속해서 사용하고요.

슈타인들-라스트 일관성과 연속성은 신학에서도 중요합니다.

매터스 저는 감히 말하건대, 일관성과 연속성은 신학의 필수적 요소라고 생각합니다. 뉴먼은 이제는 고전으로 읽히는 그의 책 『교리의 발달에 대한 논평집(*Essay on the Development of Doctrine*)』에서, 유년기에서 청년기로 성장한다는 비유를 사용합니다. 예수님도 그와 비슷한 말씀을 하신 적이 있지요. "나는 파괴하러 온 게 아니라 완성시키러 온 것이다."

카프라 그러면 이제 과학과 신학의 공통적 주제인, 기존의 패러다임이 지향하는 단일한 진리의 시스템과 새로운 패러다임의 다원주의 문제로 돌아가겠습니다. 이 문제는 두 가지의 서로 다른 분야에 대단히 유사한 흐름이 있음을 확인시켜주는 무척 흥미로운 주제입니다.

과학을 그렇게 단일 진리로 통합시켜두려는 보수적인 세력 중에서도 가장 큰 힘은 이제 정부의 과학 정책을 자문하는 사람들이 장악하게 되었습니다. 젊어서는 자연과학 분야를 공부했지만 이 사람들은 현재 행정 관료가 되어 막강한 권력 구조 속에 자리를 잡고 있습니다.

슈타인들-라스트 그런 힘을 휘두르는 세력은 교회 안에도 있지요.

카프라 그렇겠지요. 행정 관료가 된 이들은 더 이상 순수한 마음으로 과학에 몰두하는 진정한 과학자는 아니거든요. 워싱턴의 집무실에서 정부의 책임자를 만나 적당한 자문을 해주지요. 이들은 더 이상 현장에서 과학을 하는 게 아니어서, 현장에서 지금 이 순간 과학이 어떤 변화를 겪고 있는지 본질적인 내용을 파악하지 못합니다. 그러니까 결국은 기존의 패러다임에 머무는 과학에 한해서만 계속해서 밀어붙이게 되는 것입니다.

슈타인들-라스트 우리도 그와 똑같은 일을 겪고 있어요. 젊었을 땐 공부 열심히 해서 대단히 똑똑하고 진보적이던 신학자들이 바티칸의 높은 자리에 올라간 겁니다. 워싱턴에서 행정 관료가 되어 구태의연함을 떨치지 못한다는 과학자들처럼이요.

하지만 교회의 경우엔 좀 다른 성격의 문제가 있을 것입니다. 이 양반들이 결코 신학적 발전의 추세를 쫓아오지 못할 분들이 아니거든요. 우리 경우는 아무래도 노파심이 더 문제일 겁니다. 저는 이분들 심정을 충분히 헤아릴 수 있습니다. 신학에 다원주의를 허용할 경우 신자들이 혼란스러워할 게 두려운 것입니다. 보수주의자들은 도무지, 하나밖에 없는 현실을 두고 왜 그렇게 많은 시각과 관점이 필요한 건지 그걸 납득하는 게 어렵거든요.

카프라 그래요, 그게 문제입니다. 똑같은 '현실'을 놓고 왜 그리 많은 관점이 필요하냐고 방금 말씀하셨지요? 신학에서 기존의 패러다임은 현실 탐구에는 관심이 없다는 뜻이지요. 교리만이 중요하니까요. 현실을 교리로 대체해버리면 관점이나 시각 따위는 단 한 종류도 필요가 없게 되지요.

슈타인들-라스트 그래요. 지금 하신 말씀 중에 분명히 옳은 얘기가 담겨 있어요. 하지만 사목을 잘하기 위해서도 다양한 관점과 시각은 필요합니다. 여러 관점과 시각을 허용해야만 더 많은 사람을 제대로 이해할 수 있으니까요. 그리스도교의 교리를 한 가지 소리로 뭉뚱그려놓으면 이 소리를 못 알아듣는 사람은 다 내쫓아버리는 결과가 되고 맙니다. 똑같은 얘기라도 조금만 다른 소리로 바꿔주면 얼마든지 함께 나눌 수 있을 텐데요.

매터스 공식적인 가톨릭신학은 언제나 믿음의 일치와 교리의 일치를 혼동하는 게 큰 문제였어요. 아무리 훌륭한 신학자라 해도 자기 마음대로 말과 개념을 정리해놓고, 그에 따라 믿으라고 할 수는 없는 건데요. 교리는 하느님이 아니니까요. 신학자들은 혹시라도 믿음에 미혹이 있을까 봐 그걸 방지하려는 마음에, 때론 엉뚱한 교리를 뽑아놓고 그걸 하느님처럼 받들곤 하는 거지요.

5. 절대치에서 근사치로의 패러다임 전환

근사치 과학

카프라 요즘 자연과학에서는, 아무리 정밀한 측정이나 평가라 할지라도 결국은 근사치밖에 구할 수 없다는 사실을 정면으로 받아들이기 시작했는데, 이런 변화는 아마 모든 것을 관계의 그물 구조로 파악하는 새로운 패러다임과 직접 관계가 있을 것입니다. 우리 자신도 마찬가지로 그 속에 얽혀 있고요.

그런데 이 세상 모든 것이 다른 모든 것들과 다 연결되어 있다면 대체 어떤 식으로 뭔가를 설명할 수 있겠느냐는 문제가 생깁니다. 설명이라야 조금 아까 말했듯이, 무엇이 다른 무엇들과 어떻게 연결되어 있는지를 보여주는 건데, 모든 것이 모든 것과 연결되어 있다고 하면 사실 아무것도 설명할 수 없는 것 아니겠어요, 그렇지요?

어떤 부분의 특성이든 그것이 연결되어 있는 다른 부분들의 특성을 통해서만 드러난다, 이 말이거든요. 그러면 결국 대략의 근사한 설명 말고는, 어느 부분도 딱 잘라서 명확하게 그 특성을 설명할 수는 없을 거란 얘기가 됩니다. 여기서 대략의 설명이란 무슨 말인고 하니, 다른 부분들과 상호 연결된 복잡한 관계를 열심히 설명해보지만 그걸 빠짐없이 다 찾아내지는 못한다는 그런 말입니다.

여러 가지 서로 연결된 복잡한 관계와 요인들을 더 많이 찾아서 조금씩 더 근사한 답에 접근하지만, 결코 정답을 찾아낼 수는 없다는 말입니다. 예컨대 뉴턴 물리학에서 힘의 문제를 풀 때는 보통 공기의 저항을 계산에 넣지 않거든요. 입자물리학에서도 중력의 효과는 대개 무시합니다. 이것이 바로 과학적 방법의 정체이고 한계이지요. 늘 근사치로 접근해 근사치의 답을 구하며 그 오차를 조금씩 개선해가는 것이니까요.

매터스 옛날 우리가 가진 모든 신학 지식을 총동원해 집약했던 『신학대전』 형식에는 언제나 똑 떨어지는 정답이 있었습니다. 무엇이든 교본대로만 따라 하면 되는 식의 패러다임이었죠. 그런데 새로운 패러다임은 신비의 측면을 훨씬 강조하면서, 모든 신학적 판단은 완벽한 것이 아니며 어림잡아 그렇다는 성격을 인정합니다.

신학을 통해서는 하느님 신비를 온전하고 완벽하게 이해할 수 없기 때문입니다. 신학자 역시 평신도와 마찬가지로, 궁극적 진리는 신학에 몰두한 결과에서 찾아내는 게 아닙니다. 진리는 현실의 실제 상황 안에 있는 것이며, 신학이 이를 정녕 진실되게 담아낼 수 있을지라도 표현하는 과정에서 결국 상당한 제약을 받을 수밖에 없기 때문입니다.

교리

카프라 그럼 이제 교리의 개념을 한번 논해볼 수 있겠습니다. 천주교의 역사를 통틀어 교리라는 것이 그렇게 중요한 노릇을 했던 모양인데, 도대체 교리란 무엇인가요?

슈타인들-라스트 이렇게 한번 얘기해보겠습니다. 신학을 하다 보면 이따금 아주 막막한 문제에 봉착할 때가 있어요. 어떻게든 무리 없이 그에 대한 해답을 얻어야 하는 중요한 문제인데, 참 간단하지가 않거든요. 그런 경우 대개 교리에서 답을 얻어요. 사소해 보이지만 어쩌면 모든 것의 걸림돌이 될 것 같은 아주 중요한 안건이 걸린 특정 문제를 놓고 논쟁이 시작됩니다. 이 문제를 처리하느라 각고의 노력이 소모되지요. 이런 식의 논쟁이 붙을 경우 결국 그 판정은 이미 그런 과정을 다 거쳐서 정리해둔 교리에 따르는 것입니다.

교리라는 것은 그러나 실제 상황을 '놓고서' 이러니저러니 따지는 건데, 실제 상황이란 언제나 교리에 부합하는 게 아니며 교리를 통해 완벽히 설명되는 것도 아닙니다. 대략의 근사치만 뽑아주지요. 그런데 이 점을 간과하는 경향이 있습니다. 교리라면 무조건 믿을 만하다는 사실에 집착하기 때문입니다. "교리의 이런저런 조목은 엄중히 심사해서 결정하고 못 박아놓은 것이다. 그러니까 그 문제라면 더 이상 기력을 쏟으며 고민할 필요가 없다. 이건 이미 다 끝난 얘기다"라고들 하니까요.

물론 이 특성 때문에 교리는 또 대단히 요긴합니다. 예컨대 예수님한테는 인성(人性)과 신성(神性)이 섞여 있는 게 아니라 그 두 가지가 다 있다는 교리가 있는데, 이런 교리는 많은 논쟁을 거치며 정리해놓은 것이라 우리한테 정말로 큰 도움이 되곤 합니다. 우리의 기력을 흩트리지 않고 먼 길을 빨리 가게 하는 든든한 징검다리가 되어주니까요. 크리스토퍼 프라이(Christoper Fry)가 말하는 '하느님의 탐구', 하느님을 찾아가는 길고 긴 여정에 믿을 만한 징검다리가 된다는 뜻입니다.

카프라 자연과학에도 그런 징검다리가 있습니다. 그런데 새로운 과학의 패러다임에서 중요하게 떠오른 점은, 이런 징검다리라도 어느 때든 새롭게 정비할 수 있다는 사실입니다. 관찰하는 대상이 관찰 방식에 따라 결정된다는 의미에서 영원불변의 진리가 없는 것이고 절대적인 진리가 없으니까요.

그렇지만 보통 교리라고 통속적으로 쓰는 말은, 상황에 대한 잠정적 해석이라기보다는 무조건 받아들여야 하는 진리가 아니던가요?

매터스 지금 말씀하시는 의미에서의 교리는 무언가를 마음먹는 행위일 것입니다. '교리를 그냥 받아들이자. 이해하려 애쓰지 말고 무조건 받아들이자. 자꾸 거기에 대해 의문을 가져서는 안 된다.' 이렇게 다짐하는 거지요. 하지만 이런 식으로 이해하는 것은, 교리를 종교적으로 참되게 활용하는 데 장애가 된다고 생각합니다. 이런 식으로는 더 이상 교리의 '발전'을 기대할 수 없습니다.

카프라 하지만 교리를 그렇게 통속적으로 이해하는 건 우연이 아니잖아요? 교회는 수백 년을 두고 그렇게 방관하고 조작했다는 사실을 우리는 모두 알고 있어요.

슈타인들-라스트 그건 뭐 지금도 크게 다르지 않지요. 교리에 나와 있는 대로 받아들여라, 그게 싫으면 뒷감당은 모두 네 몫이다. 이런 식의 우격다짐이요.

카프라 옛날 같으면 십자가에 매달아 장작불 위에 올려놓고 화형시켰겠지요. 그런데 도대체 교리라는 말은 어떻게 변천되어

온 것인가요? 그리스도교가 성립되던 초창기부터 지금 두 분이 쓰고 계신 그런 의미에서 '교리'라는 말이 쓰였습니까? 그러다 언제부턴가 왜곡되기 시작한 건가요, 아니면 요즘 들어서야 비로소 진정한 뜻을 찾기 시작한 건가요?

매터스 제 생각으로는 두 가지 길이 언제나 함께 있었습니다. '교리'라고 정식으로 이름을 붙이는 공식 행사는, 교회 전체의 문제를 논의하기 위해 공의회라는 이름으로 주교들이 다 참석하는 집회인데, 콘스탄티누스 황제가 집정하던 4세기에 처음 열렸습니다. 당시는 그리스도교를 합법적으로 승인하고 동시에 로마제국의 국교로 공식 선포를 하던 시기였어요. 이른바 교리라고 못을 박는 과정에는 다분히 사회적이고 정치적인 요소가 작용했겠지요. 다시 말해서 그리스도교 제국의 국민이 되려거든 일정한 행동 방식뿐 아니라 사고방식까지도 이를 따라야 한다는 것이었습니다.

그에 비해 당시 교회 안의 주요한 사상가들은, 개인적으로 그리고 공동체 전체의 정신적 성장을 위해 교리가 과연 어떤 내용과 형식을 취해야 하는지에 열심히 몰두했습니다. 이분들이 생각하기에, 물론 하느님의 신비를 근사치로밖에는 표현할 수 없다 할지라도, 교리는 누구에게나 정신적으로 꾸준히 성장하고 궁극적으로는 하느님의 신비를 깊은 내면에서 체험할 수 있는 길을 보증해주어야 했습니다.

교리와 관련된 말들의 어원에 대해 조금 설명해드리지요. 교리(dogma)라는 표현과 정통(orthodoxy)이라는 표현의 유럽어는 둘 다 그리스어 동사인 dokein에서 유래하는데, dokein은 '그런 것 같다' 혹은 '그렇다고 하더라' 정도의 긍정적인 뜻입니다. 그러니까 교리에 해당하는 dogma는 원래 누군가를 괜찮은 사람 혹은 훌륭한 인물로 친다는 맥락에서의 '평가'라는 뜻입니다. 두 번째는 '전문적인 판단'이라는 뜻도 있고, 세 번째는 '공식적인 의견이나 가르침'이란 뜻도 있습니다. 그러니까 철학의 어떤 학파가 내세우는 가르침이나 교리, 혹은 교회에서 내놓은 가르침이나 교리라는 뜻이 되는 거죠.

아울러 doxa도 그리스도교가 자리를 잡아가던 초대교회 때는 퍽 중요했던 말인데요, 이 역시 동사 dokein에서 유래하며 누군가의 훌륭함이 눈앞에 빛난다는 맥락에서 '영광'이라는 뜻이 나옵니다. 그 사람의 훌륭한 면모, 즉 영광에 대한 평가를 하는 거예요. 그러므로 정교(政敎, orthodoxy)란, 우리에게 스스로를 드러내시는 하느님을 빛나게 만드는 바른 길 혹은 하느님께로부터 나오는 영광을 올바로 받는 길이란 뜻입니다. 이렇게 따지면 교리라는 것은, 하느님을 영광스럽게 하는 일 혹은 하느님께로부터 오는 doxa, 즉 영광을 더욱 빛내는 일입니다.

슈타인들-라스트 이제는 정말 이런 내용을 옳은 시각으로 되돌려 놓아야 할 때입니다. 영광이라 하면 대개는 저 높은 윗자리에 앉아 번쩍이는 왕관을 쓰고 계시는 가부장적인 하느님의 휘황찬란함 정도로 생각하는 데 익숙해졌거든요. 이렇게 잘못된 개념이 생겨나기 이전 시절로 한시바삐 복귀해야겠습니다. 교회의 공식 언어가 아직 그리스어였을 때는, '하느님의 영광이 무엇인가?'라는 질문에 성 이레네우스의 말처럼 '하느님의 영광이란 곧 생명으로 충만한 인간'이라고 대답했답니다. 이는 그리스도교 초창기에 많이 회자하던 말 중 하나입니다.

매터스 그렇다면 하느님의 영광이란 석양과 닮았겠습니다. 해가 뉘엿뉘엿 서산으로 넘어갈 때 그 빛은 진정 우리 자신을 포함해서 일대의 풍경 전부를 아름다운 빛으로 물들이지 않습니까?

슈타인들-라스트 프리초프, 아까 그렇게 물었죠? 우리가 설명하는 식의 교리라는 게 요즘 들어 새롭게 변한 거냐, 아니면 원래가 그런 거냐고요. 역시 대답은 두 가지 다 있었다는 쪽입니다. 안타깝게도 옛날이나 지금이나 교리에 대해 편협한 시각은 늘 있어왔고, 또 여전합니다. 이런 부류의 사람은 진리에 대한 교리적 해설을, 그 해설을 필요로 하는 진리와 혼동합니다.

한편 그리스도교의 역사를 통틀어, 그런 식의 편협한 교리에 물들지 않는 유구한 전통도 늘 있었습니다. 성 토마스 아퀴나스는 좋은 본보기지요. 이 양반은 믿음을 이렇게 이해했어요. 믿음이란, 말로 읊조린 교리 해설이 아니라 교리 해설이 필요한 실제 상황에 접목되어야 한다고요.

매터스 믿음은 말로 읊어서 되는 게 아니란 뜻입니다. 열심히 교리를 외우고 정리한다고 그게 곧 믿음의 행위는 아니라는 것입니다. 믿음은 어디까지나 생활을 통한 실제 상황에서 발휘된다는 얘깁니다.

카프라 이제 여기서 불교의 교리와 한번 비교해보는 것도 좋을 듯싶은데요. 아시다시피 부처는 네 가지 거룩한 진리라 하여 이른바 사성제(四聖諦)를 설파하셨습니다. 부처님 가라사대, "너는 지금 상태로 도저히 행복할 수가 없다. 이제 내가 괴로움에서 벗어날 수 있는 네 가지 진리를 네게 일러주리니, 첫째 삶은 원래가 괴로움이며, 둘째 괴로움의 원인은 욕심이며, 셋째 그런 상황에서 벗어나는 묘약이 있으니, 넷째 팔정도라고 이르는 그 묘약을 네게 주리라."

어떤 사람이 우리에게 이런 말을 한다면, 이건 결코 세상에 대한 설명이 아니거든요. 그렇지 않습니까? 그리스도교의 문제는 뭐냐 하면, 거기서는 세상이 이러저러하고 또 하느님은 인격이니 뭐니 하며 믿으라는 것입니다. 이러한 태도는, 나의 실존을 들먹이고 세상의 실존을 들먹이며 뭔가를 요구하는 것입니다.

그런데 부처는 그렇지 않습니다. 부처님 가라사대, "너 몹시 괴로울 테니 나한테 와라. 너의 괴로움을 풀어줄게." 이건 거의 정신과 의사나 혹은 상담 전문가의 태도입니다. '싫으면 할 수 없지 뭐. 하지만 네가 원하면, 정말 원한다면 내가 도와줄 수 있어.' 이러는 것입니다. 불교의 사성제를 저는 그런 느낌으로 받아들이는데, 글쎄 이런 게 그리스도인에게는 어떻게 들리실지 모르겠어요.

슈타인틀-라스트 글쎄요. 사성제란 무엇보다도 인간의 원초적인 조건을 말하고 있지 않습니까? '세상은 원래가 그런 것'이라고 부처님은 말씀하시죠. 그러니까 그 말씀은 누구에게나 다 해당하는 것이고요. 어김없는 사실입니다. 그건 어쩌면 예수님 말씀하고 내용상 아무 차이가 없을지도 모릅니다. 인간이 겪는 보편적 체험을 일컫고 있으니까요. 부처님의 진리는 그래서 말로가 아니라 실제 세상을 살아가는 사람들의 구체적 체험과 연결되지요. 그래야 그 내용이 제대로 이해되고 공감을 얻고, 또 진리로 인정을 받는 것입니다. 그런데 부처님의 가르침과 달리 그리스도의 말씀은 이상하게 마치 그런 체험과는 유리된 무슨 고정불변의 진리로 오해받는 경우가 참 많습니다.

카프라 그렇지만 불교의 사성제는 엄밀한 의미에서 교리가 아니거든요.

슈타인들-라스트 물론 아닙니다. 그렇지만 그것은 부처님이 말씀하셨듯이, 논의를 벗어나는 확실한 사실입니다.

카프라 억지로 믿지 않아도 되는 것이고요. 아무도 꼭 믿어야 한다고 말하지 않거든요. 원한다면 여기 이렇게 해결의 길이 있다는 제시입니다.

슈타인들-라스트 불교에 교리가 없는 까닭은, 그건 아마 불교와 그리스도교가 각기 나름대로 발달해온 배경, 그것의 차이보다 더 아마득한 차이가 아닐지 모르겠습니다. 불교는 원래부터가 무언(無言)과 부정(否定)의 종교였습니다. 아무리 지극한 순간에 궁극적 실재를 체험한다 할지라도 그건 결코 언어로는 나타낼 수 없음을 주장합니다. 체험을 말로 나타낼 수는 없다는 것입니다. 이런 식의 부정(否定, apophatic)의 태도는 옛날부터 서양보다 동양에 널리 퍼져 있던 것이었는데, 이후 불교에 접목된 전통입니다.

그에 비해 그리스도교는 무언가 말로 할 수 있고 무언가를 말로 표현해야 하는 긍정(肯定, cataphatic)의 풍토에서 나름의 전통을 발전시켜왔습니다. 그렇지만 불교와 그리스도교 두 전통의 뿌리는 모두 우리 인간의 구체적 체험입니다. 종교적인 통찰을 얻는 지극한 순간의 체험이란 결코 언어로 다 나타낼 수 없다는 사실을 우리는 물론 알고 있습니다. 그럼에도 불구하고 한번 제대로 표현해보려고 끊임없이 노력하는 것입니다. 그리스도교의 전통은 이런 노력을 통해 축적되었고, 그러다 보니 교리 속에 자리를 잡았습니다. 교리는 이제 말로써 굳혀놓은 통찰이지만 그 표현이란 것이 근사치일 수밖에 없다는 사실을 우리는 잘 알고 있습니다. 그에 비해 불교에서의 체험은 언제나 침묵 속에서 이루어집니다. 그래서 열심히 부처님의 침묵을 배우려고 노력합니다. 부처님의 가장 중요한 가르침은 언어를 통해서가 아니라 침묵으로 전수받기 때문입니다.

매터스 긍정의 태도와 부정의 태도, 물론 이런 식으로 두 가지 종교가 취해온 서로 다른 접근법의 특성을 따져보는 것은 아주 유익합니다. 그런데 저는 그리스도교든 불교든 결국 모든 것을 말하고 행한 이후에도 진정한 신비는 우리 손이 닿지 않는 곳, 이해할 수 없는 자리로 사라진다는 생각이 드는군요.

슈타인들-라스트 그래요. 그런데 프리초프, 여기서 좀 물어볼게요. 과학에서도 혹시 이런 식의 교리 때문에 부담스러운 경우가 있나요?

카프라 그럼요. 자주 있습니다.

슈타인들-라스트 구체적인 예를 들어볼 수 있겠어요?

카프라 그러지요. 실제로 '교리'라는 말을 쓰기도 합니다. 예를 들어 다윈식의 교리 혹은 신다윈식의 교리, 뭐 그렇게들 말을 합니다.

슈타인들-라스트 과학에서는 좋은 뜻으로 쓰이기도 하나요?

카프라 아니요. 항상 나쁜 뜻이죠. 대체적인 분위기를 제가 한번 말씀드려보겠습니다. 그러니까 요즘 과학자, 정식으로 교육받고 인정받는 과학자 한 사람과 제가 지금 우리 이렇게 앉아 토론하는 식으로 얘기를 나눈다고 생각해보세요. 이런 질문을 할 수 있습니다. '과학에서 영원불변하는 절대 진리를 한 가지 찾아낼 수 있는가, 아니면 그것도 언제나 예외가 있고 그런 까닭에 결국은 근사치로밖에 말할 수 없는가?' 그러면 아마 약간의 논의를 덧붙이다가, 아니 대개는 곧바로 잘라서 대답할 것입니다. 과학은 오로지 근사치로밖에 답을 내놓지 못한다고요. 과학에서는 어떠한 내용도 다 예외가 있고, 그래서 근사치밖에는 구할 수가 없습니다.

 그렇지만 실제로 과학자들은 실험실에서 일할 때 거의 언제나, 마치 절대 진리가 있고 그래서 그것을 의심할 필요가 없는 것 같은 태도를 취합니다. 과학이라는 절대 교리에 대해 의심하는 논문이 있으면 몹시 꺼려하거나 아예 받아주지를 않지요. 하지만 단도직입적으로 이 문제를 들이대면서 과학에 과연 절대 진리가 있느냐는 일반적인 질문에는, 결코 그들은 아니라고 대답합니다.

슈타인들-라스트 질문을 못한다. 아마 그런 상황이 교리지상주의를 탄생시키는 조건인 것 같네요. 질문에 매달리다 보면 결국 새로운 답이 나올 수밖에 없거든요. 그런데 과학자들이 그런 질문을 애써 피하는 까닭은 무엇인가요? 동료들한테 저지당하기 때문인가요, 아니면 앞으로만 계속 가는 게 더 편해서 그런 건가요?

카프라 그런 이유만은 아닙니다. 과학을 하는 데는 지켜야 할 기본 틀이 있어서, 그 안에서 움직여야 합니다. 눈에 띄는 대로 꼬치꼬치 모든 것을 의심하다가는 과학을 할 수가 없거든요. 그렇다고 해서 완전히 입을 다물어버리고 아무 질문도 하지 않는다면 더 이상의 진전을 볼 수도 없는 거고요. 이상적인 것은, 과학의 기본 틀 안에서 열심히 탐구하며 필요할 때마다 그 틀의 특정 부분에 대해 질문을 제기하는 거죠.

슈타인들-라스트 의문이 생겨도 질문하지 않는다, 이건 아까 우리가 말한 교리지상주의를 탄생시키는 길이었어요. 그래서 교리지상주의를 피할 수 있는 길을 찾아낸 것 아닙니까? 의문이 생기면 질문을 해라, 이게 바로 답입니다.

카프라 그런데 저, 아직 다른 질문이 하나 더 있어요. 신학에서 말이죠, 이른바 근사치의 값이 나오면 그걸 진실에 더 가깝게 개선하려는 구체적인 노력을 하시는지요? 과학의 장점은 바로 이것인데요, 과학이 나아지는 이유가 바로 이 점이고요. 토마스 쿤(Thomas Kuhn)의 말처럼 과학은 끊임없이 진보하고, 또 가끔은 여태껏 이룬 성과를 다 집어던질 만큼의 혁명이 일어나기도 하거든요.

슈타인들-라스트 개선을 위해 혁명을 벌인다고요?

카프라 그렇죠. 근사치의 값을 개선하려고요. 그러니까 항상 점진적인 개선이 있고, 또 혁명적인 개선이 있습니다. 하지만 이 두 가지는 모두 근사치의 값을 좀더 개선하려는 작업이고 노력입니다.

슈타인들-라스트 신학에서는 기존의 패러다임이든 새로운 패러다임이든 상관없이 점진적인 개선이 가능하다는 점을 인정합니다. 근사치의 개선은 보수파와 진보파 모두의 목표이지요. 그러니까 신학도 과학과 마찬가지로 점진적인 개선과 진보가 이루어져요. 그런데 기존의 패러다임은 이미 모든 진리가 다 나와 있다고 믿는 편이지만, 더 정확하고 세련되게 개선하겠다는 생각이지요. 그에 비해 새로운 패러다임에서 신학이란, 끊임없는 하느님의 탐구입니다. 같은 진리라도 전혀 다른 시각에서 여태까지 몰랐던 점들을 또 볼 수 있으리라 믿는 것이고요.

이런 경우 교리는 아주 요긴합니다. 몇 가지 통찰은 충분히 이루어져 이미 못 박아두었습니다. 이렇게 얘기할 수 있을 것 같아요. "하느님 나라를 무척이나 헤집고 다녔는데, 이 동네는 다 돌아보고 지도까지 만들어놨어. 이 동네는 볼 만큼 봐서 더 이상 헤매고 다닐 필요가 없으니까 이제 다른 데로 가보자."

이렇게 정리가 되는데요, 문제는 교리라고 하는 것이 항상 특정 시대의 언어로 표현된다는 점입니다. 핵심만 정확히 설명하면 충분할 것을, 실은 별로 중요하지 않은 사항까지 시시콜콜 따져 못 박아놓은 경우가 좀 있습니다. 그런 까닭에 진지하게 다시 물어야 하는 거죠. '구체적인 상황에서 이 교리가 참으로 의미하는 것은 무엇인가? 이런 식의 언어 표현에 담겨 있는 본질적인 내용은 무엇인가? 왜 당시에는 이런 점을 특별히 강조했는가? 무엇 때문에 그들에게는 이 점이 그렇게 중요했던가?' 이런 사정을 일일이 헤아리는 신학자의 작업은 무척 어려운 일입니다. 교리에 담긴 뜻은 변하지 않지만, 이를 해석하고 이해하는 방법은 끊임없이 시정하고 개선해야 하기 때문이죠.

예술과 과학과 신학에서의 진보 개념

카프라 그런 것을 두고 개선이라고 얘기할 수 있나요? 신학이 과연 진보를 하느냐는 질문인데요, 과학은 명백히 진보합니다. 옛날에 비해 훨씬 폭이 넓어지고 정확해지고, 또 강력한 이론들이 나오거든요. 강력하다는 말은 여기서 예측 능력이 높아진다는 뜻입니다. 이는 바로 과학의 특성인데, 예술 분야와 비교하면 그 차이가 명확히 드러납니다. 예컨대 피카소의 그림이 루벤스의 그림보다 더 낫다, 혹은 샤갈의 그림이 다른 고전화가들 것보다 나아졌다고 한다면 정말 우스운 얘기거든요.

슈타인들-라스트 아인슈타인이 뉴턴 물리학을 진일보시킨 내용과는 다르지만, 저는 분명히 예술에도 조금 다른 의미에서의 진보가 이루어진다고 봅니다. 위대한 작품을 통해 우리는 인간의 체험에 대해 그때까지 전혀 몰랐던 새로운 통찰을 얻을 수도 있으니까요.

바흐나 스트라빈스키가 작곡한 음악을 듣기 전에는 모르고 있던 세계가 분명히 있거든요. 그분들의 작품을 들으며 우리는 여태껏 몰랐던 우리 자신을 처음으로 새롭게 체험한다 이 말입니다. 좀더 깊이 그리고 새롭게 우리 자신을 이해하는 또 다른 관점이 생겨나기 때문입니다.

카프라 하지만 바흐나 스트라빈스키의 음악이 이전의 음악을 모두 포섭하는 건 아니지요. 진보라는 표현은 기존에 있던 것을 포함하면서 뭔가 또 새로운 점이 생긴다는 말이거든요. 아인슈타인의 물리학에는 뉴턴 물리학이 모두 들어 있습니다. 아인슈타인 물리학에서 뉴턴 물리학을 수학으로 고스란히 유도해낼 수가 있으니까요. 하지만 피카소의 그림에서 미켈란젤로의 그림을 유도해낼 수는 없지 않겠습니까?

슈타인들-라스트 미켈란젤로에서 피카소를 끌어내야지요. 그 말을 잘못하신 거죠?

카프라 아닙니다. 제가 맞게 했습니다. 아인슈타인 안에 뉴턴이 포함되어 있다는 뜻에서니까요. 아인슈타인은 뉴턴을 넘어서지만, 뉴턴을 모두 포괄하거든요.

슈타인들-라스트 하기는 피카소를 보더라도, 미켈란젤로 위에 올라서서 그를 넘어선다고도 얘기할 수 있겠네요. 문학을 봐도 그래요. 음악도 마찬가지고요. 과학에서의 진보 개념과 일치하지는 않지만 이런 것도 분명히 진보의 형태를 띠고 있어요. 그렇다면 신학의 발전 양상은 아마 예술과 더 닮은 것 같습니다.

매터스 대략 그렇게 생각합니다. 신학자의 생각에 교리가 떠나지 않듯 예술가의 마음에는 늘 역사적인 유산들이 자리하고 있으니까요. 다양한 기억이 없는 곳에서 창조력이 나올 수 없고, 역사의 축적이 없는 '독창성'이란 게 터무니없는 소리임을 예술가들은 잘 알고 있지요. 역사는 이렇듯 훌륭한 자원이기도 하지만 한편으로는 엄청난 부담이 될 수도 있습니다. 알타미라 동굴의 벽화를 비롯해 수천 년에 걸친 유럽 예술이 피카소한테는 엄청난 무게로 다가왔거든요.

그런데 신학과 예술 장르는 우리가 생각하는 것보다 훨씬 더 밀접하게 관련을 맺고 있어요. 교회의 종교 예식도 실은 온통 예술이지요. 교황 비오 11세도 그런 말씀을 하셨는데, 전통적인 예배 양식은 그 자체가 교회의 가장 중요한 가르침을 전달합니다. 따라서 미사를 올리는 전례 양식도 신학의 한 가지라는 겁니다. 비잔틴 양식의 성화(icon)나 바실리카 양식의 모자이크를 생각해보세요. 그것만으로도 얼마나 훌륭한 신학인가요!

슈타인들-라스트 제 생각에는, 역사를 통해 각 시대마다 벌어지는 어떤 상황이 있습니다. 신학의 진보란, 그런 사건들을 통해서 면면히 드러나는 하느님의 계시를 추적하는 가운데 이루어지는 게 아닌가 싶습니다.

다시 말해서, 지금 이 시대에 벌어지는 여러 일들을 통해 하느님은 우리에게 무엇을 말씀하시는가? 이는 꼭 겉으로 드러나는 역사적 사건만이 아니라 한 시대를 꿰뚫는 역사적 통찰을 일컫는 것입니다. 신학은 언제나 지금 여기서 우리가 겪는 일들의 종교적 진실을 파악하는 작업이에요. 이런 의미에서 신학을 하는 일은 예술가나 작가의 작업과 무척 닮았다고 할 수 있겠어요.

카프라 자연과학에서는 이런 경우 차이가 분명합니다. 서로 다르게 움직이는 두 물체가 있을 때, 뉴턴 물리학과 아인슈타인 물리학 두 가지로 다르게 표시해볼 수가 있는데, 아인슈타인 물리학을 쓰는 게 훨씬 더 정확합니다. 아인슈타인의 물리학으로 표시하면 두 물체가 움직이는 현상과 그것을 묘사하는 방법을 더 정확히 일치시킬 수가 있어요. 이런 의미에서 아인슈타인의 과학은 뉴턴의 과학보다 진보한 것이라고 명확히 말할 수가 있는 것입니다.

슈타인들-라스트 그런 식의 새로운 지식이 늘어난다는 의미에서라면 신학도 마찬가지 진보가 있었습니다. 예컨대 1947년 사해(死海) 근방에서 한 꾸러미의 성서 필사본을 발견했어요. 그건 당시 우리가 갖고 있던 어떤 자료보다 오래된 것들이었어요. 그런데 영지주의(Gnostic) 계통에서 작성된 이 희귀본의 도서 목록 전체가 그 바로 전인 1945년 이집트 북부에서 또 발견되었거든요. 고고학적인 여러 자료가 줄줄이 발굴되면서 새롭게 빛을 보게 된 것이죠.

성서학자와 고고학자들은 이 성서본을 놓고 지난 수십 년 동안 여러 방법으로 연구를 거듭했는데, 여태까지 우리가 알고 있던 성서의 개념을 완전히 바꿔놓는 새로운 통찰을 얻을 수가 있었지요. 신약성서라는 이름으로 묶여 있는 일련의 도서 목록은 원래부터 그렇게 묶인 한 권의 책이 아니었다는 것입니다. 그리고 그 여러 권의 서로 다른 책들마다 고유한 맥락이 있어서 이들은 서로 다른 관점에서 쓰여졌다는 점이 드러났어요. 그러니까 이제는 이렇게 서로 다른 여러 관점들을 서로 비교해볼 수 있게 된 것입니다.

카프라 그건 정말 과학에서의 진보와 마찬가지 맥락이네요.

슈타인들-라스트 예, 신학도 인문과학인 이상 그런 식의 진보는 있습니다.

매터스 조금 다른 식으로 볼 수도 있지 않을까요? 신학이 굳이 과학일 필요가 없다면 꼭 진보를 해야 할 이유도 없지 않을까 싶은데요. 요즘 많이들 말하거든요. 진보는 산업사회를 지향하던 시대의 신화라고 말입니다. '신화'란 말을 여기서는 뭐 강박관념 정도의 나쁜 뜻으로 쓰는 것입니다. 일상에 대한 우리의 감수성을 왜곡시켜버린다는 뜻이지요.

카프라 아까 교리에 대해 말씀하실 때, 교리 중의 어떤 것은 특정한 시대와 특정한 문화권의 사람에게 해당하는 진리라고 하셨습니다. 그런데 지금 교리와 관련하여 전반적인 연구를 시작하신다고 생각해보면, 교리의 어떤 부분은 당시의 역사적인 면모를 이해하는 것 외에는 더 이상 쓸모가 없어져버린 내용도 있을 것 같습니다. 그렇더라도 같은 내용을 오늘에 맞게 개정할 수는 있을 테지요. 그런 식으로 교리 전체를 요즘 시대에 부합하는 내용으로 바꿀 수가 있다는 거죠. 하지만 그렇게 바꿔놓은 내용이라도 또 세월이 흐른 후에는 역사 공부를 하는 경우 말고 거기에 매달릴 이유가 없는 거지요.

슈타인들-라스트 그렇지 않습니다. 꼭 역사적 관심에만 국한되는 얘기가 아닙니다. 달라진 교리라도 나름대로 다 시대적 통찰이 담겨 있거든요. 과학과 마찬가지로 신학도 기본적인 통찰이란 게 있어서, 아무리 세월이 흐르더라도 그 위에서 다시 모든 걸 시작하는 발판이 되어줍니다. 같은 용어를 그대로 쓰지는 않더라도 언제든지 다시 꺼내 볼 수 있는 통찰이 들어 있으니까요. 변하는 부분은 언어적 표현입니다. 역사를 공부하는 일은 언제나 필요합니다. 그래야 교리의 해설이 어떤 배경과 어떤 맥락에서 나온 것인지 알 수 있으니까요. 제 생각에 과학도 이와 비슷한 경우가 많을 것 같은데요.

카프라 그렇군요. 거의 비슷하네요.

매터스 얘기를 나누다 보니 신학이든 과학이든, 사학자의 역할이 크다는 생각이 듭니다. 예를 들어 토마스 쿤이 쓴 『과학혁명의 구조』는 물리학과 생명과학 그리고 심리학까지 새로운 패러다임을 정리하는 데 상당한 영향을 끼쳤습니다.

신학에서는 옛날에 1940년대 도미니크 수도회의 슈뉘(Marie-Dominique Chenu, 1895~1990) 신부님이 쓴 책들이 금서 목록에 올랐습니다. 토마스 아퀴나스의 저서 및 그 무렵에 쓰인 다른 책들을 그 시대의 맥락에서 다시 읽고 해석해야 한다고 주장하다가 그런 징계를 당했는데, 오히려 제2차 바티칸 공의회가 열렸을 때는 전문가 자격으로 초대를 받으셨지요. 루터파의 교회사를 전공했던 야로슬라프 펠리칸(Jaroslav Pelikan, 1923~2006)의 작업은 요즈음 가톨릭신학에 지대한 영향을 끼치고 있고요. 이 양반 책들은 이제 대부분의 신학교에서 읽히는 표준 교재가 되었습니다.

슈타인들-라스트 그런데 프리초프, 지난번에 말이죠, 모든 게 서로 얽히고설킨 관계에 있는데 그중의 어떤 것을 설명하는 문제에 대해 얘기했지요? 모든 게 다른 것 모두와 서로 연결되어 있는데 어디서부터 시작하느냐? 제 생각에 신학은 과학에서 사물을 설명하는 것과는 좀 다른 식인 것 같습니다.

신학에서 무언가를 설명하는 것은, 일테면 셰익스피어의 희곡 『리어 왕』을 설명하는 것과 더 비슷합니다. 『리어 왕』을 보면 무척 작은 세계가 펼쳐지는데, 거기서는 모든 게 다 서로에게 얽혀 있습니다. 3시간 남짓 무대에 오르는 이 드라마를 보면 인간의 삶이란 것이 온갖 환희와 온갖 비애로 가득 넘칩니다.

하지만 그런 낱낱의 요소를 일일이 설명할 필요가 없거든요. 문학평론의 용어를 섞어가며 분석의 묘미를 즐길 수도 있겠지만, 작품 전체에 흐르는 충족감이 따로 있거든요. '그래, 인생이란 참으로 그런 것이다!'라는 말이 절로 나온단 말이지요. 이런 감탄은 특정 인물이나 사건이 아니라 이 작품에 나오는 사람들의 삶, 우주의 축소판이라고도 할 수 있는 우여곡절의 인생, 그 전반에 깔려 있는 삶의 진실 앞에 터져 나오는 것이지요. 이게 바로 위대한 예술을 통해 인생이 얼마나 충만한 것인지를 배우는 방법이고요.

카프라 셰익스피어의 비극은 셰익스피어 시대의 가치를 오늘날까지 여전히 그대로 간직하고 있지요. 가혹한 인간의 조건 중에 예나 지금이나 변치 않고 사람들 마음에 작용하는 강력한 요소들을 이 작가 양반은 귀신같이 집어냈던 겁니다. 하지만 인간의 조건 중에는 세월과 함께 변하는 요소도 있지요. 예컨대 사르트르의 희곡 중에 『닫힌 문(huis clos)』이란 작품이 있는데, 여기서의 특성은 셰익스피어 시대에는 없었던 거예요. 실존적 불안은 현대사회의 징후니까요. 소외라는 특성은 현대에 생긴 것이지 그 시절에는 존재하지 않았습니다. 이는 우리가 살아가는 사회적이고 문화적인 맥락에서 생겨난 인간적 조건의 반영이며, 세월에 따라 변하는 것입니다.

슈타인들-라스트 그런 걸 보고는 진보라 하지 않습니다.

카프라 그럼요. 그런 걸 두고 진보라 부르지는 않지요.

슈타인들-라스트 신학에도 꼭 그에 상응하는 경우가 있습니다. 의학윤리라고, 윤리신학 분야에서 나온 건데요, 전에는 상상할 수 없던 일인데 요즘 들어 의학이 발달하면서 가능해진 일이 참 많아졌습니다. 그러니까 윤리적으로도 새로운 질문이 생겨납니다. 윤리신학을 하는 분들은 우리의 존재 의미가 달려 있는 최고의 가치를 기반으로, 이렇게 새로운 분야에서 생기는 질문에 대해 적절한 답안을 찾느라 고심들 하시지요.

시(時)와 문학평론
———

카프라 셰익스피어의 희곡을 보면, 로미오와 줄리엣이 처음 만나서 너무나 달콤하고 감동적인 사랑의 밀어를 나누는 부분이 있는데, 이런 부분은 도저히 더 낫게 고쳐 쓸 수가 없습니다. 현대어로 바꾼다 해도 어떻게 더 나아질 수가 없을 것 같아요. 셰익스피어가 이미 모든 걸 다해버렸으니까요. 신학에도 마땅히 이런 내용이 있을 것 같은데요.

슈타인들-라스트 그렇습니다. 아마 신학에서는 바로 이런 부분이 교리에 해당할 것입니다. 같은 언어를 쓰고 있는 한, 더 이상 개선의 여지가 없는 거지요. 하지만 셰익스피어 시대의 영어를 써야 하는데, 만약 그렇지 않다면 『로미오와 줄리엣』의 기막힌 문장도 알아들을 수가 없지 않습니까? 우리의 언어가 셰익스피어의 언어와 차이가 나면 날수록, 그러한 문장은 점점 더 이해하기가 힘들어집니다. 어디 하나 손댈 곳 없이 완벽한 작품일지라도 말입니다.

교리도 이와 마찬가집니다. 지금의 언어가 처음으로 교리를 제정하던 초대교회의 언어와 멀어지면 멀어질수록, 어느 한 곳 손댈 수 없이 쓰인 완벽한 언어는 그만큼 두터운 언어의 장벽 바깥으로 우리를 쫓아냅니다. 우리가 뛰어넘어야 할 장벽은 그만큼 더 아득해지는 것이고요. 그런 이유 때문에 우리는 더욱더, 모든 것을 우리 실생활의 용어로 표현해내는 일이 시급하다는 말입니다.

카프라 그런데 교리는 시적인 언어와는 도무지 거리가 멀지 않나요?

슈타인들-라스트 예, 그렇습니다. 그것도 중요한 문제겠지요.

카프라 시적인 언어라면 훨씬 편안하게 들릴 텐데요.

슈타인들-라스트 맞습니다. 거기서 생기는 문제도 상당할 거예요. 철학처럼 딱딱한 말을 써서 교리라고 못 박아둔 것 중에 어떤 것은 원래 아름다운 시어(詩語)였습니다. 교리를 만든답시고, 훨씬 풍부한 멋과 맛이 어우러져 있던 시구들을 억지로 딱딱한 철학의 언어로 묶어버렸거든요. 교리의 형식으로 간추려진 개념과 내용은 원래 초대교회 시절 신자들이 노래하던 송가(頌歌)에서 유래하는 경우가 많습니다. 원래는 음률이 흐르는 시였는데 말이죠.

종교의 언어는 본디 시의 언어입니다. 그런데 신학의 언어는 시가 아니에요. 철학의 언어를 쓰고 있지요. 이렇게도 얘기할 수 있을 겁니다. 종교적인 체험은 시를 통해 흐르지만, 신학은 이를 냉철하게 분석하는 문학평론이라고 말입니다. 그런데 문학평론을 하는 사람들은 도무지 평론하는 작품보다, 그리고 그 작품에서 생명을 찾아내는 일보다도 본인 스스로가 돋보이는 일을 더 중요하게 생각하는 경향이 좀 있지 않나요?

카프라 그렇다면 교리도 시를 통해, 그러니까 앞으로는 꾸준히 혹은 틈틈이 여러 형식의 시들을 통해 다시 표현해내고, 그 이후에 신학은 이런 시들을 다시 하나로 묶어주는 훌륭한 문학평론의 형식으로 이루어진다면 더욱 바람직한 결과를 낳을 수 있을 겁니다.

슈타인들-라스트 정말로 그렇겠네요. 철학의 언어로 묘사된 여러 교리는, 다양한 문화 전통에서 내려오는 수많은 문학 작품을 잘 뒤져보면 틀림없이 어딘가에 아름다운 시의 언어로 된 표현을 찾을 수가 있을 테니까요.

매터스 여기서 잠깐 역사적인 주석을 덧붙일게요. 삼위일체와 그리스도에 대한 주요 교리는 원래가 성서에 뿌리를 박고 있는 내용이라서 어떻게 해도 완벽한 '철학의 언어'로 축약시킬 수는 없습니다. 물론 '교리'는 시라고 하는 문학 장르에는 속하지 않아요. 그렇다고 오로지 실용적인 이유로만 사용하는 언어도 아닙니다. 옛날 옛적 교리를 제정하던 시절을 보더라도, 적절한 은유와 비유를 훨씬 많이 사용했지요. 니케아 종교회의에서 채택한 신앙고백서[18]만 해도 성자(聖子)를 두고 '빛에서 오신 빛'이라 부른 것처럼, 시적인 요소나 음률이 많았습니다. 그런데 교부철학과 스콜라철학 시기까지만 해도 명맥을 유지하던 이런 요소가 신학 용어 안에서 차츰 자취를 감추기 시작했어요. 실증적 스콜라신학 또는 교본신학의 시대, 요즈음 말하는 기존의 패러다임 시기로 들어오면서 모든 것이 딱딱하고 점

---

[18] 325년 콘스탄티누스 황제가 니케아에 소집한 가톨릭 최초의 세계적인 공의회로, 이 회의에서 아리우스주의를 배격하고 정통 신앙을 수호하기 위해 공식으로 채택한 신앙고백문이다. 이에 더해 381년 다시 콘스탄티노플 공의회에서는 니케아 신경(信經, credo)을 발전시켜, 이를 니케아·콘스탄티노플 신경 혹은 니케아 신경으로 줄여 부르기도 한다.

점 메말라갔습니다.

슈타인들-라스트 아까 우리가 희곡이라는 문학 장르에 대해 얘기를 나누지 않았습니까? 그때부터 여쭤보고 싶었던 게 있어요. 우리의 우주 말입니다. 우리의 우주는 위대한 희곡을 통해서도 표현할 수 있을 테고, 과학의 언어로도 말할 수가 있을 텐데요, 이 두 가지를 한번 비교해주실 수 있을까요? 그러면 절정의 순간에 발견하는 우주의 의미를 시적인 의미와 비교할 수가 있을 것 같거든요. 물론 희곡에서는 극이 진행되는 장면마다 찾을 수 있겠지만, 사실은 전체 흐름을 통해서 그게 드러나니까요.

카프라 정확한 말씀이에요. 이 점을 강조하던 분이 베이트슨인데, 그분은 특히 이야기(story)를 강조했어요. 그 양반은 이야기를 관계성의 양식(pattern)이라고 정의했는데, 이야기에서 참으로 중요하고 진실한 것은 거기에 나오는 사람이나 사건이 아니라 사람들 사이의 관계라는 거예요.

이야기를 읽다 보면 우리는 몇 가지 관계의 흐름을 따라 가는 거지 전체 의미를 파악하는 데 몰두하지 않거든요. 책을 읽는 동안 전체의 의미는 별로 생각하지 않지요. 다 읽고 나서야 비로소 전체적인 의미가 들어오지요. 어떤 때는 그렇지 못할 때도 있지만 말입니다. 예컨대 『오이디푸스』 3부작과 같은 그리스의 희곡을 보면 한 편만 읽고는 뜻을 잘 모릅니다. 세 편을 모두 보아야, 한 인물의 행동이 세세대대 어떤 업보와 운명을 따라 그렇게 연결되는지를 알 수 있지요. 이게 바로 그리스 비극의 묘미 아니겠어요?

슈타인들-라스트　적절한 비유를 하셨습니다. 자연과학은 우주의 낱낱한 현상을 설명하지요. 그에 비해 종교는 배후에 깔려 있는 의미를 탐구합니다.

매터스　그리스도교는 분명 역사의 배후에 흐르는 의미를 추구합니다. 유대교도 그렇고 이슬람교도 그렇지요. 그래서 이들을 예언의 종교라고도 불러요. 지혜의 종교 혹은 신비의 종교라는 힌두교나 불교와 대비시키는 거죠. 하지만 이런 식의 분류는 너무 투박하고 피상적입니다.

불교만 해도 말법시대라는 종말론의 이야기가 나옵니다. 미래에 오시는 마지막 부처님이신 미륵불(Maitreya)을 기다리며 역사의 의미를 되새깁니다. 오늘날 모든 종교는 시대적 위기감에 직면해 있습니다. 피할 수 없는 현실이지요. 우리 시대의 의미에 대해 그리스도인은 물론 모든 답을 다 갖고 있다고 장담할 수 없습니다. 하지만 그리스도교 신학은 적어도 오늘의 역사를 곰곰이 살펴 다른 종교를 믿는 이들에게도 중요한 성찰의 기회를 제공해야 하며, 또 할 수 있다고 생각합니다.

인간의 주관적인 요소

카프라　신학이란 하느님의 탐구에 대한 반성이며, 종교적 체험은 곧 귀속감의 체험이란 이야기를 했습니다. 그런데 두 분의 말씀을 듣고 있으면, 신학의 내용은 모두 내가 어딘가에 속해 있다는 깨달음의 체험으로 귀결되는 것 같아요. 그러니까 두 분의 존재는 늘 신학이라는 그림에, 거기 딱 자리 잡고 계신단 말입니다. 그렇다면 신학의 글은 언제나 세상과 나 사이의 관계에 대한 논술이 되지 않나요?

과학은 그럴 수가 없습니다. 관찰하는 사람과 관찰되는 현상 사이에 갈라질 수 없는 모종의 관계가 감춰져 있다고 하지만, 관찰자를 드러내는 일은 없는 거죠. 제가 원자(atom)를 들여다보면서 가운데에는 핵이 있고 바깥에는 전자가 돌고 있다는 말을 할 경우, 이는 나와 원자 사이의 관계를 설명하는 것이 아니거든요. 또 생태계를 놓고 얘기한다면, 숲 속에서 뛰어노는 다람쥐와 거기 나무들과 식물의 뿌리 그리고 버섯과 곰팡이들이 모두 함께 일하며 상호작용을 해요. 그 안에는 분명히 자연의 순환이 일어납니다. 하지만 그 순환에 내가 끼어서 돌고 있다고 그 점을 주목해서 말하진 않거든요. 그러니까 생태계를 관찰하며 종교적 느낌을 갖는 과학자의 체험과 이런 종교적 체험에 대한 신학적인 성찰은 무척 다른 것 같습니다.

슈타인들-라스트 물론 그런 점이 있어요. 궁극적 실재에 속해 있음을 깨우치는 체험은 늘 종교적인 체험의 핵심입니다. 그렇지만 신학적인 성찰을 하는 경우에도, 이 체험을 모두 명시할 필요는 없습니다.

신학적인 성찰은 내적인 체험이고 과학적인 성찰은 외적인 체험이다, 이런 식의 분할은 타당치 않다고 생각합니다. 그렇지 않지요. 과학도 신학도 모두 우리의 '현실(reality)', 그 전부를 다루는 겁니다. 그런데 신학은 현실이라는 개념을 하느님, 어디서나 우리를 둘러싸고 있는 지평선 같은 하느님과 우리가 맺고 있는 관계의 측면에서 바라봅니다. 그에 비해 과학은 그런 지평선 안에 들어 있는 낱낱의 사물에 초점을 맞춥니다. 제가 현실이라고 부르는 개념에는 시간적으로나 공간적으로 모든 것이, 그러니까 우주와 역사가 모두를 포함합니다. 이는 광활한 탐구를 위해 자연과학과 신학이라는 두 가지 주제에 펼쳐진 영역입니다.

카프라 듣고 보니, 또 그렇네요. 두 가지가 겹쳐지는 부분이 있겠어요.

슈타인들-라스트 예, 이 공동의 기반을 찾아야 합니다. 이런 의미에서 저는 신학도 개인의 주관적 개입을 삼가는 게 좋다고 생각합니다. 신학도 과학과 마찬가지로 현실을 객관적으로 평가하고 우주 진리의 최고 근사치를 추구해야 한다는 점을 명심해야지요. 아무리 애를 써봤자 절대치의 정답은 찾아낼 수 없다고 해도 말입니다.

카프라 예를 하나 들겠습니다. 『현대물리학과 동양사상』[19]을 쓸 때, 저는 동양 종교의 경전에서 발췌한 글과 현대 물리학자의 글을 나란히 놓고 비교했습니다. 아슈바고샤(Ashvaghosha, 馬鳴)가 쓴 초기 불교의 경전인 『대승기신론(大乘起信論)』[20]에 나오는 문장이 기억납니다. "마음이 어지러우면 사물에 분별이 생기고, 마음이 가라앉으면 사물에 분별이 사라지니라."

그러면서 뭐라 하나요, 근본적으로 세상에 홀로 고립되거

---

[19] Fritjof Capra, *The Tao of Physics*, Boston: Shambhala, 1975; third updated edition: 1991(이성범·김용정 옮김, 『현대물리학과 동양사상』, 범양사, 2006).

[20] Ashvaghosha, *The Awakening of Faith*, translated by D. T. Suzuki (鈴木大拙), Chicago: Open Court, 1990.

나 완전히 독립된 사물은 없다는 겁니다. 그렇게 느끼는 감각은 망상일 뿐이라는 거죠. 이러한 통찰은 20세기 들어 물리학자들이 발견한 내용과 굉장히 가깝습니다. 그런데 아슈바고샤의 문장은 "마음이 어지러우면…"이라고 시작하거든요. 주관적인 인간의 조건을 앞세워 지적합니다. 이 밖에 다른 문장은 인간의 조건을 이런 정도로 명시해서 나타내지는 않습니다. 큰 것과 작은 것, 이것과 저것 하는 식으로 말합니다. 그래서 저는 이런 점을 현대 물리학자의 문장과 비교했습니다.

신학에 대한 얘기를 나누는 동안 저는 이런 생각을 했어요. '신학(神學)'에는 벌써 '신(神)'이라는 표현이 들어 있잖아요. 그래서 그런지 신과의 개인적 관계가 무엇보다 우선인 것 같거든요. 그러한 관계에 귀속된다는 개인적 체험 말입니다.

슈타인들-라스트 그래요, 그건 무엇보다 우선하는 점이지요. 그렇다고 늘 그 점만 주목하며 거기에 매달리는 건 아닙니다. 우주의 실상(reality)을 탐구하는 길에는 여러 가지 측면이 있으니까요. 그런데 프리초프, 물리학자는 좀 다를 텐데요. 우주의 실상을 탐구하는 과학자의 입장이 있을 것이고, 또 종교적인 성향을 가진 사람으로서 나름대로 영성적인 입장이 따로 있을 거란 말이죠. 이렇게 서로 다른 두 가지 입장이나 태도에 대해 설명해주실 수 있겠어요?

카프라 글쎄요, 거미줄처럼 얽히고설킨 우주의 현실(reality)에서, 우리는 역시 그것과 동떨어질 수 없는 현실의 일부로 자기 자신의 존재를 체험하고 있어요. 그런데 과학자의 입장에서는 어떤 현상을 두고 내가 그 일부라고 주장하면 학문적으로는 대단히 부담스러운 도전을 하는 셈입니다. 내가 그 현상의 일부라는 얘기는 사건에 나를 포함시켜버리는 말이잖아요. 그러면 사태를 수습하기가 난감하고 복잡해집니다.

이렇게 난감하고 복잡하게 얽힌 상황을 학문적으로 풀어내는 일은 엄청난 작업입니다. 과학에서 우리는 근사치를 사용해 이론도 세우고 모델도 내놓습니다. 이렇게 근사치를 쓰는 차원에서 과학자는 자신의 얘기를 하지 않습니다. 근사치를 뽑아내다 보면 아무래도 약간의 실수를 범할 수밖에 없다는 사실은 일단 접어두는 거지요. 그런 다음 여기서 나오는 실수를 양적으로 보완하는 방책을 찾습니다. 그러니까 이는 지성적인, 혹은 신부님 표현을 따른다면 정신적인 문제입니다.

슈타인들-라스트 그러니까 지금 과학자에게 요구되는 명확한 개념 혹은 명확한 관찰이란 것이, 한편으로는 결핍을 자초한다는 말씀을 하시는 거죠? 얽히고설킨 현실의 그물에 함께 얽힌 우리 존재의 난감하고 복잡스런 진실에서 과학의 이름으로, 인간의 주관적인 요소를 억지로 뜯어내버린 결과의 그 빈곤성을 얘기하는 거죠?

카프라 그렇지요. 근사치를 뽑아내는 과정은 그렇습니다. 근사치를 뽑아내면서 바로 빈곤해져버립니다.

슈타인들-라스트 어쩌면 제가 여기서 뭔가를 잘못 이해한 건지도 모르겠다는 생각이 드네요. 근사치라고 하면 저는 조금이라도 목표에 더 가깝게 간다는 뜻으로 이해했는데, 목표를 오직 한 가지 면으로만 생각한다면 역시 문제가 생기겠어요.

카프라 그런 점을 가리켜 결핍이라 한 것이죠. 결핍은, 전부에서 뭔가 빠져 있다는 얘기니까요.

슈타인들-라스트 맞습니다. 결핍이라고 하시니 금세 어떤 내용이 빠져버린 허전한 자리가 느껴져요. 현실에 대한 우리 인간의 개인적 반응을 차단시켜버린 자리 말입니다.

카프라 예, 방금 그 점을 말씀드리려 했습니다. 저한테 그렇게 물으셨지요? 과학자로서 그리고 종교적인 성향을 가진 인간으로서 이런 경우 어떻게 받아들이느냐고요. 쉽게 설명드리기 위해 구체적인 예를 하나 들어볼게요. 숲이라는 하나의 생태계를 생각할 수 있어요. 이 숲을 과학자 입장에서 서술하는데, 관찰하는 과정도 과학적 서술의 일부로 포함시킬 수 있을 거예요. 그런데 이 부분은 분석하고 처리하는 단계에서 아주 복잡한 일거리를 만들겠지요.

그런데 여기서 한 걸음 더 나아갑니다. 숲 속을 거닐며 정말 정서적인 느낌으로 아름다움을 만끽하고 숲에 살아 있는 영성에 몸과 마음을 맡기는 충만의 시간을 체험하는 것입니다. 이런 것은 실존적 체험인 동시에 영성의 체험입니다. 과학자로서의 훈련을 받았다 할지라도 저는 이런 경우, 바로 이런 차원에서는 과학자들이 쓰는 개념이나 분석 태도가 아무 의미를 갖지 못한다고 생각합니다.

슈타인들-라스트 그런 순간은 오히려 과학자의 객관적 엄중성이 분위기를 깨버릴 수 있겠어요.

카프라 원래가 분석하고 측정하고 변별하는 수준을 넘어서는 차원이거든요. 그런 체험은 분석의 대상이 아니니까요.

슈타인들-라스트 그래요, 정말 중요한 점입니다. 그러니까 과학적인 작업을 벌이다 보면 그만 대상을 파헤치고 망가뜨려놓을 수 있다는 말씀이시지요?

카프라 그렇습니다.

슈타인들-라스트 그리고 나중에 말씀하신 정서적 태도는, 거기에 나를 던진 후 닥쳐오는 모든 것을 몸소 겪어내겠다는 자세지요. 그러면 인간의 반응이 들어설 자리가 생깁니다. 이런 인간적 요소가 전혀 없다면 우리한테는 사실 별 의미가 없습니다. 과학자의 입장으로는 하느님에 대한 질문이 생기지 않지만, 인간이란 존재로 돌아오면 이런 질문을 피할 수가 없는 거지요. 펼쳐진 풍경에서 지평선을 오려낼 수 없는 것처럼 현실에서도 하느님에 대한 질문이 떨어져 나오지 않으니까요.

매터스 지금 신부님 말씀에서, 새로운 패러다임이 과학과 신학 양쪽 모두 일치하는 점이 잘 드러난 것 같습니다. 우주 전체의 실상 앞에서 아무도 '동떨어진 관찰자'가 될 수 없다는 점, 따라서 '객관적 관점'은 허구라는 사실 말입니다. 앞에서 말씀하신 "어떤 것을 수용하든 수용하는 자의 방식대로 수용된다(Quidquid recipitur, ad modum recipientis recipitur)"는 중세 라틴어 속담이 다시 들어맞네요. 데이비드 신부님 말씀대로, 객관적 엄중성은 분위기를 깨뜨릴 수가 있습니다. "네 입으로 나오는 얘기는 결국 너의 얘기(Tua res agitur)!"니까요.

그러니까 부분에서 전체로의 패러다임 전환은, 내가 곧 우주에 속한다는 깨달음도 포함합니다. 나는 더 이상, 우주 어느 구석에 처박힌 태양계, 거기에 딸려 있는 작은 별에 머무는 보잘것없는 존재가 아니라, 살아 있는 우주와 함께 숨 쉬고 함께 움직이는 동반자로서의 존재가 되는 셈입니다. 이러한 우주적 깨달음은 오늘날 하느님이 스스로를 드러내시는 사연이며 조건입니다.

4부

새로운 사유 방식의 사회적 의미

카프라 과학에 등장하는 새로운 패러다임이 사회적으로 어떤 의미를 갖는지에 대해, 저는 확실한 감을 잡을 수 있습니다. 의학이나 경제학, 심리학이나 생물학처럼 사회적으로 특별한 역할이 있는 분야는 이제 급변하는 현대사회의 심각한 문제들을 해결해야 할 막중한 책임이 있으니까요. 이 시대의 복합적인 문제들을 제대로 풀 수 있는 유일한 길은, 학문의 전 분야가 급변하는 상황 그리고 새로운 변화에 걸맞은 새로운 사유 방식과 새로운 패러다임을 도입하는 것입니다.

예를 들어 의학에서 시급한 것은, 몸과 마음을 따로 떼어 생각하는 기존의 사유 방식에서 벗어나 이 두 가지 측면을 동일한 현상으로 이해하는 새로운 패러다임을 정립시키는 일입니다. 하루빨리 이러한 시각을 받아들이지 않고는 오늘날 만연한 여러 가지 질병을 이해할 수가 없습니다. 우리의 건강은 우리가 몸담아 살고 있는 사회, 그리고 자연이라는 생태계 전체의 건강을 한꺼번에 생각하지 않고는 진정한 치유의 길을 찾을 수가 없습니다.

경제학도 마찬가지입니다. 옛날과 달리 오늘날의 경제학은 더 이상 생태계 문제를 빼놓고 따로 생각할 수가 없으며, 경제가 이루어지는 과정과 사회의 다른 과정이 서로 상호작용하는 내용을 함께 다루지 않고는 오늘날 우리가 당면한 여러 가지 경제 위기를 해결할 도리가 없습니다.

이런 점들을 조금만 새겨보면, 오늘날 부상하고 있는 새로운 과학의 패러다임이 사회적으로 여러 가지 의미를 지니고 있다는 게 분명하게 드러납니다.

매터스 신학에서도 새로운 패러다임은 꼭 같은 의미가 있습니다. 현대문명으로 피폐해진 이 사회는, 우리가 가진 문제의 본질이 근원적으로는 영성의 결핍이라는 점을 절박하게 깨닫기 시작했습니다. 신학은 또, 이러한 문제에 대한 답변이 더 이상 하늘에서 내려오지 않는다는 사실을 깨닫고 있고요. 사회 저변에서 일어나는 풀뿌리 시민운동과 대화를 나누는 가운데, 그리고 사회적으로 억압받는 사람들과 가난한 이들의 통찰에 의존해서만 신학적으로도 정당한 답변을 찾을 수 있게 되었거든요. 그리고 이제 새로운 신학의 패러다임에서는 '대화'라는 방식이 아주 전형적인 특징으로 떠오르고 있어요.

상호 연관성과 지속 가능성

카프라 오늘날의 정치, 그리고 사회 전반의 문제와 관련하여 새로운 사유 방식에서 제일 관건이 되는 개념은 모든 요소가 긴밀히 얽히고설켜 있다는 '상호 연관성'일 것입니다. 이는 새로운 패러다임의 핵심인데요, 종교적인 체험을 통해서도 체득되는, 어딘가에 함께 귀속한다는 의미로 이해할 수 있습니다.

이러한 상호 연관성을 정치와 관련지어서 하나의 그림으로 나타낼 수 있을 거예요. 사회의 온갖 문제들이 얼마나 긴밀하게 얼크러 설크러져 있는지를 한번 구체적으로 연결시켜볼 수 있지요. 이 시대의 심각한 문제들은 한결같이 그 문제만 고립시켜놓고는 연구할 수가 없습니다. 세상의 모든 문제가 어떻게든 서로 물고 물리는 복잡한 관계의 그물을 이루고 있기 때문이지요.

오늘날 세계적으로 심각한 문제를 몇 가지만 들어보면 환경 파괴, 인구 폭발, 가난과 기아, 핵전쟁의 위협 등이 있습니다. 이런 문제를 가만히 살펴보면 이 중에 어느 것도 다른 문제들과 동떨어져 있지 않다는 걸 알 수 있습니다. 이 가운데 한 가지 문제만 제대로 풀려고 해도 사회 시스템 전체가 한꺼번에 따라옵니다. 이 문제들은 모두가 함께 얽혀 있고 서로에게 의존하는 사회 시스템 전체의 문제에서 파생하는 까닭입니다. 이 점은 사회와 정치에 새로운 과학의 패러다임을 적용할 때 주목해야 할 첫 번째 맥락입니다.

매터스 그럼 두 번째 맥락이 또 있는 모양이지요, 프리초프?
카프라 예. 첫 번째 맥락이 현재의 시점을 중심으로 사회 전체가 연결된 동시대적인 측면이라면, 두 번째 맥락은 미래와의 연결이라는 통시대적 측면이에요. 이른바 이 시대 문제의 해결이라고 우리가 적용하는 대부분의 방법은 도리어 새로운 문제를 만들어내기 일쑤입니다. 예를 들어 지금 당장의 에너지 문제를 해결하기 위해 원자력을 이용하는데, 이는 임시방편일 수밖에 없지요. 그러나 조금만 장기적으로 생각한다면 이 방법은 핵폐기물의 처리와 그 밖의 다른 문제들을 포함해서 결코 바람직한 해결책이 아닙니다.

핵폐기물은 어디에도 안전하게 저장할 수 없기 때문에 한 번 나온 찌꺼기는 영원히 곁에 놓고 사는 수밖에 없습니다. 이것을 더 많이 만들면 점점 더 위험해지고, 그러니까 이를 지키려고 점점 더 많은 경비를 세워야 합니다. 방사성 폐기물의 보안을 위해 경찰수비대를 조직하고, 그렇게 늘어난 경찰력은 엉뚱한 힘을 가지고 사회를 통제하려 들겠지요. 이는 사회에 엄청난 불안을 초래합니다. 저는 이런 논거가 그 어떤 이유보다도 원자력을 반대하는 데 최고의 설득력이 있다고 생각합니다. 이런 식의 상황 전개는 민주주의를 좀먹는 엄청난 사회의 불안 요소이기 때문입니다. 결과적으로 원자력은 민주주의를 파괴할 수밖에 없습니다.

그러니까 진정한 해결책은, 미래에도 다른 문제를 만들어놓지 않는 방식이어야 합니다. 최근에는 환경운동의 열쇠말이 되었는데, '지속 가능한' 방식만이 유일한 해결책입니다. 지속 가능성(sustainability)[1]의 개념은 월드워치 연구소[2]의 레스터 브라운 소장님이 정의하시길, "지속 가능한 사회란, 미래 세대가 누려야 할 전망에 누를 끼치지 않고 현재의 필요를 충족하는 곳"이라고 했습니다.

슈타인들-라스트 그것 참 간결하고 아름다운 설명입니다. 미국의 인디언이 전통적으로 가졌던 삶의 자세와 비슷하네요. 그들은 모든 중요한 일을 결정할 때 일곱 세대의 앞날을 마음에 간직하라는 풍습이 있었거든요.

---

[1] 1992년 리우의 환경회의 이후 세계적인 화두가 된 이 표현은, 713년 독일의 카를로비츠(Hans Carl von Carlowitz, 1645~1714)가 출간한 『삼림경제(*Sylvicultura oeconomica*)』에 처음 등장한 조어 Nachhaltigkeit의 번역어였다.

[2] 월드워치 연구소(Worldwatch Institute): 워싱턴 D.C.에 있는 비영리 연구기관으로 환경·에너지·식량·인구·세계 경제 동향 등 지구 차원의 문제에 대해 과학적인 분석과 종합 학문적인 연구를 수행하는데, 1982년에 설립된 이후 해마다 지구 환경 보고서를 발간하며 활발히 활동하고 있다.

카프라 '지속 가능하냐'는 것은 이제 우리 사회가 모든 계획을 수립하는 데 우선해서 따져보는 철칙이 되었습니다. 최소한의 지속 가능한 사회 안에서라야 우리 생존을 위협하는 문제들을 해결하는 전망을 찾을 수 있기 때문입니다. 제가 여기서 설명 드리려고 하는 점은 방금 전 말씀드린 두 가지 맥락입니다. 하나는 동시대적으로 모든 문제가 서로 얽히고설켜 있다는 것이고, 다른 하나는 시간을 가로질러 앞을 내다보고 미래 세대에 대해 책임감을 갖는 것입니다. 새로운 과학의 패러다임으로 우리의 정치와 사회를 생각할 때 무엇보다 이 두 가지 맥락에서 문제를 보면 일목요연하다는 뜻입니다.

혹시 신학에도 이에 상응하는 경우가 있는지 궁금합니다. 신학에 대해 제가 아는 것은 모두 기존의 패러다임에서 겪은 것이라, 예컨대 다음 세대를 염두에 둔 이야기는 별로 들어본 적이 없거든요. 언제나 영생을 이야기하고, 또 죽은 다음을 이야기하지요. 실은 사회 전반이 대개 이런 분위기였어요.

매터스 신약성서에 나타난 초기 기독교는 인간의 역사 안에 우리가 처한 상황을 크게 두 가지 대립하는 관점에서 조망했어요. 이 두 가지 사이의 팽팽한 긴장은 아직도 계속된다고 할 수 있는데, 흔히 종말론(Eschatology)이라고 부르지요.

카프라 종말론이 무슨 뜻인가요?

매터스 종말론은 그리스어의 '마지막(eschaton)'이란 말에서 유래합니다. 하느님의 궁극적인 계시, 그러니까 하느님의 확고한 계시가 지금 이 순간 최종적으로 발현되고 있다는 내용입니다.

다른 하나의 관점은 「루가복음」과 「사도행전」에 주로 나타나는데, 예수님과 함께 시작한 하느님 나라가 최종적으로 완성되는 마지막 시간이 올 테니, 역사적으로 우리는 그 '가운데 시간'에 살고 있다는 것입니다. 이렇게 가운데 시간에 살고 있는 '우리'는 도래할 하느님 나라의 책임을 맡고 있습니다. 그런데 하느님 나라는 땅 위 여기저기에 교회라고 이름 붙인 종교 제도에서만이 아니라, 모든 인간이 하느님 나라의 열매가 될 것이라는 뜻이 함께 들어 있어요.

슈타인들-라스트 종말론에 대해서는 기독교 초기부터 두 가지 관점의 가능성이 다 있었습니다. 그런데 기존의 패러다임은 영생이니 불변이니 하는 개념들에 지나치게 묶여 있어서 종말론이라 하면 으레 하느님이 인간에게 나타내시는 최후의 통첩이라는 쪽으로들 생각했지요.

매터스 다른 쪽 해석을 받아들이면, 우리가 당면한 여러 가지 역사적 현실을 하느님 나라의 전개로 볼 수 있습니다. 구체적인 시간의 흐름 속에 우리 인간 존재가 함께 애쓰며 생명을 진행시켜가는 과정이란 뜻에서 말입니다.

카프라 제 생각에 오늘날의 사회를 보는 새로운 패러다임의 사유에는 특별한 차이점이 하나 있어요. 이건 20세기에 들어와서 처음 대두된 관점인데, 환경 파괴에 대한 자각은 오늘날 사회 전체의 집단적인 관념 안에 포함되고 있거든요. 옛날에는 어떤 사람도 이런 일들을 심각하게 생각해본 경우가 없었을 것 아니겠어요?

슈타인들-라스트 「루가복음」과 「사도행전」을 보면 바로 우리 시대의 그 문제를 해결하는 데 도움이 될 만한 얘기들이 나옵니다.

매터스 물론 우리 시대의 환경문제를 조목조목 설명하지는 않더라도, 그와 관련한 생각의 추임새는 찾아볼 데가 많지요.

슈타인들-라스트 그러니 이제 그것들을 조목조목 밝혀야지요. 시대의 요청이니까요. 신약성서의 기둥인 「루가복음」과 「사도행전」에서 가난한 사람들의 이야기를 가장 많이 하고, 또 억압받는 사람들에 대한 우리의 책임을 강조하는 이유가 엄연히 있는 것입니다. 이 모든 사회적인 일을 제대로 수행하라는 얘기입니다.

카프라 지속 가능성이라는 말과 가장 가까운 개념을 종교 쪽에서 찾아보면 저로서는 동양 사람들이 말하는 '업보(karma)'가 떠오르는데요. 예컨대 누군가가 어디에 독극물을 내다 버리면 그건 나쁜 업을 짓는 거죠. 불교나 힌두교를 믿는 사람들은 아마 500년 전에도 이런 상황을 두고 똑같은 말을 했으리라 상상할 수 있습니다. 이건 무슨 뜻이냐? 내가 저지른 행위가 다시 나한테 돌아온다는 말입니다. 업보라 하면 물론 '다음번의 삶'이라는 시간적 개념이 들어가지만 우리의 아이들은 어떤 의미로 보면 우리의 다음번 삶인 셈이니, 미래 세대는 우리들의 다음번 삶이 아니겠습니까? 이런 점에서 저는 업보라는 개념은 대단히 생태론적이라고 생각합니다.

매터스 모든 종교는 각자의 전통을 뒤져 생태론에 해당하는 요소들을 찾아봐야겠습니다. 오늘날 인류가 가진 모든 종교는 나름대로 독특한 소재와 깊은 통찰력을 발굴하여 현대인의 사유 방식과 행동 방식을 개선하는 계기를 마련할 수 있을 겁니다. 지금은 지구 상의 사람들이 다시 생명의 가치를 알고 생명을 살리는 쪽으로 변화할 절박한 시점이니까요.

슈타인들-라스트 맞습니다. 유대인 말투로 개작해서 만든 얘기가 있던데, 들어보신 적 있으신가요? 유대인 학생이 랍비에게 묻더랍니다. "선생님, 원자력은 율법에 맞나요?" 랍비는 딱 잘라서 "틀리니라!"고 답하셨답니다. 이렇게 옛 분위기를 살려 우리가 당면한 문제들을 풀어놓는 일은 참 중요합니다. 종교마다 나름대로 이런 식의 해법을 찾을 수 있으면 좋겠어요.

그러고 보니 신약성서에 나오는 구절인데요, 세례자 요한이 구약의 「말라기서」에 예언된 바를 이루는 내용입니다. 여기서 세례자 요한의 얘기가 좀 엉뚱해져요. "그는 아비들의 마음을 아이들에게 돌려놓으리라." 이 구절이 저는 늘 이상했습니다. 거꾸로가 맞지 않을까? 아이들의 마음이 아버지 쪽으로, 그러니까 조상들이 받들던 종교 전통으로 돌아간다는 게 옳지 않을까? 늘 이렇게 생각했는데, 이제야 그게 아니란 사실을 깨달았네요! 이건 무슨 말이냐? 아버지들의 마음이 아이들을 배려하는 쪽으로 돌아서리라는 얘기였어요. 당시에도 그게 의도적이었든 아니었든, 일곱 세대를 생각한다는 그 마음과 관련이 있는 게 틀림없겠습니다.

카프라 그런데 저는요, 아시시의 프란치스코 성인을 비롯해 다른 '생태주의' 성인들의 이야기에서는 아무리 훑어봐도 지속 가능성에 대한 개념을 찾지 못했거든요. 물론 옛날에는 지속 가능성이라는 개념이 요즘처럼 살에 닿을 수 없었겠지요. 그래서 이 개념은 본격적으로 새로운 연구를 할 필요가 있을 것 같아요. 전혀 연구해본 적이 없는 주제니까요.

매터스 베네딕트회의 전통에서는 이런 내용이 제법 잘 지켜진 것으로 알고 있습니다. 이탈리아의 아페닌에 있는 가말돌리 관상수도회를 보면 공동체의 창립이 11세기인데 그 무렵에 벌써 삼림의 관리 규정을 까다롭게 못 박아두었더군요. 숲에서 한 그루만 나무를 베더라도 꼭 정식으로 회의를 열어 찬반 투표를 거쳐야 했고, 나무를 베어낸 곳에는 반드시 새 나무를 심도록 했습니다.

수도 공동체의 정관에 이렇게 엄격한 규정을 명시해놓은 건 삼림이 차지하는 경제적 이유 때문만이 아니라, 자기네가 땅에다 뿌리를 내리고 살고 있다는 느낌이 각별했기 때문입니다. 산의 나무처럼 자기네도 특별한 자리에 속해 있어서 나중에도 그곳에 다른 사람들이 살 수 있도록 보존해야 한다는 책임 의식이 있었던 거예요. 수도 공동체는 자기네 한 세대만 살고 마는 것이 아니라 몇 세기를 두고 계속 대물림을 하며 살아야 하니까요.

슈타인들-라스트 환경의 중요성을 일찍이 깨달았던 선각자 중 한 사람인 생물학자 르네 뒤보(René Dubos, 1901~1982)는 어떤 책에선가 한 장 전부를 베네딕트회의 이런 전통에 대해 설명했습니다. 수백 년을 두고 베네딕트회 수도승들이 어떻게 환경을 돌보고 지켜왔는지에 대해서요.

카프라 또 한 가지 생각나는 게 있는데, 아까 우리 토론 중에 성령에 대해 얘기할 때 그렇게 말씀하셨어요. 모든 생명은 하느님의 영(靈)으로 살아 있다고요. 생명을 지속시키는 것은 하느님의 영이란 얘기를 여러 종교에서 많이 하지 않습니까?

슈타인들-라스트 「지혜서」도 그렇고, 「시편」 104편에도 그런 말이 나오지요.

카프라 하느님의 영, 그리고 힌두교에서는 시바의 춤이 세월을 통틀어서 모든 생명을 지속시킨다 하는데, 그렇다면 이를 거스르는 행위는 곧 하느님의 영을 거스르는 행위가 되겠습니다. 생명을 거스르는 행위는 정녕 영성을 죽이는 태도입니다. 그에 비해 지속 가능성을 마음에 새기는 행동은 하느님의 영 안에서 이루어지는 태도이고요.

슈타인들-라스트 말씀하신 대로 '지속 가능성'에 대한 감각을 갖고 있느냐 아니냐는 이 시대를 사는 사람들한테 시대감각의 척도로 삼을 수가 있겠어요. 이는 진정한 생명력으로 우리가 시대적 영성의 요구에 민감하게 깨어 있느냐 아니냐를 식별하는 표시가 되었습니다.

카프라 힌두교의 상징인 춤추는 시바의 모습은 이 시대를 상징하는 기막힌 표현입니다. 창조와 파괴가 동시에 일어나는 위력을 뜻하거든요. 무엇을 지속시킨다는 말은 개별 형태 모두를 지속시킨다는 뜻이 아니고, 생명의 짜임새를 간직한 그 짜짓기의 양태를 보존한다는 뜻이죠. 그런데 시바의 춤에서 세 번째 요소는 그 특성상, 무엇을 있는 그대로 간직한다는 내용입니다.

슈타인들-라스트 그렇네요. 그의 세 번째 손은 뭔가를 지속시키는 자태를 하고 있지요. 십자가에 달리신 그리스도가 양팔을 뻗고 계신 모습도 그와 비슷하고요.

매터스 2세기 말, 성 이레네우스가 쓴 『상징의 의미(*Epideixis*)』란 작품이 있는데, 아마도 역사상 처음으로 가톨릭 신앙을 요약해서 정리한 글이 아닌가 싶은데요. 거기에 적혀 있기를, 십자가는 인간 구원의 중심 사건일 뿐만 아니라 온 우주를 구원하는 사건의 핵심이라는 설명이 나오거든요. 십자가의 네 축은 높이와 깊이, 넓이와 길이가 함께 만나는 역사적 시간과 우주적 순환이 교차하는 상징인 거예요.

카프라 이 분야가 신학에서는 아직 가보지 않은 광활한 탐구 영역일 거란 생각이 드는군요.

영성은 곧 사회적인 책임 의식

카프라 우리가 처음 대화를 시작할 때 데이비드 신부님께서 하신 말씀이 기억나는데, 신부님한테는 영성이란 것이 일상의 생활 속에 흘러드는 종교적 체험이라 하셨어요. 이런 내용이 요즘 우리가 당면한 문제들을 해결하는 데 어떤 식으로 도움이 될지 좀 구체적인 예를 들어 논의해보았으면 합니다.

슈타인들-라스트 좋습니다. 크게 어려운 일이 아닐 거예요. 왜냐하면 신학에서 일어나는 여러 가지 패러다임 변동은 모두 영성에 대한 새로운 이해와 관련이 있고, 이는 또 사회적으로 커다란 의미를 가지니까요.

구원의 문제를 예로 들어볼까요? 새로운 신학의 패러다임에서는 구원을 더 이상 개인의 문제로 생각하지 않습니다. 전에는 구원이라 하면 지극히 개인적인 문제로 다루는 잘못된 분위기가 있었어요. 그에 비해 전체를 다 살피는 새로운 패러다임은 사뭇 다릅니다. 여기서의 구원은 사회적 의미에 관심이 집중됩니다.

카프라 그게 무슨 말씀이시죠?

슈타인들-라스트 요즘은 구원이라 하면, 혼자 떨어져 나온 소외의 상태에서 공동체의 일원으로 받아들여지는 과정을 말해요. 예수님의 복음에 나오는 열쇠말인 '하느님 나라'에 들어가는 거예요. 그런데 하느님 나라는 이제 하늘이나 어디 특별한 곳에 있는 물리적 장소가 아닙니다. 현대적인 용어로 번역하면, '하느님 나라'는 궁극적 실재에 우리가 속함을 체험하는 것 더하기 우리의 귀속감을 진지하게 받아들이고 그에 합당하게 행동하는 그런 사회에요.

새로운 신학의 패러다임에 따르는 구원의 의미를 살펴보면, 하느님 나라는 결코 내 마음에서 일어나는 변화만을 뜻하지 않거든요. 내 마음에서 일어나는 변화가 사회적으로 어떤 변혁을 일으키는지, 이것이 구원의 본래적인 의미인 거예요. 그렇다면 이제 나는 온전히 내가 속하는 그곳 사람들에게 정성스런 마음으로 처신할 것이고, 이는 또한 '지구 살림'을 제대로 책임질 줄 아는 진짜 한 식구가 된다는 뜻입니다.

카프라 그러니까 귀속감은 이제 굉장히 도덕적인 의미를 갖는다는 말씀이네요?

슈타인들-라스트 예, 그게 한 가지 측면입니다.

카프라 글쎄요, 과학에선 이 점이 참 어려운 문제라 저한테는 더욱 중요하네요. 물론 가치(value)는 패러다임의 한 성격이고, 그래서 과학을 추진하는 힘이기도 한데, 과학 이론 그 자체는 가치와 아무런 상관이 없습니다. 과학 이론 중에는 물론 온갖 생명의 상호 연관성에 대해 설명해주는 것이 있지만, 실제 우리가 어떤 식으로 행동하느냐, 이건 결코 과학에서 뽑아낼 수 있는 결론은 아니거든요. 하나의 공동체에 대한 귀속감에 따라 어떻게 행동한다는 내용은 과학에서 파생하는 얘기는 아닌 거예요. 여기서는 종교적 영성의 뒷받침이 있어야 해요.

슈타인들-라스트 그 점은 바로 과학자의 입장만 가지고는 아무런 말도 할 수 없음을 나타내는 좋은 본보기겠습니다. 과학자도 한 인간의 존재로는 무슨 말이든 할 수 있잖아요. 윤리적이고 종교적인 측면에서 함께 동참할 수가 있는 거잖아요.

카프라 맞습니다. 그게 아주 중요한 점이지요.

슈타인들-라스트 그러니까 지적하신 내용을 정리하면, 가치를 추구한다는 것은 과학이라는 영역 밖으로 시야를 넓혀 인간이 갖는 책임의 영역으로 나아가야 한다, 이 말인가요?

카프라 예. 하지만 이건 퍽 까다로운 문제입니다. 과학에서의 가치는 여기서 의미가 없다, 그런 얘기를 하려는 게 아니거든요.

슈타인들-라스트 물론 그렇죠. 무슨 말씀이신지 잘 알겠어요.

카프라 그래요, 과학 이론에는 분명히 가치의 개념이 들어 있지 않습니다. 과학을 하는 배경이고 동기로서, 과학 이론 바깥에 있는 거지요.

슈타인들-라스트 그러면 흔히들 과학은 가치중립적이라고 하는데, 그 명제에 대해서는 어떻게 생각하세요?

카프라 가치중립은 아니지요. 가치에 따라서 과학이 만들어지는 걸요. 내가 대관절 무슨 연구를 하는지는 나의 가치 체계를 따르게 마련이고, 그건 또 사회의 가치 체계에 따라 결정되는 일이지요. 내가 어떤 연구를 하는지는 그걸 지원하는 연구비의 성격에 달려 있으니까요.

슈타인들-라스트 그러니까 선택을 하지 않는 것도 하나의 선택인 경우를 말씀하시네요. '나는 가치중립적이다'라는 얘기는 곧 보수 세력인 기득권의 가치를 그냥 따른다는 말이니까요.

카프라 바로 그 얘기입니다. 이제 다시 신학으로 돌아가서, 구원이 개인적인 문제가 아니라는 말씀이 잘 이해되지 않는데요. 조금 더 상세히 설명해주시면 좋겠습니다.

슈타인들-라스트 사회적인 의미와 동떨어진 구원은 있을 수 없다는 뜻입니다. 더 이상 그런 얘기는 안 통합니다. 아주 최근까지도 그랬습니다. 가난한 사람을 보면 적선해라, 그게 다였습니다. 왜 그들이 가난하고 적선이 필요한지 그 이유를 따져보라는 소린 안 했죠. 그런데 요즘은 교회의 설교나 신학적인 글에서 본격적으로 이런 내용을 다루면서 사회의식을 높이기 시작했어요. 새로운 신학의 접근에 따라 현상의 배후에 깔린 사회 시스템의 문제를 지적하면서, 정의롭지 못한 시스템에 저항하는 그리스도인의 책임 의식을 깨닫게 된 것이지요.

카프라 정말 놀랍습니다. 새로운 신학은 이런 문제를 바로 시스템식 방법으로 조망하네요! 신학에서 다루는 사회의 문제는 그럼 어떤 내용들인가요?

슈타인들-라스트 주로 가난 문제를 얘기합니다. 요즘은 환경에 대한 경각심도 새로운 주제이고, 전쟁과 평화라는 주제도 큰 분과입니다. 이들은 모두 윤리신학의 주제들이지만 이제는 좀더 광범위한 시각을 필요로 합니다. 군비 경쟁을 하는 데 쓸 세금을 내야 하느냐, 또 징집 명령을 거부하느냐 마느냐에 국한되는 문제가 아닙니다. 전쟁에 대한 질문을 새로운 시각에서 다시 합니다. 도대체 전쟁이 왜 필요한 거냐? 다른 방식으로 이 문제를 풀 길은 없는 것인지, 어째서 우리는 국가라는 이름으로 우리 존재를 국경에 묶어놓아야 하는가? 이런 식으로 말입니다.

카프라 성직자는 원래 사람들의 개인적인 얘기를 맡아서 들어주는 직분이었지 않습니까? 이런 역할은 아직도 존재하는지요?

슈타인들-라스트 그렇다마다요. 그 일은 앞으로도 계속될 테지요. 그런 식의 전통적 직분은 여전히 이어지지만, 이제는 그에 버금갈 만큼 공동체적 활동 기능이 크게 강화되었다는 뜻입니다. 옛날에는 본당신부라면, 그 마을에서는 절대 권력을 누리는 왕 노릇을 했거든요. 그런데 이제는 사실상 대부분의 지역에서, 이론상 모든 지역에서 신부는 사목위원회를 꾸미며 사목위원들의 얘기를 경청하고 따르도록 되어 있어요. 사목위원회의 활동을 돕는 범위에서 조직위원장 노릇을 하며 최종 결정에 대해 책임을 지는 거죠.

카프라 이런 사목 활동에서도 혹시 당면한 문제를 시스템식으로 보는 유사한 패러다임 변동의 징후들이 보이는지요?

슈타인들-라스트 어휴, 그렇다마다요. 그게 바로 제가 늘 말하는 교회가 살아나는 모습인걸요. 온갖 사회문제가 생길 때마다 각각의 위원회를 구성하지요. 교도소 개혁 위원회, 그리고 인종평등 위원회, 또 거주권 확보 위원회, 난민 보호 위원회 등 다양한 운동이 아주아주 활발하게 이루어집니다.

카프라 그런데 이런 식의 시스템적 분석은 종교적 영성에 따라 이루어지는 현상은 아니지 않나요? 아무도 그런 일을 안 하니까 교회가 나서서 빈자리를 메워주고 있는 것 같거든요. 만약 정치가들이 제대로 일을 잘한다면 교회는 인종 평등 위원회를 구성할 필요가 없을 테고, 정치가들이 문제를 제대로 처리한다면 그런 일을 안 해도 되지 않겠습니까? 경제인들과 정치가들이 올바로 처신한다면 가톨릭 주교회의에서 경제 문제에 관련한 서한을 발표할 필요가 없다는 말이지요.

교회는 여기서 얼떨결에 그 역할을 떠맡은 게 아니겠냐고요. 종교적 영성 때문이 아니라 일반적 사회의식으로 끼어들었단 얘기입니다. 다른 말로 하자면, 제가 만약 거주권 확보를 위한 위원회나 사회정의 위원회 일로 그 모임에 참석하면서 아마 오래도록 거기서 활동을 하게 된다, 그러면 그게 교회에서 하는 일이라는 생각이 별로 안 들 거란 얘기입니다.

슈타인들-라스트 그런 생각을 꼭 해야만 하나요?

카프라 아뇨. 꼭 그럴 필요가 있다는 얘기가 아니라요, 지금 저희 토론의 맥락에서 이렇게 사회참여적인 활동이 영성의 새로운 측면과 연결된 사회적 의미란 생각이 별로 안 든다는 뜻입니다.

매터스 지금 하신 그 지적은 대단히 중요합니다. 바로 그 얘기를 꺼낼까 하다 여태까지 머뭇거리고 끼어들지를 못했는데요. 그 이유는 첫째, 저는 데이비드 신부님의 논리에 기본적으로 동의하기 때문입니다. 그리고 둘째는 왜 그런지 아세요, 프리초프? 바로 그 질문이 나오기를 기다렸기 때문이에요.

사실은 그 점에 모든 답이 들어 있어요. 새로운 패러다임은 사회적 의미를 발휘하기 위해 영성을 갈고닦고 하는 게 아닙니다. 여기서는 종교적 영성, 그 자체가 사회적일 수밖에 없어요. 우리는 '영적 존재'이므로 하느님과 하나이고, 그러므로 사회적으로 다른 이들과 하나가 아니라면 우린 정말 아무것도 아닌 겁니다. 더욱이 이 '다른 이들'은 우리와 같은 종교를 믿는 사람만이 아니라 궁극적으로는 온 인류 한 가족을 일컫습니다. 이는 2세기에 작성된 그리스도교의 보편성에 대한 훌륭한 자료인, 「디오그네투스에게 보내는 편지」라는 익명의 저자가 쓴 글에 정리된 내용이니까, 그리스도교에서는 아마 제일 오래된 패러다임일 것 같아요.

슈타인들-라스트 신학에서 새로운 패러다임이 시작되기 전에는 상당수, 아니 대부분의 사람이 개인적인 선행에 매달렸어요. 그런데 이제는 훨씬 더 폭넓은 신학적 조망을 통해 구원에 대한 공동체적 이해와 사회적 의미를 깨닫게 되었습니다. 이런 관심을 갖는 사람들이 크게 늘어나고 자연스레 사회에 참여하면서 이들의 종교적 영성이 자연스레 발휘되는 거지요.

카프라 그러니까 이런 식의 사회참여가 곧 종교적인 삶이라는 말씀이시네요?

슈타인들-라스트 그렇습니다. 말하자면 단식을 하고 기도를 하듯, 사회적인 참여도 모두 종교 생활의 중요한 부분인 것입니다. 종교적인 각성을 일상생활에서 실현해내는 거지요.

카프라 무슨 말씀이신지 이제 알겠습니다. 선불교에서도 비슷한 얘기를 들었던 기억이 나네요. 물 길어 오고 나무하는 일 모두 선을 수행하는 거란 얘기요.

슈타인들-라스트 바로 그겁니다.

카프라 선(禪)에 대한 진정한 개념이 없는 사람이라면 이런 게 무슨 종교적 실천인지 의아해할 수 있거든요.

슈타인들-라스트 그 말씀을 들으니 참 재밌습니다. 사실은 그리스도인 중에도 상당수가 기존의 사유 방식을 버리지 못하고 꼭 그렇게 말합니다. "옛날처럼 아름다운 시절의 종교로 돌아가고 싶다. 나서서 행동하기보다는 얌전히 기도하자." 어떤· 주교님이 남기신 잊지 못할 명언이 있습니다. "평화를 구하려거든 묵주 기도를 올릴 일이지, 대체 시위는 왜 합니까?"

바로 이런 상황이랍니다. 도무지 못 따라오는 사람이 있게 마련입니다. 이들은 "대체 무엇들 하는 거냐? 이건 마르크스 행동대원이지 종교와는 아무 상관도 없는 일이다!"라고요. 하지만 새로운 패러다임으로 전개되는 신학의 관점에서 이런 활동은 대단히 종교적입니다. 이는 바로 우리들의 종교를 삶으로 길어내는 방법이니까요.

영성과 창조성

슈타인들-라스트 새로운 패러다임에는 또한 구원 중심의 신학과 창조 중심의 신학을 이어주는 연결 고리가 있습니다.

카프라 '창조 중심의 신학'이라니, 그건 무슨 뜻인가요?

슈타인들-라스트 교회의 근본주의자들 입에 붙은 소리 있잖아요. "구원받으셨습니까?" 하는 말이요. 이런 식으로 질문하지 않는 신학입니다. 새로운 신학에 앞장서는 사람은 이렇게 대답할 거예요. "예, 하느님 덕분에 구원받았습니다. 그런데 이제 뭘 하죠? 구원받은 인생을, 하느님께 속하는 이 삶을, 이제 어떻게 살까요?"

 창조를 중심으로 삼는 까닭이 여기에 있습니다. 하나는 우주와 생명의 창조이고, 다른 하나는 우리 자신의 창조적 역량을 발휘하라는 뜻입니다. 여기서 우주와 생명의 '창조'는 모든 피조물이란 뜻에서 '자연'을 가리키는 신학적 용어입니다.

카프라 그러니까 특별히 자연을 강조한다는 뜻이네요.

슈타인들-라스트 자연을 말하면서 동시에 우리 자신의 창조성을 강조하는 겁니다. 무엇보다 우린 이제 기계 덩어리 같은 거대한 우주에서 분리된 부속품이 아닙니다. 대자연의 창조 과정에 능동적으로 참여하는 입장입니다. 여기에는 우리의 환경을 돌보고 지키는 책임이 따르는데, 이는 아무래도 종교적인 책임 의식을 깨우는 소리가 담겨 있지요.

카프라 그러니까 고해성사 후에, 묵주기도를 일단 바치라는 보속 대신 '신문을 재활용하라'는 보속을 받는 식이 되겠어요.

슈타인들-라스트 그런 일이 없으란 법도 없는 거지요. 종교적 도덕심이 성숙한 사람이라면 무엇이 진정 더 옳고 그른 일인지 스스로 판단할 수 있으니까요. 고해성사를 보는 자리에서 피상적인 방식으로 잘못을 늘어놓는 게 아니라 훨씬 심층적으로 우리의 근본적 귀속감을 거스른 행동에 더 마음을 쏟을 것이란 말입니다.

 그런 사연을 정리하면, 예컨대 이렇게 말할 수 있을 겁니다. "저는 환경보호에 충분히 정성을 쏟지 못했습니다. 집 주변을 치우지 못해 엉망입니다." 이런 식의 고해를 할 수 있겠죠. 그에 대해 사제는 "신문지를 다 모아서 재활용하십시오"라고 답변하는 것입니다. 이런 일이 이제는 농담이 아니랍니다. 신학에서 요구하는 새로운 사유 방식, 그리고 종교적 영성에서의 새로운 감각은 분명히 이런 식의 흐름에 일치하고 있습니다.

요즘은 수녀님들도 기도하고 묵상하는 전통적인 일상 말고 꼭 기도하는 것처럼 재활용품 수거를 열성으로 하는 분들이 계십니다. 제가 아는 분들은 알루미늄 깡통을 모아 그걸 팔아 빈민들을 도우십니다. 미네소타주의 베네딕트회 수녀님들은 이런 방법으로 극빈자 구호에 필요한 수만 달러의 비용을 충당하셨어요. 그분들은 깡통 모으기 프로젝트를 정식으로 실행에 옮기셨어요. 깡통을 주우러 다니고 그걸 압축시키는 일은 쉬운 일이 아닙니다. 고역스런 경우도 참 많은데, 수녀님들은 이 일을 종교적 믿음으로 실천하십니다. 그런데 사람들은 이런 일들이 이 시대에 갖는 의미를 충분히 깨닫지 못하는 것 같습니다.

매터스 베네딕트회 수녀님들의 재활용 프로젝트는 수도자들의 영성과 관련해 중요한 시사점을 던져줍니다. 베네딕트회의 풍토만이 아니라 이 경우는 불교도 마찬가지라 생각되는데, 수도원에 박혀 도 닦는 일과 사회 참여를 분리시켜왔던 고정관념을 떨쳐내는 좋은 본보기지요.

그렇다고 사회를 향한 수도자의 봉사가 '행동대원'의 성격을 띠는 것은 결코 아닙니다. 라틴어로 '도를 닦은 결과(contemplata aliis tradere)'일 뿐입니다. 도력이 넘쳐서 세상으로 흘러들어 간다는 말이지요.

카프라 저한테는 아주 의미가 깊네요. 심층생태론의 깨우침과 종교적 영성의 깨우침이 하나로 만나니까요. 다시 말해 재활용은 여기서 일종의 규율, 종교적 용어로는 수행입니다. 이를 통해 우리는 생태계의 순환 과정을 따라서 돌아가는 삶의 조화를 민감하게 느낄 수 있고, 그러므로 우리는 재활용을, 생태론적 생활을 위한 삶의 규범으로 삼아야 한다는 말입니다. 생태론적 생활양식이 곧 종교적 영성의 생활이라면, 재활용이야말로 우리의 영성적 규범입니다.

슈타인들-라스트 그리고 영성은 무슨 말이냐, 이는 온전한 생명을 뜻합니다. 영(spirit)이란 생명의 숨이니까요. 우리의 영성은 우리 안에 계신 하느님이 살아 내쉬는 숨입니다. 우리가 진정 온전한 생명력으로 깨어 있고 매 순간을 민첩하게 반응한다면, 그게 바로 영성의 삶을 사는 것이지요.

언젠가 덴버의 로레토 하이츠 대학에서 '그리스도인의 영성'이란 과목을 맡았는데 저는 강의 첫날, 학생 수만큼 종이봉투를 가져가서 나눠주고는 "이제 캠퍼스를 치워보자"고 말했어요. 그리고 이렇게 말했죠. "청소는 고역입니다. 하지만 이는 영성을 계발하는 활동이고, 그래서 내가 여러분에게 말로 가르치는 것보다 몸소 이 일을 하면서 배우는 게 훨씬 더 많을 것입니다."

그랬더니 서로 도와가며 열심히 쓰레기를 줍더라고요. 수업시간이 끝날 무렵엔 캠퍼스가 말끔해졌습니다. 마지막에 아이들은 덤불 밑으로 기어 들어가 막대기로 종이컵이며 유리병들을 다 끄집어내고 더 이상 쓰레기를 찾을 수 없을 정도로 깨끗이 치웠습니다. 캠퍼스가 진짜로 눈부시게 깨끗해졌습니다. 그리고 다음 시간에 토론을 했는데, 아닌 게 아니라 주변을 깨끗이 청소하면서 영성에 대해, 그리고 진정 살아 있음이 무엇인지에 대해 많이 배웠노라고 입을 모았습니다.

카프라 명심하겠습니다.

종교일치와 세계 평화

슈타인들-라스트 세 번째 요지가 아직 남았는데, 첫 번째는 새로운 패러다임으로 전환하면서 그리스도교 신학이 사회문제에 민감해졌다는 점, 두 번째는 창조를 강조하면서 환경에 대한 책임의식이 분명해졌다는 점이었지요. 이제 세 번째 요지로, 새로운 신학의 패러다임은 지극히 종교일치적이라는 점입니다.

옛날에는 언제나 우리가 남과, 그러니까 다른 종교와 무엇이 어떻게 다른지를 열심히 강조하는 경향이 있었습니다. 그런데 이제 새로운 패러다임은 남들과의 다른 점을 상호 보완의 차원에서 수용하게 되었습니다. 우리 방식만 유일한 길이라 생각하면 남의 것은 모조리 그른 것으로 보입니다. 하지만 우리의 길이 하느님의 실상을 보는 하나의 독특한 방식이라 생각한다면, 다른 길도 모두 나름대로 가치가 있는 접근이란 생각이 들게 됩니다. 그럴 경우 더 많은 길이 있어서 서로를 도와주고 채워줄 수 있음에 우리는 마땅히 고마움을 느끼게 되지요.

새로운 패러다임은 여러 종교의 공통적인 깨우침에 초점을 맞춥니다. 하느님의 실상을 찾는 여러 갈래의 길을 '하나로 잇는 깨우침'에 더 많이 주목하면, 서로 갈라지게 하기보다 함께 모이게 하는 공동의 자리가 더 크고 환하게 드러납니다.

매터스 저는 종교 간의 대화를 통해서 개인적으로 어떤 확신을 얻었습니다. 다른 종교를 믿는 사람들에게 마음을 열고, 또 우리가 추구하는 진리를 폭넓게 수용하면서, 그러한 진리에 대한 개인적 투신이라고 할까요, 내가 맡은 몫을 더 분명히 느끼게 되었지요. 우리 모두가 공유하는 내용이 있지 않습니까? 우리는 모두 이 지구라는 별 위에 함께 살고 있는데, 지구를 넘어 그리고 우리가 믿는 다양한 종교 모두를 넘어서는 빛으로 우리 현실을 밝게 비춰보자는 것 아니겠습니까?

다른 종교와 대화를 하더라도 저는 스스로 그리스도 신앙의 특성을 잃지 않으려고 해요. 그리스도 신앙이란 그리스도를 닮는 것이고, 그래서 사도 바울로의 말씀처럼 그분 안에 육화되었다는 신성(divinity)의 충만함을 내가 진정으로 믿고 있는가, 자문하는 겁니다. 내 신심이 정말로 두텁다면 우리의 형제인 모슬렘이나 자매인 힌두교도의 인간성에도 똑같이 담겨 있는 신성을 찾아내야 할 테니까요.

슈타인들-라스트 맞아요. 우리가 만나는 모든 사람들한테서 하느님을 보아야 합니다. 그게 곧 우리가 예수 그리스도 안에 계시는 하느님을 증명하는 길입니다.

카프라 이는 정치적으로도 중요한 얘기가 되겠습니다. 종교의 이유로 적대하며 서로 등지고 사는 일이 많잖아요. 같은 기독교 안에서도 북아일랜드나, 뭐 그 정도는 아니지만 스위스와 벨기에 같은 나라도 가톨릭과 개신교가 대립하지 않습니까?

그리스도교라도 종파가 갈라져 조금 다른 문화를 일구고 산다는 이유로 서로 전쟁까지 벌이니 말입니다.

슈타인들-라스트 그렇기는 하지만 진실로 신심이 깊은 그리스도인은 싸움에 나서지 않을 겁니다. 이들은 오히려 평화를 위해 애를 쓰겠지요. 평화를 정착시키는 일에 종교가 얼마나 큰 지렛대 노릇을 할 수 있을지 한번 생각해보세요.

세상의 모든 종교는 평화를 구하고 설교합니다. 만약 이들이 모두 함께 나서서 무기 만드는 짓에 돈을 퍼붓는 일을 중단하도록 진정코 단합하여 움직인다면 평화를 마련하기가 한결 수월해질 것입니다. 사실 종교는 너무도 오랜 세월 말로는 평화를 외치면서도 세상에 분규를 일으키는 주원인이 되어왔습니다. 이제는 정말로 모든 종교가 외치던 평화 마련에 진정한 밑거름이 되어야 합니다.

카프라 최근에는 그런 일이 제법 이루어지고 있죠?

슈타인들-라스트 예, 많아졌지요. 새로운 신학의 패러다임이 열매를 맺는 좋은 사례들이요. 이는 진정코 의식의 전환 없이는 이루어질 수 없는 일들입니다.

카프라 깊은 인상을 받았던 일이 한 가지 생각납니다. 독일이 통일되기 전이었는데, 동독과 서독의 개신교 지도 인사들이 평화운동의 선봉에 나란히 서서 행진을 하더군요. 그리고 미국에서도 이런 행사에는 가톨릭 주교님들이 나와 함께 참여하시고요. 다른 종교를 예로 들면 달라이 라마께서는 불교를 대표해서 평화의 전도사로 활동하시지요.

슈타인들-라스트 프란치스코 성인의 고향인 아시시에서도 역사적인 만남이 있었지요. 요한 바오로 2세와 달라이 라마께서 나란히 배석하셨어요. 가톨릭의 본거지였는데도 교황님은 교황석에 오르지 않고 달라이 라마와 같은 높이로 나란히 자리를 마련했지요.

이런 일은 신학의 새로운 패러다임이 이론에 머물지 않는다는 사실을 보여줍니다. 세상에 평화를 가져오는 진정한 힘, 사회를 변화시키는 생명력이 여기서 흘러나온다는 사실을 확인시켜주는 사례입니다. 이렇듯 정상에 계신 분들 사이에서 일어나는 변화는 사실 밑바닥 풀뿌리 시민운동에서부터 먼저 시작됐어요. 펜실베이니아 항구 도시 이어리(Erie)에서 베네딕트회 수도자들이 벌인 평화운동, 그리고 정의와 평화를 위해 투쟁하는 다른 단체들의 움직임은 정녕 '새로운 시대'를 열어 보인다는 신호입니다.

뉴에이지(New Age) 운동

슈타인들-라스트 그런데 프리초프, 새로운 시대라는 말을 하고 보니 뉴에이지 운동이 생각납니다. 뉴에이지 운동에 대해선 어떻게 생각하시나요?
카프라 유럽에 가면 늘 그 질문을 받습니다. 그러면 저는 이런 식으로 대답합니다. 사회적 패러다임이 전환되는 뚜렷한 징후로, 이는 본디 1970년대 캘리포니아에서 꽃피웠던 풍속인데, 원래 양식은 더 이상 존재하지 않는다고요. 당시에는 나름대로 공통적 관심과 주제가 모이는 커다란 문화 흐름이 형성되었어요. 인간의 잠재력 계발 운동, 인본주의 심리학의 확산, 영성과 정령 숭배, 초능력에 대한 관심, 그리고 새로운 건강 요법 운동 등이 한꺼번에 번성했지요.

그 당시의 사회 분위기 전반을 통틀어서 뉴에이지 운동이라 불렀는데, 이들의 성격에서 부정적인 면을 강조하자면 사회의식이나 정치의식이 빠져 있었던 점을 지적할 수 있겠습니다. 같은 시기인 1970년대 캘리포니아에서는 또 환경에 대한 관심이 고조되고, 무척 심도 깊은 환경운동이 태동했던 데 비해 뉴에이지 분위기에서는 좀체 이런 의식을 찾기 어렵고, 당시에 깃발을 날렸던 랄프 네이더[3]식 시민운동에서 느껴지는 사회의식도 없었고, 한창 올라오던 여성주의 의식도 없었습니다.

이런 진보적 사회의식의 결여는 1970년대 뉴에이지 운동의 맹점이었지요. 그러다가 1980년대에 들어오면서 조금 변화가 일어났어요. 대안적 건강 요법을 개발하던 여러 분파의 사람들 및 인본주의 심리학자들이 평화운동과 여성운동, 그리고 여러 사회운동에 적극적으로 참여하면서 부정적으로 여겨지던 뉴에이지의 이미지를 많이 씻어낼 수 있었습니다.

그래서 유럽 사람들이 저한테 뉴에이지에 대해 물어보면 저는 대략 이런 흐름을 얘기해줍니다. 캘리포니아에서 '뉴에이지' 부류라는 말은 이제 1970년대의 낙후된 의식 수준에 남아 있는 사람들을 지칭하는 부정적인 뜻으로 쓰게 되었다고요.

---

3 랄프 네이더(Ralph Nader, 1934~) : 경제적 약자인 소비자의 힘을 강화하고 소비자의 주권을 확립시키기 위해, 대중 소비사회에서 욕망을 부추기며 맹목적인 이윤 추구에 탐닉하는 거대 자본에 정면 도전하는 소비자 운동을 주도했던 변호사이다.

매터스 그럼 뭐 구태여 '뉴에이지'란 이름을 쓸 필요가 없겠네요. 특히 그리스도인들은 이 표현에 질색을 하니까 그 이름은 들먹이지 않는 게 상책이겠어요.

슈타인들-라스트 그래도 참 안타까워요. 통섭과 융합을 강조하는 이 시대에 정말 뜻깊은 이름인데요! 복음에서는 사실 끊임없이 뉴에이지, 즉 '새로운 시대'를 말하잖아요.

매터스 물론 그렇습니다. 새로운 시대라는 표현과 거기에 깔려 있는 상징은, 이론적인 내용은 다를지 몰라도 성서에 나오는 것과 유사한 표현이 많지요. '새로운 시대'라는 이상은 미국이라는 신화의 성격이기도 하고, 미국의 달러 지폐에는 모두 라틴어 문구로 '세상의 새로운 질서(Novus ordo saeclorum)'란 말이 찍혀 있지 않습니까? 그런데 지금 이 시점에서 '뉴에이지'의 내용은 무슨 뜻일까요?

카프라 제 생각에 뉴에이지에 대한 개념은 유럽과 미국 사이에 큰 차이가 있는 것 같아요. 여기 미국에서는 좀 엉뚱하게 가버렸지만, 유럽은 좀 다릅니다. 유럽에서는 퇴폐적이거나 부정적인 선입견이 없으니까 뉴에이지 운동이라는 이름만으로도, 역동적인 사회운동의 측면에서 긍정적인 논의를 펼 수가 있습니다. 물론 어떤 내용을 두고 새 시대를 열 것이냐를 얘기해야 하는데, 제일 좋은 건 역시 녹색운동이지요. 무엇보다도 녹색운동을 통해 새 시대를 열어야 하는 것 아니겠습니까? 현실은 아직도 거기에 따라주지 않지만 말입니다.

슈타인들-라스트 제가 알기로 인본주의심리학협회(AHP) 같은 단체는 예컨대 뉴에이지 의식, 즉 진정으로 발달한 새 시대적 각성에 주의를 많이 기울이고 있습니다. 이런 맥락에서 새로운 시대가 요구하는 각성된 의식을 적극적으로 수용할 수도 있지 않을까요?

카프라 저도 그렇게 생각해요. 사회적인 맥락에서 뉴에이지 운동의 가치는 사실 그 뜻이 굉장히 깊고, 무엇보다 문명의 전환이라는 의미에서 여전히 중요합니다.

슈타인들-라스트 진정으로 새로운 시대를 이룩하기 위해서는, 저변 문화라고 경시했던 요소라도 기꺼이 받아들일 수 있어야 합니다. 우리가 추구하는 온전한 가치의 일부로 보충시킬 수 있으니까요.

카프라 맞습니다. 이를테면 개인을 초월하여 인류의 영성이 모두 통하는 차원을 연구하는 초월심리학[4]의 개념을 사회의식의 차원으로 확장할 수도 있을 것입니다.

해방신학

카프라 대화를 나누는 동안 풀뿌리 시민운동과 관련하여, 두 분 모두 해방신학에 대한 말씀을 여러 차례 하셨는데, 그 움직임에 대해서도 좀더 듣고 싶습니다. 저한테 지금 떠오르는 생각은,

---

4 초월심리학(Transpersonal Psychology): 개인의 정서나 심리 작용은 특정한 사람의 경계 안에 국한되는 것이 아니라 개인을 초월하여 모든 존재, 그리고 시간과 공간을 초월하여 서로 통하고 만나는 차원이 있다고 여겨진다. 예를 들면 우리의 의식은 집단무의식의 형태로도 확장되어 존재하며, 개인의 치유는 이렇게 확장된 의식과의 교류를 통해 이루어진다고 믿는 심리학의 학파이다(「초월심리학—죽음과 부활의 체험」, 『신과학 산책』에 포함).

해방신학이란 말과 관련하여 혹시, 동양 사상에 있는 해방의 개념과 어떻게 연결시킬 수 있지 않을까요?

동양에서는 정신적인 자유로움, 예를 들어 힌두교의 '해탈(moksha)'이라는 개념처럼 정신의 해방을 얻는 깨달음을 일상적으로도 많이 얘기하는데, 이들 사이에 무슨 연관이 있지 않을까 싶거든요.

슈타인들-라스트 분명히 그런 점이 있습니다. 그런데 더 진행하기 전에 잠깐, 해방신학은 한 가지 단일한 이론이 아니라 굉장히 다양한 관점과 해석이 공존한다는 점을 짚어주고 싶어요.

매터스 아울러 해방신학의 종류가 아무리 다양하다 해도 실은 내용상의 독특성은 없다는 점도 덧붙이고 싶습니다. 그리스도교 신앙의 대표적인 내용들, 삼위일체니 육화하신 하느님이니 하는 사안에 대해서는 대단히 전통적이고, 뭐 이를테면 중도적인 입장을 취하고 있는 셈입니다. 이들의 특성은 신학을 하는 방법입니다. 그게 중요한 점이고요.

방법이란 무슨 말이냐? 해방신학은 노예 생활을 하던 백성들의 체험이 신앙의 발단이었습니다. 해방신학은 가난한 이들, 아무 힘이 없는 주변부 사람들 그리고 제도화된 폭력의 희생자들이 겪어야 하는 생활 조건을 종교적 성찰의 출발점으로 삼았어요. 이 성찰을 기반으로 신학자들은, 성서와 기독교의 역사에 나오는 구원의 의미를 풀어가지요. 따라서 해방신학은 계시와 구원을 동일한 사건으로 이해합니다. 억눌려 살던 백성들이 노예살이에서 해방되어 정의로운 사회로 들어오는 과정을 통해 하느님이 스스로를 나타내 보이신다는 말입니다.

해방신학은 위험하고 문제가 있다는 얘기를 많이들 합니다. 저는 뭐 노파심이라 생각하지만, 마르크스주의자와 마찬가지 아니냐는 말들도 하고, 해방을 사회적이고 경제적인 측면으로만 이해한다는 비난도 받습니다. 개중에는 이런 지적에 해당하는 사람도 있겠지만, 페루의 구스타보 구티에레스(Gustavo Gutiérrez, 1928~)나 브라질의 레오나르도 보프(Leonardo Boff, 1938~)[5] 같은 진지한 신학자는 오히려 기도의 의미와 내면적 체험의 가치를 무엇보다 우선시하고 확신하는 쪽입니다. 이들은 특히 브라질의 바닥 공동체에 사는 무지한 사람들을 상대로, 기도하는 영성을 적극 계발시켰습니다. 이들은 하느님을 해방자로 이해하는 가운데 사회적 억압의 근원을 인식하고, 또 극복하는 힘을 얻습니다. 사회를 변혁시키는 지혜를 무엇보다 기도를 통해 얻는 법을 배웠거든요.

다시 말해 해방신학은, 하느님 말씀에 귀 기울이는 억눌린 자들의 자세를 배우는 방법일 뿐입니다. 이는 물론 전혀 새로운 방법은 아니지요. 역대 교황 중 그레고리 대교황 같은 분이나, 초기 기독교의 문헌에서도 이와 비슷한 입장을 많이 찾아볼 수 있으니까요.

슈타인들-라스트 한 가지 덧붙일 말이 있습니다. 근원적인 해방, 여기서 해방신학이라 이름 붙일 수 있는 본래 이유는 바닥 공동체의 무지한 사람들을 해방시켜 스스로 신학을 할 수 있게 해주었다는 점입니다. 신학이라 하면 여태까지는 전문적인 교

---

5 보프는 환경문제에도 큰 관심을 기울이고 있다. 우리나라에는 『생태신학』이라는 이름으로 번역 소개되었다(김항섭 옮김, 『생태신학』, 가톨릭 출판사, 1996).

육을 받은 신학자들끼리만 주고받는 것이었잖아요.

매터스 그래요. 여기서의 신학은 대학에서 형성된 무슨 학파의 신학이 아니지요. 다시 말해 이런 식의 신앙 이해, 그리고 역사 안에 자신을 드러내시는 하느님에 대한 성찰은 전문 신학자가 아닌 일반 민중에 의해 그리고 민중과 함께 이루어진 것이죠. 해방신학자들은 민중의 언어와 체험에 귀 기울이고, 그리스도교 신앙이 과연 무엇인지를 이들의 어법에 맞춰 쓰고 있습니다.

슈타인들-라스트 책을 뒤져서 하는 신학이 아니라 민중으로부터 나오는 신학이지요.

매터스 무엇보다 해방이라는 주제가 곧 하느님의 계시 전반에 흐르는 핵심 줄기라는 전제 위에 성립한 것이니까요.

슈타인들-라스트 그리고 이런 사건의 전모가 밝혀지기 시작한 첫 번째 사건은 바로 엑소더스(Exodus), 이집트 땅에서 이스라엘 백성을 해방시킨 일이었지요.

매터스 맞습니다.

슈타인들-라스트 성서에서 사실「출애굽기」앞에 있는 책들은 모두 엑소더스, 즉 해방의 체험에 대한 성찰입니다.「창세기」라고 하는 창조의 이야기도 실은 이스라엘의 해방이라는 관점에서 펼쳐지니까요.

매터스 맞습니다.「창세기」는 시기적으로 이집트로부터의 탈출을 경험한 '이후에' 쓰인 책입니다. 그중 일부는 그것보다 훨씬 더 나중에, 바빌론 유배 시절이 끝날 무렵이니까 대략 천 년의 세월이 흐른 후에 작성된 것도 있습니다.

카프라 그럼 성서의 맨 '앞에' 나오는「창세기」며 다른 책들이 실제로는「출애굽기」보다 더 늦게 쓰였단 뜻인가요?

매터스 물론입니다. 그 부분은, 이집트로부터의 해방이라는 관점에서 바라봤던 해방의 보고서랍니다. 다시 말해서, 하느님이 그들을 노예살이에서 구출하셨던 엑소더스의 체험을 토대로 그들의 역사와 기원을 재구성한 것입니다. 처음부터 끝까지 다 같은 하느님의 힘으로 이루어졌을 것임에 틀림없는 그 해방의 이야기를 새롭게 배치한 것이지요.

카프라 그렇다면 해방이란 개념을, 구약성서 전체를 이해하는 열쇠로 삼을 수가 있겠네요!

슈타인들-라스트 맞아요. 바로 '해방'이 열쇠랍니다.

매터스 신약성서에서도 탈출은 중요한 주제입니다.

슈타인들-라스트 '심판'이란 말이 나오는 곳마다 주목해보십시오. 하느님이 심판관으로 등장하는 자리마다 이는 다름 아닌 해방을 뜻한다는 사실이 드러납니다. 하느님의 심판이란 혹시라도 잘못 상상하는, 법정에서 근엄한 얼굴로 앉아 있는 판사 나으리처럼, 하느님이 그런 자세로 앉아 계신다는 뜻이 결코 아닙니다. 이스라엘 사람들의 구약에 나오는 심판은, 가난한 이들이 인간의 권리를 찾아 오랜 압제로부터 해방되도록 하느님이 이들을 도우신다는 얘깁니다. 그러므로 하느님을 심판관이라 부르는 일은 정말로 든든하고 좋은 겁니다.

억압받는 사람들이 있는 곳이라면 이들을 해방하시는 하느님의 심판은 무엇보다 간절하게 고대하는 그 어떤 것이 아니겠어요? 만약에 권력을 가진 압제자들이 다니는 교회라면 거기서는 하느님의 심판이란 게 아주 무서운 것일지 몰라요. 그러니까 '심판'이란 말을 어떤 의미로 쓰는지 잘 살펴보면 아마 그 교회가 부자들의 교회인지 가난한 자들의 교회인지 금방 구별할 수 있을 거예요.

카프라 다시 말해 구약성서에 나오는 해방의 이야기가 나중에는, 억압받는 다른 사람들에게도 전파되어갔다는 얘기였네요.

슈타인들-라스트 그렇습니다. 그 개념을 처음으로 받아들인 분이 예수님이죠.

카프라 그럼 그 얘기부터 하지요. 신약성서에서는 과연 해방이 무슨 뜻이었나요?

슈타인들-라스트 '구속(救贖, redemption)'이라는 말을 많이 쓰는데, 이 말을 일상적 표현으로 바꾸면 해방입니다. 일상에서는 안 쓰다가 일요일 교회에 가서 주로 듣지요. 답답한 냄새 때문에 좀 거북할 텐데, 그렇다면 뭐 또 다른 말 없을까요?

매터스 '구원(救援, salvation)'이라고 하잖아요.

슈타인들-라스트 그렇네요! 구원이란 원래 정신적 치유(healing)를 말했어요. 세상일 모든 것과 관련해서요. 특히 소외로부터의 치유를 말하지요. 올바름이란 말도 어딘지 모르게 교회 냄새가 나는 말인데요, 정의라는 표현이 너무 추상적이고 딱딱하게 들리니까 좀 부드럽게 담아내는 말입니다.

카프라 그게 예수의 종교적 메시지와 관련이 있다는 건가요? '정의'라면 그건 정치적 맥락으로 들리는데요.

슈타인들-라스트 사실은 예수님이 사셨던 지역의 시대적 상황은 오늘날 제3세계의 정치 상황과 아주 흡사했습니다. 해방신학이 탄생한 바로 그 중남미 지역의 사회 분위기 말입니다.

카프라 무슨 말씀이신지 압니다. 말할 수 없이 참혹스럽고 난감하다는 말씀이시죠?

슈타인들-라스트 그렇습니다, 난감했습니다. 예수님은 분명히 정치적 인물이었고 정치적 메시지를 갖고 계셨습니다. 그렇지만 권력을 잡으려는 그런 식의 정치 말고, 글쎄 이런 경우는 요즘 말로 어떻게 표현할 수 있을까요? 정당 밖의 정치라 하면 괜찮겠네요. 하지만 그분 자신한테도 그렇고 다른 모든 사람한테도, 그 양반이 내놓는 메시지는 언제나 엄청나게 정치적이었습니다.

카프라 그렇게 혁명적인 메시지가 무엇이었죠?

슈타인들-라스트 복음서를 읽어보면 바로 드러나는데, 예수님은 언제나 기존의 권위를 흔드는 말씀을 하셨어요.

카프라 그렇다면 예수가 믿는 권위는 어떤 것이었나요?

슈타인들-라스트 흔히들 예수님은 타고난 권위를 가진 분이었다고 얘기하는데, 사실 그분은 그렇게 카리스마적인 인물이 아니셨어요. 그분 뒤에는 하느님이 떡 버티고 계시니까 그럴 수 있었다고도 얘기하는데, 그것도 맞는 말이 아닙니다. 예수님은 다른 예언자들처럼 '그러므로 하느님은 이렇게 말씀하신다'는 투의 말을 하신 적이 한 번도 없거든요. 그렇다면 그분은 어떤 식의 권위를 믿으셨을까요? 예, 그분은 신성(神性)이 갖는 권위에 호소를 하셨습니다. 예수님 말에 귀 기울이는 사람들의 마음속 신성에 대고 말이지요. 색다른 방식이었지요.

그분이 믿으시는 건, 모든 사람의 마음속에 하느님이 살아 계시다는 사실이었습니다. 당시로서는 인격적인 대접을 받지 못하던 창녀와 세리, 죄인과 목동, 그리고 자기 목소리를 낼 수 없었던 여자들 또한 마음속에는 모두 하느님의 목소리가 살아 있다고 보신 것이죠. 그래서 이런 사람들을 놓고 가르쳤어요.

예수님은 사람들을 모아놓고, 이제부터 내 말 잘 들어라, 내 말대로 하면 뭐든 확실하다, 이런 식의 말씀을 하신 적이 한 번도 없습니다. 비유를 사용하면서 생각하게 만드셨어요. 이는 예수님이 사람들을 가르치는 전형적인 방법입니다. 예수님이 쓰는 비유는 꼭 농담처럼 부담이 없습니다. "고기 잡는 어부라고 이런 걸 모르겠어요? 밥 짓는 아낙네라고 이런 걸 모르겠어요?" "여러분이 다 아는 얘기잖아요." 이런 식으로 말씀을 시작하는 겁니다. 그러면 듣는 쪽에선 모두 "그럼요, 다 알죠. 누구라도 그런 것쯤은 알고 있지요"라고 대답합니다. 이때 그 농담 같던 얘기가 바로 우리 자신을 물고 늘어집니다. "왜 그렇게 누구나 다 아는 얘기를, 왜 우리는 실천하지 않는 건가요?" 우리 안에 있는 양심, 우리 모두 안에 살고 계신 하느님이 알려주시는 상식에 대고 호소를 하는 것이죠. 고기를 잡고 밥을 짓고 씨앗을 뿌리는 그런 일상적인 마음으로도 우리가 충분히 알수 있는 하느님의 사랑과 힘을 부디 깨달아 바로 그에 따라 살라는 것입니다.

그런데 왜 우리는 그처럼 건강한 상식대로 사람이면 누구나, 아니 동물과 식물 그리고 온 우주가 다 가지고 있는 하느님의 마음을 따라서 살지 '않는가?' 지극히 자연스럽고, 누구나다 자기 안에 갖고 있는 그 정신에 따라 살지 않는 이유는 도대체 무엇일까요? 그건 우리가 통속적인 것, 대중의 편견이나 압력으로부터 자유롭지 못해서거든요. 그래서 예수님은 우리의 자연스런 상식과 대중적인 압력을 구분시켜주셨습니다. 비유를 통해 예수님은, 세상의 압력에 굴하지 말라고 말씀하셨어요. 무엇이 옳은지 스스로가 더 잘 알고 있다고 말입니다. 그분은 우리의 두 발로 세상을 꼿꼿이 딛고 서도록 우리를 건강하게 일으켜 세우셨어요. 사람들이 자신을 갖고 따라 하도록 실제로도 이런 일을 보여주셨습니다. 반신불수였던 사람들을 일으켜 세우고 혼자서 걷게 하셨어요. 이를 보고 열광하는 사람들이 그 생명의 힘을 믿고 따라 하도록 말이에요. 복음서에 나오는 이런 이야기들은 오늘도 변함없는 힘을 가지고 사람들의 생활을 변화시킵니다.

이런 식으로 다른 사람에게 힘을 주는 사람이 있다면, 이는 기존의 권위 체계를 흔들어놓게 되지요. 종교적으로나 정치적으로 권위를 가진 사람들, 그런 권위를 발판으로 다른 이들을 눌러놓고 있던 사람들의 반발을 살 수밖에 없는 노릇이지요. 초기 복음서를 읽어보면 예수님한테 감동받았던 보통 사람들의 분위기를 명백하게 알 수 있어요. "이 양반은 도무지 우리의 나으리들하고는 다른 종류의 권위로 말씀하신다!" 바로 이렇게 나오니까, 그동안 사람들을 눌러놓았던 권위적인 압제자들은 심기가 불편해지는 것이죠. 인간의 상식을 되찾는 것보다 우리를 더 해방시켜줄 수 있는 게 또 뭐가 있겠습니까?

카프라 몇 마디 좀 여쭤볼게요. 여기저기서 주워들은 얘기인데, 기독교와 불교를 비교하는 책을 보면, 두 가지 종교의 공통적인 열쇠말은 해방이라는 이야기가 많이 나와요. 그렇지만 이를 펼치는 방법은 많이 다르지요. 기독교에서 해방의 상징은 자신의 죽음으로 우리를 구한 '십자가 위의' 예수지요.

그에 비해서 불교의 상징은 명상하는 부처님입니다. 우리도 그렇게 따라 할 수 있다는 사실을 보여주는 것이죠. 부처님은 절대로 당신이 우리를 구해주리라는 이야기를 하지 않았어요. "해방되고 싶으면 어떻게 해야 하는지 내가 보여주리니, 너도 혼자 그렇게 할 수 있다"고 얘기하죠. 이런 식으로 사람들의 힘을 북돋워주는 거예요. 그런데 데이비드 신부님 말씀을 들어보니까 예수님도 이와 꼭 같은 방식의 메시지를 내놓고 있네요. "내가 십자가 위에서 죽을 터이니, 너희는 덕분에 구원받으리라." 이런 말씀은 결코 안 하셨다는 거죠.

슈타인들-라스트 무슨 말인지 알겠어요. 그런데 종교란 건 어느 종교를 막론하고 비슷한데요, '너 혼자 잘할 수 있어!'라고 말하며 북돋워주는 스승으로부터는 오히려 떨어져 나가려는 경향이 있는 모양입니다. 저기 높은 곳에 높이 더 높이 스승을 올려놓고 무작정 발아래 무릎 꿇고 읊조리고 싶어들 하잖아요. 이런 경향은 불교에도 있어요. 불교의 정토 사상에서는 '나무아미타불 관세음보살'만 죽어라고 읊어 대면 부처님이 우리를 구해주신다고 하면서요. 제 생각으로 예수님과 부처님은 모두 우리에게 힘을 주셨어요. 그러니까 이미 우릴 구원해주신 거죠. 따지고 들면 논란이 그치지 않을 얘기지만 말입니다.

매터스 논란이 되는 이유는, 불교와 기독교가 너무나 다른 문체 그리고 서로 다른 언어로 쓰여 있기 때문입니다. 두 종교의 관념 세계가 전혀 다른 관점에서 펼쳐지기 때문에, 공통분모가 통하는 차원으로 이 둘을 끌어들이기는 거의 불가능합니다. 두 가지 서로 다른 종교를 창시한 스승의 권위에 대한 질문을 꼭 같은 형식으로 던질 수는 없으리라는 얘기죠. 그렇지만 적어도 신약에 나타난 예수님의 가르침 중에 한 가지는 확실합니다. '너희 가난한 이에게, 하느님 나라가 이미 주어졌다'는 내용입니다. 이는 예수님이 남긴 메시지의 핵심입니다.

슈타인들-라스트 맞습니다. 토마스 신부님 말씀이 옳습니다. 아마 제가, 예수님이 우리에게 일깨워주신 내용과 예수님이 누구인지 성서에 나오는 내용을 심하게 구별하려 했던 것 같네요. 신부님 이야기를 알아듣겠습니다. 「요한복음」은 신약에서 예수님이 누구인지를 가장 많이 강조하는데, 거기 보면 제자들이 자꾸만 예수님을 좀 거리감이 있는 존재로 밀고 나가는 느낌을 받곤 했었거든요. 「요한복음」은 예수님이 제자들마다 붙들고 '나는 하느님과 하나다'라는 말을 하도록 설교하시는 것 같단 말입니다. 이런 모습을 미심쩍어하는 신자들도 있을 것입니다. 그런데 이는 하느님 나라에 대해 말하는 요한 특유의 표현 방식일 뿐입니다.

카프라 그런데 보통, 교회가 가난한 사람들한테 하는 태도는 "그래, 하느님 나라는 너희들 것이다. 죽은 다음에 말이야. 그 동안은 열심히 교회 나가고 착하게 살아라. 하지만 정치에는 끼어들지 말아!"라는 거잖아요. 이는 절대로 힘을 북돋워주는 메시지가 아니지요.

슈타인들-라스트 만약 '교회'를 종교라는 제도의 뜻으로 쓰신 거라면 상당히 적절한 묘사를 하신 것 같아요. 종교라는 제도는 자칫하면 스스로를 지배 계층과 같은 선에 올려놓는 우를 범하기 십상이니까요. 교회는 뭐 가난한 사람들을 조금 돕긴 했습니다만, 가난한 사람들이 곧 교회라는 사실은 새까맣게 잊어버리는 데는 선수입니다. 하지만 하느님 나라는 분명히 가난한 이들에게 속한 곳이죠.

브라질의 헬더 카마라(Hélder Câmara, 1909~1999) 대주교가 남기신 말씀이 있지 않습니까? "가난한 이들을 도우면 성자라고 칭송합니다. 그런데 가난한 이들이 왜 가난한지를 물으면 빨갱이라고 잡아갑니다." 이 시대 중남미 지역에서 정말 그리스도를 닮은 이들이, 심지어 주교 신분임에도 빨갱이로 몰리는 이유가 바로 거기 있어요.

카프라 그럼 이제 구약과 신약의 오랜 전통을 물려받는, 현대의 해방신학은 무엇일까요? '해방신학'이란 말은 그러니까 요 몇 년 전에 중남미에서 생겨난 건가요?

매터스 예, 구스타보 구티예레스가 『해방신학』[6]이란 책을 냈습니다. 그 이름에서 유래했지요. 구티예레스 신부가 그 제목을 붙인 것은 당시 중남미의 여러 지역, 특히 브라질에서 움터 나오던 움직임의 표현이었어요. 교회는 그곳에서 본분을 잊은 채 지주 및 군부 세력과 결탁했고, 이는 당연히 참혹한 결과를 빚었습니다.

신학자들은 고민하기 시작했지요. "우리는 대체 무엇을 해야 하는가? 이제 가난한 민중은 어쩌면 좋단 말인가? 세상이 이

---

6   구스타보 구티예레스, 성염 옮김, 『해방신학』, 분도출판사, 2000.

렇게 멋대로 돌아가도 상관없는가? 차라리 마르크스 이데올로기를 수용하는 편이 낫지 않을까?" 고민을 하니 답이 나왔습니다. "민중의 이야기를 들어보자. 그들이 복음을 읽고 무엇을 느끼는지, 그리고 어떻게 해야 복음의 말씀이 그들을 위해 살아나는지 그들에게 말하게 하자."

카프라 풀뿌리 신학이 그렇게 탄생했군요.

매터스 여기서 중요한 것은, 하느님 말씀에 겸손히 귀 기울이는 민중처럼, 이제 그들의 소리를 들으려는 자세입니다.

슈타인들-라스트 니카라과의 문화부 장관을 지내신 에르네스토 카르데날(Ernesto Cardenal Martinez, 1925~) 신부의 책을 보면, 협동농장의 소박한 농부들이 복음의 어느 구절을 듣고 그에 대해 뭐라고 반응하는지, 그들의 입으로 다시 내놓는 이야기를 그대로 옮겨놓은 데가 많습니다. 정말 기가 막히게 심금을 울리고 사람을 감동시킨답니다.

카프라 실제로 그들이 뭐라고 하지요? 해방신학에서 핵심적인 내용이 뭔지 알려주시겠어요? 아까는 내용상의 독특성은 별로 없다고 말씀하셨는데요. 그래도 구체적으로 해방에 대해 이 사람들이 무슨 얘길 하는지 궁금하거든요.

슈타인들-라스트 예를 들어, 그들은 구원이나 해방이 그저 영혼만을 위한 게 아니라고 말합니다. 다른 건 모두 그대로 놔둔 채 영혼만 해방되는 일은 있을 수 없다는 거죠. 그들은 협동조합이나 신용조합, 노동조합 같은 구체적인 생활 현장에 예수님의 '복음'을 적용합니다.

매터스 복음을 보건대 무엇보다 확실한 점은, 예수님은 인간을 영혼만이 아니고 온전히 구원하신다는 사실입니다. 아울러 한 인간이 공동체 안에 온전히 속하도록 도우십니다. 온전하게 이루어지지 않는다면 구원이 아닙니다. 사람과 사람을 갈라놓는 것이라면 그것은 구원이 아니지요.

카프라 제가 불교에 대해 공부하면서 가끔 떠올렸던 생각인데, 부처님 가라사대 "삶은 원래가 고통이며 이를 벗어나는 길은 팔정도"라 하셨잖아요. 여기서의 고통은 지극히 심리적인 것으로 인간의 실존적 조건입니다. 여기서는 사회적 불의로 인한 고통이 아니잖아요. 그래서 이 두 가지는 구별해야 하지 않을까 하는 생각을 가끔 했거든요. 사회적인 부당함 때문에 겪는 고통에 대항해서는 정치적 활동을 도모해야 하지만, 정신적 고통에서 벗어나려면 팔정도가 특효약입니다. 제 생각으로 해방신학에서는 이 두 가지가 한꺼번에 만나는 것 같네요. 정신적인 고통과 사회적인 고통, 두 가지로부터 한꺼번에 해방할 길을 찾는단 말입니다.

슈타인들-라스트 그렇습니다. 그런 점에서, 예를 들면 베트남에서 전쟁 중일 때 그리스도인과 불교도는 이런 점을 아주 가깝게 공감했다고 해요. 그 당시 아직 해방신학이란 이름은 없었지만 상황은 퍽 유사했습니다.

틱 낫한(Thich Nhat Hanh, 1926~)에게 들었던 얘긴데, 글을 쓰고 평화운동도 열심히 하는 이분 말씀이 베트남에서 전쟁이 계속되는 동안 당신과 동료분들은, 여느 절에 계시는 다른 스님보다 천주교 신부님이나 또 이분들과 함께 평화운동을 하던 일반인들과 오히려 잘 통했다고요.

카프라 정신적 해방과 정치적 해방, 이 두 가지 사이에 모종의 관련이 있다는 말씀이신가요?

슈타인들-라스트 그렇죠, 종교적인 영성은 일상의 '모든' 차원과 다 관련이 있습니다. 영성이란 어디에 떨어져 있는 특별한 부분이 아니라 '응축된 생명력'이니까요. 얼마나 자유로운 사람인지는 그가 가진 생명력의 크기에 달려 있지요. 생명은 모두 하나여서, 안에 들어 있는 생명력은 바깥으로 자연스레 터져 나옵니다. 내면적인 자유가 정치적 자유의 형태로 발산된다는 것이죠. 자기 마음이 자유로운 꼭 그만큼, 함께 사는 이들에게 절실한 해방이 무언지 민감하게 알아차리며, 그에 대한 책임 또한 강렬하게 느끼는 거예요.

매터스 해방신학은 이제 더 이상 중남미 상황에 국한된 주제가 아닙니다. 종교 간의 문제, 성차별, 환경문제 등 여러 주제로 광범위하게 확산되고 있어요. 변치 않고 지속되는 게 있다면, 새로운 패러다임이라는 신학의 방법이지요. 전반적으로 흐르는 공통적 면모가 있다면 풀뿌리 시민운동의 요소, 온전한 인간성의 추구, 마음과 몸을 가르는 모호한 철학의 극복, 그리고 역사적인 변화 과정에 주목하는 경향들을 들 수 있고요. 다시 말해 해방신학에서는 계시를 하느님이 함께 이루시는 해방의 과정으로 봅니다. 구체적이고 인간적인 역사 현실에서 바로 지금 벌어지는 일들이요. 지금 이 세계와 하느님 나라의 영원 모두에 정의를 실현시키리라는 깊고 굳센 희망으로 추진되며, 실제로 자유와 평등의 인류 공동체를 창조해가는 신학입니다.

슈타인들-라스트 해방신학은 그러니까 생각과 행동의 이분법을 극복하는 거예요. 실제로 이를 이루셨던 분으로 인도의 간디를 꼽을 수 있겠습니다.

권력과 권위

카프라 종교적인 영성의 토대 위에서 평화를 심고 사회를 변화시키는 활동을 하는 사람 중에서, 간디는 정말 세계적으로 빛나는 본보기였습니다. 간디의 생애는 세상에 부패하지 않은 권력이 어떤 것이며 남용하지 않는 권력이 어떤 것인지를 극적으로 보여줍니다.

제 경험으로는 오늘날 풀뿌리 시민운동을 하는 사람들, 그리고 더 적극적으로 이 세상에 변화를 꿈꾸는 사람들이 당면한 난제 중의 하나가, 이 정치 권력의 문제인데요. 정말 골치 아픈 일이지요. 예컨대 정치권력을 가진 사람이나 단체 혹은 정당과 모종의 교섭을 벌여야 하는 건지, 과연 그런 식의 힘을 키워야 하는 건지, 만약 그러하다면 어떻게 부패하지 않도록 권력을 지킬 수 있을 것인지, 이 모두 결코 쉬운 문제가 아니거든요. 권력이란 부패하기 마련이니까요.

또 한 가지는, 설사 시민단체들이 힘을 가진다 해도 이들이 정치적 권력을 늘려 간다면 그 안에서 역시 힘의 분배 문제가 생깁니다. 정치판이란 데는 원래가 권력의 각축이 벌어지는 곳인데, 자고로 정치의 중심 과제는 권력을 얼마나 분산시키느냐에 달려 있거든요. 권력은 그렇게 부패하기 마련이고 엄청난 부작용을 일으키는 것인데, 간디는 이런 권력을 남용하지 않고 부패시키지 않는 놀라운 모범을 보였습니다. 그리고 그에게서 우러나는 깊은 영성에 우리는 언제나 한결같은 감동을 받는단 말이지요. 그렇다면 대체 인간의 영성과 거기서 나오는 힘 사이에 무슨 관계가 있는 것일까, 저는 이런 생각을 해보는데요. 인간이 갖는 영성과 거기서 비롯하는 힘, 이 둘을 함께 살펴보는 질문은 앞으로도 굉장히 중요한 의미가 있을 것 같아요.

슈타인들-라스트 저도 많이 생각해본 주제인데, 저는 권력 대신 권위라는 표현을 씁니다. 권위라는 단어를 사전에서 찾아보면 '명령을 내릴 수 있는 힘'이라 나와요. 그러면 대체 이 명령을 내릴 수 있는 힘은 어디서 오는 것인지, 그런 힘을 주는 것은 무엇인지 알아봐야죠. 이를 따져보면 권위의 본뜻이 드러나는데, 이는 '지식과 행동의 단단한 기반'입니다. 다시 말해서 권위의 뜻은 원래 확고한 지식과 행동의 발판이지, 명령을 내릴 수 있는 힘과는 전혀 상관이 없다는 뜻입니다.

뭔가를 연구하는 사람은 여기저기서 주워들은 얘기만으로는 안 되고, 지식과 행동의 단단한 기반이 있어야 합니다. 그래서 권위 있는 책을 뒤져보는 것 아니겠습니까? 심각한 병에 걸리면 우리는 이 병에 대해 전문 지식을 갖춘 권위 있는 의사를 찾아가지요. 이렇듯 '권위'란 제대로 알고 올바르게 행동할 수 있는 단단한 기반이라는 뜻인데, 어쩐 일인지 이런 뜻은 희미해져버렸습니다.

카프라 그럼 '지식과 행동의 단단한 기반'이라는 의미에서의 권위가 어떻게 갑자기 '명령을 내릴 수 있는 힘'의 의미로 바뀌어 버리나요?

슈타인들-라스트 그런 변화는 쉽게 짐작할 수가 있지요. 특히 소규모 사회일수록 그런데, 예컨대 원시 공동체의 작은 부락이나 마을을 생각해보세요. 믿을 만한 지식과 행동의 단단한 기반 노릇을 하는 인물은 곧 권위 있는 자리에 들어서지요. 친척 중에 그런 분이 계시지 않습니까? 권위 있는 인물은 이를테면 슬기로운 고모님일 수도 있어요. 무슨 일만 있으면 찾아가는 의논 상대 말입니다. 고모님한테 그런 권위가 있는 거지요.

미국의 원주민 사회에는 전쟁이 나면 대장 노릇을 하는 사람이 따로 있었다고 해요. 위급한 상황이 벌어지면 지식과 행동의 단단한 기반이 되어주던 믿을 만한 인물 주위에 사람들이 모여들어 그이를 수장으로 받들다가 전쟁이 끝나면, 그러니까 비상사태가 지나가면 다시 원래의 자리로 돌아갔다는 거지요.

매터스 그게 바로 권위를 지혜롭게 활용하는 길이죠. 이스라엘 백성이 이집트에서 탈출해 나온 초기 역사에도 그런 사례들이 있어요.「판관기」에 나오는 얘기인데, 위급한 일이 발생하면 그 상황을 타개하는 뛰어난 지도자, 즉 판관이 나와 그 기간 동안 열두 부족을 모으고 전쟁의 지도자가 되기도 합니다. 실제로 이런 판관 중에는 드보라라는 여성도 있었어요.

슈타인들-라스트 그렇게 앞에 나섰던 사람이, 명령을 내릴 수 있는 힘을 손아귀에 쥔 다음에는 한심한 문제들이 종종 생기지요. 권력을 장악하고, 그리고 실은 지식과 행동의 단단한 기반을 잃어버린 지 한참이 지났는데도 내내 그 자리를 꿰차고 버티는 거지요. 진정한 권위가 지저분한 권위 의식으로 변질되는 자리가 바로 거기인데 말이죠.

세월이 흘러도 그 자리만 지키려는 인물들은 권위로 무장(武裝)을 하게 되지요. 무장이란 무기를 가진단 뜻입니다. 이렇게 무장한 사람 중에는 뭐 지식과 행동의 믿을 만한 근거가 있는 경우도 있긴 합니다. 하지만 그것과 상관없이 이 사람은 벌써 무장한 힘으로 명령을 내리기 시작합니다.

권위를 건강하게 유지하려면 강인함과 책임감, 이 두 가지가 늘 함께 있어야 합니다. 이게 무슨 말이냐? 힘을 휘두르는 사람은 그 힘을 쓰는 데 따르는 책임을 져야 한다는 말입니다. 권위주의란 힘의 자리를 지키면서 더 이상 책임 의식은 없는 것이죠. 책임이란 권위를 가진 사람으로서 자신이 누리는 어떤 권한에 대해 질문하더라도 기꺼이 설명하는 태도입니다.

너무나 짓눌리고 기진한 사람은 권위자 앞에서 아무런 말도 꺼내지 못하는 경우가 많은데, 하지만 무엇보다 그런 상황은 바로 권위자의 권위를 실추시키는 도전이 되지요. 그러면 우리 자신이 가진 권위로는 무엇을 하고 있나요? 나의 권위를 어떻게 휘두르는지, 그 점은 우리 모두 명심하고 살펴봐야 합니다. 집 안에서, 일터에서 그리고 동료들 사이에서 우리는 나름대로 그만큼의 권위를 갖고 있으니까요.

카프라 그러고 보니 우리는 저기 바깥에 있는 '그놈들' 얘기를 하는 게 아니었네요. 저기, 천하의 몹쓸 인간이나 권위주의자들 얘기가 아니라 바로 우리 자신의 이야기를 하고 있었어요.

슈타인들-라스트 그렇습니다. 여기서부터 재미있는 상황이 되는 거예요. '권위를 부리는 사람은 어떤 책임을 떠맡아야 하는가?'라는 질문을 우리 자신한테 던져야 하니까요. 제 대답은 이렇습니다. '권위를 갖는 사람은 그 권위 아래 놓이는 사람들이 자신의 두 발로 곧게 설 수 있게 이들을 북돋우는 데 자기의 권위를 발휘해야 한다.'

누군가를 북돋워준다는 말은 그에게 다시 권위를 나눠준다는 뜻이며, 권위를 준다는 뜻은 책임까지 맡긴다는 얘깁니다. 우리의 내면에는 권위를 갖고 싶지 않아 하는 구석이 있는데, 이는 책임을 맡기가 짐스러워 그러는 거죠. 권위에 따르는 책임이 싫으니까요. 그렇다고 이 책임을 회피한다면, 그건 중요한 걸 모두 권위주의자들 손에 갖다 바치는 꼴이 됩니다.

카프라 권위를 얻고, 다른 사람을 내 권위 아래 두고, 그들 스스로 잘해나갈 수 있게 북돋워주는 과정 전체는, 우리 생활에서 늘 일어나는 일이고 특히 아이를 키우는 부모의 육아 과정과 그대로 일치합니다. 원하든 원치 않든 모든 부모는 어린 자녀가 무엇을 배우고 따라 하는 모범입니다. 어떤 상황에서도 결국 아이들은 부모를 따라 할 수밖에 없으니까요.

그렇지만 애들이 제 발로 설 수 있게 차츰 떼어놓아야지요. 적절한 권위를 아이에게 넘겨주고, 아니 그 아이 내면에 있는 권위를 발휘할 수 있게 북돋워주는 것이죠. 어느 나라 부모를 막론하고 이 육아 과정은 마찬가지로, 이런 과정을 통해 우리는 개인의 권위와 그에 따르는 책임을 배우지요. 그런데 아이들을 보면 우리와 마찬가지로, 자신의 힘을 사용할 수 있는 권위는 얻으려 하지만 책임은 싫어한다는 사실을 알 수 있어요. 권위와 관련해서 모든 문제의 근원이 바로 여기 있지요.

슈타인들-라스트 이런 문제를 개선하기 위해 무엇을 어떻게 해야 할까요? 정말 큰 문제는 스스로 책임을 맡는 일이 귀찮으니까 권력을 가진 이들한테 모든 걸 넘겨주는 안타까운 현실인데요. 이런 사태를 어떻게 해야 막을 수 있을까요?

매터스 이 나라 선거 때 투표율이 얼마나 저조한지 한번 생각해보세요. 그렇게 간단한 일도 책임지고 싶지 않은 거지요.

슈타인들-라스트 막상 투표하러 가지는 않으면서 한자리 차지한 사람들한테는 모두 불만이지요. 한결같이 신물 나는 인물이라 선거판은 꼴도 보기 싫은 거예요. 그 얼굴이 그 얼굴이라 누가 돼도 마찬가지라는 생각입니다.

매터스 누가 되도 좋다는 생각이 아니라, 누가 되도 다 싫으니까 투표하러 안 간다는 쪽인데, 하지만 민주주의에서 선거를 하는 이유는 이 사람 혹은 저 사람을 뽑아야 옳으냐보다 같은 신념을 나누는 사람들이 목소리를 키워 그 신념을 공표한다는 데 있는 것 아니겠어요?

슈타인들-라스트 그렇고말고요. 민주주의는 그러한 책임을 통해 개인의 권리를 실현하는 것이지요.

　권위에 대한 얘기가 나왔으니 말인데, 우리 사회에 커다란 맹점이 하나 있습니다. 인간이란 존재가 권위 앞에 얼마나 속수무책인지, 이 점을 바로 보는 사람이 별로 없다는 거예요. 모두들 불타는 심장을 갖고 있어서, 누군가 꺾지 않으면 사고를 칠 것 같지요? 천만에요. 아이들을 보면 언제라도 무슨 일을 저지를 것만 같지요? 하지만 이런 것은 속에서 올라오는 격렬함이 아니라, 힘이 뻗쳐서 그냥 앞뒤 없이 날뛰는 것일 뿐입니다. 여기서 문제는, 이렇게 발산되는 힘에 대해 그에 합당한 책임을 배우려 하지 않는다는 거예요.

예일 대학의 스탠리 밀그램(Stanley Milgram, 1933~1984)이 행한 실험 얘기 들어보셨어요? 권위 있는 인물이 나서서 주장하면 자기도 그냥 폭력에 가담하겠노라고, 아주 많은 사람이 응답한 보고가 있어요. 이런 기막힌 결과가 나온 이유, 사람들이 스스로 생각하지 않는 이유는, 책임을 떠맡느니 차라리 힘없이 사는 편이 낫겠다 싶어서예요.

카프라 어떻게 해야 그게 달라질 수 있을까요?

슈타인들-라스트 여기서 우리는, 교회가 예수님에 '대한' 가르침을 시작하기 이전, 예수님 자신은 어떤 식으로 사람들을 가르쳤는지 훑어볼 수 있을 것 같습니다. 대부분의 사학자가 동의하는 사실인데, 예수님의 가르침은 권위가 있었으며 사람들을 많이 북돋워주었다는 점이에요.

복음의 여러 곳에 나오는데, 예수님의 말을 듣던 사람들이 이렇게 말합니다. "이 양반 말에는 권위가 있다." 그런데 "우리의 권위 있는 나으리들하고는 다르다"는 것이죠. 실은 그렇게 따뜻하고 부드러운 마음 때문에 곤경에 처하셨던 것이었고요. 마음속에 품고 있었지만 내놓고 말하지 못하던 사연을 누군가 진실한 목소리로 대신 말해준다면 누구라도 마찬가지죠. "이 양반 말에는 권위가 있다"는 말이 저도 모르게 흘러나오잖아요. 바로 그 말이 예수님을 보면서 터져 나왔던 거죠. 예수님은 각자 자기의 가장 깊은 곳에 있는 종교적 감성을 신뢰할 수 있도록 사람들의 권위를 북돋워주었어요. 인자한 아버지 같은 하느님, 날개 밑에 병아리를 품은 어미 닭처럼 푸근한 존재를 사람들 가슴속 깊은 곳에서 끌어내어 만나게 해준 거예요. 깊은 내면으로부터 하느님은 우리 모두를 이 세상에 유일한 자식인 양, 그리고 우리 모두가 하나의 대가족인 양 사랑하신다는, 우리가 이미 알고 있던 사실을 깨우쳐주신 거죠.

사회에서 냉대 받던 이들을 예수님은 당신의 친구로 삼아 귀속감을 심어줬습니다. 많은 환자를 치유하셨지만 "수리수리 마수리, 씻은 듯이 나아라!"는 말로 고친 것이 아니라, "너의 믿음이 너를 낫게 했다"면서 각자의 마음속 깊은 데 계신 하느님의 치유력을 스스로 믿게 하신 겁니다. "수리수리 마수리, 네 죄를 용서받아라" 하며 주문을 외운 게 아니라, 하느님 사랑은 그들이 죄를 짓기 훨씬 전부터 이미 그들을 용서했다는, 어쩌면 마음속 깊은 데서 벌써부터 알았던 사실을 새삼스레 깨우쳐주신 겁니다. 하지만 이렇게 소박한 사람들의 자긍심을 북돋워주는 사람은 그 반대편, 그러니까 힘으로 사람들을 눌러두려는 쪽에서 볼 때는 눈엣가시가 되곤 합니다.

개별적 신앙의 차원에서도 이는 중요한 시사점이 있습니다. 새로운 신학의 패러다임은 모든 인간의 개인적인 하느님 체험에 비중을 크게 둡니다. 모든 가르침은 각자가 실제로 경험한 종교적 체험과 연결되어야 합니다. 옛날에는 종교적 진리라 하여 바깥에서 그리고 위에서 건네주는 식이었지요.

어른에게 세례를 줄 때는 "교회에서 무엇을 청합니까?"라 묻고 "신앙을 청합니다"라고 대답합니다. 기존의 패러다임에서라면 이는, "신앙의 진리를 모두 주세요. 꾸러미로 된 것 말입니다." 뭐 이런 뜻이었어요. 그러나 새로운 패러다임에서는

"내가 하느님을 믿고 탐구할 수 있도록 나를 좀 도와주세요." 이 정도 뜻입니다. 이 두 가지는 완전히 다른 입장이지요. 여기서 새로운 입장을 취하는 순간 종교는 곧, 스스로 무언가를 찾아 나설 수 있도록 하느님의 권위로 북돋워주는 역량을 발휘하기 시작합니다.

카프라 그러고 보니 권력과 책임은 서로 별개가 아니네요. 예를 들어 의사의 경우도 마찬가지겠어요. 기존의 패러다임에서 의사는 환자의 건강에 대해 권위가 있었습니다. 내가 지금 아픈 건지 안 아픈 건지도 의사가 정해주고, 만약 내가 아픈 거라면 이제 어떻게 해야 하는지 결정할 권한도 의사에게 있지요. "수술 받으세요"라고 말하면 꼼짝없이 붙들려 수술을 받는 거고, "약 먹으세요" 하면 주는 약을 받아먹는 것이었어요.

슈타인들-라스트 요즘도 뭐 대략 그렇게 하고 있지요.

카프라 새로운 패러다임에선 그렇게 못합니다. 의사는 옆에서 함께 상의하면서 치유의 과정을 돕는 역할을 해야 합니다. 치유는 환자 자신이 이루는 것이니까요. 건강의 책임은 환자 본인한테 훨씬 크거든요. 그러니까 권리와 책임은 진정 함께 가는 거예요. 그렇지 않습니까?

권리와 책임

카프라 1960년대 학생운동에 참여하며 가슴이 들끓던 질문들을 하나로 모아보면, 그건 권위에 대한 의심이었어요. 학생들은 특히 선생과 대학 당국의 권위를 의심했고, 인권운동을 하다

보면 백인이 무슨 권리로 흑인을 차별하는지, 또 여성운동에서는 과연 남자의 권위라는 게 뭔지 모든 게 의심스러웠습니다. 프라하의 봄에 체코 사람들은 소련의 권위를 의심했고요. 또 환자들은 의사의 권위를 의심하기 시작했지요. 이런 식의 근본적인 질문이 혹시 신학에도 존재하나요?

슈타인들-라스트 아주 많지요. 신학은 질문에서 시작해 질문으로 끝이 납니다. 그렇지만 꼭 지켜야 할 기본적인 틀, 의심해서는 안 되는 틀이 있어요. 그런데 지금 그 틀에 대한 질문이 시작된 거예요. 예컨대 계시란 무엇이냐를 논할 경우 이전에는 특정 교리를 놓고 따져보는 일이었지만, 이제는 거기에 국한시키는 게 아녜요. 일련의 교리가 되었든, 그 밖의 다른 얘기를 도입하든 더 이상 문제가 되지 않아요. 옛날에는 지극히 당연한 것으로 여겼던 기본 틀에서도 훌쩍 튀어나온 셈입니다.

카프라 그 말은 패러다임 자체를 의심한다는 뜻이네요. 전체적인 배경을 따진다는 말은 곧 패러다임의 개념이에요. 전체 배경은 결코 절대적인 그 무엇이 아니라 문화적으로, 그리고 역사적으로 주어진 조건이니까요. 이렇게 패러다임 자체에 대한 질문은 곧 권위에 대한 의심이지요. 안 그렇습니까?

슈타인들-라스트 글쎄요, 기존의 권위를 가진 사람들이 원래 사용하던 패러다임만을 고집한다면 뭐 그렇겠지요.

카프라 이런 것이 또한 모든 사회적 제도 안에 또아리를 틀고 있다면, 그런 상황에서는 결국 사회제도 전반을 의심할 수밖에 없는 거잖아요.

슈타인들-라스트 모든 것의 근본을 따져보되, 그러나 정중하고 겸손하게 질문을 해보는 게 중요합니다. 이런 맥락에서 패러다임은 우리가 사물을 바라보는 기본적 사고의 틀이라 할 수 있지요. 하지만 언제나 중요한 점은 '근본적으로, 그러나 정중하고 겸손하게' 해야 한다는 거에요. 쉬운 일은 아니지요.

권위에 대해 근본적인 질문을 하면서도 이런 태도를 꾸준히 유지하려면 상당한 긴장이 필요해요. 세월이 흘러 새로운 패러다임으로 완전히 바뀐 뒤라도, 기존의 통찰이나 이미 성립시킨 진리의 공식 그리고 패러다임은 언제나 중요합니다. 그 나름으로는 몹시 공이 들어간 작업이었고, 그래서 우리가 지금 조망하는 것들의 맹점과 허점, 오류와 한계를 교정하는 데 큰 도움을 받을 수가 있으니까요.

구약에서 이스라엘 예언자들은 당시의 제도에 도전하면서 옛 율법을 들이댔습니다. 초대교회 사람들은 그 시대의 권위에 도전하면서, 예수님의 말씀만이 아니라 구약에 나오는 예언자의 말도 함께 사용했고요. 이제 오늘날의 교회에 도전해야 하는 우리는 이들의 말을 재인용해야 하는 상황이지요.

매터스 그러니까 여기서 다시 책임직에 있는 사람에게뿐 아니라 우리 자신에게도, 스스로가 얼마나 민감한 반응을 할 줄 알며, 또 책임 의식이 있는지를 묻는 게 올바른 순서 아니겠어요?

슈타인들-라스트 바로 그 점입니다. 책임이란, 우리가 권력을 맡긴 사람한테 그 권력을 어떻게 쓰느냐고 질문할 경우 그 사람은 언제라도 응답해야 한다는 것인데, 뿐만 아니라 우리 자신도 이런 질의권을 이용할 책임이 있는 것이죠.

카프라 그렇다면 기존의 패러다임에서 보는 정치와 관련해서 이런 말을 할 수 있겠네요. 정부는 이런저런 일에 책임지므로 국민의 세금을 어디에 사용할지 결정할 힘을 갖는다. 예컨대 정부는 우리의 '안전'을 책임지므로 어떤 종류의 무기를 구입할지 결정할 권리가 있다. 안전이 뭔지 따지기로 들면 그건 얼마든지 달리 생각할 수 있겠지만, 통상적으로 권리와 책임을 그렇게 따지니까요. 그런데 신학적인 그리고 종교적인 관점에서 볼 때는 책임에 대해 어떤 얘기를 해주실 수 있을까요?

슈타인들-라스트 이 점은 교회의 가르침 중에서 굉장히 세심하게 배려하며 작업한 부분인데, 이와 관련한 개념을 전문용어로는 '보조(collegiality)의 원칙'이라고 합니다. 일상적인 말로 바꾸면 민초(民草)들의 자율적 결정이란 뜻입니다. 보조의 원칙이란, 아래 단계 차원에서 결정할 수 있는 일들은 어떤 경우에도 아래쪽에서 결정해야 하며, 혹시라도 마땅한 결정을 내릴 수 없는 경우 바로 그 윗단계에서 결정을 보조하라는 내용입니다.

매터스 이 원칙은 물론 신약에 뿌리를 두고 있지만, 이를 구체적으로 명시한 것은 퍽 최근의 일입니다. 19세기 후반 교황 레오 13세의 「노동헌장(Rerum Novarum)」[7]을 출발점으로 교황님이 일반 신자들에게 보내는 이른바 사회 칙서가 배포되기 시작

---

7   1891년 5월 15일 발표된 「교황 회칙」으로, 사회문제를 다룬 최초의 교황 회칙이다. 「노동헌장」은 당시 주목을 끌기 시작한 가톨릭 사회운동에 대한 강력한 지지를 표명했고 사회주의 이론을 반박하면서 사유재산제를 옹호하는 한편, 고용주와 노동자가 상호 원조 및 자기방어를 위하여 조합을 갖도록 권장했다. 「노동헌장」은 교회 내에 큰 반향을 일으켜, 1931년 교황 바오 11세는 「노동헌장」 반포 40주년을 기념하여 회칙 「사십 주년」을 발표하였고, 요한 23세는 1961년 회칙 「어머니와 교사」, 바오로 6세는 1967년 회칙 「민족들의 발전」을 각각 발표했고, 1971년 「노동헌장」 80주년을 기념하여 서한 「팔십 주년을 맞이하여」를 발표했다.

했는데, 교회 바깥의 모든 일은 '보조의 원칙'을 적용하라는 내용이 담겨 있었습니다. 그러나 교회 자체의 구조가 워낙 피라미드 형식이라, 뭐든지 위에서 결정해 아래로 시달하는 식이지요. 이를 따르지 않는 곳은 베네딕트회밖에 없습니다.

슈타인들-라스트 우리 베네딕트회 사람들은 이에 대한 자부심이 큽니다. 하지만 보조의 원칙을 적용하려면 어려움이 있는데, 그 이유가 뭔 줄 아시나요? 아래쪽으로 가면 거기서는 스스로의 권위를 발휘할 엄두를 못 내고 얼른 위쪽으로 떠넘기려 합니다. 지역 차원에서 보면 사람들은 결코 더 큰 권력을 가지려 하지 않습니다. 너무 쉽게 모든 걸 기꺼이 맡겨버립니다. 바티칸에서는 제발 각자 알아서 처리하라고 결정 난 사안들을 어떤 지역의 주교님들은 다시 바티칸에 물으러 온다니까요.

매터스 제3세계라고 하는 아시아와 아프리카는 특히 이런 일이 허다합니다. 제2차 바티칸 공의회에서 이미 '토착화'에 대한 결정이 떨어졌고, 그러니까 강론과 미사에 지역 풍습과 특성을 살려도 좋다는 공식적 허락이 있었는데도, 아시아와 아프리카 주교들은 사사건건 바티칸 승인을 받아야 하는 줄로 알고 있습니다. 너무나 망설이면서 뭔가 구체적인 시도를 안 하더군요.

카프라 이제 다시 인간이 갖는 영성과 거기서 비롯되는 힘, 이 둘의 관계로 되돌아가서 간디의 종교적인 영성을 어떻게 평가하시는지요? 권력을 남용하지 않고 제대로 다루는 최고의 본보기였다는 점에 동의하시는지, 만약 그렇다면 우리는 거기서 뭘 배울 수 있을지 좀 말씀해주시지요.

슈타인들-라스트 그리스도인들 사이에서도 간디는 정말 그리스도

같은 인물이라고 평하는 분입니다. 그분은 꼭 예수님처럼, 그러니까 다른 사람을 북돋워주는 모습을 늘 보이셨지요. 바로 이 점이 예수님한테 말썽을 일으켰는데, 간디한테도 마찬가지 문제가 생겼더랬지요.

카프라 그렇네요. 두 경우 다 살해당했잖아요.

슈타인들-라스트 두 분의 경우를 살펴보면, 많은 사람들이 스스로에게 주어지는 권리, 그러니까 자기네가 누릴 수 있는 진정한 권리를 사실은 별로 원하지 않았다는 게 더 확실해집니다. 물론 원하는 사람도 있었지만 상당수의 사람은 이렇게 얘기했어요. "시키는 대로 하고 사는 게 더 낫다니까 그래. 영국놈들이 하는 게 훨씬 매끄럽잖아."

카프라 하지만 그들이 간디를 죽인 건 아니었잖아요?

슈타인들-라스트 그렇지요. 예수님을 따르던 이들이 모두 스스로의 행동에 거리낌이 없는 당당하고 자유로운 사람들이었다면 어떻게든 예수님 한 분을 지키는 일은 가능하지 않았을까요? 간디의 경우는 잘 모르겠어요. 아무튼 간디의 놀라운 점은, 그분도 꼭 예수님처럼 다른 사람을 키우고 북돋워주는 데 자신의 권위를 사용했다는 사실입니다.

복음서에 따르면 예수님도 바로 그런 식으로 당신의 힘을 사용하십니다. 최후의 만찬이 있기 전 제자들의 발을 씻겨주시는 모습이 좋은 예고요. 예수님은 이렇게 말씀하십니다. "세상의 왕은 백성을 강제로 다스립니다. 여러분은 그래서는 안 됩니다. 제일 높은 사람은 모두를 섬기는 종노릇을 해야 합니다."

카프라 여기서 다시 권력은 책임과 함께 가네요.

슈타인들-라스트 맞습니다. 권력과 책임이 서로 떨어져 나갈 때, 거기서 권력은 부패하기 시작합니다. 부패한 권력의 모습들을 살펴보면 그 점이 잘 드러날 거예요.

카프라 이제 우리는 책임이란 게 얼마나 무거운 건지 잘 알았습니다. 책임이 커질수록 그만큼 더 무거워지잖아요. 그러니까 큰 책임을 맡아서 권력이 커지면 가능한 한 다른 이들을 북돋워 책임을 나눠주고, 그러면 책임도 분산시킬 수 있을 텐데요. 그렇지요? 혼자서 그걸 감당하기가 너무 힘드니까요.

그러니까 권력을 사용하는 방법은 두 가지로 나눌 수 있겠네요. 하나는 거기에 매달리는 것으로, 이는 책임의 성격이 없는 부패한 권력입니다. 대부분의 권력은 여기에 속하지요. 권력을 위한 권력이요. 이와 다른 편에 서는 종류의 권력을 가지면 이런 말이 저절로 나올 겁니다. "저의 권력이 너무 커서 책임도 너무 큽니다. 누군가 함께 좀 나눠 가세요." 그러니까 다른 사람을 키워주고 북돋워주는 게 당연하지요. 지금 신부님 말씀에 따르면, 예수님은 그런 식으로 힘을 사용한다는 거예요. 다른 사람에게 힘을 나눠주는 식 말입니다.

슈타인들-라스트 맞습니다. 그렇다고 꼭 예수님한테만 국한시켜 말씀드리는 것은 아닙니다. 실은 퍽 상식적인 방법이니까요. 하지만 그리스도교가 들어온 이후 2천 년 동안 서구에 끼친 영향, 그러니까 서구를 변화시킨 그리스도교의 가장 참된 면모는 바로 권력에 대한 새로운 전망을 보여준 점이었습니다. 이런 일이 생기자 난리가 났더랬지요. 많은 사람들이 신앙을 대가로 순교를 해야 했고요.

어쩌면 교회의 권위와 권력 구조도 올바로 지켜지지 않은 경우가 더 많을지 모르겠네요. 하지만 다행스럽게도 그 정신은 이어져왔습니다. 때로는 교회 바깥에 있는 사람들을 통해 전해졌지만, 그 면면한 정신만은 인간 마음의 역사를 거슬러 예수님과 맞닿아 있는 것임을 알 수 있어요. 이런 관점에서 볼 때 예수님은 아직 우리 시대에도 그 빛을 발하는 크나큰 영향을 끼치셨고요.

카프라 강의나 세미나 중에 저는 권력이란 말을 두 가지로 나누는데요, 다른 사람을 지배하는 권력과 다른 사람에게 영향을 주는 권력, 이렇게 구별을 합니다. 여기서 다른 이에게 끼치는 영향이란 그들이 무언가를 잘하도록 북돋운다는 뜻이고, 지배한다는 건 부패한 권력의 의미입니다. 이를 권위와 연결시켜보면, 원래 그 말이 가리키는 참된 권위라는 것은, 신뢰를 주며 그래서 책임을 맡길 수 있는 그런 사람한테 느껴지는 어떤 것입니다. 맞습니까?

슈타인들-라스트 그런 신뢰를 잃지 않는 한에서 권력을 지키면 좋은 거지요. 그러나 권력을 얻고 나면 대부분 권력에 매달려 더 이상 신뢰를 얻지 못하고, 그러면 곧 진정한 권위는 사라져버리지요.

카프라 권위가 있는 사람은 그러니까 일을 맡을 이들에게 필요한 지식을 충분히 나눠주어 그들이 더 이상 기대려 하지 않게 도와줘야 하는 거지요.

슈타인들-라스트 바로 그 점이 중요합니다. 권위는 그것을 가지고, 자기 밑에 오는 사람들을 북돋워줄 수 있는 사람한테 주어져야 합니다. 어떤 분은 멀리서도 종교적 권위가 느껴지는데, 그 거룩하고 강렬한 힘은 우리 마음으로 알아보는 거죠.

카프라 이 또한 새로운 패러다임식으로 설명하면 역동적이라고 표현할 수 있을 거예요. 기존의 패러다임에서 권력이란 어딘가에 머물러 있는 것이죠. 고정된 서열이 있고, 그래서 제일 꼭대기에 있는 사람은 그 아래 층층이 깔린 사람들을 지배하는 형식이었지요. 이에 비해 끊임없이 바깥으로 권력을 흘려보내며 다른 사람들을 북돋고 그들의 권위를 단단히 해주는 것이라면, 이 또한 역동적 과정입니다.

슈타인들-라스트 훌륭한 설명이에요. 서로 다른 개인과 다양한 모임들의 권위를 수평 관계뿐 아니라 상하 관계로도 연결시켜 그물의 구조를 만들 수가 있을 거예요. 예컨대 그물의 구조로 컴퓨터를 모두 연결시키면, 사업상으로나 학술적으로 또 개인의 생활도 급속히 증대되고 정보의 양이 늘어나고 힘이 커지고 등등 여러 차원이 펼쳐집니다.

카프라 제가 늘 그렇게 말하고 다닙니다. 영향을 끼치는 권력의 이상적 구조는 그물 구조라고요. 상하 관계로만 주고받는 게 아니라 사방팔방의 연결망으로 서로에게 영향을 끼치니까요.

매터스 가톨릭교회에도 이런 식의 구조를 옹호하는 신학적 근거가 있습니다. 앞에서도 이야기한 '보조의 원칙'이라는 규정은, 교황과 주교, 성직자와 평신도 모두 나름대로 고유하고 상호 의존하는 직능을 맡지만, 전체로는 하나의 살아 있는 몸처럼 유기적으로 움직인다는 뜻입니다. 예컨대 성직자들이 정당에 가입한다든지 공직에 오르는 일을 교황님이 금하는 경우도 이런 협의를 확인하는 것으로 이해할 수 있어요. 교회 바깥의 일에 대한 책임은 평신도에게 속하니까요. 정치적인 기량을 발휘하면서 그리스도교의 이상을 펼치는 일은 평신도의 몫입니다. 폴란드의 바웬사(Lech Walesa, 1943~)가 자유노조의 연대(Solidarity) 운동을 통해 커다란 성공을 거둔 일도 좋은 예라고 할 수 있지요. 물론 저 개인적으로는, 체코의 바츨라프 하벨(Václav Havel, 1936~2011) 같은 분이 더 멋지고 훌륭한 인물이라고 느끼지만 말입니다.

세계연방주의

슈타인들-라스트 토마스 신부님 말씀으로 우리는 보조의 원칙에 다시 돌아왔습니다. 건강한 사회일수록 결정은 제일 아래 차원에서 이루어지는 게 원칙입니다. 더 높은 차원의 권위는 정말 필요한 경우, 그리고 필요한 기간 동안에만 최소한으로 개입을 해야 합니다. 오늘날 최고의 정치적 권위는 국가 단위의 정부 조직입니다. 권리와 책임을 가지고 지구의 문제를 담당하는 지구적 차원의 권위가 아직은 없는 셈이지요. 이와 가장 유사한 형태가 국제연합이지만, 국제연합이 실제로 행사할 수 있는 힘은 아주 약합니다. 그렇지만 제한된 힘을 가지고도 유엔이라는 조직은 상당한 일을 해내고 있지요.

카프라 국제연합은 좋은 예라고 생각합니다. 이들의 힘은 남을 지배하거나 탄압한다는 의미의 권력이 아니라, 부족하고 필요한 지역에 힘을 북돋고 보충해줄 수 있다는 의미에서 힘과 권위가 있는 곳이니까요. 여기서는 유엔아동기금(UNICEF)나 평화유지군 같은 봉사기구를 운영하고, 또 갈등 관계에 있는 나라들의 만남을 주선하는 데 권위를 활용하지 않습니까? 그리고 오늘날 국제연합의 가장 큰 의미는, 여러 비정부조직들(NGO)의 만남의 장으로 활용되고 있다는 점이지요.

슈타인들-라스트 물론 현재로도 중요한 일을 많이 하고 있지만, 국제연합은 그 조직 자체가 연맹의 성격이어서 오늘날 우리 세계가 절실히 필요로 하는 일을 제대로 수행할 수 없다는 약점이 있습니다. 연맹(league)이라는 건 완전한 투신이 아니라 필요하면 언제라도 발을 빼고 제 갈 길을 찾아갈 수 있다는 것입니다. 연방(federation)은 조금 다르지요. 여기서는 회원국들이 그 지역의 절박한 문제를 해결하기 위해 더 높은 차원의 결정에 권위를 부여하고 그에 따르니까요. 구체적인 행동을 취할 수밖에 없는 상황에서 슬그머니 발뺌을 하는 일은 있을 수 없지요.

카프라 제 견해를 조금 말씀드릴게요. 지금 나누신 말씀들과 관련해서 세계연방 혹은 세계정부라는 표현들을 많이 하는데요.

슈타인들-라스트 정부라는 말은 조심해서 써야 합니다. 권위주의 냄새가 나거든요.

카프라 괜찮아요. 정부란 말을 굳이 쓰려는 이유가 바로 그런 분위기 때문이니까요. 여기서 명확히 할 점이 있어요. 우리가 마다하는 건 중앙집권적 정부입니다. 중앙집권제라는 형식은 오늘날 모든 일의 걸림돌이고, 한 국가 안에서도 사실 끔찍한 존재지요. 앞으로의 국가는 이를 탈피할 수 있는 해결책으로 두 가지 길을 모색해야 합니다.

첫 번째는, 권력과 경제 활동의 집중을 막기 위해 모든 일의 결정 과정을 가능한 한 국가 전체로 분산시키는 일이고, 두 번째는 다른 나라들과의 실질적 협조 체제를 더 깊게 하는 일입니다. 이 두 기능을 꾸준히 강화시키다 보면, 중앙 권력에서 벗어난 사안들이 국제적으로 엮어져야 하는 곳마다 새로운 연방들이 생겨날 것입니다. 그런 다음 이런 식으로 탄생한 연방은, 자체 활동을 만들어내기보다는 여러 단위를 서로 연결시키고 조화시키는 일에 전념하는 거지요.

매터스 그럴 경우 여기서 중요한 건 효과적인 만남의 장인데, 여러 단위와 차원을 이어주며 이런 관계를 지속시키는 그물의 코라고 할까요. 정부와 비정부 조직들이 여기서 만나 소통하고 한 나라 안에 있는 작은 지역들의 만남도 여기서 이루어지는 것이죠.

카프라 이러한 그물이 늘어나면 재미있는 현상도 많이 관찰할 수 있을 것 같아요. 유럽의 경우 서유럽과 동유럽은 대조적인 현상이 눈에 띕니다. 요즘 서유럽 국가들은 자꾸 합쳐지지 않습니까? "우리는 너무 제각각 놀았어. 이제는 좀더 서로에게 의존적일 필요가 있지"라고들 말합니다. 그에 비해 동유럽 사람들은 "우리는 너무 모스크바에 의존적이었어. 이제는 좀 혼자 설 필요가 있지"라고들 말합니다.

누구나 상상할 수 있는 상황이지요. 앞으로도 동구의 나라들은 점점 떨어져 나가 더 독립적이 될 것이고, 서구의 나라들은 점점 더 의존적이 될 것입니다. 어느 날 이들의 상호 의존성(interdependence)이 비슷한 수준에 이르면, 아마도 그 무렵 동구와 서구는 그때까지의 차이가 없어지고 대략 통일이 될 것입니다. 상호 의존적인 나라들의 공동체인 한 울타리로 모두 들어오겠지요.

슈타인들-라스트 어떻게 보면, 상호 의존성이 증대된다는 얘기는 구성원의 독립성이 그만큼 커질 수 있는 기반이 생기는 것이기도 해요. 자기 몫을 발휘할 수 있는 가능성이 높아지거든요. 다원주의(pluralism)의 가능성은 오히려 이런 통일과 함께 탄력을 받을지도 모르겠습니다.

매터스 정확한 지적이에요. 유럽에서 이와 관련한 문제를 안고 있는 곳이 있는데, 지중해에 있는 코르시카 섬 사람들은 프랑스 정부를 상대로 자율권 확보 운동을 벌이고 있지요. 이들 사이의 갈등도 실은 이렇게 더 높은 단위의 통합으로 해소될 수 있는 문제입니다.

카프라 유고슬라비아의 내전도 그렇고, 스페인과 프랑스로부터 독립하려는 바스크 사람들의 열망도 마찬가지 맥락이네요.

슈타인들-라스트 그러면 이런 방향으로 일을 진행시키고픈 좋은 뜻을 갖는 사람들한테 세계연방주의라는 개념 및 이의 실현을 위해 부과해야 할 권위에 대해 올바른 인식을 갖도록 어떤 방법을 좀 모색할 수는 없을까요?

카프라 세계연방주의라는 낯선 이름을 사용하진 않더라도 사람들은 은근히 이 개념의 필요를 느끼고 있는 것 같아요. 지구적인 문제를 해결하기 위해서는 지구적인 사무소가 있어야 한다는 얘기가 많이 나오니까요.

슈타인들-라스트 자연스럽게 형성되는 게 더 좋지요. 문제는 지구적인 차원의 일을 하는 사무소가 마땅한 권위를 확보할 수 있느냐는 것인데요.

카프라 하지만 이들이 기존의 패러다임에서 일컫는 힘이나 권위를 가질 필요는 없습니다. 예를 들어 국제사면위원회(Amnesty International)는 대단히 힘이 있는 조직이지만 누구를 지배하는 곳은 아닙니다. 사람들에게 큰 영향을 끼치는 곳이지요.

매터스 아까 얘기한 '상호 의존성'이란 말을 처음 만들어낸 분이 요한 바오로 2세라는 사실을 아시나요? 이런 점을 보면 바티칸의 입장이 상당히 앞선 셈이고, 특히 미국 천주교의 속터지는 보수파들과는 비교도 안 되지요.

슈타인들-라스트 요한 바오로 2세는 오히려 고르바초프와 유사한 이상을 나눠 가지신 것 같기도 하죠.

매터스 두 인물이 사용한 용어들을 비교해보면, 서로가 상대의 것을 빌려다 쓴 듯한 느낌마저 들곤 합니다.

고르바초프의 새로운 사유

카프라 고르바초프(Mikhail Gorbachev, 1931~) 이름이 나왔으니 그 이야기로 마무리를 해보도록 하지요. 고르바초프가 처음 페레스트로이카, 즉 개혁의 바람을 일으키기 시작했을 때 소련 당국은 이 운동의 방향이 어디로 가리라고 대략의 감은 잡았습니다. 아무리 소련의 경제 구조를 재편해도 계획경제를 자유경제로 바꿀 수는 없으리라, 자유시장이 없는 상태에서 자유경제란 있을 수 없다, 그러니까 계획경제를 자유시장의 경제로 바꾸는 게 아니라 규제를 하더라도 다른 형식의 규제로 바꾸어가야 하리라는 게 원래의 전망이었어요. 사실 규제가 전혀 없는 자유경제란 있을 수 없지요. 하다 못해 문화적인 규제라도 존재하게 마련이잖아요. 일본의 자본주의는 스웨덴의 자본주의와 다르고 미국의 자본주의 혹은 독일의 자본주의와도 많이 다른 형식이거든요. 그래서 소련은 과연 어떤 형식의 규제가 자신들의 상황에 적합할 것인지를 폭넓게 연구했어요.

여기서부터가 중요합니다. 기존의 규제 형식과는 다른 형식의 규제를 설정한다 했을 때 과연 어떠한 형식을 도입하느냐, 고르바초프는 이 문제를 놓고 고민했고 그 답을 찾아냈습니다. 어떤 규제는 꼭 해야 하고 어떤 규제는 풀어야 하는지 국민이 동의하는 선택을 찾아보기로 결정했던 거죠. 이런 규제의 적용에 필요한 건, 문화적 맥락과 윤리적 원칙 그리고 도덕적 행동의 감각입니다. 고르바초프는 페레스트로이카를 시작할 때, 이렇게 더 넓은 의미에서의 개혁을 구상했고 이를 문화적인 재교육으로 이해했어요.

저는 얼마 전 러시아를 여행하면서 그들이 페레스트로이카를 도입했던 정신에서 지금 우리가 여기서 나누는 대화의 특성들을 빈번히 확인하며 많이 놀랐습니다. 페레스트로이카 운동을 주도하면서 그가 기울인 정치적 노력에 고르바초프가 사용한 용어는 모두 지금 우리가 이 대화의 자리에서 들먹이는 언어의 용법과 굉장히 유사합니다. 우리의 긴 대화에서 계속 나오는 개념들이 그의 연설에서도 끊임없이 강조되었습니다. 이런 언어를 고르바초프는 과연 어디서 익혔을까요?

그가 즐겨 사용했던 철학적이고 과학적인 언어는 어느 시기 동안 다른 이들과 함께 진지하게 고민하며 발전시켰던 확실한 결과물이었습니다. 그 자신 '새로운 사유'라고 부르던 이런 사조는 원래 1970년대에 형성된 것이었다고 합니다. 그 당시 소련에 여기저기 산발적으로 지성인 그룹이 여럿 있었는데, 이들이 몰두했던 개념이 요즘 우리가 즐겨 말하는 '패러다임의 전환'이었더군요.

이들은 함께 모여 철학과 과학의 새로운 개념들에 대해 토론하고 글로 발표하며 정리했는데, 『철학적 질문들』이라는 정평 있는 철학 잡지에 그 결과를 꾸준히 실었습니다. 1970년대 이 학술지의 편집장을 지낸 이반 프롤로프(Ivan Frolov, 1929~)는 윤리철학과 과학철학 분야의 진보적 지식인으로 고르바초프가 권좌에 올랐을 때 『프라우다(*Pravda*)』지의 편집주간을 맡아 그의 측근에서 조언을 계속했고요.

1970년대에 이렇게 특별히 새로운 사유를 추구하는 흐름은, 과학과 철학, 종교와 예술 간의 관계를 탐색하는 일에서 출발했습니다. 지금 우리가 여기서 나누고 있는 대화와 아주 흡사한 내용이었다는 얘기지요. 이 점이 저한테는 아주 큰 의미로 다가오는데, 고르바초프가 펼쳤던 '새로운 사유'는 그러니까 우리가 지금 가담하고 있는 '신과학 운동'의 한 가지라는 결론이 나옵니다.

우리가 여러 차례 만나서 나눈 이야기들, 그래서 이 책에 정리해놓은 이런 식의 대화가 소련에서도 이미 1970년대와 마찬가지 맥락에서 이루어졌고, 따지고 보면 이곳에서도 그 무렵

바로 이런 주제들을 놓고 많은 고민과 토론이 있었다는 말이지요. 글쎄, 이렇게 말하면 좀 과장일지 모르겠지만, 이런 토론을 거듭한 결과 드디어 베를린 장벽이 무너져 내린 게 아니겠습니까? 이런 식의 토론은 또 고르바초프에게도 영향을 끼쳐 전 유럽의 정치 판도를 새로운 국면으로 전개시켰고, 그래서 종국에는 베를린 장벽도 무너져 내리는 사태가 빚어진 게 아니겠느냐는 거죠. 그러니까 지금 여기 세 사람이 모여 여태껏 주고받은 과학과 신학의 얘기는, 유럽 전반의 정치판에 밀어닥쳤던 엄청난 변화와 아주 직접적인 관련이 있다는 말씀입니다.

슈타인들-라스트 하지만 아직도 무너져 내리지 않는, 보이지 않는 벽은 수없이 많습니다. 우리가 여기 모여 나누었던 길고 긴 대화들이 그 많은 벽을 하나둘 허물어가는 데 작은 몫이라도 할 수 있었으면 하는 바람입니다.

부록

'새로운 시대'를 향해
페레스트로이카를 감행했던
고르바초프의 연설문

존경하는 의장님 그리고 서유럽공동의회[1] 의원 여러분!

오늘 영광스럽게도 유럽 정치와 유럽 이상의 중심지인 이곳에 와서 연설을 할 수 있도록 자리를 마련하여 초대해주신 여러분께 심심한 감사의 말씀을 올립니다. 우리가 이처럼 한자리에 모였다는 사실은 벌써 진정한 유럽통합체로의 꿈이 실현되기 시작하고 있다는 뚜렷한 증거로 볼 수 있을 것입니다. 우리는 금세기에 들어 두 번에 걸친 세계대전과 다시 수십 년을 끌어온 냉전을 끝내고 이제 20세기의 막바지에 접어들었습니다. 불신과 증오로 점철된 과거를 청산하고, 그동안의 유럽 역사를 통해 경제적으로 그리고 정신적으로 축적해놓은 잠재력을 마음껏 발휘하여 드디어 세계 평화와 인류 공영에 이바지할 수 있는 기회가 온 것이라고 저는 믿어 의심치 않습니다.

오늘날 인류 공동체는 그 어느 때보다 격동의 세월을 살고 있습니다. 전 인류는 수백 년이 넘도록 길들여온 생활양식과 사유 방식에 대대적인 전환기를 맞고 있습니다. 이른바 기술의 진보에 따르는 물질적 생활 기반이 크게 변화했을 뿐 아니라 사회적인 그리고 정신적인 가치 기준도 크게 달라지고 있습니다. 여러 방면에서 새로운 가치관이 거센 파도처럼 밀려옴에 따라 진보의 흔적들이 눈에 띄게 늘어납니다. 그러나 한편으로

---

[1] 서유럽과 그 주변 국가 국회의원들의 의원연맹으로, 1949년에 결성되었으며 공동의회 본부는 프랑스 스트라스부르그에 있다.

는, 기술의 진보에 따르는 위험도 인류 전체를 위협하는 엄청난 규모로 증대하고 있어, 우리는 현대문명 뒤에 도사리고 있는 위험을 잘 극복하고 여태껏 키워놓은 평화의 싹이 잘 자라날 수 있도록 모든 노력을 기울여야만 하겠습니다. 피할 수 없게 된 현대사회의 복잡한 생활 여건에 적응하고 우리에게 주어진 여러 험난한 과제를 해결하여 우리의 후손에게도 지구, 아니 우주 전체에서 떠맡고 있는 인류의 몫을 훌륭히 전할 수 있도록 진정 최선을 다하여 지혜와 슬기를 모아야만 하겠습니다.

오늘날 이러한 과제는 전 인류 모두에게 해당하는데, 특히 유럽에 배당된 몫은 이중 삼중으로 클 수밖에 없습니다. 유럽이 현대 기계문명을 이룩한 역사의 장본인이라는 책임 외에 현대 기계문명을 올바로 이용하고 적절히 통제할 수 있느냐 없느냐는 이제 유럽의 사활이 함께 걸려 있는 아주 긴박한 문제가 되었다는 점, 그리고 이 문제를 해결할 수 있는 가능성이 가장 많이 내재해 있는 곳도 바로 유럽이라는 점이 그 이유입니다. 이제 세계사에는 새로운 장이 시작되어 어느 국가 어느 대륙도 독자적으로 자기의 국경 안에 머물면서 자기의 문제만을 해결할 수가 없게 되었습니다. 유럽도 마찬가지로 하나가 된 지구촌 안에 조화롭게 통합되고, 아울러 그에 마땅한 임무와 역할을 수행할 수 있을 때 비로소 유럽 안의 모든 문제도 해결할 수 있습니다. 온 인류 공동체가 이제, 하나인 지구촌 안에 살게 된 그런 시대가 개막되었기 때문입니다.

1920년대에는 유럽의 퇴보와 몰락을 예견하는 이론이 유행했습니다. 이러한 견해는 사실 아직도 완전히 사라진 것 같지 않습니다. 그러나 저는 유럽의 장래를 결코 비관적으로 생각하지 않습니다. 역사적으로 유럽은 어느 대륙보다 먼저, 이웃끼리 담을 헐고 경제 분야뿐 아니라 문화나 정치 분야에서도 서로를 개방하는 국제화의 시대가 될 것을 예감했습니다. 지구 상 어느 다른 지역보다도 이곳에서는 국가 사이의 피상적 접촉을 넘어선 활발한 교류와 상호 의존 관계가 두드러졌습니다. 물론 여러 차례에 걸쳐, 유럽은 무력으로 통일이 될 뻔하기도 했습니다. 그렇지만 무력이나 강권에 의한 것이 아니라 유럽인 스스로가 자발적으로 그리고 민주적으로 하나의 커다란 통일적 공동체를 구성하자는 고결한 꿈도 있어왔습니다. 빅토르 위고(Victor-Marie Hugo)는 다음과 같이 말한 적이 있습니다.

그런 날이 오리라. 프랑스, 러시아, 이탈리아, 영국, 독일… 이들의 고유한 전통과 아름다운 풍습은 남을지언정 국경은 사라지리라. 더 높은 이상을 향해 유럽은 한 형제가 되리라. 그런 날이 오리라. 더 이상 총칼을 들어 피를 흘리는 일은 사라지고 유럽이 하나의 장터가 되어 필요한 물품을 서로 나누며, 온 지성이 한데 모여 지혜를 겨루는 날이 오리라.

어느덧 유럽 국가들은 서로가 서로에게 의존하는 공동 운명체가 되는 꿈을 성취했습니다. 그리고 이제는 좀더 현실적이고 구체적인 내용을 합의할 단계에 이르렀습니다. 그러나 진정한 의미에서 유럽 통합의 꿈이 실현되기 위해서는 이 공동 운명체에 들어오는 모든 나라의 권익이 동등하게 보장되어야 합니다.

개개 국가의 정치적 혹은 경제적 규모가 크든 작든 상관없이 공평한 몫의 권한과 의무 그리고 양보와 참여가 전제되어야 할 것입니다. 이런 식의 문제 제기가 여러분 모두에게 현실적으로 얼마나 설득력이 있을지 모르겠지만, 제가 알기로 서방의 많은 분께서는 아직도 세계 정치의 가장 큰 난제는 대립하며 현존하는 서로 다른 사회체제라고 믿고 계십니다. 그러나 우리가 해결하기 정말 어려운 문제는 그 외형적 정치 현실이 아니라 오히려 독선적이고 배타적인 선입견과 남에 대한 몰이해라고 저는 생각합니다.

예컨대 서방의 많은 정치가께서는 유럽의 분할이 극복되기 위해서는 사회주의 내지 공산주의를 물리쳐 이겨내야만 한다는 무분별한 신념을 정치적 노선으로까지 표방하고 계십니다. 그러나 이런 식의 막무가내는 문제를 해결하는 건설적 대안이 될 수 없으며 대립과 불신의 벽을 두텁게 할 뿐입니다. 이러한 접근으로는 결코 유럽의 진정한 통일을 이룰 수 없습니다.

유럽 여러 나라가 여건에 따라 서로 다른 정치 이념 그리고 제 나름의 사회체제로 운영되고 있다는 것은 이미 우리의 주어진 현실입니다. 주어진 역사적 사실과 모든 민족의 자율권 그리고 그들이 택한 나름대로의 사회질서를 인정하고 존중할 때에야 비로소 유럽은 진정으로 화합하는 참된 공동체로서 첫발을 내디딜 수 있을 것입니다. 각 나라의 다양한 사정에 따라 사회적인 그리고 정치적인 체제는 변화해왔고 또 앞으로도 계속 변화해갈 것입니다. 그러나 이런 진행은 절대적으로 각 민족 스스로 결정해서 선택할 사항이지 이웃 나라나 다른 강대국이

왈가왈부 간섭하며 강요할 일은 아닐 것입니다.
 모든 국가가 동일한 사회제도, 동일한 정치 형태를 가질 수는 없습니다. 그리고 서로 다른 성격을 갖는다는 것은 오히려 전 인류에게 긍정적 요소가 될 수 있습니다. 이미 언급되었듯 서로 다른 방식의 제도를 유지함으로써 선의의 경쟁을 통해 물질적으로나 정신적으로 서로 보완하며 각자 더 나은 사회를 지향해 갈 수 있기 때문입니다. 최근에 일고 있는 개혁을 통해 저희 소련도 이제 동등한 입장에서 그렇게 공명정대하고 건설적인 경쟁에 참여할 수 있게 되었습니다. 물론 현재로서는 국민 경제가 무척 궁색하고 시급히 해결되어야 할 문제가 산더미처럼 쌓여 있지만, 저희는 또 사회주의의 이상을 근본으로 하는 정치제도가 나름대로 좋은 점도 많이 갖고 있다고 자부합니다. 그리고 이런 전통 안에 머물면서도 저희 사회를 갱신하고 발전시킬 수 있을 뿐만 아니라 유럽의 다른 나라에도 유익한 기여를 할 수 있게 되리라고 확신합니다.
 이제 냉전이라는 개념은 구시대의 유물로 박물관에나 가 있게 되었습니다. 냉전을 끌어오던 구시대에, 유럽은 두 가지 대립되는 정치 노선이 맞닿으며 마찰하는 최전선이기도 했습니다. 그러나 전 세계가 서로에게 얽혀 살 수밖에 없게 된 오늘날, 분열과 대립의 이러한 발상은 이제 양자역학에 밀려 설 곳이 없는 고전역학의 법칙처럼 되었습니다.
 새로운 시대의 개막으로 이미 하나가 된 지구촌에서, 지정학적 인접이란 군사적으로나 정치적으로 별다른 의미가 없게 되었기 때문입니다. 그런데도 소련은 미국으로부터 유럽을 떼어놓으려는 음모를 꾸미고 있다고 의심을 받는가 하면, 호시탐탐 공산주의의 패권을 확장할 기회만 노리고 있다는 판에 박힌 욕설을 듣기도 합니다. 심지어 어떤 이들은 소련이 유럽을 브레스트² 끝까지 쫓아내고, 급기야 대서양에서 우랄까지 모두를 차지할 음험한 욕심을 품고 있다고 난데없는 트집을 잡기도 합니다.

소련이라는 나라의 땅덩어리가 워낙 크다 보니 가까이 사는 이웃 나라는 겁도 나고 왠지 언짢아지는 것 같습니다. 그러나 역사적으로 주어진 명약관화한 현실과 합리적으로 판단할 수 있는 가까운 장래의 일을 허무맹랑한 선입견과 편견으로 왜곡해서는 안 되겠습니다. 오늘날 소련공화국과 미합중국은 정치적으로 떼려야 뗄 수 없는 국제 정치구조의 자연스런 한 부분입니다. 따라서 이 두 개의 정치 세력이 유럽의 발전에 공동으로 관여하는 일은 공명정대할 뿐 아니라 무턱대고 거부할 수 없는 역사적 조건입니다. 오늘날 유럽 정치에서 이 현실을 도외시하는 관점은 그 어떤 것도 용납될 수 없습니다. 그렇게 편협한 관점으로는 아무 결실도 거둘 수 없을 것입니다.

최근 수백 년 동안 전 세계의 정치와 경제 그리고 문화뿐 아니라 문명의 발달에도 유럽은 헤아릴 수 없이 많은 공헌을 했습니다. 그 혁혁한 업적은 오늘날 전 세계 어디에서도 쉽게 찾아볼 수 있고, 또 인정받고 있습니다. 그러나 그와 함께 잊어서는 안 될 일은 유럽이 저지른 씻지 못할 과오입니다. 식민지에

---

2 프랑스 서부, 브르타뉴 반도 서쪽 끝에 있는 항만 도시이다. 툴롱과 함께 프랑스 최대의 군항이다.

서 노예를 약탈하던 일에서부터 제국주의의 뿌리는 시작되었습니다.

유럽인은 한편으로 인류사에 끼친 그들의 공헌을 자부할 수 있겠지만, 스스로 자행한 엄청난 죄악과 실책을 아직 제대로 청산하지 못하고 있습니다. 여전히 그 빚이 남아 있는 상태입니다. 이 빚을 청산하기 위해서는 모든 가능한 국제 관계가 인도주의의 이름으로 공명정대하게 이루어질 수 있도록 분투노력해야 합니다. 아울러 모든 나라에서 민주주의와 사회보장이 실천되도록 서로 협조하며 독려해야 할 것입니다. 이런 시대적 조류에 부응해 전 세계적으로 대단히 깊은 의미를 가질, 인류 공영과 긴장 완화를 위한 기초 작업이 헬싱키 협약[3]에서 최초로 이루어졌습니다. 이어 그에 준하는 세부 원칙들이 비엔나[4]와 스톡홀름[5]에서 구체적으로 가결되었습니다. 여기서 채택된 내

---

[3] 2차 대전 이후에도 계속되는 유럽의 긴장 완화와 상호 신뢰 회복을 위한 공동 협상이 1973년부터 간헐적으로 이루어졌고, 그 결과 1975년 8월 1일 유럽의 평화 보장과 경제, 학문, 기술, 생태계 보존 문제 등을 위한 쌍방의 활발한 교류가 약속되었다.

[4] 1949년부터 초안을 내기 시작해 1966년 75개 조항 작성 후, 1968~1969년에 오스트리아 수도 비엔나에서 협의한 후 1969년 5월 가결되었다. 1973년 10월 동구와 서구의 19개국 대표가 모여, 동서 양 진영의 경계에 근접한 벨기에, 서독, 네덜란드, 룩셈부르크, 체코, 동독, 폴란드 7개국의 군축을 협상하는 MBFR(Mutual Balanced Forces Reduction)을 설정. 1989년 이래 정기적으로 35개국 대표가 모여, '대서양에서 우랄까지' 주둔하는 군사 시설 및 일반 무기의 대폭 감축 및 제한 규정을 결의했다.

[5] 1984년 1월 17일 첫 모임 이후 비정기적으로 유럽 통합에 관심을 갖는 유럽과 주변의 35개국 대표가 모여 유럽의 평화와 안전 그리고 상호 신뢰 회복을 위한 규정을 결의했다.

용은 서류로 남아 오늘날 유럽 민족의 정치 문화와 도덕 전통을 두고두고 자랑스레 기억할 것입니다.

이제 유럽에 새로운 변혁의 바람이 일어남에 따라 이에 동참하는 우리 모두는 지혜를 모아, 우리의 공동작업으로 이루어놓은 여러 가능성을 되도록 폭넓게 활용해야 하겠습니다. 전유럽통합의회를 창설하자는 생각도 바로 이런 요구에 부응하는 것입니다. 이러한 생각은 오늘날 인류가 처한 새로운 현실에 대한 냉철한 인식에서 비롯되었습니다. 세상은 그동안 엄청나게 바뀌었는데 냉전과 더불어 시작된 동서 진영의 관계는, 20세기 막바지에 이르도록 줄곧 분열과 대결의 방향으로만 치닫고 있다는 잘못된 역사에 대한 자각과 반성에서 시작되었습니다.

이러한 생각은 또한 우리 소련의 자체적인 정치 개혁, 그리고 경제 개혁과도 맥을 같이합니다. 우리 사회의 개혁을 위해 소련이 역사적으로 가장 많은 관련을 맺고 있는 지역인 유럽 여러 나라와의 관계 개선이 시급히 요청되었던 까닭입니다. 군비 확장에 따르는 경제 부담과 험악한 대치 상황은 유럽의 정상적 발전에 크나큰 장애 요소입니다. 그리고 소련으로서도 유럽이라는 통합체의 편입에 경제적으로나 정치적으로 그리고 심리적으로 엄청난 지장을 초래했을 뿐 아니라 우리 자체의 발전에도 기형적 요소로 작용해왔습니다. 우리는 이상과 같은 판단에 따라 그동안 소홀히 했던 대유럽 정책을 적극적으로 개선하고자 합니다.

최근 들어 유럽의 몇몇 정상급 지도자와 만난 자리에서 전유럽통합의회의 창설 문제뿐만 아니라 그의 구체적 설계 그리고 낱낱한 내부 조직의 문제들도 논의되었습니다. 그중에서도 모스크바와 파리에서 가졌던 프랑수아 미테랑 대통령과의 담화는 특히 유익하고 의미 있는 것이었습니다. 물론 전유럽통합의회에 대한 최종안을 오늘 당장 마무리 짓자고 독촉하는 것은 아닙니다. 제가 강조하고 싶은 점은, 현재 유럽에서 진행 중인 국제 질서의 변혁이 진정 화합과 공존의 새로운 시대 정신에 부합해야 한다는 것입니다. 유럽에서 이룩되는 새로운 국제 질서를 통해서는 무엇보다 전 유럽의 공동 이익이 우선되어야 하며, 힘의 균형으로 통칭되던 여태까지의 정치 원칙이 이제는 상호 이익의 균형이라는 표현으로 바뀌게 된 것입니다.

그러면 상호 이익의 균형을 유지하기 위해 구체적으로 어떤 것이 논의될 수 있겠습니까? 무엇보다 우선하는 것은 군사 조약과 관련한 이른바 안보 문제일 것입니다. 새로운 시대가 요구하는 새로운 가치관이 밀려옴에 따라 우리는 끝없는 군비 확장과 상호 위협의 증강으로 일관되던 종래의 방위 개념도 신중히 검토하고 반성하기 시작했습니다.

그동안 유럽 전역은, 서로가 힘에는 힘으로 호되게 응수한다는 신념으로 팽팽하게 대치하고 있었습니다. 안전을 도모한답시고 점점 더 강력한 무기를 개발하고 끊임없이 군사력을 증진시키면서 공포와 긴장의 험악한 분위기를 조성했던 것입니다. 그토록 공을 들인 군사 계획에 대해 비판적으로 검토하고 반성해야 했던 일은 결코 쉬운 일이 아니었을 뿐 아니라, 무척 고통스럽기까지 한 것이었습니다. 그러나 우리는 현명한 결론에 도달하였고, 그 결과 끝없는 위협에서 헤어나지 못하던 동서관계를 화해시킴으로써 공격과 반격의 악순환을 종식시켰습니다. 핵무기 감축에 있어서는 소련과 미국 두 나라의 공동 노력[6]이 그 발판이 되었고 중요한 역할을 했다는 점은 두말할 나위도 없겠습니다. 그리고 비엔나 협약에서 이루어졌던 중거리[7]와 단거리[8] 로케트의 협상과 관련해서 유럽인들은 그저 수동적으로 동의한 것이 아니라, 이들이 완전히 폐기되는 협정의 성립을 위해 적극적인 공헌을 하였습니다.

이처럼 비엔나 협약을 통해 우리는 이미 군비 축소의 새로운 장을 열었습니다. 이곳에는 미·소 두 나라뿐 아니라 유럽과 관련된 33개국 대표들이 함께 참가하였습니다. 이 35개국 대표는 상호 신뢰의 회복을 위한 군비 축소 협약과 관련해 세세한 원칙을 정하는 데 혼신의 노력을 기울였습니다. 이 두 가지 협약은 서로 다른 건물에서 협의되고 조인되었지만, 이 둘은 서로 밀접한 관련을 맺고 있습니다. 유럽에 평화를 정착시키는 작업에 그 누구도 제외시키지 않으며, 제외시킬 수도 없습니다. 이 문제와 관련하여 모든 나라는 자국의 국민과 유럽 전체에 대해

---

6 1981년 11월 스위스 제네바에서 미국과 소련 대표가 유럽에 설치한 핵탄두 로케트의 제한에 대해 첫 협상(INF: Intermediate-Range Nuclear Forces)을 벌이기 시작했고, 1982년에 다시 제네바에서 전략적 핵무기감축협상(START: Strategic Arms Reduction Talks)이 이루어졌다. 이후 여러 차례의 협정 위반과 각축이 있었다.

7 사정거리가 1,000~5,500Km인 군사용 로케트, INF 협상(1981년)과 START 협상(1982년) 이후인 1983년 11월 미국이 이를 위반하고 유럽에 중거리 로케트를 설치했는데, 이는 정기적으로 개최되던 미소 양국 간의 군축 협상에 소련이 통보 없이 불참하는 계기가 되었다.

8 사정거리가 500Km인 군사용 로케트.

각자 책임의 몫을 나누어 갖는 것입니다.

우리는 전유럽통합의회라는 기구를 통해 어떠한 군사적 대치 상황도 배제시킬 것입니다. 아무리 일시적일지라도 폭력의 사용이나 협박의 가능성, 동맹국 내에서든 서로 대립하는 국가끼리든, 특히 군사적 폭력의 가능성은 철저히 차단되어야 합니다. 남을 위협하고 으르는 대신 스스로를 통제하고 단속하기에 주저함이 없어야 할 것입니다. 이는 그저 말놀이가 아니라 유럽 역사를 통해 얻게 된 뼈저린 삶의 교훈입니다.

비엔나 협약을 통해 우리가 얻으려는 목표는 분명합니다. 먼 훗날이 아니라 바로 2~3년 안에 유럽이 가진 무기를 대폭 감축시키는 것입니다. 미국 대통령도 언급하신 바와 같이, 저는 이 목표가 분명히 달성 가능하다고 생각합니다. 이와 아울러 모든 종류의 불균형과 불평등 관계도 조정될 것입니다. 다시 한번 강조합니다. 모든 불균형과 불평등이 청산되는 것입니다. 이율배반적인 원칙이란 있을 수 없습니다. 이제 모든 관련 국가 간의 핵무기에 대한 협상도 시작될 때가 되었다고 생각합니다. 이런 것들은 완전히 소멸되어야 할 무기입니다. 이런 무기는, 전쟁을 벌일 마음이 추호도 없는 유럽인에게 쓸데없는 공포만 조장할 따름입니다. 그런데도 불구하고 무엇을 위해 이런 무기를 가지고 있어야 하겠으며, 도대체 누구에게 이런 무기가 필요하단 말입니까? 공포만 조성할 따름인 핵무기를 과연 해체시키는 것이 옳겠습니까, 아니면 무슨 일이 있더라도 이것만은 보유해두는 것이 옳겠습니까? 구태여 원자 폭탄으로 무장을 하고 이웃 나라를 을러대는 전략이 진정으로 안전을 도모하는 길이겠습니까, 아니면 오히려 긴장 관계만 악화시키는 것이겠습니까?

유감스럽게도 북대서양조약기구[9]와 바르샤바동맹기구[10]는 이 문제와 관련하여 완전히 상반되는 입장을 취하고 있습니다. 그러나 핵무기의 전면 폐기에 대한 합의가 당장 이루어지지 않는다고 해서 이 사태를 극적으로 비약시키지는 않겠습니다. 우리 스스로도 어떤 해결책을 모색하는 일에 노력하겠고, 우리의 파트너에게도 부디 지혜로운 선택을 강구해달라고 다시 한번 호소하는 바입니다.

우리가 진정 '새로운 시대'로 돌입하는 데 있어 핵무기는 무슨 일이 있어도 없어져야 할 구시대의 몹쓸 유물입니다. 그러나 일단은 핵무기와 관련한 우리들 각자의 입장을 포기하지 않은 채, 공동의 이익과 관심이 결부된 쪽으로 우선 한 걸음 함께 나아가는 것이 현명하리라 생각됩니다. 이런 뜻에서 소련은 앞으로도 꾸준히 핵무기의 완전 철폐라는 이상을 충실히 지킬 것이며, 서방 쪽의 '최소한의 위협용'으로 대폭 축소한다는 원칙을 잠정적으로 용납할 것입니다. 그러나 다시 한번 이 '최소한'이라는 말의 뜻을 냉철히 따져보아야만 하겠습니다. 절대로 공격용으로는 쓸 수 없고, 그저 만에 하나 유사시에 앙갚음을 할

---

9 NATO(North Atlantic Treaty Organization): 1949년 결성된 서방 측의 방위조약체. 미국, 영국, 프랑스, 캐나다 등을 회원국으로 발족했으며, 뒤에 터키와 그리스, 서독이 참가했다.

10 1955년 폴란드의 수도 바르샤바에서 NATO에 대항하기 위해 결성된 동구의 군사조약체. 동구의 와해에 따라 1997년 7월 1일 체코의 프라하에서 해체를 선언했다.

수 있는 정도라는 것이 도대체 어느 정도를 일컫는 것이겠습니까? 이는 너무도 애매하고 위험한 개념입니다. 우리의 경험을 통해 알 수 있는 바와 같이, 절대적으로 명확한 규정을 세우지 않으면 언제라도 다시 불신의 화근이 될 수 있습니다. 따라서 이 문제를 좀더 신중하게 연구하고 철저히 규정할 수 있도록 소련과 미국, 영국과 프랑스 그리고 핵무기를 설치해놓은 그 외의 나라에서 각각 전문가를 위촉하여 하나의 공동위원회를 구성하자고 저는 촉구합니다. 이 문제는 전문가들의 공동 작업과 평가에 따라 다시 정치적인 선에서 타결을 보는 게 옳은 순서라고 생각합니다.

북대서양조약기구의 가입국들이 전략적 핵무기[11]에 대한 우리와의 협정에 동참할 뜻을 확실히 보여주기만 하면, 우리들은 조속히 바르샤바 동맹의 회의를 거쳐 일방적으로라도 유럽에 배치된 우리의 전략적 핵무기를 먼저 축소해나갈 용의가 있습니다. 현재 소련과 바르샤바 동맹의 다른 가입국은 비엔나 협약과 관계없이 일방적으로 유럽에 배치된 병력과 무기를 이미 감축시켜가고 있습니다.

방위 구조와 전투력이라는 개념도, 바야흐로 상호 이해와 상호 공존이라는 새 시대의 협조적 방위 원칙에 따라, 더욱 합리적인 내용으로 바뀔 것입니다. 새로운 방위 원칙이란, 무기라든지 군사력을 적극 통제하고, 동시에 군사 기지의 배치나 군

---

11 미소 양국이 서로를 향해 직접 쏠 수 있도록 설치한 대륙간 핵무기. 1982년 제네바에서 이 전략적 핵무기의 감축 협상(START)이 이루어졌으나 1983년 미국이 이를 위반하고 유럽에 중거리 로케트를 설치.

사훈련 그리고 그 밖의 전반적인 군사 활동을 통틀어 실제로 공습을 감행한다거나, 이런 공습을 준비하는 대규모의 작전을 계획할 만한 물리적 가능성을 축적시키지 않는다는 것을 기본 원칙으로 합니다.

올해 들어 우리는 이미 국방비의 자체 예산을 삭감하기 시작 했습니다. 소비에트연방공화국 최고인민회의에서 발표된 바와 같이 우리는 최선을 다해 국가 예산에서 국방비의 비율을 대폭 적으로 줄여나갈 계획입니다. 상황이 허락하는 한 1995년까지 국방 예산을 현재의 지출에서 3분의 1 내지 절반 정도로 축소 시킬 방침입니다. 그리고 기존하는 방위 산업을 좀더 생산적인 용도로 바꾸는 문제를 진지하게 숙고하고 있습니다. 어떤 방식 으로든 이 문제는 유럽 통합체의 건설에 참여하는 모든 나라가 당면한 크나큰 숙제일 것입니다. 이 문제와 관련해 우리 모두 는 경험과 의견을 교환하는 데 적극 협조할 것입니다. 우리 생 각으로는 이 기회에 바로 UN이라는 국제기구를 적절히 활용 할 수 있을 것 같습니다. 예를 들어 유럽 경제위원회 소속으로 하여, 방위 산업을 좀더 유익하고 건설적인 형태로 변경시키는 좋은 구상을 모색할 공동 연구단을 설치할 수 있을 겁니다.

저는 다시 한번 여기 계신 서유럽의 국회의원 여러분, 그러 니까 서유럽의 각 나라를 대표하시는 분들 앞에서, 무장 해제 에 대한 간략하고 명백한 우리의 입장을 조목조목 열거하고자 합니다. 다음 입장은 '새 시대를 맞는 새로운 사유 방식'에 부 응하기 위해 우리 소련 인민의 이름으로 최고인민회의에서 합 법적 절차를 거쳐 가결된 사항입니다.

- 우리는 핵무기 없는 세상에서 살기를 원한다. 금세기 말까지는 어떠한 핵무기도 남김없이 폐기할 것을 주장한다.
- 우리는 조속한 시일 내에 지구 상에서 모든 화학무기가 사라지기를 원한다. 따라서 이를 제조하는 생산 기지를 모두 없앨 것을 주장한다.
- 우리는 남의 나라를 군사적으로 공격할 수 있는 어떠한 잠재력도 근절되기를 원한다. 따라서 현존하는 무기와 병력을 방위에 필요한 합리적인 수준으로 대폭 축소할 것을 주장한다.
- 우리는 남의 나라 영토에 주둔하는 모든 외국군이 완전히 철수하기를 원한다.
- 우리는 인공위성을 이용한 모든 종류의 무기 개발이나 생산을 단계적으로 철회할 것이다.
- 우리는 모든 군사동맹이 해체되기를 원한다. 우선적으로 군사동맹 간에 상호 신뢰의 분위기를 이룩하기 위한 정치적 대화를 즉시 속개하여 어떠한 돌발적 사고의 가능성도 철저히 단속할 것을 주장한다.
- 우리는 무장해제와 관련된 문제들이 완전무결하게 종결되기를 원한다. 무장해제와 관련하여 보다 진지하고 책임 있는 협약과 협정을 맺고 이에 따라 군축 과정이 효과적으로 통제되기를 주장한다.

저는 지금이 우리 유럽인에게 주어진, 밝고 안전한 미래를 선택할 절호의 시기라고 생각합니다. 금세기 초 양자역학이 정립되면서 새롭게 드러난 새 시대의 새로운 세계관에 걸맞은 건강한 사유 방식과 인류의 도리에 합당한 정치적 결단을 내려야 할 최선의 기회라고 확신합니다. 더 이상 서로를 위협하는 전쟁 준비에 우리의 힘을 낭비해서는 안 되겠습니다. 막 시작된 군비 감축을 상쇄할 더욱 완벽한 혁신 무기를 경쟁적으로 개발할 때가 아닙니다. 이제는 진정 모두가 화합하여 평화를 이룩하고 이를 유지할 기반을 닦을 때입니다.

전유럽통합의회의 초석이 될 안전 문제가 보장된다면, 우리는 좀더 차분하게 그 밖의 여러 분야에서도 서로 긴밀한 유대관계를 구축해갈 수 있을 것입니다. 지난 수년 동안 유럽과 전 세계 안에서, 두 나라 혹은 더 여러 나라가 함께 모여 상호 이익에 대한 집중적인 대화를 벌이는 방식이 새로운 정치 모형으로 정착되고 있습니다. 이러한 협의를 거쳐 타결된 내용을 합법적 조약으로 결의하거나 조문화하는 사례가 눈에 띄게 늘고 있습니다. 그래서 이제는 국제 정치 안에서 온갖 가능한 문제를 놓고 서로 대화하며 공식적인 협상을 벌이는 일이 일상화되었습니다.

유럽의 동서 양 진영에서도 통상적 정치 교류나 사소한 경제 협상은 말할 것도 없고, 북대서양조약기구와 바르샤바동맹기구 사이의 접촉 그리고 서유럽 경제공동체[12]와 동유럽 경제동

---

12 서유럽 경제공동체(EEC: European Economic Community)는 1958년에 경제적인 상호 이익을 위하여 창설되었는데, 1951년 결성된 석탄 및 철강 공동체 그리고 1957년 결성된 원자력 공동체와 함께, 1967년 서유럽 공동체(EC: European Community) 산하로 병합되었다. 현재는 경제뿐만 아니라 교통정책, 생태계 보호 문제, 에너지 공동 관리 등등의 정치나 문화까지 그 밀착 관계를 확대해가고 있으며,

맹체[13] 간의 만남이 유사 이래 처음 이루어졌습니다. 그리고 이 곳 서유럽공동의회의 공식회의에서는 우리 소련을 '특별초청국'의 자격으로 받아들여주셨습니다. 우리는 물론 서유럽 공동체의 국가들과 협동하여 일할 용의가 있습니다. 더 나아가 여러 구체적인 분야에서 실질적인 협조 체제를 구성할 수 있으리라고 저는 생각합니다. 서유럽공동의회 소속의 여러 분과기구, 예를 들어 교육이나 문화 그리고 TV 방영이나 생태계 문제 등과 같은 국제 협력기구의 일에 동참할 수 있겠습니다. 우리는 기꺼이 이러한 특수 분과에서도 우리 몫을 제공할 용의가 있습니다. 스트라스부르그에는 서유럽공동의회와 서유럽경제의회가 위치하고 있습니다.[14] 앞으로 우리의 관계가 정규적인 것으로 확립되면, 프랑스 정부의 동의를 얻는 대로 이곳에 우리의 총영사관을 개설하게 될 것입니다.

전 유럽이 화합하여 하나의 통일 공동체로 발전해 나아가는 데 있어 각 나라 대표의원 간의 정치적 교류가 큰 의미를 갖는다는 것은 두말할 나위가 없겠습니다. 이런 활동의 첫걸음

2000년부터는 공동 화폐인 ECU(European Currency Unit)의 통용이 현실화되도록 노력하고 있다.

13 동유럽 경제동맹체(COMECON : Council for Mutual Economic Assistance)는 1949년 동구의 불가리아, 체코, 동독, 유고, 폴란드, 루마니아, 소련, 헝가리 등의 사회주의 국가들이 결성한 경제동맹체인데 이후 쿠바와 월맹 그리고 몽고 등이 추가로 가입되었다. 동구의 붕괴로 1991년 6월 해체를 선언했다.

14 서유럽공동의회는 서유럽 경제공동체와는 직접적인 연관이 없다. 서유럽 경제의회는 서유럽 경제공동체의 직접적인 부속 기관으로, 사무소는 스트라스부르그, 룩셈부르크, 브뤼셀 등 세 군데에 있다.

은 이미 시작되었습니다. 작년 말 바르샤바에서는 35개국의 국회 의장단 회의가 개최되었습니다. 또 서유럽공동의회의 안데르스 뵤르크(Anders Björck) 사무총장께서 대표단 일행과 함께 저희 소련을 방문해주셨습니다. 이 방문 기간 동안 여러분께서 과연 소련이 세간의 말대로 얼마나 거센 개혁의 돌풍을 일으키고 있는지 직접 피부로 느끼셨기를 바랍니다.

우리는 서유럽공동의회에 동참하도록 승인해주신 것을 대단히 뜻깊은 일로 생각합니다. 그런데 저는 군사 정책과 관련해 '서유럽은 절대로 안전권에 머물러야 할 핵심 지역'이라고 규정한 조문을 진지하게 심사숙고해보았습니다. 이 맥락과 관련하여, 즉 '서유럽의 방위 계획'에 대해 다시 한번 언급하는 것이 불가피하다고 생각됩니다. 어떤 국가든 혹은 국가연맹체든 자신의 안전에 대해 염려하고 이를 방비할 권리가 있다는 것은 당연한 일입니다.

여기서 짚고 넘어가야 할 점은, 이러한 방위의 형태가 긴장 완화라는 긍정적인 시대의 조류를 거슬러서는 안 되겠다는 것입니다. 방위가 지나쳐 다시 유럽 정치에 대치 상황이 시작되고 경쟁적 군비 확충의 무대가 재연되는 일이 없어야 되겠다는 이야기입니다. 인류사에 남을 지혜로움을 보여주었던 헬싱키 협약과 같은 이런 성격의 회의가 1~2년 안에 다시 개최되기를 진심으로 고대합니다. 비엔나 협약에 참가했던 미국과 캐나다 그리고 유럽의 정상급 지도자들이 속하는 우리 세대에 의해, 시급한 현안뿐만 아니라 이 문제들이 앞으로 어떻게 전개되어 21세기에는 어떤 방향으로 나아가게 될지까지를 인류의 계속적인 존속에 대한 약속으로 엄숙하게 규정해놓아야 할 것입니다.

이제 전유럽통합의회의 경제 구조에 대해 논의해보는 게 좋겠습니다. 물론 당장 모든 것을 이룰 수는 없겠지만, 우리는 원칙적으로 대서양으로부터 우랄에 이르는 현재의 동구와 서구 모두를 포괄하는 광활한 지역에 아주 긴밀한 경제 통상 협조 체제를 구축하는 것이 현실적으로 가능하다고 전망합니다. 물론 이런 전망이 구현되기 위해서는 먼저 소련의 경제가 개방 체제로 들어서야 할 것입니다. 동서관계가 개선되고 소련 경제도 점진적으로 개방된다면, 우리 자체의 국민 경제도 훨씬 효율적으로 작동할 것이며 일반 소비자의 욕구를 충족시키는 데에도 큰 도움이 될 것입니다. 이런 과정을 통해 동구와 서구의 경제는 더욱 상호 의존의 관계로 나아갈 것이며, 이런 추세는 다시 전 유럽 통합체로 발전해 나아가는 데 긍정적인 기여를 할 것입니다. 동유럽과 서유럽의 경제 구조가 실제로 상호작용하며 운영되어 여기서 파생되는 유익한 이해관계와 결속 관계가 정착된다면, 그리고 서로가 적응하며 그에 상응하는 전문 인력을 양성하기에 이른다면, 동서 양 진영의 국민은 그동안의 불신을 씻고 서로에 대한 신뢰를 회복할 수 있을 것입니다. 이처럼 우리가 화해와 협조의 분위기에서 교류하게 될 때 비로소 유럽과 전 세계를 통틀어 장기적으로 진정한 안전 보장이 이루어질 것입니다.

해외여행 중에 그리고 모스크바에서도 영국이나 독일, 프랑스, 이탈리아, 미국 등지에서 사업차 왕래하신 고위 경영자를 만나뵐 기회가 자주 있었습니다. 그런데 이분들은 한결같이 소련의 개혁을 조건으로 우리와의 관계 개선을 희망하고 있었습니다. 주어진 상황의 특성을 고려하여, 현재의 어려운 여건을 무조건 부정적으로만 평가하지 않고, 가능한 빠른 시일 내에 여태까지의 부조리를 큰 무리 없이 척결해나가면서 효과적인 개혁을 수행할 수 있도록 진지한 방안을 제시하는 아량과 이해심을 보여주었습니다. 당장은 막막해 보이는 우리 현실을 가능한 한 긍정적으로 받아들이고 기꺼이 모험적인 투자를 감행하는 이분들에게서, 저는 인간적으로 원숙하고 정치적으로 진보적인 사업가의 개방된 면모를 알아채곤 했습니다.

이분들이 사업적 이윤을 계산해서가 아니라, 진실로 인류 전체의 진보와 평화를 염원하고 있다는 점에 큰 감명을 받곤 합니다. 눈앞의 이윤에만 연연한다면, 아마 동유럽과 서유럽의 협조 체제는 훨씬 지연될 것입니다. 그러나 그렇게도 어렵고 소원했던 양 진영이 진정으로 화합하여 전 유럽 통합체를 이루어갈 것이라는 장기적 안목에서는, 더욱 포괄적이고 대담한 투자 계획이 진정 유익하고 지혜로운 경영 정책이 될 것입니다.

아마 여기 계신 의원님들께서도 모두 동의하시겠지만, 요즘 세상에 학문이나 기술 교류는 금지시킨 채 경제 관계만 유지한다는 일은 사실 대단히 왜곡되고 비정상적인 것입니다. 그런데 소위 COCOM[15]에 의한 수출입 금기의 품목 규정을 따

---

15   COCOM(Coordinating Committee for Multilateral Export Controls, 동서무역감시단): 1949년에 결성된 NATO 국가 및 호주와 일본 등 15개국을 포함하는 동서무역 심의위원회. 군사용으로 사용 내지 변용될 수 있는 상품이 동구로 유입되는 경로를 차단하기 위해 수출입 금기 품목을 선정, 무역 상품을 제한했다.

라 우리는 그런 관계를 이어왔습니다. 지금으로서는 참 어이없게 여겨지는 이런 식의 터무니없는 불합리가 소위 냉전 기간에는 상식인 양 군림했습니다. 우리는 아직도 충분히 개방되지 못했지만, 적어도 이러한 왜곡 상황을 정면으로 바라보고 해결의 실마리를 찾게 된 것은 실로 다행스런 일입니다. 민간 산업을 동원해 군수물자를 생산해왔던 우리의 비밀스러운 경제 구조를 서방의 COCOM에 비교할 수 있겠습니다. 이런 분야의 산업을 우리가 완전히 철폐시키거나, 가능한 경우 생산적이고 민생에 이익이 되는 산업 체제로 조속히 바꿔가겠습니다. 해당 국가의 대표나 전문가들은 한번쯤 함께 모여, 소위 냉전 기간 동안 우리가 어떤 우스꽝스러운 짓을 해놓았는지 둘러보는 일도 좋겠습니다. 정보라는 것은, 정말 안보와 직결되는 합리적 수준에서 비밀로 지켜져야 할 것입니다. 이에 반해 학문적 지식이나 기술 정보는 전 인류의 공동 이익과 발전을 위해서, 서로가 널리 알리고 활발히 교류될 수 있도록 풀어놓아야 할 것입니다.

동유럽 국가에게뿐 아니라 서유럽 국가에게도, 전 유럽 횡단 고속도로 건설은 상당히 시급한 관심사가 될 것입니다. 그 밖에도 태양에너지를 활용한 새로운 기술을 공동 개발한다거나, 핵원료 폐기물의 처리 및 보관 그리고 원자력 발전소의 안전도를 향상시키는 문제, 급증하는 상호 교신을 해결할 고성능의 통신망을 광섬유로 대체한다거나 전 유럽의 공동 방송을 도맡을 위성중계 체제의 수립을 위한 공동연구단을 구성하는 것도 우리 모두에게 여러모로 유익한 일이 될 수 있으리라 생각합니다. 첨단의 과학기술을 이용한 초정밀 TV 방식을 공동 개발하는 것도 바람직한 일입니다. 이를 해내기 위해 벌써 여러 나라가 경쟁을 벌이고 있는데, 우리가 공동으로 이 일에 착수하여 전 유럽을 대상으로 보급시키면 전망은 아주 밝을 것입니다. 함께 협력한다면 물론 가장 우수한 성능의 제품을 가장 저렴한 가격으로 생산해낼 수 있을 테니까요.

1985년 저는 파리에서 미테랑 대통령과 함께 핵융합[16] 발전소를 시험적으로 공동 건설하는 문제에 대해 의견을 교환했습니다. 기존하는 원자력 발전소와는 달리 핵융합에 의한 방식은 우선 생태계에 피해가 없고, 더욱이 고갈되지 않는 미래의 에너지원이라는 평가를 받고 있습니다. 이 계획은 국제원자력연구청의 주도 아래, 소련과 서유럽 국가 그리고 미국이나 일본 등의 과학자들이 내놓은 연구 결과를 종합하여 이미 실용성 여부의 실험 단계에 들어서 있습니다. 과학자들의 진단에 따르면 금세기 말에는 이 방식의 발전소 건립이 가능해질 것이라는 이야기입니다. 이는 진정 인류가 이룩한 과학 정신과 기술 개발의 개가로서, 유럽과 전 세계의 미래에 큰 공헌을 하게 될 것입니다.

동유럽과 서유럽이 경제적으로 가까워지기 위해서는 특히

---

[16] 현 단계의 핵분열 방식에 비해 안정성이 높고 생태계의 부담이 경감된 한 단계 앞선 원자력 에너지의 산출 방식. 그러나 이 방식은 엄청난 규모의 재정이 투자되어야 하는 자본집약적이고 권력 집중적인 대규모의 산업 시설을 전제로 하기 때문에, 독일의 녹색당을 비롯해 환경 단체에서는 결코 근본적인 에너지 대책일 수 없다고 주장한다. 가장 확실하고 안전하며 저렴한 대체 에너지는 결국 태양에너지이기 때문이다.

EEC와 EFTA[17]가 COMECON[18]과 협조 체제를 맺는 것이 중요하리라 여겨집니다. 물론 이 세 가지 경제협정기구는 각각의 특수 기능과 장점이 있는 반면 나름대로의 한계와 문제점도 있습니다. 우리는 서유럽 시장(市場)과의 빈번한 교류를 통해 질적으로 완전히 다른 경제 구조의 수준에 도달할 수 있기를 기대합니다. 그리고 몇 년 이내에 전 유럽 시장이 하나로 통합되리라는 전망도 배제하지 않습니다. 물론 우리 동구권이 현재로서는 별로 유통경제가 활발하지 않은 형편이지만, 이미 COMECON 내에서도 앞으로 서유럽과 하나의 통합경제를 맺어나가는 데 필요한 소정의 절차를 밟기 시작했습니다. COMECON 자체 내의 변화 속도는 앞으로 몇 년 동안 가속될 것이며, 이런 추세는 동유럽 경제동맹체와 서유럽 경제공동체 사이의 전반적 관계뿐만 아니라 각 연맹체 개별 회원국 간의 관계를 개선시키는 데에도 큰 몫을 할 것입니다. 물론 서로가 익숙해질 때까지는 예기치 않던 난관에 부딪힐 수도 있고 그에 따르는 시행착오도 있을 것이나, 하나의 유럽 시장을 건설해나간다는 대국적 견지에서 우리는 인내심을 갖고 서로 이해하고 협조해나갈 수 있을 것입니다.

---

17 EFTA(European Free Trade Association, 유럽자유무역연합): 1960년에 결성되었으며, 원래는 유럽 중립국들의 경제 동맹체로 EEC와 정치적으로 대립되는 기구였다. 하지만 1972년 영국과 아일랜드, 덴마크가 탈퇴하여 서유럽 경제공동체로 가입하면서 두 기구의 정치적 의미는 사라졌다.

18 COMECON(Council for Mutual Economic Assistance, 경제상호원조회의): 사회주의 국가 간의 국제적인 경제협력 조직으로, 1949년에 창설되었다. 1980년대 후반 구 소련과 동구 공산권 국가들이 잇따라 붕괴되자 1991년 6월 해체되었다.

현재 소련은 그간의 노력이 결실을 맺어 동유럽 동맹국가와 서유럽 경제공동체 국가 사이의 경제협정 그리고 무역협정의 마무리 작업만을 남겨놓고 있습니다. 우리는 이 협약이 유럽의 다른 국가 모두에게도 이익이 되고, 전 유럽의 통합적 발전이라는 관점에서도 절대적 의미를 가진다고 자부합니다. 우리는 EU뿐 아니라 그 밖의 경제 연맹과도 동등한 우호 관계를 맺을 것이며, 이 기회에 EFTA와의 관계가 더욱 밀착되리라는 점도 부언하고자 합니다. 전 유럽이 하나로 통합되는 데 있어 이 관계는 아주 중요하고 의미 있는 부분입니다.

전유럽통합의회는 무엇보다도 유럽의 생태계 보존 문제에 심혈을 기울여야겠습니다. 최근에서야 우리는 수십 년간 방치해둔 생태계의 파손 상태가 얼마나 심각한 문제인지 통감하게 되었습니다. 걷잡을 수 없이 누적된 생태계 문제가, 유럽에서는 더 이상 자국 내에서 각자 처리할 수 있는 규모를 벗어나버렸습니다. 생태계의 안전과 보존을 위한 전 유럽 규모의 체계적인 대응책을 하루빨리 강구하여 실행에 옮겨야 합니다. 어쩌면 전 유럽이 공동으로 착수해야 할 가장 시급한 분야는 바로 이 생태계 회복 문제가 아닌가 생각합니다. 유럽 대륙 전체의 생태계를 장기적 대책의 공동 노력으로 다시 살려내는 일이 우리에게 주어진 첫 번째 과제일지 모릅니다.

알려진 바와 같이 우리 정부는 UN에, 생태계 대책을 요하는 지역을 신속히 원조할 수 있는 국제 담당 기구를 설치하자는 제안을 했습니다. 특히 전 유럽이 협조 체제를 맺는 데 필요한 통신 시설과 적절한 원조 능력을 갖춘 하나의 협회 내지 사무소의 설립이 시급합니다. 따라서 저는 유럽 전체의 생태계를 관장하여 연구 조사할 수 있는 전문 연구소를 하나 설립하고, 필요한 경우 법적 제재권을 행사할 수 있는 감시 기구로 활용하는 문제를 신중히 검토해보자고 요청하는 바입니다.

비엔나 협약의 결과에 따라 올가을 불가리아의 수도 소피아에서는 35개국 대표가 다시 모여 생태계 보존 문제를 논의하게 될 것입니다. 이 모임에서도 유럽의 생태계를 회복시키는 문제와 연구소 설립에 관한 구상이 구체적으로 논의될 수 있으리라 생각합니다. 자연재해와 기술재해가 날이 갈수록 급증하며, 인류는 점점 더 많은 피해를 입습니다. 해마다 수만, 아니 수십만의 인명을 잃곤 합니다. 이를 복구하는 데도 엄청난 비용과 인력이 소모됩니다. 대도시들도 언제 이런 위험에 처할지 모르며, 그 위험도가 날로 증가하는 추세라고 과학자들은 경종을 울립니다. 이렇게 지구 전체로 확산되는 재난의 위협을 예방하고 극복할 수 있는 대규모의 종합 계획을 수립해야 하겠습니다.

소련 학술원에서는 지진을 예측하고 진단하는 국제 연구소를 설립했습니다. 우리는 전 세계에서 일하는 이 분야 과학자들이 협동하여 대도시의 안전에 관계된 문제며 가뭄이나 대홍수 등 천재지변과 기상이변에 따른 재해를 예방할 수 있기를 기대합니다. 이 목적을 위해 소련 정부는 인공위성이나 대형 연구선, 새로 개발한 모든 첨단 기술을 제공할 용의가 있습니다. 그동안 각국에서 군사용으로 책정되었던 의료진이나 의료 물자 그리고 공업기술진을 자연재해로 인한 인명 구조 작업과 복구 활동에 투입시켜 협동 전선을 펴나가는 일은 매우 뜻깊은 일이 될 것입니다.

전 유럽의 통합 과정은 무엇보다 인도주의 정신에 입각하여 진행되어야 하겠습니다. 군사기지는 많이 없어졌어도 아직 여기저기서 인권이 유린되고 있다면, 인류가 이루어낸 세계 평화는 진실한 것일 수 없습니다. 이에 대한 엄단은 무슨 일이 있어도 취하할 수 없는 종국적이고 절대적인 우리의 입장입니다. 이런 맥락에서 비엔나 협약에서 채택한 우리의 선언은 인류 역사에 진정 하나의 이정표를 마련하는 아주 큰 전환이었습니다. 비엔나 협약은 유럽 국가의 공동 작업으로 다양한 의견을 수렴하였고, 서로가 조금씩 다른 기준도 모두 수용했습니다. 얼마 전까지 동유럽과 서유럽 간의 관계에 걸림돌이 되던 의견의 차이나 쟁점을 조정하고 타협할 수 있었습니다. 그리고 전 유럽이 통합되어 하나의 공동체로 살아가기 위해서는 이에 따르는 법적 통제력을 갖는 명실상부한 사법권이 설정되어야 한다는 점에 합의했습니다. 따라서 전유럽통합의회는 사법 공동체의 성격도 갖게 될 것이며, 우리는 이미 그 방향으로 가고 있습니다.

소련 최고인민회의를 종결하면서 우리는 "헬싱키 협약과 비엔나 협약에서 제정한 인권선언 그리고 인권 보호를 위한 일반 헌장[19]에 포함된 국제 규범과 원칙에 기반한 내용에 호응하여, 전 세계가 인간적 법치 국가의 공동체가 될 것을 촉구한다"고

---

19 1948년 12월 10일 UN 총회에서 선언했다.

결의하였습니다. 이 점에서 유럽은 다시 모범의 예를 남길 수 있을 것입니다. 물론 유럽이 통합되더라도 개별 국가의 자결권은 독립적이며 국가 나름의 사회적 특수성은 보장되어야 합니다. 미국이나 캐나다 그리고 유럽 국가 모두 그 나름의 일반 규범 내지 원칙이 존재하더라도, 기본법과 전통은 결국 인도주의 정신에 뿌리를 두는 것입니다. 인권 문제와 관련해서는 각 나라와 국제단체의 기본 법규를 함께 비교하고, 정보 교환을 도울 인권비교연구소 같은 특별 담당 부서를 설치해, 진정 자유롭고 인간답게 살 수 있는 사회 창조에 활용할 수 있겠습니다. 우리는 서로 다른 사회 체제에 살고 있어서 서로의 관점을 완전히 일치시키기는 힘들겠지만 비엔나 협약과 최근 파리와 런던 협상에서 확인한 것처럼, 우리는 더 많이 다가갈 수 있고 함께 앞으로 나아갈 여지가 많습니다. 이에 따라 유럽 전체의 일률적 사법제를 도입할 수 있으리라 여겨집니다. 인권 문제와 관련한 파리의 공청회에서, 소련과 프랑스는 공동으로 계획안을 제출했습니다. 독일과 오스트리아, 헝가리, 체코, 폴란드도 이 계획에 동감의 뜻을 표했습니다.

차갑게 단절되었던 양 진영 간의 문화 교류도 다시 활성화되어야 할 영역입니다. 특히 인문과학 분야에서는 다양한 접촉과 상호 협동 작업을 통해 활발한 정보 교환이 이루어져야 할 것입니다. 우리는 수십 년간 너무나 서로를 모른 채 살아왔기에 상호간의 올바른 이해를 위해 많은 노력을 경주해야 할 것입니다. 무엇보다 수백, 수천이 아니라 수백만, 수천만의 사람들이 서로 만나고 함께 이해할 수 있는 텔레비전이 효과적인 역할을 할 것입니다. 물론 이는 상당한 위험도 따를 수 있어서 신중하게 해야 할 것입니다. 연극 무대나 영화관 그리고 전람회장이나 출판물 등을 통해 장사꾼의 사이비 상술이 먼저 판을 칠 수 있기 때문입니다. 보존하고 권장할 만한 고유의 문화 대신 불순하고 비속한 상혼만 무성해질 위험도 있기 때문입니다. 우리 모두는 이 점에 유의하여, 진정한 민족 문화를 계승시키는 데 노력을 게을리해서는 안 되겠습니다. 고유문화의 보존과 발전을 위해 현재 남아 있는 문화나 풍습의 원형을 함께 재현해낼 수 있을 것이며, 이웃 나라의 언어 교육을 장려하고 특히 소수 민족 언어가 사라지지 않도록 보호 육성하는 것도 한 방법이겠습니다. 역사적 기념물이나 문화재 보호에 노력하고, 사라져가는 유물을 영화나 비디오 등으로 제작하며, 유럽의 고유문화와 예술의 역사를 기록하여 전 유럽에 배포하는 작업도 뜻있는 일이 될 것입니다.

친애하는 의원 여러분!

우리는 21세기를 향해 나아가고 있습니다. 유럽에 다가오는 많은 도전을 지혜롭게 헤쳐나가기 위해 한마음 한뜻으로 협동하지 않으시겠습니까? 진정 평화롭고 민주적인 유럽으로, 모든 다양성을 수용하며 보편적이고 공명정대한 인도주의 이상을 펼쳐나가야 한다는 점에 우리는 한결같은 뜻을 품고 있습니다. 우리의 번영을 통해 온 세계 다른 대륙에도 우호와 신뢰의 손길을 뻗칠 것입니다. 유럽은 이제 확신에 찬 새 아침을 맞고 있습니다. 화합과 공존의 기치 아래 우리의 활기찬 미래가 열리게 될 것입니다.

사회의 근본적인 변혁을 꾀하고자 시작된 소련의 개혁은 바로 이런 뜻에서, 유럽 공동체의 발전에 발맞추어 가는 데에도 절대적으로 필요한 과정이라 생각합니다. 우리의 개혁은 우리 나라를 근본적으로 갱신시킬 것입니다. 개혁은 앞으로도 계속 될 것이며, 시간이 흐를수록 더욱 확대되어 모든 면에서 소련 사회를 변화시킬 것입니다. 경제뿐 아니라 정치나 사회 영역 그리고 사람들의 일반적 사유 방식 같은 내면적 영역이나 사람들 사이의 관계도 새롭게 될 것입니다. 우리는 페레스트로이카, 개혁의 결의를 소련의 국내 정책과 국외 정책의 주요 노선으로 채택하여 최고인민회의에서 인민의 이름으로 문서화하였습니다.

　저는 여러분께, 소련 최고인민회의의 이 결의문을 진실하고 허심탄회한 마음으로 주목해주시기를 간곡히 부탁드립니다. 이 결의문은, 여러분께서 소위 초강대국이라고 이름 붙이셨던 한 나라의 진로에 혁명적이고 확정적인 의미를 갖습니다. 이 결의 내용이 실현됨에 따라, 여러분과 여러분이 속한 정부와 국회 그리고 여러분의 국민도 여태까지 알아왔던 것과는 전혀 다른, 완전히 새로운 사회주의 국가를 보시게 될 것입니다. 그리고 이 개혁, 페레스트로이카는 새 시대를 향한 전 세계적인 변화의 조류에 발맞춰 신속히 그리고 효과적으로 진행될 것입니다. 감사합니다.

소련 공산당 서기장
미하일 세르게이예프 고르바초프

옮긴이의 말

기대가 너무 컸던 탓일까? 불과 10여 년 전에 우리가 품었던 새로운 밀레니엄의 희망은 달빛에 바랜 옛사랑의 그림자처럼 이제는 거의 남아 있지 않은 듯하다. 그러니까 그 무렵, 이 책이 처음 출간될 즈음에 세상은 미래에 대한 희망으로 잔뜩 부풀어 있었다. 21세기 인류는 의식 수준이 꽤나 높아져 이 책에서 거듭 강조하는 새로운 패러다임으로 우리들의 문명 전반에 아주 큰 전환을 이루어낼 것 같았다. 빛의 속도로 지구촌 시민들을 잇는 테크놀로지는 그런 희망을 이룰 큰 힘이 될 것이었고, 좀더 나누기만 하면 다 함께 넉넉히 먹을 수 있을 만큼 식량 문제도 해결될 조짐을 보였다. 세계 곳곳엔 아직 전쟁의 화염이 자욱했지만 자유주의 체제에서는 이른바 68세대가 이룬 정치·경제·사회·문화적 각성이 평화운동과 환경운동의 꽃을 피워 제법 열매들이 맺히기 시작했었다. 철의 장막이라고 불리던 괴물 나라에서는 페레스트로이카를 외치며 나타난 젊은 지도자와 함께 지구촌 사람들이 곧 자유·평등·우애의 꿈을 펼칠 수도 있을 듯했다. 종교들도 서로가 서로에게 개방하고 소통하며 인류의 영적 성장을 도울 준비가 무르익어가는 분위기였다. 문명의 아주 큰 전환이 열릴 조짐이 농후했던 것이다. 옮긴이의 판단으로 책 말미에 고르바초프의 연설문을 덧붙인 이유는, 그토록 벅찬 설렘의 무늬들을 독자도 다시 기억해내길 바라서였다.

그런데 이제 우리는 꿈조차 꾸지 않는 것 같다. 여기저기 비명을 지르는 소리가 무성한데 인류의 꿈을 말하던 정치 지도자들은 모두 어디론가 사라져버렸다. 기껏해야 최악을 피할 길을 찾아 몇몇 종교 지도자가 그들을 달래야 하는 지경이다. 그동안 대체 무슨 일이 있었던 걸까?

꽃들이 어디로 사라진 거야? 소녀들이 다 꺾어 갔단다.
그럼 소녀들은 죄다 어디로 갔어? 소년들을 따라 갔단다.
그럼 그 소년들은? 군인이 되었지.
그 군인들은 모두 어디로 갔고? 저 무덤들 속으로 사라졌지.
무덤? 그게 대체 어디 있는데? 꽃들이 덮어버렸어.
그럼 꽃들은 어디로 사라진 거야? 여기서 대체 무슨 일이 벌어진 거니?

이 책의 대화에 참여한 카프라와 데이비드, 토마스. 영원히 청년일 것만 같은 이들 68세대의 애창곡이던 이 반전(反戰) 가요는 여러 시간을 함께 살펴보지 않고는 꼬리를 무는 악순환의 실상이 제대로 드러나지 않는다는 사실을 속삭여준다. 이 책을 다시 출간하고자 새로 원고를 다듬다 보니 20여 년 전의 대화록임에도 오늘날 우리 상황에서 그 의미가 더 잘 살아난다는 것에 놀라움을 감출 수가 없었다. 좀더 읽기 좋게 편안한 문체로 다듬는 동안 악순환의 마법에 낚인 우리들의 끔찍한 상황이 더 잘 보였던 것이다. 세월호 아이들에게 대체 무슨 일이 벌어진 거니?

빅토르 위고의 『레미제라블』, 19세기 참혹한 시절의 보통 사람 장 발장이 이제 문화소비 상품이 되어 세계를 매혹시키는 걸 보면, 존 레논의 바람대로 시장에는 국경이 따로 없는 것 같다. 아니, 이 책에 인용된 빅토르 위고의 세계가 하나의 시장이 되리라는 소망까지 제대로 이루어진 것만 같다. 그런데 지난 10여 년 동안 예술도 종교도 과학도 모두 세계 시장의 상품으로 변하면서 세상은 점점 더 갈피를 잡을 수 없게 되어버렸다. 신자유주의라는 쓰나미는 오랜 인류의 꿈을 체르노빌이나 후쿠시마처럼 단번에 잿더미로 바꿔놓았다.

한국인에겐 내내 서양 문명의 다른 이름이었던 그리스도교의 새로운 각성, 새로운 패러다임에 따르면 이는 역사를 통해 우리를 깨우치게 하시려는 하느님의 계시일지도 모르겠다. 그러니 이 또한 우리들 영적 성장의 거름으로 삼을 수밖에… 새로운 방식으로 진정한 권위와 희망을 보여주시는, 조만간 한반도를 방문하실 프란치스코 교황님도 그렇게 당부하신다. 새로운 반전(反轉), 인류 문명의 아주 큰 전환을 향해 새로운 모색을 다시금 시작하라는 깊은 뜻으로 애써 새긴다.

2014년, 안산이 통째로 진도 앞바다에 빠져버린 봄에
김재희

사이.너머 총서 3

그리스도교의 아주 큰 전환
Belonging to the Universe

펴낸날	2014년 8월 12일 1판 1쇄 발행
지은이	프리초프 카프라 외
옮긴이	김재희
펴낸이	박종화
멋지음	안상수·박하얀
펴낸곳	대화문화아카데미 대화출판사
	출판등록 1976년 6월 24일 (제2-347호)
	주소 우110-848, 서울 종로구 평창동 473-6
	전화 02 395 0781
	팩스 02 395 1093
	홈페이지 www.daemuna.or.kr
	이메일 tagung@daemuna.or.kr tagung@chol.com
ISBN	978-89-85155-42-7 04200
ISBN	978-89-85155-38-0 (세트)
값	18,000원

이 도서의 국립중앙도서관 출판시도서목록(CIP)은 서지정보유통지원시스템 홈페이지
(http://seoji.nl.go.kr)와 국가자료공동목록시스템(http://www.nl.go.kr/kolisnet)에서
이용하실 수 있습니다.(CIP제어번호: CIP2014022634)

대화문화아카데미의 책들

여해 강원용, 그는 누구인가?   김경재 외 6인 지음

지구의 꿈   토마스 베리 지음 | 맹영선 옮김

내가 믿는 부활—삶의 신학 콜로키움   서공석 외 12인 지음

여해 강원용   여해와함께 편

사이,너머 between & beyond - 여해 강원용의 삶과 현대사의 발자취   여해와함께 편

나는 왜 어떻게 신학을 하는가?   대화문화아카데미 편

새로운 헌법 무엇을 담아야 하나   대화문화아카데미 편

한국인의 웰다잉 가이드라인   한국죽음학회 지음

소통문화의 지형과 지향   대화문화아카데미 편

한국 교육의 난제, 그 해법을 묻는다   김영화 외 지음

사후생_죽음 이후의 삶의 이야기   엘리자베스 퀴블러 로스 지음 | 최준식 옮김

우주 이야기   토마스 베리·브라이언 스윔 지음 | 맹영선 옮김

위대한 과업   토마스 베리 지음 | 이영숙 옮김

새로운 헌법 필요한가   양건·박명림·박은정·김재원 외 지음

너는 특별하단다_꿈을 키우는 멘토링 이야기   삼성고른기회장학재단 엮음

풀뿌리 여성정치와 초록리더십의 가능성   김정희 지음

신인령 이화여대 제12대 총장 연설문집   신인령 지음

삶의 신학 콜로키움_생로병사 관혼상제   류승국 외 지음

라인홀드 니버의 생애와 사상   고범서 지음

녹색국가의 탐색   문순홍 엮음

개발국가의 녹색성찰   문순홍 엮음

우리집 아이들은 학교에 안 가요   김종우·유은희 지음

열린 종교와 평화 공동체   유동식 외 지음

생명목회 콜로키움   대화문화아카데미 엮음

시민이 열어가는 지식정보사회   크리스챤아카데미 시민사회정보포럼 엮음

삶의 정치, 소통의 정치   김홍우 외 8인 지음

삶의 정치_통치에서 자치로   정문길 외 15인 지음

서울의 찬가, 서울의 애가   지명관 지음

정보화 시대 교육의 선택   크리스챤아카데미 엮음

생명권정치학   제레미 리프킨 지음 | 이정배 옮김

주민자치 삶의 정치   크리스챤아카데미 엮음

성숙한 부모, 자유로운 학교, 건강한 아이   인간교육실현학부모연대 엮음

대화의 철학   크리스챤아카데미 엮음

한국사회와 대화문화   크리스챤아카데미 엮음